Lilli Gruber

Inganno

Rizzoli

Pubblicato per

Rizzoli

da Mondadori Libri S.p.A.

ISBN 978-88-17-10507-1

Prima edizione: settembre 2018

Curatela editoriale: Blandings snc
Le cartine sono di David F. Jabès
Redazione e fotocomposizione: Sara Grazioli e Corpo4 Team

Inganno

A Micki: indispensabile sorella,
alleata, amica.

L'Europa negli anni in cui si svolge questa storia

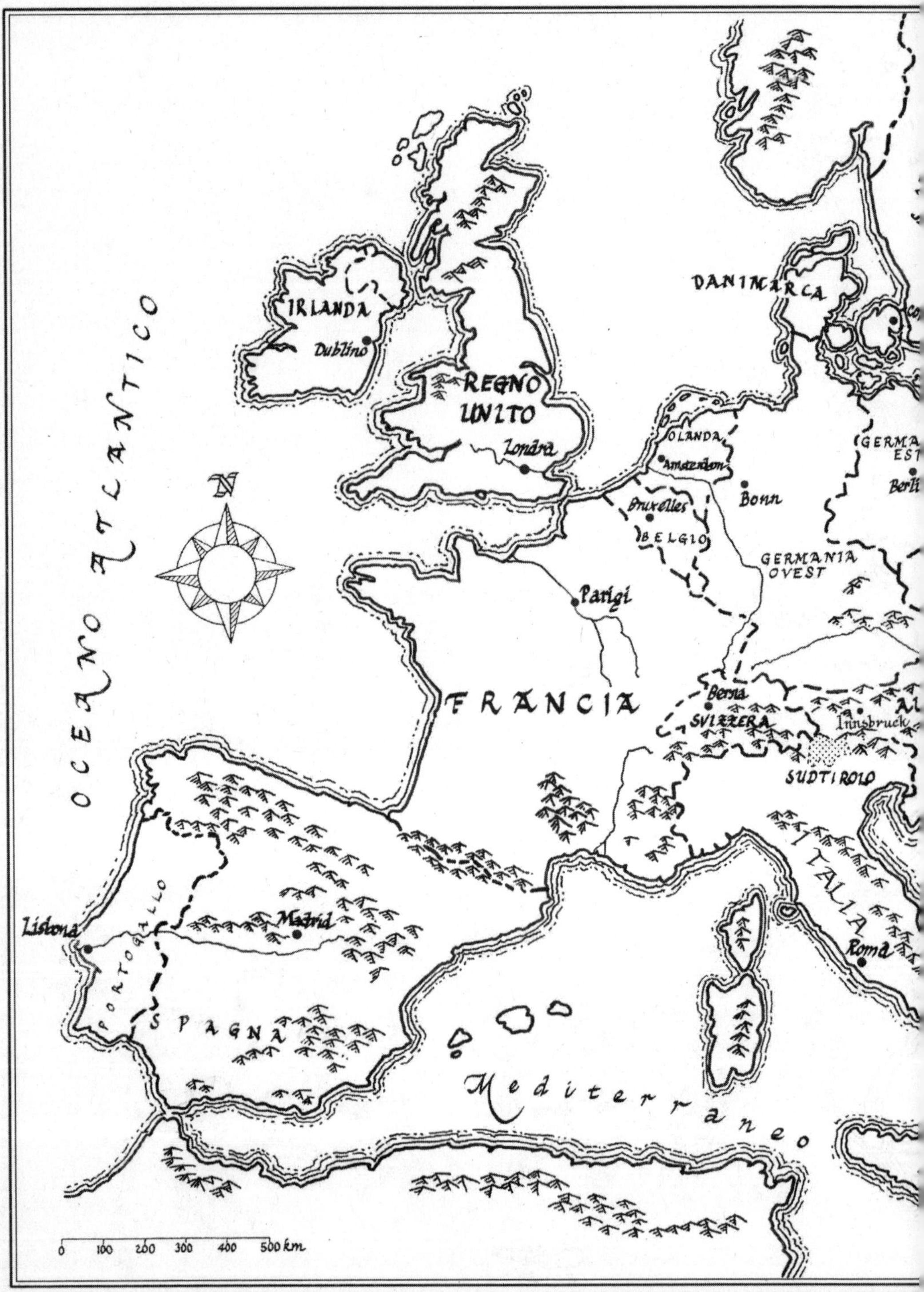

EZIA
Stoccolma
Mosca
enaghen
UNIONE
SOVIETICA
POLONIA
Varsavia
Praga
CECOSLOVACCHIA
Vienna
STRIA
Budapest
ROMANIA
UNGHERIA
IUGOSLAVIA
Bucarest
Mar Nero
Belgrado
Sofia
BULGARIA
Tirana
Ankara
ALBANIA
TURCHIA
Atene
GRECIA
CIPRO

Il Sudtirolo

La Bassa Atesina*

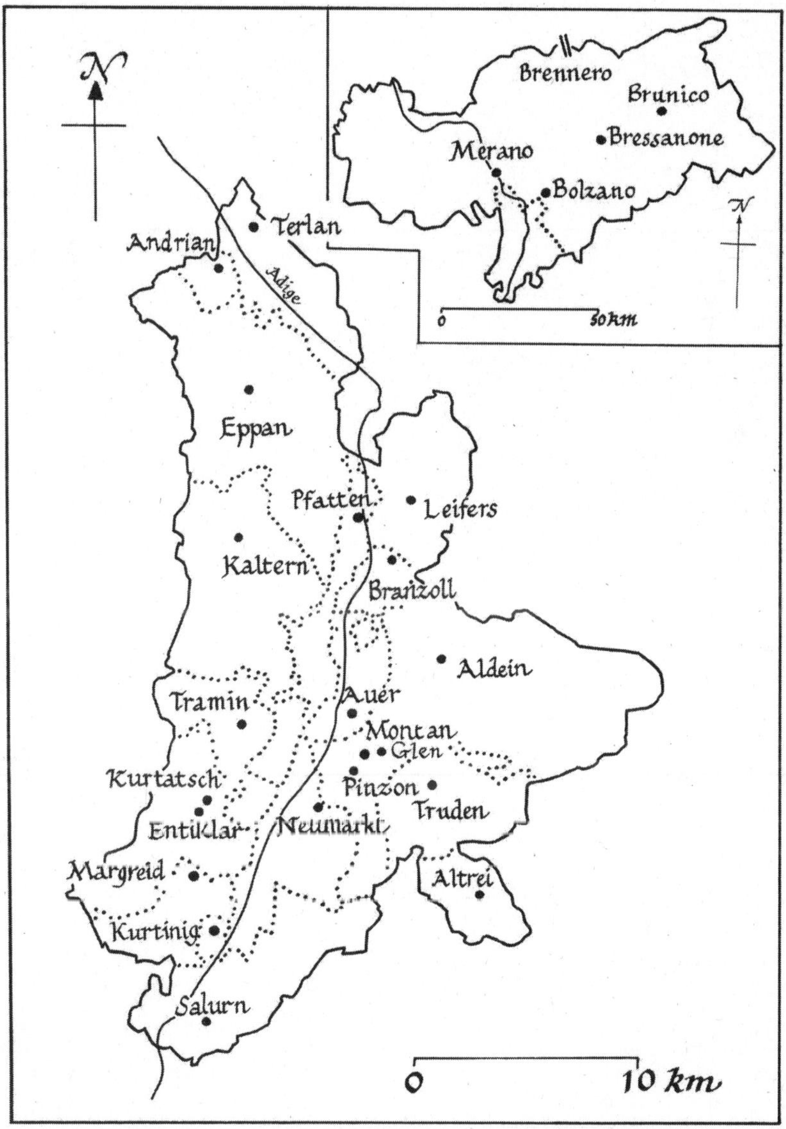

* Terlan/Terlano fa parte dell'Oltradige

Introduzione

Un passato che ci perseguita

Ricordo le discussioni a casa di mia nonna Elsa, a tavola, con i miei genitori e gli zii: erano gli anni Settanta e il tempo delle bombe era ben vivo nella memoria di tutti. All'epoca ero un'adolescente curiosa, e ascoltavo con attenzione, ma quanto potevo capire? Avevo quattro anni nel 1961, quando decine di tralicci erano crollati in una sola notte, minati dalle cariche di uomini che una parte della provincia chiamava «combattenti per la libertà» e l'Italia intera «terroristi». Poi erano cominciati gli attacchi armati contro le forze dell'ordine, gli spari. A quel punto avevo sei anni e non abitavo più in Sudtirolo.

Nel 1962 mio padre, Alfred Gruber, ha aperto una nuova impresa a Verona, e tutta la famiglia si è trasferita. Dovevo cominciare le elementari e mia madre Herlinde mi ha iscritto a una scuola di suore. Non sapevo una parola d'italiano, in casa mia si era sempre parlato tedesco, e i miei compagni mi consideravano una straniera. Una «tedesca». E me lo facevano capire con chiarezza. In tempi in cui «i tedeschi» facevano saltare in aria «gli italiani» nella provincia da cui venivo, la mia non era una posizione comoda.

Non sapevo nulla della spinosa questione sudtirolese, del passaggio della provincia dall'Austria all'Italia dopo la Prima guerra mondiale, delle complesse relazioni diplomatiche tra questi Paesi. Tantomeno avevo idea della partita che due grandi potenze stavano giocando sul campo di un'Europa divisa dalla Guerra fredda. Sapevo solo che mi toccava imparare una lingua nuova a tappe forzate, per prendere buoni voti.

Avevo dodici anni quando, nel 1969, l'approvazione del «pacchetto» di misure per l'autonomia è sembrata portare, finalmente, a una composizione dei fronti opposti e alla chiusura della stagione degli attentati in Sudtirolo. Ma i morti di quel tempo oscuro, da una parte e dall'altra, non riposano in pace. Chi li ha conosciuti, chi li ha perduti, li piange ancora.

Io, intanto, sono cresciuta, mentre le bombe continuavano a esplodere, in altri luoghi del pianeta, e a mietere vittime a migliaia: il terrorismo, la violenza di Stato, le guerre dichiarate e quelle clandestine. Sono diventata giornalista per passione e questo mi ha allontanata dalla mia terra, mi ha portata a scoprire il mondo al di là delle montagne.

Il giornalismo è un mestiere serio. L'ho imparato e l'ho vissuto sul campo e negli studi televisivi. Il suo principio, potremmo dire la sua anima, è il rispetto dei fatti ed è bene ricordarlo, in un periodo in cui la verità fatica a farsi largo, insidiata dalle *fake news*. Proprio l'interesse profondo per i fatti mi ha spinta ad andare a vedere, a parlare con i protagonisti, a essere testimone dei grandi eventi della nostra storia recente. Per cercare di capire e poi raccontare gli episodi che legano in un destino comune, in modo sempre più stretto, noi abitanti della Terra.

Ripercorrere il passato mi pone dunque una sfida reale. Come si torna indietro? Dove sono i fatti che possono guidarmi? E con chi confrontarmi? Ricomporre la realtà di un'epoca scomparsa è per me un'impresa rischiosa. Non sono una storica e la prudenza della giornalista mi trattiene. Mi sono però gettata in quest'avventura, con due libri che ripercorrono le vicende della mia famiglia, *Eredità* e *Tempesta*. Ho esplorato due periodi fondamentali del Sudtirolo nel Novecento: la frattura provocata dagli accordi di pace del 1919, quando il Tirolo fu spezzato in due con l'annessione della sua parte meridionale all'Italia; e gli anni Trenta e Quaranta, quando i totalitarismi travolsero l'Europa portando alla Seconda guerra mondiale. Allora, gli abitanti di questa provincia germanofona hanno dovuto scegliere tra fascismo e nazismo. Sono stati salvati dal crollo di entrambi i regimi, ma non hanno dimenticato le tragedie e i tradimenti di un passaggio cupo della nostra storia.

Con questo libro ho deciso di affrontare un periodo più vicino a noi, che comincia alla fine degli anni Cinquanta. Quel tempo è già il mio, dato che sono nata nel 1957. È il mio perché mi riguarda direttamente. Il Sudtirolo in cui sono nata, e l'Italia di cui sono cittadina, si sono di nuovo fronteggiati, in un lungo decennio punteggiato di bombe, attentati, spari e torture. La repressione ha risposto alla ribellione, in uno schema che si ripete da sempre, in ogni continente, da un'epoca all'altra, quasi senza interruzione.

La mia *Heimat* è stata teatro di conflitti che andavano molto al di là della sua dimensione geografica. La rivalità tra Stati Uniti e Unione Sovietica, uno spaventoso duello nucleare. L'equilibrio fragile tra l'autorità dello Stato e le libertà individuali. La violenza come arma politica, legittima secondo gli uni, deriva terrorista secondo gli altri. Questioni che ancora oggi sono al cuore della nostra attualità, anche se gli attori sono cambiati. Il Sudtirolo, con i suoi picchi innevati, le valli ombrose, i villaggi da cartolina, è stato un laboratorio di attività in parte ancora da indagare.

Sono andata in cerca dei documenti, dei testimoni,

dei protagonisti, ho visitato luoghi noti e meno noti. E ho scoperto verità che non sospettavo.

Ho mosso anche un passo avanti in un mondo che mi è meno familiare, quello della narrazione. Dove la realtà non si lascia penetrare, l'immaginazione viene in aiuto, nutrendosi della ricostruzione minuziosa di un contesto plausibile. Come già in *Eredità* e in *Tempesta*, anche nella vicenda complessa di *Inganno* ho scelto di farmi accompagnare da figure i cui nomi e le cui vite sono frutto di fantasia.

Loro mi hanno aiutata a esplorare gli angoli più oscuri, alla ricerca di un'altra verità: quella dei sentimenti, dei drammi umani, delle motivazioni. Mi hanno condotta in un mondo parallelo, in cui il potere è l'unico gioco e la violenza, la menzogna e la manipolazione sono le regole per vincere. O per perdere tutto.

1

La prima sfida

Sigmundskron, novembre 1957

«Non guardarli» sibila Max, passando sotto gli occhi attenti di due carabinieri. Ma Peter, accanto a lui, non riesce a fare a meno di fissare le armi che impugnano.

«Se li guardi pensano che tu li stia sfidando e ci fermano» è la teoria di Max. È da ieri che glielo ripete.

«Ci saranno anche quelli di Neumarkt» gli ricorda Peter. Gente che vede spesso, uomini in divisa che qualche sera, dopo il lavoro, vengono a bere alla *Gasthaus* Staffler, la pensione gestita da sua madre, appena fuori Pinzon.

«Qui è diverso» ringhia Max.

Peter non può dargli torto. Non è un giorno come gli altri.

Oggi, 17 novembre 1957, agli italiani bisogna mostrare che i sudtirolesi ci sono, a testa alta, pronti a combattere per la loro terra. Con questo grande raduno il castello di Sigmundskron, che domina Bolzano, torna protagonista della Storia. Peter e Max si sentono come soldati che vanno in battaglia, e non sono gli unici. Polizia, carabinieri: lo spiegamento di forze fa pensare a una rivolta popolare, non a un comizio.

Forse è proprio ciò che si aspettano, la violenza.

Mentre Peter passa accanto all'ennesimo gendarme, una coppia che va di premura lo spinge bruscamente di lato. Il ragazzo inciampa e barcolla, l'uomo armato fa un passo indietro e porta la mano alla fondina. Peter recupera l'equilibrio, ma con l'istinto del pugile il suo braccio scatta per disarmare l'avversario. È Max a bloccarlo, afferrando il polso dell'amico mentre esclama con tono alto, innaturale, rivolto alla coppia ormai davanti a loro: «Ehi, vogliamo tutti arrivare in fretta, ma non spingete!».

Peter è subito dietro di lui, il viso in fiamme. Si sente goffo e vigliacco, non ha avuto nemmeno il coraggio di guardare in faccia il poliziotto. Ma ne ha avvertito il nervosismo. È come se fosse l'Italia a trovarsi sotto assedio. Lo scontro tra i «tedeschi» e gli «italiani» è nell'aria. Un gesto fuori luogo e tutto potrebbe precipitare.

Il cielo d'autunno, così freddo e chiaro, sembra di vetro. Qualcosa potrebbe infrangersi, basta un'incrinatura.

Oggi è un bel giorno per gridare: «Libertà!».

Max e Peter sono quasi in cima e dietro di loro si snoda ormai un compatto fiume di folla. Sono arrivati in autobus, in macchina, in bicicletta e persino in calesse, gli uomini con il cappello grigio, con l'abito tradizionale, con la giacca di lana cotta, con il cappotto. Il popolo del Sudtirolo è affluito dalle città e dalle cime dei monti, dai piccoli comuni e dalle valli.

I due ragazzi percorrono l'ultimo tratto di strada ed entrano nel vasto cortile vibrante di eccitazione. Peter dimentica persino la preoccupazione per la Zündapp, la moto con il sidecar che ha dovuto lasciare molto più giù. Un mezzo di grande cilindrata, che non avrebbe neppure l'età per guidare. Lo prende in prestito solo per le occasioni speciali dal suo amico Hermann, il «monco».

Si arrampicano agili e vanno a sedersi sulle mura. Ai loro piedi, nel vasto spazio racchiuso dalle fortificazioni, tra la calca rimane solo uno stretto corridoio per gli oratori, lasciato sgombro davanti alla tribuna di legno. Max tiene l'occhio incollato al mirino della sua macchina fotografica, un gioiellino, una Leica M3 con teleobiettivo. Scruta i volti delle persone, gli sembra di poter sfiorare ogni dettaglio: lì un sorriso, là una ruga scavata dal corruccio sulla fronte di un vecchio contadino.

Peter gli dà di gomito: «Vediamo di andarcene un attimo prima che finisca».

«Stai calmo, già pensi ad andartene? Sei sempre così teso...» lo prende in giro Max.

«Rischiamo di restare bloccati e io non voglio arrivare in ritardo.»

«A tua madre non hai detto nulla, vero?»

Peter scuote il capo e Max abbassa la Leica per guardarlo. È così bello, Peter, con gli occhi verdi, le guance arrossate dal vento e dal sole, le labbra carnose. Vorrebbe passargli la mano tra i ricci castani, per rassicurarlo. Ma le carezze si fanno ai bambini e loro ormai sono uomini.

«Non preoccuparti» lo tranquillizza. «Neppure io voglio passare qui tutta la giornata.»

Intanto, sono comparsi i cartelli: IL TIROLO AI TIROLESI, NON VOGLIAMO ESSERE UNA COLONIA ITALIANA. Gli stessi slogan da quarant'anni, pensa Max, da quando il Sudtirolo è passato dall'Austria all'Italia nel 1919, ma nulla cambia mai. Se non in peggio: nel 1948, il governo di Roma ha accorpato in un'unica entità la provincia di Bolzano e quella di Trento, per cercare di diluire la minoranza germanofona in una maggioranza di italiani.

Max punta l'obiettivo su una figura che spicca nel gruppetto assiepato ai piedi della tribuna. Mette a fuoco il fisico imponente nel vestito costoso, il viso attraente ma rozzo, nonostante i chiari occhi grigi. I suoi stessi occhi.

«Guarda chi c'è» dice in tono piatto, porgendo la macchina all'amico.

«Tuo padre. Te lo aveva detto che veniva, no?» per l'ennesima volta Peter si chiede come possano due persone somigliarsi così tanto eppure così poco. Il viso di Max è dolce, con i tratti regolari e il naso dritto. Kurt ha una mascella squadrata, la bocca una ferita violacea mascherata da una pennellata di baffi. Eppure gli occhi, così uguali...

La folla esplode in un applauso e i due ragazzi balzano in piedi sul muro, senza curarsi del vuoto alle loro spalle. Sono decisi a non perdersi un solo dettaglio. Un uomo alto e magro con i capelli neri, le guance scavate e il naso adunco sta salendo con fatica i gradini della tribuna. Viene aiutato a raggiungere il podio e a trovare l'equilibrio sulla gamba, la sola che gli resta. È Silvius Magnago, presidente della Regione e leader della Südtiroler Volkspartei, la SVP, il partito di raccolta sudtirolese che da oltre dieci anni domina la vita politica della provincia, conquistando la maggioranza assoluta dei voti del gruppo germanofono. Il recente rinnovamento al vertice ha portato al comando uomini che ritengono necessario un cambio di passo nei rapporti con Roma e nelle relazioni internazionali. Quel 17 novembre 1957, il bagno di folla della manifestazione di Sigmundskron deve servire a far sentire la propria voce fino alla capitale italiana, ma anche a spuntare le armi dei fanatici che premono per la secessione. L'uomo con una sola gamba è un maestro degli equilibri difficili.

Max e Peter ascoltano con attenzione, ma la piega che prende il discorso non li entusiasma. Si parla dell'immigrazione italiana, il solito ritornello. Ma non di Tirolo unito, non della loro identità. Magnago attacca la distribuzione delle case popolari che il governo ha fatto costruire. «Chi riceve i nuovi appartamenti? Quasi solo italiani. E perché? Perché sostanzialmente questi nuovi alloggi, costruiti con fondi dello Stato, sono riservati alle persone che si trovano in condizioni di maggior bisogno. Quindi, a coloro che sono arrivati qui appena ieri. E chi sarebbero? Gli italiani!»

Max spera che finalmente si parli di secessione. Ci sono diverse correnti nella base del partito e lui è per la linea dura, quella di chi vuole rompere con Roma e riannettere il Sudtirolo all'Austria. Negoziare uno statuto speciale nel quadro della Repubblica italiana non gli basta, non basterà mai.

Ma il discorso di Magnago si sposta in un'altra direzione.

«Le migrazioni non alterano solo la composizione della popolazione in Sudtirolo, ma anche il quadro generale. Si tratta di una questione molto seria» ricorda, facendo riferimento all'afflusso di italiani di altre regioni. «Come partito cattolico, abbiamo il dovere di occuparci anche di questo aspetto. I sudtirolesi sono sempre stati immuni dal comunismo, ma esso è arrivato con le migrazioni. La propensione al comunismo degli immigrati deve darci motivo di preoccupazione, anche considerando l'importante posizione strategica del nostro territorio per l'Europa libera.»

Max cambia rullino. I visi che cattura nella folla lo interessano ormai più delle parole del leader. Quando mai i comunisti sono stati un problema? A Bolzano praticamente non esistono.

«Andiamocene, dai» sbuffa Peter. «Sono le solite chiacchiere.» C'è una vena di amarezza nella sua voce, aveva sperato che questa giornata segnasse un cambiamento. E invece tutto rimarrà come prima.

Max, però, non si muove. «Aspetta ancora un attimo» sussurra. Ha messo a fuoco il viso di suo padre Kurt ai piedi della tribuna, in mezzo ai notabili della provincia, rappresentanti della proprietà terriera, degli affari, della politica, della Chiesa. Le persone che contano.

«Vedo un cartello che dice *LOS VON TRIENT*, stacchiamoci da Trento» prosegue Magnago. La voce rimbomba tra le mura diroccate. «E allora parliamone, di questa autonomia.» Max vede suo padre che rimette il cappello e scuote la testa. «Ecco perché abbiamo deciso di alzare la voce, perché quando l'altro è sordo, per farsi capire, bisogna parlare più forte. Ecco perché oggi ci siamo riuniti. E possiamo assicurare a chi si ostina a non sentire che in futuro potremo fare anche più chiasso di così».

Max ha capito l'antifona. Tira aria di compromessi, di minacce velate. Abbassa la Leica e Peter gliela prende per mettere a fuoco dei volantini che girano di mano in mano, sotto di loro. Nessuno sa da dove siano sbucati.

«Cosa credevi, che ci lasciassero la nostra Heimat solo perché gliela chiediamo?» brontola un contadino studiando il foglietto, firmato BAS, Befreiungsausschuss Südtirol, Comitato per la liberazione del Sudtirolo.

«Dobbiamo lottare!» ribatte una voce nella calca.

«Ma va' là, ormai è tardi e siamo troppo pochi. Magnago ha ragione, cerchiamo di ottenere almeno qualche vantaggio!»

Max scuote Peter per un braccio, per lui lo spettacolo è finito, possono anche andare. Ma l'amico nemmeno si muove. I due sono alti uguali: Peter ha sedici anni, spalle da lottatore e braccia muscolose. Max, che ha un anno in più, sa benissimo che al club di pugilato, quando si allenano, il suo amico si trattiene per non fargli male.

«Ma non eri tu che avevi fretta?»

«Un attimo!» Peter non riesce a staccare l'occhio dal mirino. «Dio, come è bella!» sospira.

Max gli strappa la macchina di mano per mettere a fuoco l'oggetto di quel sospiro. Una ragazza? Come se non ne avessero già abbastanza, intorno, tra le compagne di scuola e le amiche che le sue sorelle invitano spesso nella grande casa di Montan. Lui e Peter non passano inosservati, in particolare fanno colpo gli occhi grigi e il sorriso un po' distaccato di Max, i capelli biondi che gli sfiorano il collo, già troppo lunghi per i gusti di suo padre. E il suo status di erede dei possedimenti di famiglia, naturalmente.

«Niente male» commenta senza entusiasmo fissando la figura della ragazza, un po' in disparte rispetto alla folla. Guarda Peter con un filo di malizia. «Perché non vai a parlarle?»

«Stai scherzando? E che cosa le dico?»

«Che te la vuoi portare a letto» ride Max, e lo precede giù dal muro.

A Peter non resta che seguirlo. E ritrovarsi, senza neanche sapere come, a due passi dalla bellissima sconosciuta.

Lei sta parlando all'orecchio di un uomo alto, probabilmente il padre, e i due amici esitano. Poi, si volta verso di loro. Ha gli occhi azzurri, anzi blu, forse viola. I capelli biondi e ondulati accarezzano il collo bianco e sotto il cappotto di lana rossa si indovina un corpo snello. Per un istante il tempo è come sospeso, poi lei accenna un sorriso. A Peter sembra un invito. A Max, una sfida.

«Bell'apparecchio» è il padre della giovane a rompere il ghiaccio, indicando la Leica. «Le foto le sviluppi tu?»

Non ha l'accento locale, deve essere austriaco. Un cittadino sicuro di sé. Forse per quello, pensa Max, si prende la libertà di parlare con tanta familiarità a lui, che è pur sempre il figlio di Kurt Gasser. Mentre questi chi sarebbero?

«Buongiorno» si intromette Peter. «Io mi chiamo Peter, lui è Maximilian.»

«No, non le sviluppo io. Tempo perso» risponde Max. In realtà non è capace, la macchina gliel'hanno appena regalata per i suoi diciassette anni e sta ancora sperimentando.

«Klara» si presenta la ragazza, tendendo la mano sottile. Prima a Peter. «Vi è piaciuto il discorso di Magnago?»

«Franz Bauer» l'uomo sembra più interessato alla Leica che alla politica. «Dovresti provare, sai? È la fase più entusiasmante del lavoro di un fotografo. È lì che vengono fuori le cose che il tuo occhio non aveva visto.»

Si avviano verso l'uscita. La gente sembra non avere fretta. In fondo i raduni e le feste sono stati così spesso ostacolati, o addirittura proibiti, che ora è bello ritrovarsi insieme. Ma davvero Magnago ha detto che non ci sarà nessun Tirolo libero? E davvero si può pensare che gli italiani cambieranno atteggiamento?

«Sono venuto in moto» spiega Peter a Klara. «Cioè, una moto con il sidecar. Una Zündapp. Devo riaccompagnare Max a Bolzano, se vuoi posso portare anche te.» Poi pensa: cretino, suo padre avrà di sicuro un'auto, magari pure di lusso, e tu le offri un passaggio in moto a novembre.

«Mmm, non fa un po' freddino?» dice infatti lei.

«Il sidecar è molto comodo!»

«E non sei un po' giovane per guidare una moto del genere?»

«Chi se ne frega. Qui facciamo le cose a modo nostro.» Da bravo lottatore, Peter sa che quando si attacca non si possono avere cedimenti. In quel momento, accompagnarla a casa è tutto ciò che conta. Scoprire dove abita. «Tu non sei di qui, vero?»

«Sto a Bolzano, ma sono di Innsbruck» risponde lei.

Già, quanto le manca Innsbruck. Klara guarda la schiena del padre: se li ha portati lì ci sarà sicuramente una buona ragione. Ma si sente avvolgere dalla malinconia, e pungere dalla ribellione. Non fa poi così freddo per un giro in moto.

Max si precipita su per le scale. Peter lo ha scaricato davanti al palazzo in piazza Walther senza tanti convenevoli, prima di accompagnare a casa Klara, arruffata ma felice nel sidecar. Basta così poco per far colpo sulle ragazze! Ma poi, che ci faceva al raduno di Sigmundskron?

Helga lo ha sentito arrivare e ha aperto la porta. Con il grembiule legato intorno al corpo robusto, sembra pronta a nutrire un esercito. Max le stampa un grosso bacio sulla guancia e la governante richiude l'uscio, non senza avere sbirciato sul pianerottolo. Si chiede: dov'è quell'altro?

«Arrivo subito, zia!» Max corre in camera sua, posa la Leica sulla scrivania e poi raggiunge sua zia Sissi nel salotto.

«Parla, racconta!» gli intima lei, mentre il nipote si china a baciarle i capelli grigi. Ha manovrato la sedia a rotelle nel solito angolo accanto alla finestra, in una lama di luce. Dal basso salgono i rumori della città, intorno aleggia ancora il fumo della sua ultima Craven «A». Su un tavolino tondo intarsiato tiene a portata di mano una caffettiera in porcellana di Meissen e i quotidiani tedeschi, con il «Dolomiten» in cima alla pila. Sulle ginocchia ha il suo ultimo acquisto: una radiolina Zenith che la tiene informata sui destini del mondo.

Max si lascia cadere sullo sgabello foderato di velluto rosso. Lei aziona la ruota destra per girarsi a guardarlo. Che bel ragazzo, pensa per l'ennesima volta. Come è possibile che mio fratello abbia concepito una meraviglia simile?

«Magnago ha messo una croce sul Tirolo libero» spiega Max, sapendo di darle un dispiacere.

«Un'altra. C'era tanta gente?»

«Un sacco. Ha parlato dell'autonomia. La parola d'ordine è "Via da Trento!".»

«Ti pareva! Compromessi, sempre compromessi» il motto della zia, come quello di Max, è «Via da Roma». E non fa sconti. «Ecco che cosa succede a perdere le guerre.»

Guarda fuori dalla finestra, il campanile del duomo svetta all'altro capo della piazza. Non c'è più traccia del bombardamento americano che l'ha quasi raso al suolo nel 1944. Come non c'è più traccia delle sue gambe, rimaste sotto quelle macerie.

«Ma c'è chi non si rassegna» mormora tra sé. Si accende un'altra sigaretta e la porge a Max, a cui piace il gusto dolce della prima boccata. «Gli italiani devono capire che non possono portarci via la terra, le nostre tradizioni.» Poi a bruciapelo, rivolta al nipote: «Chi è peggio: i ladri o i traditori?».

«I traditori» risponde lui senza esitazione, ma è già stufo di quei discorsi. A volte anche la testa della zia gli sembra un museo, non solo il suo salotto.

Nella stanza dipinti, ritratti e foto raccontano le bellezze della loro Heimat e i fasti di un impero scomparso. Tra i libri che riempiono gli scaffali spiccano i romanzi di guerra e i saggi di storia: letture specifiche, per una signora sola. Ma lei avrebbe voluto essere un soldato. Sul ripiano di marmo del caminetto, sotto lo specchio dalla cornice dorata, conserva sotto vetro una pagina ingiallita del «Dolomiten». È il famoso editoriale del canonico Michael Gamper del 28 ottobre 1953, in cui parla della «marcia della morte dei sudtirolesi»: un grido di allarme rimasto inascoltato, in cui si scagliava contro le nuove forme di oppressione degli italiani ai danni della minoranza germanofona.

La zia sarà anche in sedia a rotelle, ma ne sa più di Max su ciò che si prepara. Le voci dicono che il tempo dei discorsi è finito e non sarà il raduno di oggi a metterle a tacere. Bisogna fare qualcosa, lo pensano in molti. In gennaio, a Kardaun, alle porte della città, hanno fatto saltare i binari con la dinamite. Il boato lo ha svegliato in piena notte e la mattina ha bigiato la scuola per andare a vedere, assieme a Peter. I danni non erano gravi e la polizia li ha allontanati subito. I responsabili sono quelli del gruppo di Hans Stieler, il tipografo del «Dolomiten», e c'è chi dice che il condirettore del quotidiano, Friedl Volgger, sia tra i finanziatori. Ma Volgger non si sarebbe mai imbarcato in un'impresa del genere. O sì? La verità è che non è facile capire le posizioni delle persone, di questi tempi. Nessuno ti dice tutto.

«C'era anche tuo padre?» domanda Sissi spegnendo il mozzicone.

«Figurati se non c'era.»

«Ci hai parlato?»

«No» risponde Max alzandosi. «Non ne avevo voglia.» Kurt stava insieme agli amici di Magnago, riflette. Ai borghesi non piacciono le rivoluzioni.

Peter sorride, indifferente al freddo. Sotto la giacca di panno porta un maglione di lana leggera. «Così ti ammali!» lo ha richiamato sua madre quella mattina vedendolo uscire di casa, ma lui non si ammala mai. Certo, è meno elegante del suo amico Max, ma non fa un figurone anche lui alla guida della sua rombante Zündapp 750? Percorre a bassa velocità la strada che costeggia l'Adige, diretto a Pinzon. Sulla sinistra i vigneti si aggrappano alle pendici più basse delle montagne, mentre salendo di quota iniziano a infittirsi i boschi. Vino e legname: ecco le ricchezze di questa terra. Per chi la possiede.

Ma Peter si sente leggero, troppo per pensare a ciò che lui e sua madre non hanno. Ricorda la mano di Klara nella sua, quando ha fermato la moto di fronte a un bel palazzo di via Goethe e l'ha aiutata a scendere dal sidecar. Una mano dalle dita lunghe ed eleganti. Una stretta decisa. Si è ravviata i capelli e sistemata il cappotto, poi ha risposto alla domanda che lui non aveva il coraggio di farle.

«Io vado al liceo dalle Marcelline.» Ha accennato in direzione del fiume, che attraversa ogni giorno per andare a scuola. I suoi l'hanno iscritta all'istituto di lingua italiana, dicendo che le tornerà utile.

«Io e Max dai Francescani. Siamo in classe insieme» ha balbettato Peter omettendo, chissà perché, di essere più giovane dell'amico. Se non fosse per Max, a dire il vero, non potrebbe nemmeno studiare: è lui che lo ospita durante la settimana in città, quando non gli è possibile tornare fino a Pinzon.

Peter ha alzato lo sguardo sulla facciata opulenta con i balconi di ferro battuto e gli spessi tendaggi di velluto dietro i vetri.

«Dobbiamo rivederci» ha detto con decisione.

«Perché no?» ha risposto Klara, e già infilava la chiave nella toppa. «Bolzano è piccola, le occasioni non mancheranno.» Poi è scomparsa.

Partendo, il ragazzo ha dato un'occhiata nello specchietto. E lei era ricomparsa sulla porta. Gli ha perfino rivolto un cenno di saluto, ne è certo! Che imbecille... Avrebbe dovuto tornare indietro, balzare a terra, baciarla e chiedere il numero di telefono!

Max a quest'ora le avrebbe già strappato un appuntamento. Però Max è Max. Con il grande maso di Montan, i terreni e tre sorelle bionde come lui, che sbattono le ciglia all'amico del fratello senza prenderlo sul serio. Peter, invece, è soltanto Peter, a bordo di una moto presa in prestito, con la Gasthaus da mandare avanti insieme a sua madre Katharina che non sorride mai.

Accelera sui tornanti e cerca di vedere il bicchiere mezzo pieno. Klara ha detto bene, Bolzano è un grosso paese. Sa dove abita, sa che scuola frequenta, non sarà difficile ritrovarla. Sfreccia accanto a un signore che cammina di buon passo, aiutandosi con un bastone. È Jakob Rizzolli, il proprietario della grande casa nella piazza di Pinzon. Le terre di suo suocero, Johann Tiefenthaler, si diceva, si stendevano da Montan fino all'altra sponda dell'Adige. Oggi non è più come una volta, ma la famiglia è benestante e rispettata. Non li ha visti al raduno di Sigmundskron, chissà se c'erano? Il figlio di Jakob, Josef, è un membro influente della sezione locale della SVP. Ma non gli sembra il tipo da fare rivoluzioni.

Peter rallenta, è arrivato. Entra con cautela nel cortile di casa, poco fuori dal paese. Pinzon, Montan, Glen: il suo mondo è tutto qui. Tutto a portata di mano, familiare. Spegne il motore e parcheggia la motocicletta in un fienile trasformato in officina. Sulle pareti, file e file di chiavi, cacciavite, pezzi di ricambio, tutto il necessario per tenere in buono stato il veicolo meraviglioso che il «monco» ha avuto la gentilezza di prestargli.

«Allora? Tutto bene?»

Peter si volta e dà una pacca sulla spalla a Hermann.

«È perfetta, fila come il fulmine. Più c'è freddo, meglio va.»

«Lo so, lo so» risponde l'altro. «Tua madre è già passata tre volte a cercarti, forse è il caso che rientri. E com'è andata là? Novità?»

«Max dice che sono le solite chiacchiere. Continueremo a trattare con gli italiani senza ottenere niente. Però non tutti erano contenti. C'erano anche degli austriaci» e arrossisce.

Hermann non se ne accorge.

«Un bel giorno ci sveglieremo e saremo diventati italiani anche noi» commenta amaro. «A meno che...»

«A meno che...?»

«Niente. Tu pensa a pulire a fondo la moto» taglia corto il «monco», gettandogli una spugna.

Ci tiene che se Peter usa la Zündapp poi la lavi. Questione di rispetto, dice. Nell'estate del 1945 dei soldati tedeschi in rotta gli hanno ceduto la motocicletta in cambio di abiti civili e viveri, o almeno così racconta lui. L'impressione di Peter è che ci sia un sacco di passato nel fienile-officina di Hermann. Lo stesso passato che ha divorato il braccio dell'uomo, un tributo pagato alla battaglia di Berlino. L'ultima prima della fine.

Peter si è azzardato a chiederglielo una sola volta, perché avesse combattuto per Hitler.

«Per Hitler? Alla fine nessuno sapeva più perché stavamo combattendo» gli ha risposto. «Ma se uno dei tuoi partiva all'assalto ci andavi anche tu, per lui. Per la causa, si diceva. Qualunque fosse, almeno c'era.»

La storia di Hermann è uguale a quella di tanti. Nel 1939 aveva optato come quasi tutti per la Germania. All'epoca aveva trent'anni, dieci più del padre di Peter, ma erano amici ed erano partiti insieme per cercare lavoro vicino a Monaco. Ben presto Hermann era finito al fronte con la Wehrmacht, dapprima in Francia, poi in Polonia, in Ucraina, in Russia e infine a Berlino, a battersi per proteggere il bunker dove il 30 aprile 1945 Hitler si era tolto la vita. Ma a quel punto non combatteva più per il Führer già da un pezzo: lottava per sopravvivere e tornare a casa. Era fuggito dall'assedio di

Berlino con mezzo braccio massacrato da una scheggia di granata, in una piccola colonna diretta a ovest, verso Magdeburgo, bersagliata dai caccia degli Alleati ormai padroni dei cieli. Aveva attraversato l'Elba a bordo di una zattera di fortuna e si era consegnato agli americani. Era arrivato a casa con una sola, pessima notizia per la moglie del suo amico, e per quel bambino nato il 19 gennaio del 1941: il padre di Peter non sarebbe tornato.

Peter entra nella Gasthaus. Sua madre è in piedi dietro il bancone. La mamma più bella del mondo, diceva da bambino, e lo pensa ancora anche se non lo dice più. Alta, il seno pieno nel corpetto di velluto del *Dirndl*, l'abito tradizionale, con la camicetta bianca, la lunga gonna che dalla vita sottile scende quasi fino alle caviglie. Lei lo guarda, gli occhi verdi pieni di sollievo.

Nella sala, la *Stube*, c'è il solito gruppetto misto di proprietari terrieri che bevono un bicchiere a fine giornata, nel tepore della stufa di ceramica e sotto due sguardi vigili. Uno è quello del crocefisso, appeso al muro con sotto il ramoscello d'ulivo benedetto. L'altro è quello di un giovane soldato in uniforme tedesca, la cui fotografia incorniciata è appesa accanto alla porta. Il vino è buono, nella Gasthaus Staffler, e chi ha fame trova sempre un piatto di speck e di formaggio. Non di rado capita qualche turista austriaco, sceso a Sud per godere dell'ospitalità dei «cugini» sudtirolesi. Due camere da letto al piano di sopra sono a disposizione di chi vuole fermarsi la notte. Katharina potrebbe farle diventare quattro, ma i lavori costano e il tempo non basta mai.

«Tutto bene?» domanda ora al figlio, con il solito tono ansioso.

«Ma sì, mamma, certo...»

«Lo sai che non mi piace quando prendi la moto, è pericoloso» ma è una battaglia persa. Peter va bene a scuola, la aiuta al lavoro, in qualche modo deve pur sfogarsi. Certo, vorrebbe che non fossero la moto e il pugilato le sue passioni, ma c'è di peggio. Di molto peggio.

«Non è successo nulla.» Peter si versa un bicchiere d'acqua e lo vuota d'un fiato, pensando a Klara. Saluta sua madre con un bacio sulla guancia e una carezza sui capelli castani, raccolti in un'irreprensibile crocchia. Poi imbocca il corridoio che conduce al loro piccolo appartamento sul retro, va a buttarsi sul letto, le mani dietro la nuca. Fissa la foto di Max Schmeling, la star del pugilato tedesco di tanti anni fa: anche lui ha fatto la guerra però, al contrario di suo padre, è tornato vivo.

Non è successo proprio nulla, si ripete Peter. Ma allora perché ha l'impressione che sia cambiato tutto?

«Ti avevo detto di non andarci!»

«Ci andavano tutti. C'eri anche tu» ribatte Max. Posa il bicchiere di bourbon sulla scrivania. È già notte, solo suo padre poteva precipitarsi lì per rimproverarlo.

«È inutile che tu perda tempo con quel genere di manifestazioni.»

«Io voglio capire, va bene? Ho il diritto di capire.»

«Tu non capisci niente, sono cose più grandi di te.»

«E allora perché non me le spieghi? Di che hai paura?» chiede Max.

«Resta fuori da queste faccende» si limita a ribattere il padre.

«Come te? Tu sei bravo a restar fuori dalle cose, no?» Per un momento, Max pensa che lui raccoglierà la provocazione. Che finalmente gli dirà la verità. Qualunque sia.

«Tu devi pensare a studiare» taglia corto Kurt. «Altrimenti puoi anche smettere e venire a lavorare nella proprietà, lo sai quali sono i patti.»

Si fronteggiano rigidi, in silenzio, finché Max abbassa lo sguardo. Suo padrc si rilassa, sa di aver vinto di nuovo. Ma si chiede per quanto potrà tenere in pugno quel figlio ribelle, che non riesce più a comprendere.

All'udito sensibile di Max sembra di sentir echeggiare uno sparo, o un boato, ma forse è l'eco di una guerra già combattuta e mai finita.

Peter si sveglia di soprassalto. L'aria vibra ancora per il rimbombo. Si alza, si infila i pantaloni e un maglione. Esce in corridoio. L'esplosione ha svegliato anche sua madre, e nelle case fuori si sentono sbattere le imposte.

«Dove vai?» Katharina è in vestaglia.

«Vado a vedere» risponde Peter.

«Nel cuore della notte?»

«Mamma, è un bel pezzo che non ho più paura del buio...!»

Katharina, invece, ha paura di tutto. Delle cose tremende che potrebbero capitare a suo figlio, di ciò che lui non sa. Ma cosa può fare? Mettersi sulla porta e sbarrargli la strada? Al suo bambino che ora è grosso due volte lei? Può solo guardarlo uscire e tornare a letto senza più sonno.

Peter inforca la bicicletta e parte verso Montan. Vede Hermann sulla soglia di casa, anche lui completamente vestito, gli rivolge un cenno di saluto e spinge sui pedali. L'esplosione proveniva dal cimitero, all'altro capo del paese. In lontananza si sentono le prime sirene.

È una notte senza luna. Il cancello del camposanto è aperto. Peter muove qualche passo lungo il viale, tra le due file di tombe modeste, vegliate da croci di ferro battuto. Verso il fondo, a sinistra di una cappelletta, alcuni fili d'erba bruciano ancora. Al chiarore di quelle ultime braci Peter intravvede un mucchio di macerie. È ciò che resta della tomba di uno dei nemici storici dei sudtirolesi, Ettore Tolomei, geografo e senatore fascista, un fanatico dell'italianizzazione forzata della provincia, sotto il regime. Sepolto a Montan nel 1952 con il viso rivolto verso il passo del Brennero, perché il suo sguardo rimanesse fisso in eterno a una terra che sognava italiana.

Peter si guarda intorno nel cimitero. All'improvviso gli viene in mente che, se i carabinieri lo trovassero lì, potrebbero addirittura pensare che sia stato lui. Lui! Eccitato dall'odore acre dell'esplosione, il pensiero gli strappa una risata ad alta voce.

«Scusate» borbotta rivolto alle tombe silenziose, poi riprende la bici e si butta rapido giù per la discesa che porta a Pinzon. Se incontra i carabinieri, pensa, dirà che è stato a trovare la sua ragazza. Gli torna in mente Klara. Non che gli fosse mai uscita dalla testa.

La voce delle sirene si fa più vicina, ma ormai è quasi a casa, al sicuro.

«Benvenuti nel paese delle bombe!» grida nella notte con tutto il fiato che ha in gola.

2

La memoria delle montagne

Ciascuno racconta il passato a modo suo. Ma i fatti sono duri a morire, e i passaggi che in una bella giornata di novembre del 1957 hanno condotto migliaia di sudtirolesi al raduno di Sigmundskron sono ben noti.

Tutto ha inizio il 3 novembre 1918 a Villa Giusti, a Padova, con l'armistizio tra l'Italia e l'Austria. È una pace separata della Grande Guerra che volge al termine. Sul piano militare l'Austria e la Germania sono in ginocchio. L'ultima offensiva alleata nell'estate e autunno del '18 ha messo in grave difficoltà le truppe del Kaiser Guglielmo II. La Germania è già percorsa dalle tensioni sociali ed economiche che di lì a breve scateneranno una rivoluzione, mettendo fine al regime monarchico e dando inizio alla Repubblica di Weimar.

L'Impero austroungarico è ormai l'ombra di se stesso. Francesco Giuseppe, il sovrano che all'inizio della guerra aveva ottantaquattro anni, non ha visto la fine del conflitto. «Dio, imperatore, patria»: una formula che ha perso ogni significato. Ben presto, anche i fedeli sudditi del Sudtirolo dovranno farsene una ragione.

Alla Conferenza di pace di Parigi, nel 1919, né gli austriaci, né i tedeschi, né tantomeno i tirolesi (per chi sa che esistono) sono in condizione di imporre la propria volontà. Sono gli sconfitti. Sbaragliati, umiliati, dispersi. Non avranno clemenza: l'odio accumulato dai vincitori contro gli «aggressori» è smisurato, specialmente per quanto concerne il negoziatore francese, Georges Clemenceau.

Il presidente americano Woodrow Wilson invocherà in questa circostanza un principio destinato a passare alla Storia, anche quella del Sudtirolo: il diritto dei popoli all'autodeterminazione. Wilson ne ha fatto il cardine dei «quattordici punti», enunciati in un discorso davanti al Congresso statunitense l'8 gennaio 1918, con cui si propone di evitare al mondo un nuovo sanguinoso conflitto. Più tardi ammetterà che il significato preciso di quel principio era sfuggito a lui stesso, come pure i termini in cui avrebbe dovuto essere applicato. Ancor meno senso può avere per i due principali alleati degli Stati Uniti, la Gran Bretagna e la Francia, grandi potenze coloniali.

Quanto all'Italia, che nel 1915 ha abbandonato l'alleanza con gli imperi centrali, si è ritrovata a far parte del gruppo dei «quattro vincitori» (con Stati Uniti, Gran Bretagna e Francia) che, in quella Conferenza di pace senza precedenti, stanno per ridisegnare la geografia del mondo. L'Impero austroungarico, il Reich tedesco, l'Impero ottomano e la Russia zarista non esistono più. Le frontiere tra gli Stati, in Europa, nei Balcani, in Medio Oriente, in Asia e in Africa, vengono ridefinite a tavolino. A Mosca si è insediato un nuovo regime che fa già paura e di cui Winston Churchill dice: «Tra tutte le tirannie della storia quella bolscevica è la peggiore, la più brutale, la più odiosa». Quel giudizio darà il la a uno scontro destinato a protrarsi per oltre settant'anni.

La Prima guerra mondiale ha portato un altro grande protagonista sulla scena europea: gli Stati Uniti. Nel 1917 i soldati americani sono venuti a morire nel nord e nell'est della Francia per sconfiggere la Germania. Ed è stato Wilson ad assumersi la responsabilità di guidare i negoziati di Parigi.

Occupata dalle truppe italiane, in quel frangente anche una piccola provincia cambia proprietario: è la parte meridionale dell'austroungarico Tirolo, tra Salurn a sud e il passo del Brennero a nord. Il 10 settembre 1919, il Trattato di Saint-Germain-en-Laye tra Italia e Austria conferma l'annessione del Sudtirolo. Nessuno se ne preoccupa, il vero tema sono le rivendicazioni italiane a est, sulle rive dell'Adriatico. Bisognerà attendere il 1920, e il Trattato di Rapallo, perché il Regno d'Italia e l'allora giovanissimo Stato jugoslavo si dividano le spoglie dell'Impero austroungarico su quel confine.

Sulla carta d'Europa ora corre una nuova frontiera: quella del Brennero. Vienna protesta invano contro l'annessione del territorio. Vince l'idea che la barriera delle Alpi sia la separazione naturale tra due grandi aree geografiche e geopolitiche: l'Italia a sud, l'Austria e il mondo germanico a nord. Nel momento in cui il Brennero viene concepito come una linea di difesa, la partizione del Tirolo diventa una necessità. È un ragionamento semplice ma inesorabile.

Occorre studiare attentamente la carta geografica, per capire davvero come e perché quella piccola losanga di terra può raccontare un secolo di storia. A sud, alla base dell'irregolare figura geometrica, c'è Bolzano, annidata nel fondo di una conca bagnata dall'Isarco e dall'Adige, via di transito obbligata per gli uomini e le merci. A nord, c'è il passo del Brennero, che non supera i 1400 metri di altitudine; oltre, si prosegue verso Innsbruck, capitale del Tirolo del Nord. A completare il disegno, una manciata di città e vallate, anch'esse di importanza cruciale. Due si allungano a toccare la frontiera austriaca da Merano: la Val Venosta e la Val Passiria. E due da Bressanone: la Valle Aurina e la Val Pusteria.

In questi luoghi tra il 1957 e il 1967 va in scena una

guerra contro lo Stato, nel pieno di quello che per i libri di storia è un decennio di pace.

Il passaggio all'Italia del 1919 viene vissuto come una vera e propria amputazione, una ferita che sanguina sia per i tirolesi del Nord sia per quelli del Sud. Tanto più che nella penisola le cose prenderanno presto una brutta piega. A Roma nel 1922 si insediano i fascisti, paladini della loro missione civilizzatrice nel mondo. Per i sudtirolesi è una vera e propria colonizzazione: dalle provocazioni si passa alle persecuzioni, dagli insulti alle manganellate.

Nella provincia ribattezzata Alto Adige, la suprema autorità è Ettore Tolomei, che procede a italianizzare tutti i toponimi. La lingua tedesca viene bandita dalle scuole, dagli uffici e dai luoghi pubblici. Resistono, in parte, le chiese. Censurata fino al silenzio la stampa: l'ultima prima pagina del quotidiano «Der Tyroler» titola *Addio, mia terra tirolese*. Non è retorica, è il lutto di un popolo che il regime ha deciso di annientare.

Si organizzano reti di resistenza clandestina. Nelle città e nei piccoli comuni, case e scantinati si trasformano in *Katakombenschulen*, dove i bambini vanno a studiare il tedesco proibito sui banchi. La mia prozia Hella è stata una delle giovani donne coraggiose che improvvisandosi maestre hanno sfidato il fascismo. Nel 1933, i germanofoni del Sudtirolo sono alla disperazione quando intravvedono all'orizzonte una luce. Nessuno sa, e loro lo capiranno troppo tardi: è la prima scintilla dell'incendio che devasterà l'Europa.

In quell'anno i nazisti prendono il potere in Germania. Il caporale austriaco diventato cancelliere, Adolf Hitler, ha una missione chiara: difendere i tedeschi, ovunque siano. Agli occhi dei sudtirolesi è un possibile liberatore. Anche se presto si allea con Mussolini. Anche se il suo progetto politico è intriso del veleno dell'odio.

Ma nessuno, nell'Europa del tempo, riesce davvero a rendersi conto dell'enormità del pericolo in arrivo.

I fascisti, per velocizzare l'italianizzazione, procedono a industrializzare il Sudtirolo. Nel 1934 i frutteti e i vigneti sulle rive dell'Adige vengono estirpati per fare posto ai nuovi stabilimenti della zona industriale di Bolzano. Vengono edificati quartieri per ospitare la manodopera che affluisce da sud. Decine e decine di piccole case tutte uguali, le cosiddette «semirurali»: palazzine a due piani con quattro appartamenti. Dovrebbero essere il paradiso per gli «emigranti», venuti dai vicini Veneto e Friuli-Venezia Giulia ma anche dalla Sicilia, dalla Sardegna, dalla Calabria. Lo sono davvero? Molti di questi nuovi cittadini non sanno quasi nulla delle montagne, non masticano una parola di tedesco e sono considerati degli invasori.

La storia accelera ancora. Il 13 marzo 1938, con l'*Anschluss*, l'Austria viene annessa al Reich di Hitler. In novembre, nella Notte dei cristalli, da un capo all'altro della Germania e dell'Austria e nei Sudeti, i mastini nazisti aggrediscono gli ebrei. È il primo atto del più sanguinoso genocidio della storia umana, l'Olocausto. Ma per i sudtirolesi, una Germania forte al confine è un sogno che si avvera: dopo l'Austria, pensano, toccherà a loro. L'uomo forte di Berlino, il paladino del *Deutschtum*, il carattere tedesco, ricomporrà il mondo germanico frantumato dalla Grande Guerra, si riprenderà l'ultimo lembo dell'ex Impero austroungarico.

Hitler, naturalmente, ha altro a cui pensare. Ma una mossa per «riprendersi i suoi» viene fatta. Nel giugno del 1939, i regimi fascista e nazista approvano un accordo per il «trasferimento di risorse umane». Gli abitanti germanofoni del Sudtirolo potranno richiedere la nazionalità tedesca, abbandonare le loro case e i loro masi e trasferirsi nelle terre che il Reich si appresta a conquistare. Un vantaggio per loro, ma anche per gli italiani che si sbarazzeranno di una minoranza irriducibile. Sono le «opzioni», un referendum con cui la grande maggioranza dei sudtirolesi accetta di emigrare in Germania. Sono nazisti? Non necessariamente. Ma hanno più di un decennio di violenza alle spalle e molta propaganda nella testa.

Partono in migliaia, sognando un futuro radioso, ma cadranno a frotte sul fronte russo. I più restano in attesa. Non ci pensano nemmeno a lasciare il certo per l'incertezza di un Paese già in guerra. Per qualche tempo la Storia li asseconda: gli italiani, sconfitti su ogni fronte, si sbarazzano del Duce e firmano una resa separata con gli Alleati. Le truppe tedesche occupano il Sudtirolo che, con il nome Alpenvorland, viene amministrato direttamente dal Terzo Reich, sebbene sia formalmente parte della Repubblica Sociale Italiana. Il 9 settembre 1943 vengono accolti con canti e fiori al loro ingresso nelle vie di Bolzano.

Migliaia di chilometri più a est, le sorti della guerra vengono decise in battaglie gigantesche: a Leningrado, a Stalingrado, a Kursk. Lo schiacciasassi russo è in marcia e dopo oltre due anni di feroci scontri di retroguardia raggiunge Berlino e riduce la capitale del Reich a una città fantasma. A sud e a ovest, nel frattempo, avanzano anche le forze angloamericane. Impiegheranno oltre seicento durissimi giorni per risalire la penisola italiana, difesa dalle unità tedesche.

A Bolzano scompaiono le bandiere con la croce uncinata. Nessuno parla più di trasferirsi e tutti cominciano a ripetere il mantra che nel dopoguerra risuonerà ovunque: non avevamo capito.

Nel 1945, tra settembre e ottobre, si tengono a Londra una serie di incontri che servono a studiare un progetto di pace. Come a Parigi ventisei anni prima, viene ridisegnata la geografia di un continente mezzo conquistato dalle truppe sovietiche e mezzo liberato dalle forze alleate. Anche i destini del Sudtirolo si giocano nel faccia a faccia tra i due blocchi. E la decisione finale è irrevocabile: i confini non verranno spostati, la frontiera resta al Brennero, la provincia rimane italiana. Nessuno è disposto ad accettare alternative. Tutto il resto sono chiacchiere.

I sudtirolesi hanno perso la guerra e per di più si sono ritrovati nel campo dei cattivi. Per loro fortuna, qualche carta da giocare c'è ancora. Tanto per cominciare, i cosiddetti *Dableiber*, cioè chi nel 1939, all'epoca delle opzioni, ha scelto il «no», rifiutando di trasferirsi nel grande Reich. Sono loro a farsi garanzia e portavoce per tutti presso i vincitori. Grazie a loro, l'intera zona si può presentare come una patria sventurata, disorientata, schiacciata tra il fascismo e il nazismo, costretta a una scelta impossibile. Restare e venire annientati o siglare un patto con il diavolo e andarsene? Presentarsi come vittime fa comodo a tutti, in un dopoguerra che di consolazione e di pacificazione ha un bisogno disperato.

Subito dopo la Liberazione, a Bolzano, nasce la Südtiroler Volkspartei, un partito che inizia immediatamente a lottare per la causa dell'autodeterminazione. Fiato sprecato. Il governo di Roma ha altre priorità. All'epoca, molti sudtirolesi non sanno neppure quale sia la loro vera cittadinanza: nel 1939 gli optanti hanno rinunciato a quella italiana e non la riacquisteranno ancora per qualche anno, rimanendo apolidi.

Il 5 settembre 1946, a Parigi, i ministri Alcide De Gasperi e Karl Gruber firmano un accordo che conferma la frontiera del Brennero, e prevede uno statuto di regione autonoma per il Sudtirolo. La neonata Repubblica italiana si ritrova dalla parte giusta, sebbene fino a pochi anni prima anche Roma fosse alleata con il diavolo nazista. I nuovi governanti italiani capiscono che d'ora in poi, per sopravvivere, dovranno obbedire senza discutere agli Stati Uniti. L'Austria, che ora nega di aver sostenuto Hitler, è strategica: il piccolo Paese alpino, in parte ancora occupato da truppe sovietiche, è un avamposto geografico nel braccio di ferro tra Mosca e Washington.

Ben presto risulta chiaro che applicare correttamente l'accordo De Gasperi-Gruber non è negli interessi di Roma. La Carta costituzionale italiana, che entra in vigore il 1° gennaio 1948, definisce nuove suddivisioni regionali, dando vita a un'entità unica che ingloba il Sudtirolo e il Trentino. Così facendo, con un tratto di penna, la maggioranza germanofona del Sudtirolo si trasforma in una minoranza nel quadro di una regione più vasta, popolata in prevalenza di italiani. Bel colpo, verrebbe da dire. Sennonché proprio quella decisione precipiterà un pezzo di Italia nel caos, alimentando una spirale di violenza, complicando le relazioni diplomatiche tra Roma e Vienna e creando, come vedremo, il primo nodo della rete di un gigantesco inganno.

«Ho cominciato a fare politica con la campagna elettorale del 1946, ma ero veramente l'ultimo arrivato. Avevo vent'anni, sono entrato in Parlamento a ventotto, nel 1953.» Giorgio Napolitano, presidente emerito della Repubblica italiana e senatore a vita, mi riceve nel suo luminoso ufficio di Palazzo Giustiniani, accogliendomi con la sobria cortesia delle istituzioni.

Sono venuta a parlargli per andare alla radice di quel remoto dopoguerra dove tutto è cominciato. Negli anni di cui parliamo, gli interessi dell'onorevole Napolitano, che sedeva nei banchi del Partito comunista italiano, erano perlopiù rivolti alle questioni del Mezzogiorno.

Ma se dei travagli della mia Heimat non può dare testimonianza diretta, è comunque un uomo i cui occhi hanno visto settant'anni di vita politica del Paese. È stato al centro dell'evoluzione della sinistra in anni cruciali: la Guerra fredda, l'emergenza terrorista, la caduta del Muro.

«Con le elezioni del 1948, tutte le forme di partecipazione di unità nazionale scomparvero, furono travolte dalla Guerra fredda» ricorda. «E debbo dire che a lungo, secondo me, si sono sottovalutate alcune scelte fondamentali compiute in quel periodo di prima ricostruzione democratica. Quelle che fecero i governi appena usciti dal fascismo, scelte essenziali come le autonomie speciali. Vi fu un'intuizione particolare e molto forte per il Trentino-Alto Adige, perché si trattava di mettere in sicurezza le nostre frontiere. Questo, allora, forse non fu pienamente compreso.»

È difficile entrare nello spirito di quei tempi, dopo decenni di pace. La guerra più devastante mai combattuta era appena finita, e non si era così certi che non potesse cominciarne a breve un'altra. Una minaccia alle frontiere, un attentato all'unità nazionale erano eventualità concrete, non folklore politico. «L'autonomia speciale per la Sicilia fu attribuita sotto la pressione del movimento separatista, che però aveva il fiato corto. Si riferiva a un possibile interesse americano, che non esisteva, a occuparsi della Sicilia come nuovo Stato dell'Unione» racconta il presidente emerito. «Era un movimento localmente aggressivo e anche molto complesso, ma il vero problema si ebbe in Trentino-Alto Adige e Friuli-Venezia Giulia, le due parti più esposte del territorio nazionale. In entrambe le regioni, ma in modo macroscopico nella prima, c'era anche il tema delle diverse nazionalità, e delle diverse lingue.»

Insomma, il Sudtirolo era considerato da alcuni una

spina nel fianco, da altri un problema minore. Tra questi ultimi c'erano i comunisti, che in quella zona di confine erano meno forti che altrove. «Io penso che nel PCI, che pure aveva una vita interna democratica molto vivace e un'attenzione alle dimensioni internazionali, ci fu un'incomprensione di massa dell'importanza della questione sudtirolese. L'attenzione era concentrata su altro. Anche il tema della posizione americana, che io ricordi, non venne mai preso in considerazione, rientrava nel quadro di tutte le difficoltà che l'Italia affrontò nella Conferenza per la pace.» Napolitano si riferisce al famoso discorso di Alcide De Gasperi del 10 agosto 1946: «Prendendo la parola in questo consesso mondiale sento che tutto, tranne la vostra personale cortesia, è contro di me: e soprattutto la mia qualifica di ex nemico. [...] Non corro io il rischio di apparire come uno spirito angusto e perturbatore, che si fa portavoce di egoismi nazionali e di interessi unilaterali?».

Dopo il caos della guerra, le rivendicazioni territoriali in Europa erano tante, a partire da quella degli jugoslavi su Trieste: «Questo era l'argomento che più teneva banco nell'opinione pubblica italiana, distraendo rispetto a eventi che pure erano diventati minacciosi e sanguinosi» spiega il presidente, ricordando gli albori della violenza in Sudtirolo.

La frontiera su cui si concentrava l'attenzione all'epoca era quella orientale. L'Istria, da cui l'esodo italiano si era concluso solo a metà degli anni Cinquanta, era una ferita ancora aperta. Ed è probabile che il PCI in quel periodo prestasse molta attenzione ai presunti piani di invasione del Patto di Varsavia, di cui i vertici del partito non potevano non essere informati. Mi risponde laconico: «Probabilmente sì». In ogni caso, era chiaro a tutti che da un momento all'altro la Guerra fredda poteva diventare calda. E i comunisti dovevano aver capito che il governo italiano, assieme agli alleati americani, aveva tutto l'interesse ad approfittare della situazione di tensione per militarizzare il confine del Brennero. «Ci fu, per usare il termine che hai usato tu, un approccio di militarizzazione, di puntare sull'autorità prefettizia. Quindi appoggiarsi sugli organi dello Stato, con il necessario supporto militare» conferma il presidente, ma aggiunge: «La scelta dell'autonomia non è mai stata messa in discussione all'interno del PCI, mai. E Magnago e la Südtiroler Volkspartei si sono rivelati negli anni un forte elemento di stabilità. C'è stata una presenza combattiva antisecessionista e antiterroristica. La SVP è stata un pilastro anche dell'equilibrio democratico italiano».

In quegli anni, «tutti gli aspetti di sovversivismo interno, che poi sarebbero sfociati nella strategia della tensione, erano molto sotto l'attenzione del PCI» dice Napolitano. «La più grande paura era sempre l'inquinamento dello Stato. Una sovversione che rendesse gli ordini dello Stato non più leali alle rappresentanze democratiche.» Il Sudtirolo fu quindi, come ritengono diversi storici e testimoni, un laboratorio per la strategia della tensione? Giorgio Napolitano annuisce. «Questo credo sia fondato dirlo, perché in nessun altro punto d'Italia si sfidò l'autorità dello Stato, l'ordine pubblico e qualsiasi politica e principio di sicurezza, anche per le vite dei cittadini. Lì fu il punto di massima aggressività. Su questo non so quanto si sia riflettuto.»

3

«Italiani, andatevene!»

Bolzano, febbraio 1958

Alcuni, quelli come Wolfram, imitano gli incontri visti al cinema, nei film americani di prima della guerra che a volte passano ancora in certe piccole sale di Bolzano o Merano: *L'uomo di bronzo*, *Il sentiero della gloria*, *Passione*. I pugili da cinematografo saltellano sul ring, percorrono con lo sguardo gradinate immaginarie, si fingono acclamati da un pubblico in realtà inesistente. Altri, la minoranza, prendono le cose sul serio. Danno retta ai consigli di Werner, l'allenatore, perfezionano il gioco di gambe, passano ore a tempestare di pugni i sacchi pieni di sabbia, sollevano bilancieri di ghisa e poi salgono sul ring armati di vecchi guantoni di cuoio per fare un po' di pratica sotto lo sguardo attento del «coach».

È stato Peter a scoprire quel seminterrato quasi clandestino, una ex palestra chiusa dai fascisti negli anni Trenta, quando perfino lo sport doveva per forza parlare italiano. Il coach Werner è comparso qui poco dopo la Liberazione. Gli americani, dice, lo avevano fatto prigioniero dalle parti di Monaco, rilasciandolo dopo qualche mese di detenzione. In quel frangente, «essere italiani», quindi dalla parte dei vincitori, è stato il biglietto di ritorno per uomini che avevano combattuto in nome del Reich.

Werner è originario del quartiere di Gries, a Bolzano.

Di mestiere fa il falegname, ma si è messo in testa di dare nuova vita alla vecchia palestra. C'è voluto del tempo, ma è riuscito a procurarsi i fondi necessari. Ha appeso alle pareti fotografie di Jake LaMotta, Joe Louis e Rocky Marciano, gli astri della boxe a stelle e strisce, portate in Europa dai militari americani di stanza a Innsbruck. Così, da quasi dieci anni, allena i ragazzi di Bolzano che non vogliono fare sport assieme agli italiani, anche se li attira l'idea di prenderli a pugni.

Quel che importa a Peter è picchiare duro. Sa che non sarà mai abbastanza agile e rapido da evitare i colpi. Schivare non gli riesce granché bene. Ma è un grande incassatore: lascia piovere i pugni poi, al momento giusto, colpisce. Un colpo solo. Devastante, al diaframma, di quelli che piegano l'avversario in due. O un gancio al viso per tramortirlo senza scampo.

Max tiene fermo il pesante sacco di sabbia, sente il corpo vibrare e a volte rischia di perdere l'equilibrio. Ha il viso madido, il fiato corto, le braccia doloranti e la schiena indolenzita dai violenti assalti di Peter. Eppure lo aizza ancora: «Andiamo, più forte...».

Sa che poi toccherà a lui, un pugile veloce, nervoso, capace di stordire l'avversario con una raffica di colpi secchi. Gioca tutto sulla sorpresa, sui muscoli duri che si tendono come la corda di un arco. Cambiare l'angolo d'attacco, variare l'intensità, prendere l'avversario in contropiede. Se l'altro non si lascia mettere K.O. da quella sventagliata di pugni, però, sono guai. Non gli resta che battere in ritirata.

Le finestrelle in alto sono appannate. Si respirano sudore, olio di canfora e polvere. Intorno a loro, una dozzina di ragazzi sono in pieno allenamento. Sul ring le coppie di avversari si formano e si sciolgono agli ordini del coach. Werner tiene d'occhio i suoi protetti, sa bene chi di loro ha stoffa e chi no. La vita gli ha insegnato che un incontro finisce soltanto quando l'altro va al tappeto. Prima, tutto è possibile.

Wolfram si è avvicinato ai due amici prima di cominciare, sussurrando: «Dobbiamo parlare. Ci vediamo dopo nelle docce». Wolfram è una testa calda. Di famiglia abbiente, come Max. Gente che ha fatto fortuna grazie a quella terra che tutti sembrano contendersi, ma che in realtà ha sempre gli stessi proprietari.

È una giornata buia. Zia Sissi è giù di corda. Max rincaserà tardi, è andato a prendere a pugni dei fantasmi con il suo amico Peter. Stasera, si sente un fantasma anche lei.

Spinge la sedia a rotelle fino alla finestra. Quanta forza muscolare occorrerebbe per aggrapparsi al bordo, chinarsi sul davanzale, darsi una spinta con le braccia, sollevare i due rami secchi che ha al posto delle gambe?

Ma a Max si spezzerebbe il cuore, pensa. Dove andrebbe a stare? In casa di suo padre?

Sissi guarda fuori dai vetri e ricorda ogni cosa. Troppe. Nel gennaio del 1923, aveva tredici anni quando è arrivata la notizia che i francesi avevano occupato la Ruhr, la più ricca delle regioni tedesche. Da un giorno all'altro la Germania era amputata di una parte del suo territorio. E il pretesto era l'incapacità dei tedeschi di onorare le assurde riparazioni di guerra imposte a Versailles. Come se la Germania avesse perso la guerra!

Si sintonizza sulla radio nazionale austriaca, che trasmette musica classica, e tende la mano verso la bottiglia di bourbon. Quella bevanda «nemica», prodotta dagli americani, ma che la fa stare tanto bene.

I francesi avevano fatto man bassa delle ricchezze della Ruhr, soprattutto carbone e acciaio. Intanto, l'economia tedesca era crollata, il marco diventato carta straccia. Chi aveva da parte qualche risparmio aveva perso tutto, i poveri morivano di fame per strada. Nel giro di un paio d'anni la Francia aveva lasciato la Ruhr, ma nel frattempo il corso della Storia era cambiato. La Germania allo stremo vedeva solo due alternative: consegnarsi alla tirannia bolscevica o ricostruire una nazione militarmente forte.

Sissi accende una Craven «A» e il fumo che sale verso il soffitto sembra disegnare il profilo dell'uomo che aveva risposto al richiamo del destino: Adolf Hitler. Il salvatore dei tedeschi. Ma nemmeno lui aveva potuto, o voluto, salvare il Sudtirolo.

Forse dovrebbe chiamare Helga, fare quattro chiacchiere. Ma la sua governante è una donna semplice e sottomessa e della vita non sa quasi nulla. Meglio affrontarli da sola e a testa alta, i fantasmi, mentre arriva la sera. Vengono a trovarla sempre più spesso, ed è un segno sicuro che qualcosa sta per accadere.

Alza il volume della radio. È cominciato il notiziario. Tre deputati sudtirolesi hanno presentato una proposta di legge al Parlamento italiano. Karl Tinzl, Toni Ebner e Otto Guggenberg. Gente perbene, bolzanini stimati, ragionevoli, responsabili. Sanno che non c'è soluzione senza compromesso, e il testo chiede che Bolzano venga riconosciuta come provincia autonoma.

Zia Sissi spegne il mozzicone con rabbia nel posacenere e, contemporaneamente, la radio. Che fine hanno fatto le ambizioni di indipendenza, il sogno di riunificare il Tirolo, il Deutschtum, l'onore? Quello che loro chiamano «trattare», per lei è «tradire».

«E allora, questo gran segreto?» chiede Peter a Wolfram.

Nelle docce, teste e spalle si scontrano alla ricerca dei getti più forti di acqua calda. La schiuma cola sui petti ampi, lungo le gambe muscolose. Max si gode quei momenti in cui Peter, gli sembra, si lascia ammirare senza pudore. Intorno i compagni di allenamento finiscono a mani nude gli incontri iniziati sul ring, tra spinte e scherzi. Si parla di ragazze, di conquiste, di come bisogna fare, di ciò che si è fatto. Prodezze vere o inventate. Max non ascolta neppure, guarda Peter. Poi lo scroscio dell'acqua tace ed entrambi seguono Wolfram in un angolo dello spogliatoio.

«Abbiamo deciso di agire. Io e alcuni amici.»

«Tipo che cosa?» domanda Peter. Max ha già capito tutto e drizza le orecchie.

«Gli italiani stanno passando il segno. Hanno bisogno di una lezione.»

«Questa non è una novità» obietta Max.

«Cos'è, hai paura?»

«Ho detto che ho paura?» Max squadra le spalle, già teso. «Ma non devo mica fare quello che dici tu. Gli *amici* chi sarebbero?»

«Alcuni compagni di palestra. Alcuni compagni di scuola...» Wolfram resta sul vago.

«Di che si tratta?» Peter, pragmatico, non vuole che Max si metta a litigare.

«Di una spedizione nel quartiere italiano.»

«Per scrivere sui muri *Italiani, andatevene!* e poi scappare con la coda tra le gambe?» incalza Max con un sorrisetto.

«Guarda, se non te la senti puoi anche restare a casa. A guardare piazza Walther dalla finestra!»

«Buoni» interviene Peter. «Wolfram ha ragione» dice rivolto a Max «qualcosa va fatto.»

L'altro lo guarda e vorrebbe rispondere che quelli sono solo giochi e loro non sono più bambini. Poi pensa alla notte, all'avventura, al fatto che Peter poi resterà a dormire da lui, a casa di zia Sissi.

Peccato solo doversi mischiare con uno come Wolfram. Ha un fisico da taglialegna e Max lo trova sgraziato.

«Poi si va tutti a donne!» aggiunge quello, restituendogli il sorrisetto di scherno.

«Quando sarebbe?» domanda lui fingendo di non cogliere l'allusione.

«Ve lo farò sapere. Il materiale c'è già. Basta passare il fiume.»

«Conta su di noi» conclude Peter, gli occhi accesi al solo pensiero dell'azione.

Max scuote la testa. Farebbe qualunque cosa per lui, ma a volte non lo comprende. Lo capisce o no che i gesti hanno delle conseguenze? Anche le scelte, anche le parole. Quelle di odio e quelle d'amore. Quelle che si dicono, e quelle che si tacciono.

Max e Peter pestano i piedi per scaldarsi nel freddo pungente di quella mattina di febbraio. Sono in fila con alcuni compagni sul sagrato del duomo di Bolzano, in attesa della messa per le scuole. Una luce ancora bluastra scende dalle montagne innevate. All'altra estremità della piazza, nei caffè, i camerieri con il grembiule bianco servono tazze di tè caldo e cioccolata densa. Max fa un cenno in quella direzione: «È lì che dovremmo essere».

Davanti al portale del duomo si è formato un gruppetto, sorvegliato dai professori, che hanno promesso agli studenti la mattinata libera dopo la funzione. Sono venute anche classi di altri istituti religiosi della città, oltre a molti fedeli.

«Dici che viene anche Klara?» chiede Peter sorridendo.

«Che ne so... Ma perché non le hai telefonato?» risponde Max.

«Non le ho chiesto il numero.»

«I numeri si trovano.» Max si volta bruscamente e si

avvia verso l'ingresso. «Ma a te non importa mai abbastanza di niente» mormora, senza farsi sentire.

I ragazzi sfilano in buon ordine lungo l'alta navata e prendono posto tra i banchi. Qualche risolino smorzato, qualche spintone, poi il silenzio torna a regnare sotto lo sguardo severo di un sacerdote. Senza dare nell'occhio, Max tira fuori la Leica da sotto il cappotto. Con un pizzico di fortuna aggiungerà qualche trofeo alla sua collezione di volti.

L'organo attacca e la musica impone a tutti un attimo di raccoglimento. Ascoltando quelle note malinconiche e potenti perfino Max, che da un pezzo ha smesso di credere in Dio, si sente invadere da una devozione inspiegabile. Peter, seduto accanto a lui, si guarda intorno, alla ricerca di Klara.

Poi cala il silenzio e la voce del celebrante echeggia sotto le volte.

«Fratelli e sorelle, siamo riuniti in preghiera per ricordare un uomo il cui coraggio e la cui fede hanno portato la luce in un momento buio della storia umana. Siamo qui per ricordare Josef Mayr-Nusser, per invocare la luce della sua fede nei tempi cupi che stiamo attraversando...»

Tra i fedeli più anziani che partecipano alla funzione, alcuni provano imbarazzo. Josef Mayr-Nusser, fervente cattolico, si era rifiutato di giurare fedeltà ai nazisti, e per questo era morto il 24 febbraio 1945 a bordo di un vagone bestiame che lo trasportava a Dachau. Non è mai facile rievocare quei fatti e sentirsi innocenti. Senza attirare l'attenzione, Max mette in azione la sua Leica. Che cosa succede dietro quei visi gravi, dietro gli occhi incollati al suolo? Chi sa non è mai tornato, e chi è rimasto ha preferito dimenticare.

Sente Peter dargli di gomito e si volta, intercettando lo sguardo dell'amico, fisso su una panca poco più avanti, dall'altro lato della navata. Klara è venuta, dopotutto. Per l'occasione ha indossato un cappellino blu che contiene a stento gli straripanti capelli biondi. Si volta, accenna un sorriso, saluta discretamente con la mano i due amici. Max le scatta una foto.

Dopo la messa Peter vorrebbe attardarsi, ma viene richiamato all'ordine dallo sguardo severo di uno dei professori francescani. Max ha di nuovo nascosto la macchina fotografica, ma un uomo con il cappello in mano gli sfiora il braccio e commenta: «Bell'apparecchio. Spero che tu abbia scelto tempi e apertura giusti. Non c'era molta luce, in chiesa».

Max si sente arrossire, come uno sciocco.

«Sì, almeno credo» risponde, e vorrebbe giustificarsi, spiegare che non stava facendo nulla di male, ma l'altro non è arrabbiato. Chi è quell'uomo? Non dimostra nemmeno quarant'anni, eppure i suoi occhi sembrano persi in un lontanissimo passato.

Peter strattona la manica dell'amico, impaziente di avvicinarsi a Klara.

L'uomo nota il gesto con un lieve sorriso, poi tende la mano a Max, e si rimette il cappello. «Karl. Ho un negozio di fotografia sotto i portici.»

Peter insiste: «Dai, sta andando via!».

Karl continua a rivolgersi a Max, che si scopre incapace di parlare, come preda di una strana fascinazione: «Mi piace tanto il duomo, ci vengo spesso» dice, e per qualche motivo quella frase innocua sembra contenere infinite devastazioni. «Sono curioso di vedere che foto hai scattato. Perché non vieni a svilupparle tu stesso?» Gli porge un biglietto da visita, poi, senza aspettare una risposta, gira i tacchi e si dirige verso il bar dell'hotel Greif, zoppicando leggermente.

Max si volta verso Peter, che gli ha lasciato il braccio e guarda in un'altra direzione con aria affranta.

«E la tua principessa che fine ha fatto?» chiede, troppo tardi.

«Se n'è già andata, cosa credevi, che stesse ad aspettare noi?» risponde brusco. «Che ti ha preso di metterti a parlare con quel tipo?»

Max sta per consolarlo dicendo che gliela ritroverà lui, Klara, e che intanto le ha scattato una preziosa foto, quando arriva Wolfram.

«È per stasera. Ci venite? O avete paura?»

Ma Peter è già partito a passo di corsa. Ha deciso in ritardo, ma ha deciso. Tipico, pensa Max.

«Certo che veniamo» risponde al volo. «Dove? A che ora?» chiede prima di lanciarsi all'inseguimento dell'amico, e la risposta è quasi coperta dallo sferragliare di un tram che attraversa la piazza.

Peter corre a grandi falcate, tallonato da Max, fiancheggiando i vagoni verdi. Le ruote stridono sui binari. Con un ultimo slancio i due amici si aggrappano ai maniglioni e aprono i due battenti. Ansimanti, si fermano di fronte a Klara, seduta accanto al finestrino.

«Tutto questo in mio onore?» sorride lei. «Troppa grazia!»

«Non potevo lasciarti andare via così» spiega Peter riprendendo fiato.

«Così come?» chiede Klara, divertita.

«Scendiamo alla prossima e prendiamo una cioccolata alla pasticceria Hofer?» propone Max per salvare l'amico dall'imbarazzo.

«Da quanto sei a Bolzano?» Neanche mezz'ora dopo, davanti alla bevanda calda, i tre sembrano conoscersi da una vita. Non c'è che dire, è davvero bella, pensa Max. Per forza Peter non riesce a spiccicare parola.

«Ci siamo trasferiti l'anno scorso.»

«Che cosa fa tuo padre?»

«È un uomo d'affari» risponde lei. «Vende macchine agricole.»

«Ti vedi con qualcuno?» chiede Max.

«Ma che domande fai?» non è Klara ma Peter a insorgere, arrossendo. «Sembra un interrogatorio...»

La ragazza non è arrossita affatto e passa al contrattacco: «E voialtri due? Che cosa tramavate con il vostro amichetto sul sagrato della chiesa?».

Loro si scambiano uno sguardo.

«Niente di speciale» risponde Max.

Klara lo squadra e si fa seria.

«Se vi piace giocare ai misteri non andremo d'accordo» dice, con una diffidenza che la fa sembrare più adulta.

Max e Peter aspettano fermi all'estremità del ponte sul Talvera. Il freddo giustifica il berretto di lana calcato sulle orecchie, la sciarpa tirata sul naso e i guanti di pelle imbottiti. Sono irriconoscibili. Hanno scarpe comode, in caso ci fosse da scappare. Negli zaini, i pennelli e i barattoli di pittura rossa e bianca sono l'unico elemento che potrebbe tradirli.

L'obiettivo è un edificio in costruzione in piazza Mazzini, dall'altra parte del fiume. La missione: tracciare una grande scritta su una delle recinzioni che delimitano il cantiere.

Un breve colpo di clacson attira la loro attenzione. Un Maggiolino Volkswagen si avvicina, accosta, Wolfram scende per lasciarli salire dietro. Al volante c'è suo fratello maggiore Hans, l'autore del piano.

«Ciao» dice laconico. Max s'infila nell'auto aggrottando le sopracciglia: in caso di fuga, riusciranno a salirci in fretta, tutti e quattro? Ma non vuole rovinare la serata all'amico. «Fare qualcosa», non chiede altro, e di poter raccontare quella prodezza a Klara.

Ai piedi del Monumento alla Vittoria, un posto di

guardia della polizia ricorda ai quattro eroi che non c'è da scherzare, con gli italiani. Da quando hanno cominciato a esplodere le bombe, i luoghi simbolici sono presidiati e Bolzano pattugliata ogni notte.

«Bisognerebbe far saltare quello, piuttosto» brontola Hans, sotto la folta barba.

«L'hai detto» annuisce Max. Altro che scrivere sui muri e simili imprese puerili. Si guarda indietro, mentre si lasciano alle spalle l'arco di marmo bianco, con la sua iscrizione offensiva sugli italiani venuti a «educare» gli stranieri. È solo il relitto di un regime finito, pensa. I popoli passano, le montagne restano.

Intravvede tra i piedi di Wolfram due rulli e due latte di pittura.

«L'auto di chi è?» domanda, cercando di sovrastare il rumore del motore.

«È di mio padre, ma lui non sa che l'ho presa» risponde il giovane alla guida, senza voltarsi.

«Targa di famiglia, quindi. Gentile, da parte tua, facilitare il lavoro agli sbirri» borbotta Max. Questa impresa lo lascia sempre più perplesso. Ma è troppo tardi.

La Volkswagen ha risalito senza intoppi corso della Libertà, che a quell'ora sembra deserta, poi ha svoltato a sinistra e ha parcheggiato contromano in via Mazzini. Dall'altra parte c'è il palazzo in costruzione, protetto da una recinzione. Il fratello di Wolfram si volta.

«Andate! Io intanto giro l'auto e vi aspetto con il motore acceso.»

«Tu non vieni?» domanda Max, incredulo.

«Qualcuno dovrà pur guidare! Forza, scendete.» La piccola squadra recupera pennelli e pittura.

«Allora, che cosa si scrive?» domanda Peter attraversando rapido la via.

«*Via gli italiani!*» propone Wolfram facendo saltare il coperchio di una delle latte.

«E perché non *Viva il Tirolo libero*, visto che abbiamo il bianco e il rosso?» Max afferra uno dei pennelli.

Alle loro spalle la Volkswagen ha fatto manovra e ha parcheggiato lungo il marciapiede.

«Spicciatevi!» ringhia Hans, dando gas al motore.

«Fai ancora un po' di rumore!» risponde Max. Quando alza gli occhi, un cartello attira la sua attenzione. Nella penombra riesce a decifrare una scritta che lo fa sobbalzare: NUOVA SEDE RAI. Non è un normale condominio, maledizione, è un edificio pubblico.

Il colpo di fischietto risuona appena prima che le due Alfa Romeo parcheggiate a un centinaio di metri, all'angolo di corso della Libertà, accendano il lampeggiante e i fari. La luce li investe e li abbaglia.

«Ehi! Laggiù! Non una mossa!» urla un poliziotto con la mitraglietta. Altri due agenti partono di corsa con la torcia elettrica in pugno.

I tre fuggono verso la Volkswagen, Wolfram in testa. Si lancia dentro, sul sedile del passeggero. Impossibile salire per gli altri due, anche perché Hans parte a tutta velocità. E adesso?

«Merda! Quelli sparano» sibila Peter.

«Vieni» gli dice Max. «Corri!»

L'amico lo segue senza discutere.

«Stronzi!» inveisce guardando la Volkswagen che si allontana, inseguita da un'auto della polizia. Poi si concentra sulla corsa, prende il ritmo, sente salire una sottile esaltazione.

«Per di là» ordina Max al suo fianco. Tiene lo stesso passo, anche se andrebbe più in fretta. Nessuno batte Max in velocità. Di certo non la polizia.

Piegano a sinistra, in una stradina, poi a destra.

«Bisogna arrivare fino al ponte Druso» ansima Max. «A quel punto siamo al sicuro.» Ha ragione: oltre il fiume, i poliziotti si daranno per vinti. Sanno che è troppo facile per i giovani vandali sparire in un portone amico, anche a quell'ora di notte. Intanto, la Volkswagen è già stata fermata di sicuro. Peggio per loro.

Tagliano per viale Venezia, il fiume è a due passi.

«Un ultimo sforzo, dai!» grida Max accelerando. Peter ha la fronte madida, il sudore gli fa bruciare gli occhi. Si strappa via il berretto e la sciarpa.

«Non ce la faccio, vai avanti» ansima.

«Col cavolo» risponde l'amico.

Con il cuore che scoppia, arrivano all'imbocco di via Zara. È chiusa da una scalinata, le auto della polizia non possono seguirli lassù. Salgono i gradini due a due. Filano lungo le rive del fiume. Ancora qualche metro e svoltano a sinistra, sul ponte, a perdifiato. I lampeggianti e le sirene sono lontani, ormai. Sono quasi al sicuro. Ancora qualche passo. Ecco via Dante.

I due amici si gettano in un giardinetto buio e si lasciano cadere sulla neve. Stremati, salvi, eccitati, felici.

4

Un brindisi con la Storia

Innsbruck, luglio 1958

La strada scorre luminosa e vuota. Direzione nord. Al volante c'è Franz, il padre di Klara, che adora guidare e inaugura la nuova Mercedes 220, il modello più grintoso sul mercato. La famiglia è partita di buon'ora per approfittare del fresco di una mattina di luglio. Klara, semidistesa sul sedile posteriore, si sente al sicuro e felice di essere in vacanza. È impaziente di ritrovare la casa di Innsbruck. Con la testa rovesciata all'indietro guarda scorrere il paesaggio. Il verde, l'azzurro, gli accecanti riflessi di luce.

«Tutto bene, tesoro? Non hai dormito granché, stanotte» dice sua madre Rosa con voce dolce.

«Eh no... non molto.»

«Da chi era la festa? Devi avermelo detto, ma non mi ricordo più.»

«Da Max Gasser, lo hai conosciuto. Una volta è venuto a casa nostra con il suo amico Peter... suo padre ha una grande proprietà dalle parti di Montan...»

«Kurt, lo conosco. È uno in gamba» interviene il padre di Klara.

«Cioè compra le tue macchine agricole?» ride la ragazza, ma lui resta serio.

«Facciamo affari insieme» risponde. «Ne fa con tutti: gli interessano solo i soldi, ed è bravo a guadagnarli.

Quella del tuo amico Max è una delle famiglie più ricche della provincia.»

«E questo Max ti piace?» Rosa ha un tono speranzoso, le sembra così strano che Klara non si prenda mai una cotta per nessuno. Tutta suo padre, quella figlia troppo seria.

«È un tipo... particolare» ci pensa un attimo, poi decide di dirglielo. Non ha segreti per loro, e questa domanda le gira in testa da un po'. «Quest'inverno, Max e il suo amico hanno... organizzato una spedizione nel quartiere italiano.»

«Che genere di spedizione?» chiede Franz.

«Nulla di serio. Volevano scrivere qualcosa su un muro. *Via gli italiani*, la solita roba.»

«Mi sembra di capire che non ci sono riusciti?»

«Macché, è arrivata la polizia. I loro compagni di avventure li hanno piantati in asso e sono filati via, ma la loro auto è stata fermata.»

«E i tuoi amici?»

«Hanno seminato gli inseguitori. E sono tornati a casa... Non un'impresa gloriosa, mi pare» il tono di Klara è dubbioso.

«Quindi?» domanda suo padre.

«Quindi cosa?» lei si sporge in avanti.

«Quindi perché mi racconti questa storia?» gli occhi di Franz incontrano quelli di sua figlia, nello specchietto retrovisore. «Sono passati mesi. I tuoi amici hanno avuto dei guai?»

«Nessuno li ha riconosciuti. Ma mi chiedevo...» Klara esita. «Possibile che i loro compagni non abbiano fatto i nomi? La polizia glieli avrà chiesti.»

«E loro glieli avranno detti» annuisce lui. «Li terranno d'occhio, ma non corrono rischi, è questo che volevi sapere?» Klara sorride, rassicurata. Suo padre sa sempre tutto. Sa sempre cosa bisogna fare. «Tu però stanne fuori» raccomanda Franz. «Niente “spedizioni”, per te, intesi?»

«Figurati se mi metto a fare delle sciocchezze del genere» protesta lei.

«Si fanno le cose più strane quando ti piace un giovanotto...» insinua Rosa.

«Non mi piace Max! E credo che a lui... non interessino granché le ragazze» aggiunge con cautela. È contenta di cambiare argomento, a sua madre non piacciono le situazioni poco chiare e manca solo che le proibisca di frequentare i due nuovi amici. «Peter, in compenso, è innamorato cotto di me!» manovra la conversazione su binari più leggeri. «Quando siamo insieme non riesce quasi ad aprire bocca.»

«E Peter che fa?» indaga sua madre. Klara scoppia a ridere.

«Vuoi sapere se è un buon partito? Sei senza speranza, mamma!» Poi mette una mano sulla spalla a ciascuno dei genitori. «Sono contenta di tornare a casa.»

Nessuno dei due risponde. Per loro è diverso. Nei loro cuori Innsbruck è legata al ricordo di una sofferenza indicibile. Una ferita che sanguina ancora, e che nemmeno la nascita della figlia è riuscita a rimarginare. Klara l’ha scoperto di recente, e si è ripromessa di andare a Hall per capirne di più. Ma non ne ha avuto il coraggio, non si sente ancora pronta.

«A settembre, insomma, dovrai scegliere tra Peter e Max» riassume sorridendo la madre, per dissipare un velo di tristezza.

«Oppure nessuno dei due» ribatte Klara.

«L’importante è scegliere con giudizio» mormora Franz.

La moglie allunga la mano e la posa sulla sua.

* * *

È stata Rosa a proporre di lasciare che gli amici americani festeggiassero tra compatrioti l'indipendenza, il 4 luglio, per poi organizzare una festa il giorno dopo, un sabato. E nonostante le libagioni della sera prima, a casa della coppia sono venuti tutti.

In un angolo del giardino ha preso posto un piccolo complesso jazz che suona musica di sottofondo, mentre gli invitati si godono un aperitivo. Sotto il tendone, sono disposti i tavoli a cui verranno servite le portate principali dai camerieri in guanti bianchi. Rosa è bellissima nell'abito di lino azzurro chiaro, una stola leggera sulle spalle bianche. Klara è emozionata e non sa nemmeno perché, è da quando era piccola che partecipa con i genitori a ogni tipo di evento mondano, rinfreschi all'ambasciata, cene importanti. Ma forse perché è stata un anno «in esilio» a Bolzano, quella serata le sembra speciale. Quasi come un debutto in società.

Non ha fame. Si sposta tra gli invitati con un bicchiere di champagne in mano, si ferma a scambiare due parole nei capannelli o a intrattenere qualche ospite dall'aria sperduta. Sua madre l'ha istruita con cura sui doveri della padrona di casa. Le sembra che il mondo intero si sia dato appuntamento nel giardino della loro villa di Hötting, sente parlare tedesco, francese, ma soprattutto inglese. «Gli amici a prova di bomba» come li chiama Franz: quelli dei tempi della Svizzera, di Berna, degli anni di guerra. E le facce nuove incontrate al ritorno, dopo la pace, quando Klara aveva sei anni: nuove, ma fidate.

Si avvicina a suo padre, che discute con due signori in completo chiaro. Li ha visti scendere da un'auto di rappresentanza americana, molto probabilmente sono diplomatici venuti da Vienna. Con loro c'è un giovane uomo che vedendola si stacca dal gruppo e le tende la mano.

«Lei dev'essere la famosa Klara, la figlia di Franz.»

La ragazza getta uno sguardo ai tre uomini che continuano a parlare, a voce bassa. «Mio padre le ha dato ordine di tenermi occupata?» chiede con un sorriso al giovanotto.

«Ma no, perché dice così?» lui batte i tacchi, comicamente prussiano. «Sono Konrad Felsberger, ai suoi ordini. Lasci che la porti via da questa gente noiosa» aggiunge con un rapido cenno ai due diplomatici.

«Veramente, non li trovo affatto noiosi» ribatte secca Klara.

«Allora porti via me, sia gentile! Perché io, invece, li trovo noiosissimi.»

Lei non riesce a non sorridere, magari questo Konrad è un po' frivolo ma è davvero un bel giovane. Avrà una ventina d'anni e i capelli biondi sono tagliati cortissimi, gli occhi di un verde torbido la guardano con aperta ammirazione. Sotto la bocca ben disegnata, il mento ha una linea debole. Come una sorta di esitazione.

«Che cosa fa di bello nella vita, Konrad?» domanda Klara prendendo il calice che le porge.

«Lavoro al ministero degli Esteri.»

«Diplomatico?»

«Una specie. Sono consigliere politico nell'ufficio del ministro.»

«E perché mio padre le ha chiesto di... intrattenermi?»

«Che idea assurda» nonostante il sorriso, stavolta c'è una punta di durezza nella risposta. Come se gli seccasse essere preso in giro da una sedicenne. «Non ho bisogno di imbeccate per offrire da bere alla ragazza più bella della festa.»

Bel giovane, pessimo bugiardo, pensa lei. Chissà come se la cava come consigliere. Tenta la carta della persuasione.

«Avanti, sia sincero... Guardi che posso sempre domandarlo a mio padre, e lui me lo dirà. È solo che adesso non ha tempo.» Gli regala uno sguardo insinuante. «Tra amici non servono segreti.»

Konrad ci pensa un attimo, poi si avvicina e le posa una mano sul braccio nudo. È una mano elegante e curata, e Klara non si sottrae.

«I due gentiluomini che stanno parlando con suo padre vengono da Washington. Sono dei signori piuttosto noti ad Allen Dulles, il capo della CIA, e hanno bisogno di... fare due chiacchiere informali per organizzare delle cose» spiega. «Ma non mi chieda di più, o mi metterà nei guai.»

Gioca a fare il misterioso per fare colpo, o davvero non è autorizzato a parlare?, si chiede lei, ma senza convinzione. Quella mano sul braccio le ha dato un lieve capogiro, o forse è lo champagne a stomaco vuoto.

«Venga!» Konrad la conduce in un angolo del giardino, dove un uomo attorniato da un capannello più folto degli altri sta ragionando a voce alta, in tedesco, e sembra affascinare chi lo ascolta.

«Quello è Fritz Molden» le sussurra all'orecchio. «Se vuole fare colpo sui suoi amici a Bolzano, può dire che l'ha incontrato. È stato segretario del ministro degli Esteri Gruber, c'era quando hanno firmato il famoso accordo.»

Che ne sa lui di Bolzano, e della gente che frequenta lei? Ma non importa. Klara concentra l'attenzione sul grand'uomo, suo padre gliene ha parlato ma non lo aveva mai incontrato di persona. Molden è stato per anni uno degli uomini di Dulles in Europa, ne aveva persino sposato la figlia, salvo separarsi pochi anni dopo. Non sembra che il capo della CIA se la sia presa, dato che gli ha appena procurato i fondi per comprarsi un intero gruppo editoriale.

Come interpellato dallo sguardo insistente di Klara, Molden gira nella sua direzione gli occhi chiari e seri. È un attimo, ma la forza del suo carisma è come una scossa. Ci sono persone che fanno la Storia, invece di limitarsi a viverla, pensa la ragazza, ed è come una rivelazione. Il capogiro stavolta la prende davvero, la costringe ad appoggiarsi alla spalla di Konrad.

«Tutto bene?» chiede lui.

«Benissimo. Cosa fa Molden?»

«In che senso? L'editore.»

Lei lo guarda spazientita: «Konrad, intendo dire: cosa fa *davvero*».

Lui sceglie con cura le parole. «Fa in modo che i comunisti perdano la guerra» dice infine.

«Quale guerra?»

«La prossima.»

5

La Guerra fredda arriva in Sudtirolo

Chi era Dennison Rusinow? Il giovane americano entra in scena nel 1958, alcuni mesi dopo il discorso di Silvius Magnago a Sigmundskron. Ha ventotto anni, è nato in Florida e al suo arrivo si immerge nella storia e nella politica di una zona che all'epoca è tra le più esplosive. L'Austria, l'Italia, la Jugoslavia di Tito. È un programma ambizioso, il suo: raccontare questa frontiera europea a un mondo che in quel momento ha lo sguardo puntato altrove. Per esempio nel Sudest asiatico dove la Guerra di Corea si è da poco conclusa, ma senza portare pace, e in Indocina dove gli americani si apprestano a prendere il posto dei francesi nel pantano vietnamita.

Rusinow è a Vienna per conto di un organismo statunitense con sede a New York, The Institute of Current World Affairs, un centro studi privato attivo dal 1925 che spedisce all'estero «studenti», incaricati di fare rapporto sulla situazione del Paese assegnato. Si tratterà nell'area di sua competenza dal 1958 al 1983, affermandosi come uno dei maggiori esperti mondiali di questioni jugoslave. In quegli anni, tra le altre cose, pubblicherà uno studio sui rapporti austro-italiani tra il 1919 e il 1945. Non è questo, però, che mi ha incuriosito di lui.

Dennison Rusinow, che immagino come un uomo carico di energia e ottimismo, ha scritto centinaia di pagine sul Sudtirolo. Rapporti battuti a macchina e spediti a cadenza regolare al direttore dell'Institute of Current World Affairs, a Madison Avenue. La prima lettera dalla mia terra, imbucata a Bolzano, porta la data del 22 giugno 1959. Si apre con questa frase: «Che cosa è dunque un nome? Dalla mia finestra vedo uno dei paesaggi più incantevoli che mi sia mai capitato di ammirare. [...] Ho imparato almeno cinque nomi diversi per chiamare questa zona, e so di dover stare attento a usare quello giusto a seconda della persona con cui sto parlando!». Già... «Sudtirolo», «Alto Adige» o «provincia di Bolzano»: i nomi qui non sono innocenti. Pronunciare quello sbagliato provoca «un rapido sguardo sospettoso che dice: "Ah, allora stai dall'altra parte!"».

Rusinow viaggia in lungo e in largo. I suoi racconti lo vedono protagonista di sagre locali, brindisi con agricoltori, colloqui con uomini politici. Incontra tutta la gente che conta all'epoca: Friedl Volgger, Silvius Magnago, Toni Ebner... All'inizio descrive una situazione esplosiva, che potrebbe portare a una rivoluzione violenta come quella che ha cacciato i britannici da Cipro, alla fine degli anni Cinquanta. Presto, però, assume un tono più rilassato. In una lettera, datata 9 luglio 1959, riconosce: «L'ordine mondiale impone che il Sudtirolo rimanga nei confini dell'Italia. E l'opinione pubblica italiana non approverà la concessione di uno statuto speciale. I 240.000 germanofoni del Sudtirolo non hanno alcuna influenza sull'ordine mondiale e la loro capacità di incidere a breve termine sull'opinione pubblica italiana, con mezzi pacifici o con la violenza, è troppo limitata per venire presa in seria considerazione».

Quella comunicazione conclude un'estate di indagini e ricerche approfondite. Rusinow ha studiato i problemi connessi all'assegnazione delle case popolari, all'accesso al pubblico impiego, all'industrializzazione di una provincia fortemente legata alle sue tradizioni agricole, e alle tensioni tra la popolazione inurbata e gli abitanti delle campagne. Ai suoi occhi la questione sudtirolese è culturale, economica e sociale più che politica. Per così dire una battaglia tra la «tradizione», rappresentata dalla classe contadina e dai proprietari terrieri, perlopiù germanofoni, e le forze del «cambiamento», simboleggiate dalla classe operaia, dai funzionari pubblici e dagli industriali, in prevalenza italiani.

«Il conflitto Est-Ovest non gioca alcun ruolo in questa storia» assicura. Gli ci vorrà un'altra estate, quella del 1961, per cambiare idea.

Altri americani sanno da un pezzo che la situazione in Sudtirolo, al contrario, è legata a doppio filo alle strategie della Guerra fredda. Come potrebbe essere altrimenti, per una terra incastrata tra Italia e Austria, due Paesi chiave per la presenza americana nell'Europa del dopoguerra? Al termine del conflitto, il presidente Harry Truman e un pugno di consiglieri hanno immediatamente capito che l'Unione Sovietica di Stalin rappresentava una minaccia letale. Nel marzo del 1947 il presidente ha enunciato la cosiddetta «dottrina Truman», che prevede aiuti finanziari ed economici ai Paesi che rischiano di passare nella sfera di influenza di Mosca, come è già accaduto alla Polonia, alla Germania dell'Est, alla Romania, all'Ungheria e alla Cecoslovacchia. Anche la Jugoslavia di Tito, pur non allineata, rimane un problema.

Alcuni mesi più tardi due decisioni vengono prese in segreto. Si tratta della fondazione del Consiglio per la sicurezza nazionale (NSC), al quale viene affidata la gestione delle grandi questioni di sicurezza nazionale presso la Casa Bianca, e della creazione della CIA. Quest'ultima ha il compito di raccogliere l'intelligence ed è autorizzata ad agire in forme clandestine anche all'estero, per prevenire eventuali minacce. Non è certo un caso se le prime sedute del NSC, tra la fine del 1947 e i primi mesi del 1948, riguardano una nazione ben precisa: l'Italia. Occorre evitare che i comunisti prendano il potere. Anche grazie alla campagna di sostegno discreta ma efficace degli Stati Uniti, la Democrazia cristiana trionferà alle elezioni dell'aprile 1948. Oltre il 48 per cento dei voti sia alla Camera sia al Senato, contro il 30 per cento del Fronte democratico popolare: la maggioranza assoluta dei seggi, un exploit destinato a restare negli annali della Repubblica. Comincia una lunga storia d'amore tra gli agenti di Langley e le varie strutture del potere italiano, i servizi segreti, l'esercito, i politici, la stampa... una storia che, tra alti e bassi, non si è mai davvero interrotta.

Bisogna osservare da vicino i dieci anni seguiti alla fine della Seconda guerra mondiale, però, per capire come il Sudtirolo abbia potuto trasformarsi in uno dei campi di battaglia sui quali si giocava lo scontro tra Est e Ovest.

Nel '48 il Piano Marshall comincia a inondare il continente di miliardi di dollari di aiuti, destinati a risollevare le economie occidentali dissestate dal conflitto. Nel '49, sulla scia del Piano Marshall, viene creata una struttura militare incaricata di vegliare sulla sicurezza dell'Europa, la NATO. Gli Stati Uniti sono fermamente convinti che l'URSS stia preparando l'offensiva e, da quando hanno fatto rientrare le proprie truppe, la debolezza militare dell'Europa li preoccupa.

Alla fine degli anni Quaranta nessun Paese europeo dispone più di un esercito all'altezza di grandi sfide. Gli «sconfitti», come la Germania e l'Italia, sono prostrati dalle riparazioni di guerra e hanno vincoli sul riarmo. Ma anche i vincitori non se la cavano molto meglio. La Gran Bretagna non è più la prima potenza navale, e il suo impero è finito, con l'indipendenza dell'India. La

Francia si è impantanata in guerre coloniali (dapprima in Indocina, poi in Algeria) che riesce a portare avanti solo grazie agli aiuti da oltreoceano. Nel cuore del continente, la spinosa questione tedesca diventa in fretta la vetrina di un confronto ideologico tra un sistema che funziona e un altro che sopravvive alla meno peggio tra la miseria e il terrore. Il barometro di quelle tensioni è la città di Berlino, dove nell'estate del 1961 verrà eretto il famigerato Muro.

Quali misure si possono prendere in vista di un'eventuale offensiva sovietica? I falchi nell'amministrazione statunitense non mancano, come in ogni epoca. Per loro, il problema non è *se* Stalin invaderà l'Europa, ma *quando*. Poco importa che anche l'Armata rossa sia passata da oltre undici milioni di soldati a meno di tre milioni, o che Stalin sia molto occupato a popolare con i suoi avversari politici le carceri, i campi di detenzione e i gulag. Poco importa perfino che Stalin non sembri ansioso di battersi, e meno ancora dopo la sua morte, nel 1953, lo siano i suoi successori. Lo spettro del «pericolo rosso» è più forte anche dei fatti.

Già nel 1947 Truman incarica dunque il Pentagono di immaginare le contromosse in caso di offensiva sovietica in territorio europeo. Un esercizio difficile, perché la situazione sul terreno cambia, e si fanno continui progressi nel campo delle tecnologie militari. Il piano sarà battezzato Dropshot. Una prima bozza viene presentata nel 1949, ma la strategia continuerà a evolversi fino al 1° gennaio 1957, data in cui, si prevede, scoppierà una nuova guerra in Europa.

Due anni prima, nell'ottobre del 1955, accade però un evento cruciale per il Sudtirolo: la fine dell'occupazione dell'Austria da parte degli Alleati. Il Paese riacquista la sovranità, a patto di garantire la demilitarizzazione e la neutralità. Per gli americani che lavorano al piano Dropshot, questo cambia tutto: impossibile, ormai, pensare di fare dell'Austria una zona cuscinetto tra gli Stati satelliti dell'URSS, come Ungheria e Cecoslovacchia. Anzi, nei loro incubi più neri gli uomini del Pentagono vedono migliaia di carri armati convergere sul piccolo Paese montano, attraversarlo come burro, e riversarsi dal valico più accessibile delle Alpi: il Brennero. Obiettivo di quella prima ondata: Bolzano, il cui nome è ormai familiare allo stato maggiore USA. Poi, nel giro di tre mesi al massimo, l'occupazione dell'Italia, Sicilia compresa.

Non sono passati neanche due decenni da quando le truppe sovietiche sono entrate a Vienna, nell'aprile del 1945. Il terrore dei «rossi» è pienamente condiviso dai cittadini della capitale austriaca, ben consapevoli che il confine cecoslovacco è a due passi. Ho respirato questo terrore nella casa di zia Berta, la sorella di mia nonna Elsa, e di zio Oskar, l'avvocato viennese che aveva sposato. Ero appena adolescente e quasi del tutto ignara delle complessità politiche, ma il pericolo dell'invasione da Est lo capivo bene. Era uno dei pochi pensieri capaci di incupire il viso attraente della mia allegra, frivola e generosa prozia austriaca. L'armata di Stalin nelle strade, i saccheggi, gli stupri. La paura di perdere tutto, in pochi giorni: la loro bella residenza, la vita stessa, e quella della loro bambina, Sigrid.

Quell'allarme, a metà degli anni Cinquanta, è al massimo. Gli eserciti convenzionali dell'Europa occidentale non possono tener testa a Mosca. Inviare truppe americane, a così pochi anni dalla fine della Seconda guerra mondiale, è impossibile. Dunque bisognerà impiegare le armi nucleari. Infatti, il piano Dropshot contempla una sola risposta al pericolo rosso: l'Armageddon. Negli anni, le armi previste cambiano, dalle granate si passa alle bombe e ai missili, ma la sostanza rimane identica:

montano testate nucleari. Dropshot propone di respingere le orde sovietiche con una pioggia di ordigni atomici. Ma questo significa annientare l'Europa.

E quella catastrofe che per fortuna non si realizzerà mai dovrebbe partire da alcuni punti precisi sul territorio italiano. Almeno uno, lo vedremo, si trova a poco più di un'ora di auto dalla casa della mia famiglia a Vill, vicino a Neumarkt.

Dennison Rusinow non si rende conto di quanto sia importante la frontiera tra il Sudtirolo e l'Austria. Alcuni suoi compatrioti, legati alla storia di questa terra, invece, lo hanno capito ben prima che lui venisse inviato sul posto. Per esempio Allen Dulles, capo della CIA tra il 1953 e il 1961. Nel 1943, da Berna, è lui a dirigere l'OSS, il servizio di intelligence statunitense attivo in tempo di guerra. Dopo la sconfitta dei nazisti abbandona il mondo delle operazioni clandestine, almeno sulla carta, ma continua a rimanere in stretto contatto con coloro che, a Washington, si stanno occupando di fondare un'agenzia di intelligence non militare. Già nel 1951, Dulles si ritrova a coordinare le operazioni della neonata CIA all'estero.

Nella nuova veste, dà libero sfogo alla sua ostilità nei confronti di quello che diventerà il «blocco orientale». Pur di contrastare i comunisti recluta ex militari nazisti tra cui, nel 1951, un personaggio a dir poco controverso come il generale Reinhard Gehlen. In tempo di guerra, Gehlen è stato il responsabile dell'intelligence militare della Wehrmacht sul fronte orientale. Si è consegnato agli americani per evitare di cadere nelle mani dei russi. Propone loro di cooperare e di mettere in piedi una rete di spionaggio dietro la Cortina di ferro, mobilitando alcuni suoi ex agenti. Ben presto sorgono i primi dubbi sulla legittimità e l'efficacia dell'organizzazione Gehlen. Eppure nel 1951, nel corso di una visita a Washington, il generale tedesco riesce a sedurre e rassicurare Dulles, che da lì in poi lo prenderà sotto la sua protezione. Nel 1956 dalla rete di Gehlen nasce il BND, i servizi segreti della Germania federale, che saranno guidati fino al 1968 proprio dall'ex generale nazista.

Un altro personaggio legato ad Allen Dulles è destinato a giocare un ruolo chiave, nella storia del Sudtirolo degli anni Cinquanta e Sessanta: l'austriaco Fritz Molden. Molden e Dulles si sono incontrati una prima volta a Berna nel 1944, quando il primo era sergente nella Wehrmacht, ma tanto antinazista da essere arrestato come dissidente e costretto a scegliere tra il carcere (e la pena capitale) e il fronte orientale. Molden è sopravvissuto e nel settembre del 1943, dopo la firma dell'armistizio tra l'Italia e gli Alleati, è stato mandato nel Nord dello stivale. Qui ha approfittato della situazione per «organizzare» la sua morte: sparire nel nulla e passare clandestinamente in Svizzera per incontrare quello che all'epoca era il capo dell'OSS. Da quella riunione nascerà una stretta collaborazione, non priva di rischi per il giovane Molden, al quale Dulles chiede di tornare in Austria sotto le mentite spoglie di un militare tedesco, per stabilire contatti con le reti della resistenza locale.

Nel 1948 Molden sposa la figlia di Allen Dulles, Joan. Ma il 4 febbraio 1954 un trafiletto sul «New York Times» annuncia che Joan si è risposata con un diplomatico austriaco, due giorni dopo avere ottenuto il divorzio da Molden per «crudeltà», sulla base di una sentenza emessa da un giudice di Reno, Nevada, il paradiso dei matrimoni-lampo.

Dulles continua a lavorare con Molden che più avanti, diventato un pezzo grosso della stampa grazie anche ai finanziamenti statunitensi, segue molto da vicino lo sviluppo della situazione in Sudtirolo. Viene considerato un punto di riferimento degli attivisti che lavorano per la secessione dall'Italia: al tempo stesso finanziatore, fornitore di materiale esplosivo ed eminenza grigia.

La CIA segue con attenzione anche le attività di un altro giornalista austriaco coinvolto nella battaglia per il Sudtirolo: Wolfgang Pfaundler.

In questa storia complessa, i nomi di personaggi che giocano contemporaneamente sul tavolo italiano e su quello americano sono tanti. Per esempio William Colby, ex OSS e corrispondente romano della centrale di Langley tra il 1953 e il 1959, che dopo i successi mietuti in Italia verrà mandato in Vietnam e nel 1973 diventerà capo della CIA. Oppure James Jesus Angleton, capo del controspionaggio statunitense in Italia durante la guerra, che tra le altre cose è l'uomo che alla fine del conflitto ha salvato dal plotone di esecuzione il principe Junio Valerio Borghese, ammiraglio e ultimo sostegno di Mussolini, caduto nelle mani dei resistenti milanesi. E Frank Wisner, ex OSS anche lui, che si ritrova alla testa delle operazioni segrete della CIA e organizza le reti europee «stay-behind». La loro missione: intervenire dietro le linee sovietiche con operazioni di guerriglia, se l'Armata rossa dovesse conquistare l'Europa occidentale. Questo non avverrà, ma le cellule clandestine, spesso formate da ex soldati tedeschi dotati di armi e amore per il caos, troveranno una loro terribile utilità. In Italia, ne sentiremo parlare nel quadro delle rivelazioni sull'organizzazione clandestina Gladio. Che ritroveremo nel Sudtirolo di quegli anni inquieti.

Lungi dall'essere una terra poco nota, l'Italia rappresenta insomma per i servizi segreti, non solo americani, un territorio da controllare con attenzione. Una zona strategica da strappare all'Impero del male. E la frontiera del Brennero è uno dei bastioni per la difesa dell'Europa. Con ogni mezzo.

6

Un favore «esplosivo»

Bolzano e Pinzon, inverno 1959

A qualche passo dal portone del liceo dei Francescani, Peter fa segno a Max di aspettarlo un momento. Attraversa di corsa la via e si avvicina a una ragazza che guarda una vetrina all'angolo della galleria Vintler. Le sussurra una parola all'orecchio, poi gira i tacchi e torna da Max.

«Chi era?»

«Emma, non la conosci?»

«Mai vista prima.»

«Figurati, è amica delle tue sorelle. Quest'estate era invitata al tuo compleanno.»

«E quindi?»

«Ci vediamo domani. I suoi genitori sono fuori...»

«E Klara?»

«Klara è un'altra cosa.»

Max non fa commenti. Accelera solo il passo, inspirando l'odore del freddo e delle caldarroste, e godendosi il soffio caldo che esce dai locali quando qualcuno apre la porta per entrare. In febbraio, quassù, l'inverno sembra deciso a non finire mai.

«Me lo faresti, un favore?» riprende Peter nei pressi di piazza Walther.

«No, li ho finiti anch'io i preservativi.»

«Piantala, dico sul serio...»

I due amici si fermano, accendono una sigaretta.

«Si tratta di Hermann. Gli serve una mano» spiega Peter.

«In che senso, una mano?»

«Non lo so ancora. Mi ha chiesto di vedere certi suoi amici, ci spiegheranno loro.»

«E io che c'entro? È amico tuo, Hermann, non mio.»

«Gli devo almeno un favore, con tutte le volte che mi ha prestato la Zündapp» fa notare Peter. «E sulla moto ci sei venuto pure tu!»

«E che vuole?» Max è nervoso, il «monco» non gli è mai piaciuto.

«Mi ha detto che gli serviva un posto in città.»

«Per fare che?»

«Non lo so! Ce lo diranno.»

Max spegne il mozzicone. Non è mai stato capace di dire di no a Peter. Gli sta già sfuggendo di mano, e non può farci nulla. Credeva che gli sarebbe passata. Che il suo bisogno di Peter, della sua presenza, della sua voce, del suo odore, fosse un innocente affetto tra ragazzi. O che lo sarebbe diventato, crescendo.

«Che cosa dobbiamo fare?» chiede rassegnato, ed è immediatamente ricompensato dal sorriso dell'amico, dalla mano che gli stringe la spalla.

«Dovresti venire da me, oggi pomeriggio. Mia madre va a Trento a trovare un'amica sua in qualche ospizio… e noi incontriamo questi compari di Hermann.»

«E questi tizi, sai chi sono? Gente più seria di Wolfram e di suo fratello, spero.»

«Non so, non li conosco. Ma conosco Hermann. Era amico di mio padre e ne ha passate molte più di me e di te.»

Quando i ragazzi arrivano, scivolando nel locale dalla porta sul retro, al tavolo della sala nel seminterrato della

Gasthaus Staffler siedono già tre uomini, di fronte a una bottiglia di vino rosso. I bicchieri sono tutti pieni.

Hermann fa le presentazioni.

«Questo è Sepp, abita qui vicino, a Pinzon. Lui è Walther, viene dalla Val Passiria. E infine Luis, è a lui che serve una mano.»

Max e Peter salutano un po' intimiditi, si scambiano un rapido sguardo per rassicurarsi a vicenda. Sì, questa è gente più seria di Wolfram e di suo fratello. Che ci fa Hermann in una simile compagnia?

«Non ho molto tempo» esordisce Walther. «Sappiamo che siete... interessati alla causa, e sappiamo che siete fidati» lancia un'occhiata a Hermann, come se non ne fosse poi tanto sicuro. «Nei tempi che si preparano, ci sarà bisogno di tutti. Bisogna fermare l'invasione. E gli italiani capiscono una lingua soltanto: la forza.»

Peter si domanda se anche suo padre oggi direbbe queste cose. Walther deve avere circa la stessa età, anche lui ha fatto la guerra. È tornato sconfitto, ma non gli basta ancora. È un duro tra i duri, nulla a che vedere con i suoi compaesani.

«Viene gente dall'Austria. Hanno bisogno di un posto sicuro in città dove lasciare un pacco. Questa è la vostra parte» è Luis, più giovane e dal tono più gentile, a spiegare.

«Quando?» domanda Peter. Ora che ha capito chi sono i suoi ospiti, gli sembra ancora più importante liberarsene prima che rientri sua madre. «La zia di Max è sempre in casa, e...»

«Un attimo, un attimo!» interviene Max. «Di che cosa stiamo parlando? Che genere di pacco? Cosa contiene?»

Sepp gli sorride, lo conosce bene. Chi non conosce la famiglia Gasser, da quelle parti?

«Sono sicuro che tuo padre sarebbe d'accordo» lo rabbonisce appoggiandogli sul braccio la mano nodosa. «Non possono darlo a vedere, ma sono tutti dalla nostra parte, anche i politici. Se non li aiutiamo a far sentire la loro voce, gli italiani non li prenderanno mai sul serio.»

Max sposta il braccio, non è a Sepp che deve rispondere. Sepp è uno di quelli che prendono ordini. Basta parlargli della sua Heimat per vederlo versare una lacrimuccia. Della lingua, delle chiese, dei vigneti… Max l'ha sentito centinaia di volte, quel ritornello. Trito e ritrito, come la nostalgia di zia Sissi per un Impero morto e sepolto.

«Lasciamo perdere mio padre» dice con fastidio, e si rivolge a Walther. «Mi serve capire chi fa che cosa e perché» aggiunge deciso. Ma quello non gli dà retta. Si alza in piedi.

«Vi spiega tutto Hermann, va bene? Di lui vi fidate o no?» si rivolge a Peter, non a Max. E Peter annuisce: «Certo, non è quello il problema».

«Allora non c'è nessun problema» taglia corto Walther. «Persone come lui hanno versato il loro sangue per questa terra. E se siete dei patrioti, sarete pronti a versarne anche voi!»

Le mani di Max si stringono a pugno. Il padre di Peter ha fatto la guerra, il suo no, da queste parti lo sanno tutti. Ma l'idea di dover rispettare per forza i «patrioti» gli dà il voltastomaco. Deve forse vergognarsi di suo padre perché non è caduto al fronte? Perché non ha perso un braccio o una gamba?

Saluta gli ospiti con fastidio, ma sa già che farà quello che chiede Hermann. Quello che vuole Peter. Riceverà a casa di sua zia il misterioso pacco, anche se dubita che gli diranno che cosa contiene.

«Ti accompagno in moto a Bolzano» propone l'amico. È affettuoso, ha avuto ciò che voleva, e Max in questo momento non sa se amarlo o odiarlo.

«Vado in treno» risponde brusco. «Tua madre avrà bisogno di te per la serata, quando torna. Portami alla stazione.»

Sul convoglio, si siede in uno scompartimento vuoto. Vorrebbe prendere un altro treno e andarsene lontano... se solo ne avesse il coraggio. Gli sembra che le montagne che ama gli si richiudano addosso, che il profumo dei boschi lo soffochi. Tutti dicono che è il posto più bello del mondo, ma sono mai stati da qualche altra parte?

Fuori dalla stazione di Bolzano, si ferma ad accendersi una sigaretta, proteggendosi dal vento davanti a un portone. Un'ombra gli scivola accanto. Si volta stupefatto. Fa per chiamare un nome, accennare un gesto. La sigaretta gli cade di bocca, si china per raccoglierla. L'ombra si è già allontanata, portata via dal flusso delle persone. Peter gli ha detto che sua madre era a Trento, che è andata a trovare un'amica. Che cosa ci fa a Bolzano?

Peter è immerso nei libri aperti sul tavolo. Dietro al bancone c'è Clothilde, la cameriera stagionale, felice di quella compagnia inattesa. Aspetta solo la primavera per fare un giro in moto con lui, che glielo ha promesso.

Katharina entra con un cesto di uova delle loro galline. «Non sei più comodo in camera tua?» chiede.

Suo figlio alza la testa. Si sente nervoso, incerto in una situazione che non conosce bene. Hermann è sparito senza dirgli dove andava. Gli ha promesso di telefonargli per dare istruzioni, ma non lo ha più sentito.

«Hai litigato con Max?» incalza sua madre.

«Perché dici così?»

«Perché a sentire te si studia meglio da lui!»

Il ragazzo sospira senza rispondere. Certo che si sta meglio da Max. Con Emma. Con le sigarette che può fumare senza doversi nascondere. Con il bourbon bevuto seduti sul davanzale. Con i compagni di boxe. E la voglia di vedere Klara, ma lei ha fatto capire chiaramente che la loro compagnia non le interessa, che li considera dei ragazzini. Adesso vedrà con chi se la fanno, i ragazzini. Vedrà, quando avranno portato a termine l'«operazione». Chissà se suo padre sarebbe fiero di lui.

«Io comunque sono contenta se stai a casa» riprende Katharina. «Anche se non mi dici più niente...» Il tono è solo apparentemente scherzoso.

«Mamma, sono molto occupato con la scuola. Tutto qui. Questo è un anno importante, lo sai.»

Squilla il telefono, e Peter balza in piedi per rispondere, grato del diversivo, ma la madre lo precede.

«Gasthaus Staffler.» Aggrotta le sopracciglia, tende la cornetta al figlio: «Per te» dice, e si allontana.

La conversazione è breve, un saluto, un paio di appunti presi sul quaderno di scuola, poi Peter riattacca. Spera che lei non dica niente. Invano.

«Era Hermann al telefono, vero? In effetti è un paio di giorni che non lo vedo in giro. Dov'è andato? Che vuole?» Senza rendersene conto, Katharina ha alzato la voce.

«Niente, niente di speciale. Adesso devo andare!»

«Peter, che cosa sta succedendo?»

«Ma niente, davvero, è per la moto... una storia con Max» improvvisa Peter. «Niente di particolare. Non preoccuparti!»

«Dimmi la verità» insiste lei.

Suo figlio sorride, recupera i libri, la abbraccia. «Non c'è nessuna verità da sapere, non fare quella voce tragica» la rassicura. «Vado da Max, forse resto a dormire da lui... ti chiamo!»

* * *

Max è nervoso. È ancora presto, è vero, ma il gran giorno è arrivato. Le cifre del messaggio di Hermann parlavano chiaro: una data, un'ora, una targa tedesca. Niente di troppo difficile. Ma allora perché si sente così teso?

«Esco un attimo, zia. Torno subito» annuncia uscendo in corridoio. Sulle scale si preme la Leica al petto, come uno scudo. Agire non è uno scherzo. Discutere con Peter, raccontarsi storie avvincenti, fare i misteriosi con le ragazze: tutto questo è facile. Raccomandare a Peter di non parlare di bombe con Emma quando sono a letto insieme, anche questo è facile, seppure doloroso. Ma adesso diventa tutto difficile. Lui lo sa, il suo amico no.

Max si precipita fuori quasi correndo, ma è troppo presto, non può restare lì a ciondolare, lo conoscono tutti. Si sente addosso centinaia di occhi. Dov'è quell'imbecille di Peter? È lui la causa di tutto. Vorrebbe almeno averlo vicino.

Sotto via dei Portici, davanti al negozio di fotografia, si illumina. Salvo! Socchiude la porta. Karl lo saluta con un cenno, mentre congeda un paio di clienti venuti a ritirare delle foto. Max esita di fronte ai ripiani dove fanno bella mostra di sé gli ultimi, pregiati modelli Hasselblad.

«Tutto bene? Hai il fiato corto» il fotografo esce da dietro il banco e zoppica verso di lui.

«Tutto bene. Sono sceso di corsa.»

«È arrivata la carta che avevi ordinato. Ilford opaca, quella che volevi.»

«Grazie! Ripasso a prenderla più tardi» risponde Max, senza grande interesse.

«Un caffè?»

Il ragazzo guarda l'orologio. «Sì, perché no.»

Gli piace passare il tempo con Karl. È un uomo riservato e si sente onorato della sua confidenza. Gli ha raccontato che per sfuggire ai nazisti ha passato gli ultimi anni della guerra a Bolzano, in semiclandestinità. Gli ha parlato dei bombardamenti e di quando si è trovato sotto le macerie del duomo. Altre cose, ne è sicuro, non gliele ha dette. Gli uomini con un passato fanno così. Quando sono arrivati gli americani ha deciso di restare, e grazie a un prestito ha aperto il negozio. Max sa che in quel periodo c'erano due modi sicuri per fare soldi: dare la caccia ai nazisti, o aiutarli a scappare. Ma quando ha cercato di indagare, Karl ha tagliato corto: «soldi americani», ha detto, ed è sembrata la risposta giusta.

«Sei riuscito a sviluppare le foto?» L'uomo lo ha aiutato a improvvisare una camera oscura nel bagno di casa, e segue con interesse i suoi progressi.

«Non ancora, ma non mi ci sono davvero impegnato.»

«Se non ci riesci puoi riprovare nel mio laboratorio» gli propone Karl.

«Grazie...» Max beve un sorso di caffè e guarda di nuovo l'orologio. Ora rischia di far tardi. Se Peter non lo trova in piazza come d'accordo si preoccuperà.

«Ho ritrovato delle vecchie foto, un vero tesoro» aggiunge Karl. «Devi venire a vederle, hanno il fascino della Storia. Stampe che nessuno è mai venuto a ritirare, ritratti di gente che probabilmente non c'è più...»

Ma perché in questa città sono tutti ossessionati dal passato? Max si impone di non sbuffare, si alza.

«Vengo a vederle di sicuro, certo» promette. «Ora ho appuntamento con un amico... Grazie del caffè.»

Peter lo aspetta davanti al portone, come previsto è già in ansia. «Che fine avevi fatto?»

«Che ti prende?» replica Max. «C'è bisogno di innervosirsi? Non stiamo mica facendo esplodere il Parlamento.»

«E se saltano fuori gli sbirri?» domanda Peter sottovoce.

L'altro fa tanto d'occhi. «E perché dovrebbero saltare fuori gli sbirri?»

«L'ultima volta non ci è andata molto bene.»

«L'ultima volta ci siamo lasciati coinvolgere da un paio di imbecilli.» Max si guarda intorno. «Qui giochiamo in casa. Non ci saranno brutte sorprese.»

Davanti all'hotel Greif sono parcheggiate alcune auto, altre si allineano al centro della piazza, in due file. I monti che abbracciano la città sono coperti di neve, ma il sole è già quasi primaverile. C'è un'aria familiare, rassicurante, e Max sorride. Passa un braccio sulle spalle di Peter. «Calmati, su! Andrà tutto bene! Siamo insieme, non può capitarci nulla» lo incoraggia.

Lui si libera dall'abbraccio con la scusa di accendersi una sigaretta. Max ha ragione, non c'è niente da temere. Ma non si sente tranquillo. Gli dispiace di avere mentito a sua madre. Lo preoccupa non aver visto Hermann per tanti giorni.

«Diamo un'occhiata alle auto, l'ora è quella giusta» dice, cercando di ritrovare la sicurezza con cui ha accettato di condurre in porto l'operazione.

Il grande orologio del duomo ha battuto le undici del mattino.

«Guarda» sussurra Max. Una Opel Kapitan ultimo modello sta cercando un posto di fronte all'albergo. A bordo viaggia una donna, sola al volante. L'auto, bianca, fa manovra per parcheggiare, la lunga parte anteriore rivolta verso i tavoli della veranda. È immatricolata a Monaco: M – HA 447.

«Eccola.»

Max e Peter sono rimasti a spiare dalla finestra di zia Sissi finché non hanno visto la Kapitan ripartire. Hanno seguito con gli occhi la grande berlina bianca che scivolava nel traffico del primo pomeriggio e si allontanava.

Le due valigie di cuoio occupano un angolo della stanza, innocue e insieme minacciosissime.

È andato tutto liscio. Si sono avvicinati alla Opel e si sono guardati intorno con circospezione, poi hanno aperto il bagagliaio, che non era chiuso a chiave, e hanno preso le due valigie. Una a testa, molto pesanti. Sono tornati da zia Sissi a passo tranquillo, ma aspettandosi da un momento all'altro di sentir gridare: «Al ladro!». Non è successo nulla. Nel tardo pomeriggio «qualcuno» passerà a recuperare il tutto.

Per i due giovani è chiaro che contengano armi o esplosivo. Reso audace dal secondo bourbon, Peter va a controllare la chiusura.

«Fossi in te non ci proverei neppure!» gli consiglia Max, e per distrarlo aggiunge: «Sai che ho visto tua madre alla stazione di Bolzano? Il giorno in cui abbiamo incontrato Hermann e gli altri».

«Mia madre? Non dire sciocchezze, era a Trento.»

«Così mi avevi detto. Ma era lei.»

«Ti ricordi male il giorno.»

«Ehi, non c'è bisogno di prendersela così!»

Peter si passa una mano sugli occhi.

«Scusa, è che... Non sono abituato a mentire a mia madre» accenna alle valigie. «Non le ho detto niente di questa cosa.»

Max vorrebbe rispondere che mentire a Katharina è il problema minore. Ma l'amico è già abbastanza nervoso.

«Vieni» balza giù dal letto. «Andiamo a rubare un po' di speck dalla dispensa di Helga.»

Klara risale i portici del centro, gettando occhiate distratte alle vetrine. Poco ma sicuro, Bolzano non è la capitale della moda: per rifarsi il guardaroba dovrà aspettare il prossimo viaggio a Vienna. È passata in posta a ritirare un libro che si è fatta mandare da un'amica di Vienna: la biografia di Adolf Hitler a firma di Alan Bullock. È in inglese e il sottotitolo è quanto mai appropriato: *A Study in Tyranny*. L'edizione tedesca non è ancora disponibile e chissà se lo sarà mai. È stato suo padre a consigliargliela: la prima biografia dell'uomo che ha distrutto l'Europa. «Sono curioso di sapere cosa ne pensi» le ha detto, ma Klara si chiede se sia davvero tutto lì.

Nei pressi di via Goethe, vede una giovane coppia venirle incontro mano nella mano. Li nota perché attraversano bruscamente per cambiare marciapiede. Punta sul vivo, attraversa in diagonale e li raggiunge.

«Ciao, Peter! Mi eviti? Ciao, Emma» li saluta con un sorriso finto. Il suo cuore, si capisce, è meno indifferente della sua voce, ma è lei che ha rifiutato Peter, non viceversa. Lui, Max e i loro pasticci non le interessano, suo padre le ha detto di tenersene lontana e ha ragione. Sa benissimo che Emma e Peter hanno una storia. Glielo hanno detto le sue amiche, insinuando che «la Emma» sia un po' troppo disponibile. Klara pensa semplicemente che quella ragazza non andrà mai da nessuna parte, nella vita.

«Ciao, Klara» Peter lascia la mano della sua amante. «Casomai sei tu a evitare me, credo. Stai facendo acquisti?» Ha sempre temuto quel momento.

«Ciao» fa eco Emma, riprendendo la mano di lui con la sicurezza della vincitrice.

Klara pensa che sono una coppia perfetta. Incastonati sotto i portici della loro cittadina, come statuine in un presepio. Si accinge a salutare e passare oltre. Poi alza lo sguardo negli occhi di Peter, la nostalgia e il desiderio che ci legge dentro le fanno mancare il respiro.

Si sforza di sorridere. «Che senso ha rimanere impalati in mezzo alla strada a parlare come i nostri genitori?» chiede in tono frivolo. «Ci vediamo, Peter.» Poi si alza in punta di piedi, d'impulso, gli sfiora la guancia con un bacio. Prenditi questa, Emma, pensa feroce ripartendo per la sua strada, senza voltarsi.

Tra una settimana compirà diciassette anni. Darà una grande festa nella casa di via Goethe, poi, in giugno, tornerà in Austria per rivedere gli amici. Entra in casa e getta il soprabito su un divanetto, nel grande ingresso. Irrompe nell'ufficio di suo padre brandendo il libro, sulla cui copertina campeggia il viso severo del Führer.

«È arrivato!» dice, poi si blocca. Franz è seduto alla scrivania coperta di fascicoli e documenti, come sempre. Alle sue spalle, una carta del confine tra Austria e Italia, con il tracciato impervio della regione montuosa della quale proprio Hitler voleva fare il suo ultimo rifugio. Città, comuni, valli, passi sono contrassegnati da puntine di colori diversi. Di fronte a suo padre, su una poltroncina di cuoio rosso scuro, le gambe accavallate, sorridente con una sigaretta tra le dita, c'è Konrad.

Max si alza a sedere sul letto, all'erta.

È la voce di zia Sissi che lo chiama. «Max!»

«Arrivo!» risponde saltando giù. È buio pesto. Che succede, la zia sta male? L'orologio segna le due del mattino. Al muro il calendario dice: 8 aprile 1959.

Corre fino alla camera della zia e apre la porta. La trova appoggiata contro i cuscini, come al solito. Ripete spesso che ha paura di morire sdraiata. Sul comodino c'è una piccola lampada Tiffany. Sulle ginocchia ha un libro aperto. La Bibbia, che altro?

«Hai sentito?» domanda Sissi.

«Sentito che cosa?» risponde lui, sedendosi sul bordo del letto e prendendole la mano. Non dorme mai, lei, o almeno così sostiene. Dormire è una perdita di tempo.

Ma non è vero, si capisce, e Max la sente spesso urlare nel sonno, lottando contro i demoni della notte. I ricordi si trasformano in incubi, quando la mente abbassa la guardia.

«Uno scoppio, un'esplosione fortissima» dice la zia.

«Non avrai sognato?» Max si alza per andare alla finestra. Piazza Walther è tranquilla, il campanile si erge contro il cielo senza luna.

«Io non dormo.»

«E da dove veniva il rumore? Lo hai capito?»

«Dall'altra parte del fiume, dal quartiere degli italiani. Devono aver fatto saltare una delle case nuove.»

A Max torna in mente il discorso di Magnago. Gli immigrati del Sud trattati meglio della gente del posto, l'invasione del Sudtirolo. «Quando uno è sordo, per farsi capire, bisogna parlare più forte» aveva detto il leader della SVP. Ma certo non in questo senso: il partito è contrario alla violenza. Gli altri modi per «farsi sentire», tuttavia, non sembrano funzionare, e ora evidentemente qualcuno ha deciso di cambiare strategia. Ora Walther e i suoi fanno parlare le bombe.

I giornali italiani hanno già cominciato a chiamarli «terroristi». La gente del posto li chiama «combattenti per la libertà».

7

Italia-Austria: 0-0

A Natale del 1960 Dennison Rusinow è di nuovo a Bolzano. Forse anche lui aveva nostalgia del grande abete addobbato in piazza Walther e del profumo di caldarroste e vin brulé nelle stradine del centro. «La data della mia visita è importante» spiega al suo corrispondente «perché sotto le feste le persone con le quali avrei voluto parlare sono fuori città o irraggiungibili.» In altri termini, la tregua natalizia va rispettata, nonostante le nubi nere che si addensano sulle montagne.

Il 25 gennaio 1961 Rusinow inoltra uno dei suoi soliti rapporti al direttore dell'Institute for Current World Affairs di New York. Descrive la situazione creata da un colpo di scena internazionale: l'Austria ha fatto ricorso all'ONU, chiedendo ufficialmente all'Italia la ratifica degli accordi firmati nel 1946, il famoso patto De Gasperi-Gruber, con la concessione di uno statuto autonomo alla provincia di Bolzano. Rusinow ha l'impressione che siano tutti «delusi».

Che cosa è successo nel grande palazzo di vetro sull'East River?

Il 29 settembre 1960 il ministro degli Esteri austriaco Bruno Kreisky si è recato per la seconda volta a New York, per prendere la parola di fronte all'Assemblea generale dell'ONU. È intervenuto a fine mattinata, e al ventesimo paragrafo dei trenta che compongono il suo discorso ha affrontato la questione Sudtirolo. Il giorno prima ne aveva trattato il ministro degli Esteri italiano, Antonio Segni.

L'appello del governo viennese in favore dei cugini abbandonati del Sudtirolo non è stato risolutivo. L'anno prima, in quella stessa sede, aveva parlato un Kreisky più baldanzoso, fresco di nomina. Aveva dichiarato che solo la concessione di un'autonomia alla provincia di Bolzano avrebbe garantito alla minoranza tedesca le necessarie tutele. Stavolta è parso più esitante, tra formule di circostanza e affermazioni di principio.

Ha assicurato che «il problema del Sudtirolo si potrebbe risolvere rapidamente e in modo soddisfacente se solo venissero accolte le rivendicazioni della minoranza austriaca che chiede l'autonomia». E ha proseguito: «Viviamo in un'epoca in cui il diritto all'autodeterminazione e all'autogoverno è stato riconosciuto in termini universali. [...] Come spiegare agli abitanti del Sudtirolo che soltanto a loro, tra tutti, viene negato il diritto a governarsi da sé?».

Nelle minute di quella mattina si legge che la seduta, aperta alle 10.30, è stata tolta alle 13.10, quando molti delegati dovevano essere andati a pranzo. Non sono affatto sicura che, al momento di alzarsi dalle poltroncine, il messaggio di Kreisky fosse in cima ai loro pensieri. Né che fosse chiaro. In un pur breve intervento, erano mescolati tre concetti diversi: autodeterminazione, autonomia di governo e autonomia amministrativa.

Secondo la lettera di Rusinow del 25 gennaio, tuttavia, questo intervento risulta deludente sì, ma anche rassicurante. L'ala più radicale della SVP ci vede un appoggio a un processo che, a lungo termine, potrebbe sfociare nella riannessione del Sudtirolo all'Austria. I più ottimisti ci leggono l'appoggio di Vienna all'autonomia, cioè a una provincia di Bolzano dotata di un'assemblea e di un esecutivo propri. I più realisti capiscono che comunque le emergenze ora sono due: far accedere la minoranza germanofona ai posti nella pubblica amministrazione e alle case popolari, che nel frattempo sono diventate un campo di battaglia, non solo ideologico.

Ma perché tanta vaghezza da parte di Kreisky? Torniamo indietro di un giorno, al mercoledì 28 settembre 1960.

La seduta pomeridiana dell'Assemblea generale si è aperta alle 15.00. Ha parlato il ministro degli Esteri italiano Antonio Segni, un democristiano che nella sua carriera è destinato a ricoprire molti incarichi: ministro dell'Agricoltura, della Pubblica istruzione, della Difesa, dell'Interno, degli Esteri, sottosegretario alla presidenza del Consiglio e infine, nel 1962, presidente della Repubblica. Come dire, un uomo di fiducia, approvato dall'amico americano.

Segni ha aperto il suo discorso rallegrandosi della recente conquista dell'indipendenza da parte di molti Paesi, a partire dalle ex colonie francesi in Africa, ma ricordando anche la Somalia, dove il mandato italiano si è concluso nel luglio del 1960, e l'ex Congo belga, dove all'indomani della dichiarazione di indipendenza sono cominciate le violenze. «Purtroppo» ha commentato «non tutti i popoli che auspicano l'accesso all'indipendenza e all'autodeterminazione dei propri destini hanno interiorizzato a dovere la superiorità del metodo democratico.»

Subito dopo, Segni ha affrontato il grande tema della Guerra fredda, la «distensione» che tutti si augurano, il «disarmo» che tutti propongono. «Occorre tenere conto dell'importante divario tra le forze convenzionali dell'Est e dell'Ovest» ha detto. «Il disarmo nucleare, in sé desiderabile, richiede un riequilibrio delle forz convenzionali.» Musica per le orecchie degli strateghi del

Pentagono, che hanno da poco messo a punto il piano Dropshot.

Poco prima di concludere, percorsi tutti i grandi temi del momento, Segni ha fatto una piccola digressione su «un tema che avrei forse potuto risparmiare all'Assemblea generale, ma che l'Italia è stata invitata a prendere in maggiore considerazione. Mi riferisco alla questione dell'Alto Adige».

Si può immaginare il silenzio calato nell'immenso anfiteatro. Provo a mettermi al posto dei delegati, lì riuniti per capire se la rivalità tra USA e URSS avrebbe portato alla fine del mondo, nel vedersi interpellati sulle sorti di uno sperduto fazzoletto di terra tra le Alpi.

Segni ha assicurato che l'Italia accettava di confrontarsi lì su quel tema, come proposto dall'Austria. Al tempo stesso, però, ha fatto notare che si stava parlando di un accordo bilaterale (il patto De Gasperi-Gruber) nel quadro del Trattato di pace firmato dall'Italia e dai Paesi alleati a Parigi nel 1947. Dunque la sede competente era la Corte internazionale di giustizia, e non quell'assemblea. «Il governo italiano non ha altra scelta se non opporsi a qualunque tentativo di trascinare sul terreno della politica una questione che le parti, applicandosi entrambe con buona volontà, dovrebbero essere in grado di dirimere in altro modo, nel rispetto dei principi enunciati nella Carta dell'ONU» ha dichiarato, e ha ceduto il podio al ministro degli Esteri afghano, Sardar Mohamed Naim.

Ha giocato d'anticipo, e Kreisky in difesa. Non c'è da stupirsi che in seguito a quell'incontro internazionale la situazione non cambi granché. Il 30 ottobre 1960 viene adottata una risoluzione ONU che chiede alle due parti di negoziare per trovare un accordo e, in caso di necessità, di rivolgersi alla Corte internazionale di giustizia. Tutto qui.

Capisco meglio la «delusione» alla quale Rusinow accenna nel suo rapporto del gennaio 1961, sottolineando tra le altre cose che Stati Uniti e Unione Sovietica non hanno preso posizione.

Kreisky ha cercato di internazionalizzare il problema del Sudtirolo, ma la partita finisce zero a zero. È vero che l'ONU ha ribadito il ruolo di «potenza protettrice» dell'Austria rispetto al Sudtirolo, ma ci vorrà ben altro per cambiare le cose.

L'episodio dello «scontro» alle Nazioni Unite, per quanto controllato, è la spia di uno stato di tensione tra Austria e Italia che sembra esacerbarsi. Questa non è una buona notizia. Sono due Paesi ad autonomia ridotta e la sicurezza sulle loro frontiere è un problema che non riguarda solo loro. In questo i due vicini si assomigliano molto. Sono usciti sconfitti dalla Seconda guerra mondiale e hanno assunto una parte della colpa, salvo venire perdonati quasi subito per ragioni strategiche. In altri termini, sono servitori di uno stesso padrone, che li ha aiutati, sostenuti, controllati e guidati per non vederli cadere in altre mani. I poteri del dopoguerra, la DC in Italia e la «grande coalizione» in Austria, sono debitori all'amico americano. In cambio, hanno concesso carta bianca per una serie di iniziative di Washington sui loro territori. Tra questi c'è il Brennero.

Tuttavia, il mondo, tra il 1960 e i primi mesi del 1961, ha le sue buone ragioni per non concentrarsi sulla provincia di Bolzano. L'Europa è in pace, ma nel resto del pianeta i conti sono ancora aperti. Oltre ai conflitti in Corea, in Indocina e in Algeria, gli ultimi imperi coloniali si stanno sfaldando. Il regime comunista tiene i suoi satelliti sotto un giogo sempre più brutale. Alla crisi di Berlino segue la crisi dei missili di Cuba. Senza contare la corsa agli armamenti nucleari. Una galoppata verso l'abisso che nessuno sembra poter fermare: né Nikita Chruščëv, succeduto a Stalin nel 1953, né il giovane presidente americano John Kennedy, insediato alla Casa Bianca nel gennaio del 1961. In pochi anni, i due grandi protagonisti si sono dotati di armi capaci di annientare il genere umano. E ora quell'arsenale sta sfuggendo al controllo del potere politico, sia a Ovest sia a Est. Nel 1946 gli Stati Uniti disponevano di nove «bombe»; nell'ottobre del 1962, all'epoca della crisi dei missili con Fidel Castro, di circa 28.000 munizioni nucleari. L'URSS, partita con qualche ritardo, con cinque ordigni nucleari nel 1950, ne ha 1700 nell'estate del 1961, quando Mosca decide di costruire un muro per tagliare Berlino in due.

Come stupirsi che le sorti del Sudtirolo non mobilitino il mondo? Quando il famoso arsenale dovrà essere utilizzato davvero, allora sì che quella terra potrebbe diventare strategica, ma in modo ben diverso da quel che sognano gli abitanti.

Nella lettera del 25 gennaio, dopo aver accennato alla missione di Kreisky all'ONU, Rusinow si sofferma soprattutto su un fatto di cronaca che per qualche giorno ha fatto versare molto inchiostro alla stampa locale: il 10 dicembre 1960, alla periferia di Bolzano, una bomba ha distrutto alcune case popolari destinate agli italiani.

Rusinow fa una rapida rassegna di quanto la stampa di lingua tedesca scrive sull'ancora misterioso movimento clandestino BAS, citando in particolare l'opinione dello «Spiegel», secondo cui l'editore austriaco trentaseienne Fritz Molden «ha lavorato in segreto per mettere insieme una banda piccola ma potente – sul modello di Eoka, il fortunato movimento clandestino cipriota del colonnello greco Grivas – per la futura guerra partigiana a sud del Brennero. Dovrebbe tenersi pronta per il "giorno X" e affrettare il ritorno del Sudtirolo all'Austria, in caso venisse meno ogni possibilità di un accordo pacifico con l'Italia. Fritz Molden si schermisce quietamente: "Non giocherei mai alla guerra in modo così dilettantesco"». La banda sarebbe composta, secondo la rivista tedesca, «da circa 320 uomini armati e addestrati, in gran parte reclutati tra i figli minori sottoccupati degli agricoltori di lingua tedesca». Ma Dennison Rusinow è incline a liquidare le trame e le rivelazioni che si intrecciano attorno al BAS come «giochetti», e conclude che non è il caso di «darci troppo peso».

Stavolta, però, si sbaglia di grosso.

8

Passioni senza precauzioni

Innsbruck, gennaio 1960

Nella camera dello Speckbacher, alle porte di Innsbruck, entra a fiotti il sole invernale. L'anno comincia bene per Klara, nuda sul letto. Quando Konrad l'ha invitata a pranzare con lui in quel vecchio maniero, è stato subito chiaro che non si sarebbe trattato solo di cibo. I baci scambiati a Bolzano, dopo la sua ultima visita al padre di lei, non lasciavano dubbi. Si erano rivisti a Capodanno, a una festa elegante in cui lui era stato cortese, ma esplicito quanto bastava.

«Non hai più finito la storia del tuo viaggio a New York» dice Klara.

Konrad sorride. «Già... Abbiamo cambiato argomento troppo in fretta!»

«Non troppo» la ragazza si tira il lenzuolo sul seno. «Ma adesso raccontami tutto.»

«Che cosa vuoi sapere?»

«Tutto! La città, gli americani, l'ONU!»

«Sono passati tre mesi. Qualche dettaglio lo avrò dimenticato» ironizza Konrad.

È stato scelto da Bruno Kreisky come consigliere dopo la sua nomina al ministero degli Esteri, nell'estate dell'anno prima, e Klara, anche se non vuole che si noti, ne è rimasta impressionata.

Lo scorso settembre ha accompagnato a New York il

ministro, che per la prima volta ha sollevato la questione sudtirolese di fronte all'ONU.

«La nostra delegazione alloggiava al Waldorf Astoria, su Park Avenue. Ti avrebbe fatto impazzire!»

«Mi interessa di più quello che ha detto Kreisky...»

«Capirai, non può permettersi di fare la voce grossa. Si è limitato a chiedere lo statuto autonomo per i sudtirolesi.»

«Ma loro non si accontentano dell'autonomia! E stanno perdendo la pazienza.»

«Credi che interessi a qualcuno? I confini dell'Italia non si toccano, e gli americani hanno ben altre gatte da pelare.»

«Per esempio?»

Konrad fa scivolare la mano sotto il lenzuolo e la posa sul seno di Klara. Si china per baciarla.

«Fai molte domande, tu...»

«Sì, e mi piacciono le risposte...» ribatte lei restituendo il bacio.

«Allora chiedi a tuo padre...»

«Che cosa c'entra, adesso, mio padre?» salta su Klara, e lo respinge. Lui fa una smorfia, dandosi del cretino. Menzionare il padre a una ragazza con cui hai appena fatto l'amore, e con cui vorresti rifarlo, non è proprio una gran mossa.

«Ma niente... Sa molte cose più di me, ecco tutto.»

«Vedi di non prendermi in giro» lo ammonisce Klara, ma subito dopo si abbandona di nuovo alle sue carezze. Ci sarà tempo per le domande, pensa.

«Chiudi gli occhi» le sussurra Konrad all'orecchio. Ma nella bella camera assolata dell'hotel Speckbacher, Klara tiene gli occhi bene aperti: vuole vedere il suo gioco.

Uscito dal cortile dell'albergo, Konrad imbocca la nazionale per Innsbruck, poi l'elegante auto decappottabile svolta in una stradina più stretta che risale il fianco della montagna.

«Dove stiamo andando?» domanda Klara. Quella mattina lui ha insistito per alzarsi presto e l'ha invitata a coprirsi bene.

«Ogni promessa è debito. Ho una sorpresa per te.»

«Per i servigi resi?» ironizza lei, che subito si pente di quel cinismo.

«Ti porto in un posto segreto.» Konrad ignora la frecciata. «Ma non dovrai parlarne con nessuno...»

«Neppure con mio padre?»

«Soprattutto con tuo padre.» Franz è convinto che Klara sia ospite di un'amica a Innsbruck, ed è meglio che continui a crederlo.

La vettura grigio metallizzato divora senza sforzo i tornanti. A un certo punto Konrad indica una grande distesa ghiacciata tra due picchi scoscesi. «L'Achensee» dice «il fiordo delle Alpi!»

«Non ci ero mai venuta. Potevo portare i pattini» commenta Klara.

«Non c'è tempo. Devo rientrare a Innsbruck questo pomeriggio.»

Abbandonano la strada principale per imboccare un sentiero che corre attraverso il bosco. A giudicare dalle tracce, dalla neve pressata, è piuttosto frequentato. Konrad parcheggia accanto a un'alta cancellata di ferro parzialmente nascosta dagli alberi.

In una garitta, un uomo si riscalda le mani su un braciere a carbonella. Indossa un giaccone imbottito da cacciatore con un cappuccio di lana grezza. Porta una mitraglietta a tracolla.

«Ma in che razza di posto siamo?» domanda Klara aggrappandosi al braccio di Konrad. L'aria è immobile e minacciosa.

La sentinella saluta con un cenno e aziona l'apertura elettrica, dando loro accesso a un ampio spiazzo.

«Da nessuna parte. Questo posto non esiste. A volte ci trovi uno dei tuoi amici sudtirolesi, ma se domandi loro di Absam o dell'Achensee, ti diranno che non ne hanno mai sentito parlare.» La accompagna verso una specie di baita. «Sul retro c'è un poligono di tiro, ma adesso è caduta troppa neve per sparare» spiega.

Oltrepassato l'ingresso, entrano in un grande stanzone trasformato in officina. Ai muri sono appesi utensili e materiali da elettricista. Quattro banconi con luci potenti, morse e seghe circolari.

«Al lavoro» dice Konrad. «I segreti dell'amore non ti bastavano, vero? Eccone degli altri...» Con pochi gesti rapidi posa su uno dei banconi delle batterie, dei fili, delle resistenze elettriche e un paio di orologi a buon mercato. «Con questa roba ci si fa un detonatore. Lo colleghi alla dinamite e *bum*... fai saltare tutto per aria!»

Lì per lì lei non sa che cosa dire, le sembra impossibile. Lo guarda con un rispetto nuovo e lui gonfia il petto.

«Osserva, e fai come me.»

Si danno da fare per un'ora buona. Klara impara in fretta a collegare il meccanismo dell'orologio alla batteria, a creare il contatto per arroventare i fili dell'innesco che accenderà la miccia conficcata nella carica di dinamite.

«Un gioco da ragazzi» dice alla fine, ma ha le vene piene di adrenalina. «Però...» guarda l'ordigno che ha assemblato e all'improvviso si rende conto. «Vuoi dirmi che questa è destinata a esplodere?» Le sembra tutto così assurdo.

«Certo, è una bomba» Konrad le dà un buffetto, come a una bambina. «Non preoccuparti, quel giorno tu non sarai nei paraggi.»

«Ma perché far saltare tutto? A che serve, se tanto nessuno ha intenzione di cambiare niente?»

«Le bombe fanno il gioco di tutti» riassume lui. «Mettono tutti tranquilli.»

«Tranquilli? Le bombe?»

«I nordtirolesi sono tranquilli perché tessono le loro trame, i sudtirolesi perché qualcuno si occupa di loro, gli italiani perché hanno un buon motivo per mandare l'esercito sul confine» enumera Konrad. «E gli americani...»

«E gli americani?» incalza lei.

«Questo te lo dirà tuo padre» e stavolta il tono di lui non ammette repliche. «Torniamo alla macchina. Oggi hai fabbricato la tua prima bomba e direi che deve bastare.»

Il giorno dopo Klara è sul treno per Bolzano. Nella valigia c'è un pacchetto che le ha affidato Konrad, ma lei lo ha infilato tra i vestiti e subito dimenticato. Continua a rivivere nella mente le scene di dolcezza e passione che ha vissuto con lui, e ha la sensazione che quei momenti d'amore le si leggano sul viso. E se anche fosse? Guarda i doganieri quasi con aria di sfida, mentre porge loro il passaporto.

«È sua quella valigia?» chiede uno degli italiani.

«Sì» conferma lei, e il vago rossore che le si diffonde sulle guance le conquista la simpatia del giovane militare.

«Benissimo, grazie» annuisce lui, restituendole il documento con un grande sorriso. Passa oltre con un filo di rimpianto. Queste austriache, pensa, non si fanno mancare nulla.

9

Una cocente delusione

Bolzano, Montan e Pinzon, estate 1960

«Uno, due, tre.»

Scattando all'unisono, Max e Peter fanno la verticale, sollevandosi sulle mani. Sono in camicia e pantaloncini sportivi. Intorno a loro libri aperti, dispense e quaderni pieni di appunti. L'esame di maturità è alle porte, ma loro si sentono preparati. La finestra è spalancata, la vita brulica qualche piano sotto, in piazza Walther.

«Più a lungo resti in questa posizione, più a lungo il tuo cervello è irrorato» spiega Peter, che ha inventato quel gioco. «E più il cervello è pieno di sangue, meglio ricorda le declinazioni latine, le equazioni, le date della Prima guerra mondiale e i versi di Schiller!»

«È la teoria più cretina che abbia mai sentito» ride Max. Vorrebbe che quelle giornate non finissero mai.

«Ancora un mese ed è fatta» lo incoraggia l'amico, rimettendosi in piedi.

«Poco ma sicuro» Max prende posto sul suo prediletto davanzale.

«Avanti, tra poche settimane saremo liberi… all'università» Peter picchia il pugno sul letto.

«Finalmente potremo andarcene di qui, partire, vivere!» grida l'altro nell'aria leggera di maggio. Ma nella sua voce c'è una chiara nota stonata.

«Ma tu davvero pensi di riuscire a lasciarti tutto alle spalle?»

«Tutto cosa?» Max si volta di scatto.

«I terreni, la casa… le proprietà di famiglia. Dopotutto è roba tua!»

«Lo so bene, e mio padre me la fa pagare a caro prezzo. Ma io non sono come lui. Non voglio essere come lui!»

All'improvviso la voce di zia Sissi attraversa le pareti. Il tono è urgente. «Max! Max! Vieni qui!»

«Che succede?»

«Hanno arrestato Eichmann!» scandisce lei.

Quel nome è così incongruo nel dolce pomeriggio di Bolzano che i due ragazzi ci mettono un po' a capire. Quando entrano in salotto, però, hanno avuto il tempo di ricordare. Adolf Eichmann il carnefice, l'uomo della soluzione finale, dei campi, delle camere a gas. Adolf Eichmann, che nel 1950 si è imbarcato per l'Argentina dal porto di Genova sotto le mentite spoglie di Ricardo Klement.

«Chi? Chi lo ha arrestato?» domanda Max, sedendosi ai piedi della zia e prendendole una mano.

«Gli israeliani. La radio ha detto che hanno ritrovato Eichmann in Argentina e che lo hanno preso vivo. Verrà processato in Israele.»

«Nessuno sentirà la sua mancanza» commenta Peter. «E gli altri ancora in giro dormiranno un po' peggio.»

«Per non parlare di chi lo ha aiutato a fuggire» aggiunge Max.

«Si tratta di un bel po' di gente» ribatte zia Sissi, spegnendo la radio. «Non bisogna essere ipocriti. Eichmann non è il solo. Mengele. Bormann. E altri ancora…»

«Tutti sani e salvi all'estero, grazie a tanta brava gente. Anche di qui» conclude il nipote. «Magari insospettabili… Magari parenti…»

Zia Sissi capisce subito e scuote la testa.

«No, Max. Puoi rimproverare tante cose a tuo padre, ma non questa. Non ne avrebbe mai avuto il fegato!»

«E tu?» chiede Max a bruciapelo.

«Io?» Zia Sissi ha un momento di esitazione e la risposta le passa negli occhi. «Io ho sognato una grande Germania. Di quel sogno ci restano solo rovine. E questo è tutto» si limita a dire. Si accende una sigaretta e tira una lunga boccata: «Un giorno però dovrai chiedere a tuo padre come ne è uscito senza un graffio, questo sì. I fascisti, poi i nazisti, poi gli americani... Una bella impresa, ritrovarsi a ogni giro più ricco».

Max ha l'impressione che abbia cambiato argomento di proposito, ma glielo lascia fare.

«Spiegati meglio» la incalza.

«No! Non ho niente da aggiungere.» Sissi scuote il capo con rabbia. «Un giorno ne parlerai con lui, e forse troverà anche il coraggio di risponderti... Ci sono i grandi criminali, e poi ci sono i piccoli vigliacchi. Sono i secondi quelli che sopravvivono meglio. Anche alla sconfitta, anche alla vergogna. Ma ho già parlato troppo, filate!»

I due giovani si ritrovano in camera da letto stupiti: zia Sissi è davvero di pessimo umore oggi.

«Cos'è questa storia di tuo padre?» chiede Peter.

«Non ne ho la più pallida idea.» Max fruga sulla scrivania alla ricerca dell'accendino, e una pila di foto in bianco e nero scivola sparpagliandosi sul piano di legno. «Toh, guarda. Volevo fartela vedere già da un pezzo, ma mi sono sempre dimenticato. L'ho fatta un sacco di tempo fa...» dice porgendone una all'amico.

L'istantanea, scattata con il teleobiettivo da quella stessa finestra, mostra Klara in compagnia di un giovane uomo con il cappello. Ha il viso sollevato a ricevere il suo bacio.

«Lo immaginavo, che avesse qualcuno. Non sono mica scemo.» Peter la butta sul pavimento. «Si stuferà di lei, come io mi sono stufato di Emma.»

«Giusto» annuisce Max con leggerezza. «Vedrai quante ragazze ci saranno all'università!»

Una volta tanto il padre di Max gli ha lasciato carta bianca. «È il mio, di compleanno» ha detto il ragazzo «e non voglio ritrovarmi con una parata di *Schützen*.» Ha scelto il primo sabato dopo l'uscita dei risultati della maturità. I bocciati hanno avuto il tempo di ingoiare il rospo. Gli altri non chiedono di meglio che bere e ballare fino all'alba. Max ha ingaggiato una orchestrina di Merano, dei ragazzi che fanno gli americani. Indossano giubbotti di pelle e jeans attillati e suonano pezzi di Elvis Presley e Chuck Berry, urlando nei microfoni versi in un inglese improvvisato.

Sono venuti i compagni di liceo, altri che né Peter né Max hanno mai visto e tante ragazze graziose in camicette leggere, gonne a pois o abitini estivi come quelli di Audrey Hepburn. Non mancano neppure i compagni di boxe. Nessuno vuole perdersi quella festa.

Nell'aria aleggia il profumo della carne alla griglia misto alle risate delle invitate. Le amiche delle sorelle di Max fumano sui divanetti disposti attorno alla pista da ballo improvvisata in giardino, scegliendo pigramente le loro prede. Peter si è seduto in veranda, un po' in disparte. Klara lo raggiunge, scioglie il foulard che ha attorno al collo e si tampona la fronte.

«Il fidanzato lo hai lasciato a casa?» domanda Peter.

«Non farmi pentire di essere venuta» ribatte lei, che pur di non mancare ha interrotto le vacanze a Innsbruck.

«Non litigate, voi due» interviene Max, unendosi a loro. «Presto ci ritroveremo tutti a Innsbruck.»

«Con Emma ho chiuso, comunque...» continua Peter senza ascoltarlo.

«Non mi dire. Faranno la fila alla tua porta per consolarti.»

«Non ne ho nessun bisogno.»

Max fa saltare il tappo di una bottiglia di champagne e la tende a Klara. Senza bicchieri.

«Magari puoi aiutarmi a trovare una stanza a Innsbruck» dice Peter. «Qualcosa di poco costoso. E poi mi servirà un lavoro. Posso fare il cameriere...»

«Ma che dici? Staremo dai miei parenti» interviene Max.

«Max! Ti pare che potrei vivere a scrocco da voi? Cosa direbbero i tuoi, a vedersi piombare a casa uno sconosciuto?»

«Io non credo che si stupirebbero...» scherza Klara, e Max le lancia un'occhiataccia.

«Potremmo affittare un appartamento con tre stanze, così poi tra un anno vieni anche tu...» fantastica Peter, reso leggero dalle bollicine.

«Una specie di *ménage à trois*, insomma» risponde Klara con aria disinvolta. «Peccato che io a Innsbruck abbia già una casa, e bella grande.»

«E allora ospitalo tu, Peter. Non credo che i tuoi si stupirebbero...» Max restituisce colpo su colpo.

«Chissà di cosa si stupirebbero i miei...» si rabbuia lei all'improvviso. «Ma davvero volete andare a studiare all'università? Lontano da qui? Da quello che si sta preparando?»

«E cosa si starebbe preparando?» chiede Peter con dolcezza cingendole la vita. Lei respinge quel braccio balzando in piedi, beve un ultimo sorso.

«Non sapete niente, voi. Andiamo a ballare, dai!» e corre via, lasciando i due a guardarsi perplessi.

* * *

Gli ultimi villeggianti indugiano ancora nella sala da pranzo della pensione, come gli stagionali che servono ai tavoli sotto l'occhio vigile di Clothilde. Quella sera, però, Peter ha un solo pensiero: la televisione. Il piccolo schermo in bianco e nero che sua madre ha fatto montare sopra il bancone. Dal 25 agosto, nella Stube, non c'è mai un posto libero. Sono iniziati i giochi olimpici di Roma, trasmessi in diretta. La «tele» attira i clienti e mette tutti d'accordo. Per gli italiani quella tornata di gare è un bel regalo: sono i primi tra gli sconfitti a organizzare un evento che simboleggia la pace. Un onore immeritato, secondo molti da quelle parti.

Quella sera Peter segue le finali di boxe. Gli ultimi incontri lo hanno ipnotizzato. A dominare il ring sono i pugili neri che combattono per gli Stati Uniti. Stanno facendo man bassa di medaglie nelle categorie più prestigiose. E lui si appassiona in particolare alle gesta di un atleta che non ha mai sentito nominare. Cassius Clay, diciotto anni appena, ottanta chili di muscoli e scatto. Combatte con un polacco che sembra sopraffatto da quel funambolo che danza, provoca, schiva.

«Impressionante» commenta Hermann al bancone.

«Quel tipo è fenomenale. Devo cambiare le foto in camera mia.»

«Se ho capito bene, vuoi cambiare camera, piuttosto» osserva Hermann.

«Partiamo a fine mese» conferma Peter. «Max ha dei parenti a Innsbruck. Ci affittano un appartamento, facciamo a metà.»

Il ritmo, sul ring, è mozzafiato. Tre riprese da due minuti ciascuna. Finale ai punti. Con il suo allungo e quei colpi rapidi e potenti, il pugile nero venuto da lontano afferma la sua superiorità. Il polacco è bravo, ma non ha scampo. Cassius Clay, il ragazzino del Kentucky con il nome da antico romano, è entrato nella leggenda:

medaglia d'oro. *È nata una stella*, titoleranno i giornali all'indomani.

Peter esce per fumare una sigaretta nella notte appena fresca. Riconosce il profumo di sua madre. Sa che da giorni deve dirgli qualcosa di importante, ma con la pensione sempre piena, i clienti esigenti, non ha mai un minuto per se stessa, e neppure per suo figlio.

«Devo parlarti.» Nel buio, Peter intravvede appena la sua figura, ma sente con chiarezza il pianto nella voce.

«Che cosa è successo?»

«Peter, mi dispiace. Mi dispiace tantissimo, ma dovrai rinunciare a Innsbruck» le parole escono a fatica, anche se Katharina le butta fuori tutte d'un fiato.

«Come sarebbe a dire? Intendi l'università?» lui spegne il mozzicone. All'improvviso la notte non è più dolce, gli uccellini tacciono, nel cortile della Gasthaus è calato il gelo.

«Sì, Peter, ho bisogno di te qui. I soldi non bastano» mormora Katharina.

«Quali soldi, mamma? Non avrò quasi spese. Vado a vivere da Max, troverò un lavoro, esistono perfino delle borse di studio per i giovani sudtirolesi!» cerca di difendersi, ma è disarmato e lo sa. Come il polacco di fronte al nero dagli occhi di avvoltoio.

«Lo so, so tutto, ma non puoi andare. Non puoi lasciarmi da sola alla pensione. Non ho più un soldo.» Ciascuna di quelle parole lo colpisce allo stomaco, mozzandogli il respiro. Sente le gambe cedere. Non può lottare contro sua madre.

«Ma come? La stagione è stata ottima, mi hai detto tu stessa che avevamo risparmiato qualcosa per l'università» azzarda, quasi timido. In realtà sente la rabbia ribollirgli dentro.

«Le cose sono cambiate. Ho dovuto pagare dei debiti

che pensavo di poter dilazionare. E dovrò rimandare a casa il personale. Avrò bisogno del tuo aiuto.»

«Ma è assurdo. Era già tutto deciso! Dovevo andare, studiare all'università, andarmene da qui! Dimmi la verità, che cosa è successo davvero? Che cosa è cambiato?» Peter alza la voce.

Katharina si avvicina e lo abbraccia. Il suo ragazzo che crede di essere un uomo ma non lo è. È riuscita a proteggerlo, fino a ora, dalla verità.

«Non lasciarmi sola, Peter. Non andartene. Non posso cavarmela da sola.»

«Ma di che cosa stai parlando? La pensione va a gonfie vele, c'è il pieno di clienti, Innsbruck è a tre ore di treno!» Ma sa di avere già perso. Barcolla, come un pugile suonato. «È per via di mio padre» sospira infine. «Hai paura che io non torni più.»

«Forse è così» risponde Katharina. Si asciuga le lacrime e con la coda dell'occhio vede Hermann che è sbucato dalla porta della Stube. Ha sentito tutto. Gli occhi sono duri e vuoti, occhi di soldato. Carichi di rimprovero.

Nella notte Max ha sentito un richiamo salire fino alla sua finestra. C'era Peter sotto casa sua, in sella alla Zündapp. In lacrime. Vento, tristezza. È salito, Max gli ha versato un grande bicchiere di bourbon. E gli ha detto tutto.

«Racconta balle, poco ma sicuro! Ma perché? Che cosa sta cercando di nascondere?» ripeteva. Beveva, biascicava sempre di più. Max lo ha aiutato ad allungarsi sul letto, dove l'amico è subito crollato nel sonno dei disperati, poi si è seduto sul davanzale per riflettere.

Si vergogna del sollievo che prova. La Provvidenza lo ha liberato da una scelta difficile. Non lo ha mai attratto l'idea di studiare a Innsbruck. Suo padre ci tiene, all'erede laureato, ma a lui non interessa. Ha l'impressione di avere altro da fare, qui, a casa sua. Ha l'impressione che presto la Storia comincerà a correre veloce tra le montagne, e non vuole essere altrove quando accadrà.

Peter non sarebbe mai partito da solo, e Max non voleva perderlo. Ora il campo è libero, grazie a Katharina. Resteranno entrambi. Con Klara, bella e consapevole, che sa più cose di quante non ne dica. «Non sapete niente voi» ha detto. E ha ragione, pensa Max. Ma i segreti si possono scoprire.

Infila un foglio nella macchina da scrivere, una Smith Corona portatile che zia Sissi gli ha regalato in vista dell'università. Anche lei però è contraria, disperata all'idea di separarsi dal nipote, spaventata all'idea di morire sola in casa con la governante. Idea irrazionale: zia Sissi ha una salute di ferro.

Max inghiotte un sorso di bourbon, guarda fuori dalla finestra. Non ha mai amato tanto quell'angolo di cielo. Le stelle non si vedono per le luci della piazza ma sono appena lì dietro, a centinaia. Comincia a scrivere. «Kurt.» Niente «Caro papà»: già da un pezzo il cuore non parla più così.

Ho deciso di rinunciare all'università di Innsbruck e agli studi ai quali mi destinavi. Sono convinto che si tratti di una perdita di tempo. La vita si impara giorno dopo giorno, nelle gioie e nei dolori. Non nelle aule universitarie o nelle biblioteche di istituzioni antidiluviane che non sono mai state all'altezza delle sfide della Storia. Le disgrazie che per decenni sono piovute sulla nostra Heimat sono anche colpa di chi l'ha sempre governata. Una borghesia che attinge le proprie risorse da una viltà senza limiti, e si è mostrata capace di ogni tradimento e di ogni compromesso. E che si forma nelle scuole che io mi rifiuto di frequentare. Prenderò una via diversa, e quel cammino comincia stasera.

Maximilian

Forse un po' troppo magniloquente, si dice scendendo le scale a grandi passi. Ma l'occasione va colta al volo, la rottura deve essere chiara, e comunque è stato il bourbon a dettare.

Peter ha lasciato la Zündapp davanti alla porta. È un mezzo pesante, ma facile da guidare. La strada è sgombra, la polizia è rinchiusa nelle sue caserme, o impegnata a pattugliare i quartieri italiani. Max guida piano per non svegliare i bravi cittadini di Montan. Parcheggia nel fienile, dietro alla grande dimore che da generazioni ospita la sua famiglia. I cani lo accolgono scodinzolando.

Entra senza far rumore dalla porta di servizio e attraversa la cucina. Poi risale la scalinata di pietra che conduce a un ampio pianerottolo. È lì che attendono sempre i visitatori di suo padre, venuti a mendicare un favore o a proporre un affare. Spinge la porta dell'ufficio. Oltre ai ritratti di famiglia, da alcuni anni Kurt ha preso l'abitudine di appendere anche delle fotografie che illustrano momenti importanti della sua vita. Ormai è un uomo pubblico, un pilastro della società. Non un politico, questo no, e niente uniformi. Ma uno che conta, e con il quale si fanno i conti. Perché sono i soldi a fare e disfare le alleanze. Ripete spesso che da un pezzo non c'è più nessun governo: né a Vienna, né a Roma, e meno che mai a Trento o Bolzano. Ai consigli di amministrazione spetta decidere chi reciterà il copione della politica.

Si siede alla scrivania di suo padre. Posa la busta sul ripiano, in evidenza, contro la tabacchiera d'argento a cui Kurt attinge ogni mattina per caricare la pipa. Prova ad aprire i cassetti, sono chiusi a chiave. Ma lui conosce il segreto: basta socchiudere quello centrale per far emergere due piccole leve che sbloccano quelli laterali. Max non cerca niente di speciale. Vuole soltanto lasciare una traccia del suo passaggio. Fargli capire che non ha più paura di lui. Che può violare il suo santuario e non teme la sua ira.

Nel primo cassetto di destra ci sono alcune vecchie lettere indirizzate alle sue sorelle. Una busta color marrone, più vecchia ancora delle altre, senza nomi, senza indirizzi e ancora sigillata sembra più interessante. Appare vuota, se non per un piccolo astuccio di cartone che Max sente sotto i polpastrelli, attraverso la carta. Esita, poi se la infila in tasca. Richiude tutto. Si alza e se ne va.

Non si è mai sentito così libero.

10

Piani di guerra

Bolzano e Roma, estate 1960

Peter ha chiamato Klara e ha chiesto di vederla. Lei ha capito dalla voce che c'è in ballo qualcosa di grave. Ha davvero bisogno di lei, non è una richiesta di appuntamento come le altre.

«Sei a casa di Max?»

«Sì.»

«Va bene, passo in tarda mattinata, vi porto delle cose.»

«Che cosa?» Peter è ancora stordito dalla tristezza di quella notte e dai fumi del bourbon.

«Vedrai. Arrivo.»

Klara suona il campanello; quando lui va ad aprire, non fa in tempo a salutarlo. La afferra per le braccia e preme le labbra sulle sue, con foga. Lei lo lascia fare, presa da una vertigine. È la prima volta che la bacia, è un bacio inatteso, e più conturbante di quanto pensasse. Il ragazzo innocuo che la adora da anni non è poi così innocuo.

Lo respinge, un po' affannata.

«Aspetta» dice.

«Aspettare che cosa?» chiede lui con rabbia. È stufo di rispettare i desideri di tutti. Da sua madre in giù. Fa per bloccare Klara, ma lei sguscia dalla sua presa.

«Sono ancora fidanzata» gli ricorda precedendolo in camera di Max.

Quello dei tre giovani è un vero e proprio consiglio di guerra. Hanno una strategia da decidere e riguarda la vita di Peter. Ma anche quella di Max. Vogliono cominciare subito a organizzarsi. Trovare un lavoro. Vivere entrambi da Sissi.

«Ascoltami… devi tornare alla pensione» suggerisce Klara. Peter la guarda senza capire. «Devi stare vicino a tua madre. Rinunciare all'università non è la fine del mondo, ma rinunciare alla propria madre… non è possibile. Soprattutto per te.»

«Ma mi ha mentito. Ha detto che aveva dei soldi da parte. Per me. Per aiutarmi a partire, per pagarmi gli studi…»

«Si vede che è successo qualcosa. I soldi non ci sono più, se ci fossero te li darebbe. Sono diciotto anni che paga per te.»

Peter sa bene che Klara ha ragione, ma non è ancora pronto a rinunciare al suo sogno.

«Facile per te parlare» ribatte con amarezza. «Non servi ai tavoli da tutta una vita. Il paparino i soldi non te li fa certo mancare. E anche il fidanzato è generoso, scommetto.»

«Mi stai dando della mantenuta?» chiede lei. Peter sente l'acciaio nella sua voce e capisce che è meglio non andare oltre.

«Sto solo dicendo che tu ci andrai, a Innsbruck» brontola. «L'anno prossimo, dopo la maturità.»

«Non è detto» la ragazza parla lentamente. «Non è detto proprio per nulla.» Guarda i due amici chiedendosi se si può fidare. Poi apre la pesante borsa di tela che ha con sé e comincia a tirarne fuori degli oggetti, che dispone sulla scrivania. Orologi, batterie, fili elettrici, micce, detonatori.

«Manca solo l'esplosivo» spiega come se niente fosse. «Quello, però, ve lo procurate da Hermann o da qualcun altro. Ne arrivano dei chili dall'Austria ogni settimana.»

«Questo lo sappiamo anche noi» ribatte Max, lo sguardo calamitato da quegli oggetti.

«Bene, allora adesso vi spiego come si fa... questa cosa.» Che strano, non ha problemi a costruirla ma non riesce ancora a chiamarla con il suo nome. La bomba.

«E poi?» dice Max.

«Poi saremo noi a decidere. Ma nel frattempo niente colpi di testa, niente stranezze. Peter da sua madre, tu da tuo padre.»

«Col cavolo» ribatte Max. «Se tornassi da mio padre, quello sì che sembrerebbe strano, credimi» aggiunge.

«Forse hai ragione» Klara fa una smorfia.

«Non prendertela, non puoi averla sempre e solo tu.»

«Ma che cosa vuoi fare?» domanda Peter, un po' lamentoso.

«Vuole che facciamo sul serio» e Max sorride a Klara. Un sorriso vero, radioso. Lei spalanca gli occhi, non si era mai resa conto di quanto fosse bello. Che spreco, pensa.

Da parte sua, Max la fissa con un interesse nuovo. La ragazza ha più fegato di loro due messi insieme.

«Ma tu con chi stai?» le chiede, quasi sottovoce. Sa benissimo che a Innsbruck ci sono attivisti che lavorano per la liberazione del Sudtirolo, ma Klara non gli sembra il tipo dell'idealista.

«Io sto con quelli che hanno già vinto. E non occorre la laurea per capire chi sono» risponde lei.

Umberto saluta le guardie che piantonano la porta del Viminale, a Roma. Il turno di notte al ministero dell'Interno non deve essere molto piacevole. Si accende una sigaretta e inspira una boccata di aria afosa. Odia il mese di settembre. Lo riporta ogni volta a un altro tempo, su un'isola dove le notti erano calde, come quella sera, ma molto più dolci.

Imbocca la strada in discesa che porta a piazza Barberini. Le Olimpiadi si sono chiuse da una settimana: *Le Olimpiadi della pace*, hanno titolato i giornali. Come se fosse lo sport a decidere la pace e la guerra. L'Unione Sovietica ha fatto il pieno, con 103 medaglie. Gli Stati Uniti ne hanno vinte 71, l'Italia 36. Umberto attraversa via del Quirinale e alza gli occhi sul ministero della Difesa. Alcune finestre sono ancora illuminate. Anche qui si lavora fino a tardi. È in quegli uffici, come nel suo, che si fanno la pace e la guerra.

Accende un'altra sigaretta con il mozzicone della precedente. Dovrebbe smettere e lo sa, ma non ha alcun motivo per abbandonare il vizio. Incrocia gruppi di persone con il sorriso sulle labbra. Di che cosa staranno parlando? Degli atleti che hanno fatto esultare il popolo? Ciascuno ha gli eroi che può permettersi. Quelli di Umberto sono tutti morti, per quel che può ricordare. E un sacco se li è dimenticati, ed è meglio così.

Arriva nella piazza. È il solo a portare la giacca, in quella notte romana. Una vecchia abitudine da poliziotto: serve a coprire la fondina con la Beretta M34. Tanto per lui il caldo non è una novità. In Sicilia nessuno ci badava più di tanto. Anche a Cefalonia non ci si lamentava.

Gli occhi neri scrutano l'andirivieni dei passanti, le file di auto e di taxi. Si passa una mano tra i capelli corti e socchiude la porta dell'hotel Bernini. Va tutto bene. Attraversa l'atrio e si dirige verso il bar. Si siede su una poltroncina di cuoio di fronte a un altro uomo che, come lui, sembra indifferente alla temperatura. Ordina una birra italiana.

«Sempre con quel whisky da americano» osserva sollevando il bicchiere.

«Cattive amicizie» ribatte l'uomo bevendo un sorso.

«Per me?» domanda Umberto accennando con il mento a un fascicolo grigio posato sul tavolino.

Anche Giovanni, il suo interlocutore, come lui, ha fatto la guerra dalla parte giusta. Ha scelto i vincitori già nel 1942, prima di chiunque altro. All'epoca gli americani erano appena sbarcati in Algeria e in Marocco. La Tunisia, con le sue guarnigioni italiane e tedesche era stretta in una morsa, ma secondo la propaganda italiana la battaglia si poteva ancora vincere. Ci volevano intuito e coraggio per cambiare bandiera di quei tempi. Eppure in un piovoso giorno di dicembre del 1942, in un minuscolo comune a duecentocinquanta chilometri a sud di Tunisi, Meknassy, Giovanni e i suoi uomini hanno scelto di defezionare. Lui ha offerto i suoi servigi a un reggimento della Big Red One, la prima divisione di fanteria americana. Era una scommessa azzardata, e non avrebbe pagato subito. Gli Alleati sarebbero arrivati a Roma solo il 5 giugno 1944, facendo tirare a Giovanni il primo sospiro di sollievo in tanti anni.

Il giorno dopo, il 6 giugno, sarebbero sbarcati in Normandia e la Liberazione di Roma sarebbe passata in secondo piano. Meglio così. A quelli come Giovanni piace la discrezione. È la condizione per rendersi davvero indispensabili.

Umberto apre il fascicolo.

«Bolzano? Da quando ci sono i comunisti a Bolzano?»

«Non ci sono. Ma tanto non ci vai per i comunisti.»

«Per la storia delle bombe? Ma sono dei dilettanti...»

«Dici bene. Dei pivelli. Li abbiamo infiltrati senza problemi. Vedrai, nel fascicolo c'è perfino un rapporto di qualche giorno fa. Una riunione a Innsbruck. Bolle in pentola qualcosa di grosso...»

«E si interviene?»

«No, per il momento no. Fanno il nostro gioco.»

«E quale gioco sarebbe?»

«Leggi il fascicolo e capirai. La situazione deve restare sotto controllo, tutto qui. La corrente deve andare dove diciamo noi.»

«Ma senza interrompersi» commenta Umberto.

«Esatto» annuisce Giovanni, stirando le labbra sottili in un sorriso. «Soprattutto perché interessa anche gli amici di qualche numero civico più in su.»

E accenna, se ce ne fosse bisogno, in direzione di via Veneto, dove sorge palazzo Margherita, sede dell'ambasciata statunitense.

11

Niente è come appare

«Fritz Molden? Era un caro amico di famiglia, con il figlio ci frequentiamo ancora.» Herlinde Molling sorride, ricordando il vecchio patriota. L'uomo che lega, come un filo rosso, la resistenza austriaca durante la Seconda guerra mondiale, gli americani arrivati a liberare l'Europa e i simpatizzanti della causa sudtirolese in Nord Tirolo. Questa professoressa di Storia dell'arte, colta e gradevole, è una delle poche donne che, all'epoca di cui stiamo raccontando, si trovarono, o meglio si collocarono, al centro degli eventi. È stata coinvolta in prima persona nell'organizzazione della Notte dei Fuochi e di altri attentati in Sudtirolo.

Sta calando una gelida, azzurra sera d'inverno su Innsbruck. Vedo il cielo fiammeggiare nel tramonto, dal salottino all'ultimo piano della grande casa di Herlinde e Klaudius Molling, nel più bel quartiere residenziale del capoluogo del Tirolo austriaco. Circondata da un giardino che sale in un ripido pendio, come un castello difeso dal suo fossato, la dimora dei Molling domina il centro cittadino. Dal terrazzo riparato dal tetto di legno a punta, la vista spazia su uno sfondo di montagne innevate. Quando sono arrivata, assieme a mio marito Jacques, non potevano non colpirmi i quattro teschi disposti a mo' di decorazione sul ripiano subito sotto il tetto: uno era chiaramente quello di un cane, ma gli altri tre erano umani. «Vengono dal terreno su cui sorgeva il vecchio cimitero della peste» ci ha spiegato Klaudius, un apprezzato scultore, come se niente fosse. «Questo è il teschio di un alto prelato» ha illustrato, indicando un cranio dalla calotta alta e capiente. «Questo era un contadino» ha proseguito sfiorando il secondo, piatto e schiacciato. «E questa era una ragazza» ha concluso indicando il più piccolo. «Interessante, no?»

Suona un po' lombrosiano e alquanto macabro. Di sicuro Klaudius Molling è l'uomo delle certezze. Sua moglie, ancora oggi a ottantatré anni una bella donna, ci offre tè, biscotti e dolci che non possono mai mancare, da queste parti, quando si riceve nella stagione delle feste natalizie. Jacques si siede e alza gli occhi a guardare la colomba di legno dipinto al centro del soffitto, un raffinato pezzo di arte religiosa, tipicamente tirolese. Non è la prima volta, nelle nostre interviste, che ci troviamo sovrastati dall'effigie dello Spirito Santo, e da buon francese laico rimane perplesso. Ma la religione è importante quassù, e ogni casa è una foresta di simboli.

La storia che Herlinde e Klaudius Molling hanno da raccontarci suona ben più incongrua della colomba. Gli ottantenni in splendida forma, curati e sorridenti che siedono di fronte a noi sono davvero due protagonisti degli anni delle bombe? Lei ci guarda con sereni occhi verde-azzurri che sembrano incapaci di mentire; lui ride spesso, gioviale, aperto. Una coppia della buona borghesia di Innsbruck, che all'inizio degli anni Sessanta cominciò a occuparsi dell'autonomia sudtirolese come fecero in tanti. Per sposare una causa politica, per sentirsi attivi, per fare qualcosa. Così almeno dicono.

«Mio padre Hans era un acceso sostenitore della causa» racconta lei. «Sua madre Elisabeth, che lui amava molto, era sudtirolese.» Fin dal primo dopoguerra, la famiglia è in contatto con i gruppi di attivisti che a Innsbruck sostengono la riunificazione del Tirolo.

Herlinde e il marito aiutano a stampare e distribuire i volantini per le manifestazioni. Ma i giovani, si sa, si entusiasmano facilmente, e così cominciano i primi incidenti con la polizia.

«Ricordo quando andammo a scrivere sui muri, in città: *SÜDTIROL! SÜDTIROL!* Prendemmo una multa... E ce la pagò uno dei poliziotti. Anche lui era un simpatizzante.» Siamo nel 1957: i due si scambiano uno sguardo, come a meravigliarsi che siano passati sessant'anni, da quelle parole proibite.

«Ma a quel punto avevamo capito che Vienna non avrebbe fatto nulla per il Tirolo, e che la scritta sarebbe dovuta essere: *LOS VON WIEN!*» aggiunge lei. Staccarsi da Vienna, non solo da Roma. La loro posizione si sta radicalizzando, mentre il gioco politico si fa più complesso: il Sudtirolo sogna la secessione, ma qualcuno a Innsbruck sogna un Tirolo unito, indipendente dai due Stati nazionali, Italia e Austria.

Solo dieci anni dopo la fine di un conflitto devastante, tendenze del genere su una frontiera così strategica non lasciano tranquilli gli amici di Washington. Herlinde conferma: «È chiaro che all'inizio degli anni Sessanta dietro ai fenomeni di rivolta c'erano gli americani, e Molden e altri non si sono tirati indietro. Non ho studiato di preciso questi aspetti, ma alla base c'era l'anticomunismo: la paura che il comunismo trionfasse in Italia era forte e così si appoggiavano i movimenti capaci di contrastarlo».

«La NATO temeva la minaccia ai territori dell'Europa centrale» aggiunge Klaudius «e forse non si riteneva opportuno che l'area neutrale che era l'Austria diventasse ancora più grande.»

Qui, però, le loro confidenze sul ruolo degli ex liberatori si interrompono di colpo. «Non posso dirle con certezza cosa volessero gli americani» aggiunge cauta lei.

«Avevano forse sopravvalutato l'intero movimento, non saprei. E non so chi facesse da intermediario tra loro e i capi dei combattenti in Sudtirolo. Ma noi volevamo aiutare. Conoscevamo membri della Bergisel-Bund che avevano contatti con Sepp Kerschbaumer, che al Sud stava facendo proseliti e raccogliendo le forze.» Kerschbaumer è stato un «combattente» della prima ora molto attivo nei reclutamenti. E la Bergisel-Bund, organizzazione irredentista del Nord Tirolo, appoggiò senza indugi le sue attività. «Sapevamo che servivano militanti. Dapprima solo per fare propaganda. Poi hanno deciso di andare oltre.»

E «andare oltre», nel giugno del 1960, vuole dire cominciare a procurarsi armi ed esplosivo. Serve qualcuno che dall'Austria li trasporti oltrefrontiera e il passo, nel racconto dei Molling, è breve, quasi ovvio. «Avevamo un'auto registrata a Monaco di Baviera, e con quella potevamo farlo tranquillamente» racconta Herlinde. «Prima è andato mio marito con Kurt Welser, poi io, sempre con Kurt.» Welser era l'esperto di esplosivi e l'addestratore del movimento.

Mi mostra una foto della loro splendida auto sportiva, una Volkswagen Karmann Ghia. Un veicolo dalle molte qualità: elegante, con un motore affidabile e un bagagliaio capiente. «Quando in un paesino del Sudtirolo arrivava una signora con una bella macchina si formavano capannelli di bambini tutto attorno e le chiedevano: "È lei che guida?".» Klaudius sorride di quel maschilismo «meridionale». «Era impensabile che una donna guidasse un'auto sportiva.»

Impensabile, e quindi comodo: per le forze dell'ordine italiane è difficile sospettare di una graziosa tedesca chiaramente benestante. Una fortuna per Herlinde, che circola con il bagagliaio pieno di «pacchi dono» esplosivi, e come se non bastasse munita di documenti non suoi: usa infatti il passaporto di un'accademica di Monaco. «Non era una mia amica, solo una collega. Assomigliava a Herlinde, così si decise che le avrebbe prestato il suo passaporto» ricorda Klaudius.

Questo è uno dei tanti dettagli singolari. Mi riesce difficile immaginare che una professoressa tedesca si privi del documento d'identità, e lo affidi a qualcuno che lo userà per attività illegali. Ancora più difficile pensare a controlli così disinvolti da non notare che la persona in carne e ossa non è la stessa della foto. Soprattutto quando i viaggi si fanno più frequenti e la situazione più pericolosa, dopo il 1961. Possibile? Le poche risorse disponibili, sostiene Herlinde, non si possono sperperare per procurarsi passaporti falsi, devono essere impiegate per le armi e gli esplosivi. Mi dico che, in ogni caso, i servizi segreti, presumibilmente americani, dovevano essere per forza coinvolti in questo traffico di documenti contraffatti. E tutto il materiale bellico, chiedo, da dove veniva?

«C'era chi regalava vecchie armi, nelle cave di pietra c'era sempre un po' di esplosivo in più...» ricorda Klaudius. «Le nostre fonti erano le più diverse: cacciatori, contadini che avevano il permesso di possedere fucili o altro. Dopo la guerra, c'era di tutto in giro.»

«Naturalmente era illegale, si rischiava il carcere» aggiunge sua moglie. Ma la coppia, nomi in codice Hanna e Simon, non sarà mai arrestata.

Si avvicina il giugno del 1961, la Notte dei Fuochi: il primo grande attentato che farà saltare decine di tralicci dell'elettricità in Sudtirolo. Herlinde Molling racconta il suo ruolo nell'organizzazione di quell'evento in un libro che ho letto con grande interesse, *So planten wir die Feuernacht*, oltre che in svariate interviste, ma ascoltarla di persona fa un effetto diverso. Lei e Klaudius si alternano nel parlare, guardandosi di frequente, con un profondo affiatamento cementato dagli anni. La loro verità prende vita in questo salotto scorrendo sui binari tipici delle buone narrazioni, che scivolano via senza intoppi, appassionanti e ben collaudate.

Il loro addestramento avviene in un maso di proprietà della famiglia di Kurt Welser. «C'era una piccola grotta vicino alla casa, e lì abbiamo fatto pratica con gli esplosivi. Sparare era più difficile e infatti sono meno brava» ricorda l'impeccabile signora dai lunghi capelli che ho di fronte, e che fatico a pensare con un'arma in pugno. «Ma con gli esplosivi era facile esercitarsi, per esempio andando nelle cave.»

Chiedo se non abbia avuto paura, cominciando a maneggiare materiali così pericolosi, ed entrambi mi guardano con aria incoraggiante.

«Non è una cosa così difficile» assicura lei.

«Vuole imparare?» offre lui.

Segue un breve momento di silenzio in cui cerco senza successo di immaginarmi intenta a dar fuoco a una miccia in una cava nel sud dell'Austria. Poi Klaudius riprende, in tono didattico: «Bisogna stare molto attenti. Servono l'esplosivo, il necessario per costruire il detonatore da inserirci dentro, e un timer».

«Il timer di solito è un orologio a batteria che viene collegato all'esplosivo» prosegue sua moglie. «Dopodiché si imposta l'ora prescelta, grazie a un contatto elettrico saldato a una torcia a batteria che poi si collega al detonatore. Il detonatore fa *pffft* per un attimo, poi si collega un secondo piccolo cavo che va all'esplosivo, il detonatore stesso ha un altro cavo collegato con una miccia, e quando si accende è quella a produrre la temperatura che serve all'esplosivo per saltare.»

Ammetto che ho seguito con difficoltà, ma una cosa perlomeno è chiara: in tutto questo armeggiare il rischio di saltare in aria c'è.

«A una certa temperatura, potevano verificarsi incidenti» mi spiega lei. «Ma l'esplosivo che noi fornivamo ai sudtirolesi era molto più sicuro. Certo, era importante maneggiarlo in modo responsabile, soprattutto se c'erano in giro dei bambini.»

E i bambini, incredibilmente, c'erano. La professoressa Molling ha raccontato più volte di aver portato con sé la figlia piccola, in alcune missioni oltrefrontiera. È un dettaglio sconcertante: le possibilità di essere arrestata e di ferirsi erano concrete. Ma non sempre si trovava qualcuno per tenere la bimba, spiega con materna ragionevolezza, e la missione non poteva attendere.

Chiedo se era vero, come dicono molti testimoni sudtirolesi, che i timer usati nella Notte dei Fuochi erano difettosi e che per questo alcune cariche non detonarono.

«È una sciocchezza. I timer li avevamo fatti noi.» Klaudius scuote la testa. «Funzionavano benissimo.»

Gran parte del materiale usato per i celebri attentati, infatti, veniva proprio da questa stessa casa.

«Spesso le persone che mettevano la bombe erano nervose» è la spiegazione di Herlinde. «E come può immaginare, quando si è nervosi può essere difficile sistemare correttamente i cavi, regolare il timer... Consideriamo anche che era sempre buio: con questa tensione addosso, all'inizio, si riusciva a fare ben poco.»

Alla riunione di Zernez, in Svizzera, dove viene progettata la Notte dei Fuochi, lei non è presente. L'atteggiamento dei congiurati, in generale, è piuttosto maschilista, alcune mogli dei simpatizzanti nordtirolesi vengono coinvolte nelle azioni, ma le sudtirolesi meno. Si teme che parlino, o forse le si vuole proteggere, difficile dirlo oggi. In ogni caso, in quell'incontro viene impostato il piano del grande attentato. «Dopo, ricevemmo la mappa degli impianti» ricorda Herlinde. È Sepp

Kerschbaumer a indicare come obiettivi i tralicci dell'alta tensione. Sepp, co-fondatore del Befreiungsausschuss Südtirol, o BAS, il Comitato per la liberazione del Sudtirolo è del posto, di Frangart. Un membro della prima ora della SVP, conosciuto e rispettato, con ottime relazioni in tutta la provincia. Riesce, infatti, a procurarsi la mappa degli impianti elettrici, da un sudtirolese che ha amici fidati all'ente per l'energia.

«Lo scopo era far mancare la corrente a tutta la zona industriale di Bolzano» racconta Herlinde. «Ma è stato qui, in Nordtirolo, che abbiamo analizzato com'era fatta quell'area, che tipo di cavi c'erano, quale tensione, eccetera. Questa era la prima cosa. La seconda è stata capire quali dei tralicci si potevano far saltare e dove, per evitare vittime. Infine, ho dovuto fare un sacco di conti per calcolare quanto esplosivo serviva.»

Il tono è ingegneristico, lo stesso che avrebbe se stesse parlando di costruirli, i tralicci. Ma sta spiegando come faceva ad abbatterli.

«La carica necessaria, che va piazzata sul punto di giuntura delle traversine di metallo, dipende dalla sezione trasversale delle traversine stesse» mi spiega. «E da altre variabili, tra cui quelle atmosferiche: se c'è vento, le cose cambiano.»

«Un traliccio ha quattro pilastri» interviene preciso Klaudius. «E bisognava capire quali far saltare in modo che cadesse. Kurt Welser, e anche Heinrich Klier che operava nella zona di Bolzano, hanno suddiviso i compiti tra i combattenti per la libertà in Sudtirolo e Nordtirolo. Abbiamo fatto diversi sopralluoghi insieme, anche con Amplatz.»

Luis Amplatz, che abita alla periferia di Bolzano, è una figura centrale nella preparazione della Notte dei Fuochi, l'uomo che gli italiani considerano il nemico numero 2 dello Stato. Il numero 1 è Georg Klotz, ex soldato della Wehrmacht che tiene le fila dell'organizzazione in Val Passiria ma è convinto che le azioni dimostrative non bastino: occorre organizzare una vera e propria forza di resistenza contro gli «invasori».

«Alle misurazioni ho lavorato molto, sul campo» prosegue Herlinde. «Segnavamo le misure su bigliettini: dovevano essere più piccoli possibile, perché se arrivava qualcuno dovevamo ingoiarli in fretta.»

La data per l'attentato, la festa del Sacro Cuore di Gesù, non viene scelta solo per il suo valore simbolico, di ricorrenza molto cara ai «tedeschi» e proibita sotto il fascismo. Le ragioni sono innanzitutto pratiche: deve essere una domenica, così i congiurati non saranno costretti ad assentarsi dal lavoro per minare i tralicci, e serve che ci sia la luna nuova, per non rischiare una luce troppo chiara e rivelatrice. E la notte dell'11 giugno 1961 è, per coincidenza, una domenica di luna nuova e anche la festa in cui, per tradizione, su ogni cima si accendono fuochi per le celebrazioni del Sacro Cuore. Il momento perfetto.

Qualcosa, però, va storto: Giovanni Postal, cantoniere dell'ANAS, perde la vita nel tentativo di disinnescare da solo una carica attaccata a un pioppo. Sarebbe dovuta essere un'esplosione significativa, proprio sul confine tra Italia e Austria; sarà l'unica quella notte a reclamare una vita umana.

«Non volevamo assolutamente che ci fossero vittime» si rammarica Herlinde. «Quando lo abbiamo saputo, è stato terribile.»

Cominciano gli arresti e le fughe. Gran parte dei sudtirolesi braccati dalla polizia italiana si rifugiano in Austria, dove trovano lavoro in ditte, fattorie, negozi o ristoranti, grazie all'aiuto degli attivisti del luogo. Tra cui i Molling, che li ospitano a casa anche per mesi. Non era poi così facile piazzare questa forza lavoro, sottolinea lei: «Tanti di loro erano giovani poco istruiti, ragazzi dei masi di montagna, vivevano nelle baite, a malapena erano andati a scuola». Ben diversi dai simpatizzanti nordtirolesi come loro, membri della media e alta borghesia. Come mi ha ricordato lo storico Günther Pallaver, infatti, «gli attentati avevano anche una dimensione sociale. L'ondata di modernizzazione in Sudtirolo aveva creato molti disoccupati, che furono costretti a emigrare». Almeno nella prima fase degli attentati, quindi, alcuni non agirono solo per malriposto idealismo, ma anche per tentare di riscattarsi da un destino di povertà.

Ma è davvero possibile che questo drappello di giovani, così ignoranti e ingenui, «nascosti» in bella vista nei campi, nelle officine e negli alberghi, per interi decenni sfuggano a ogni controllo? Le forze dell'ordine austriache, se avessero voluto, avrebbero potuto catturarli tutti, appena passata la frontiera, obietto.

«I combattenti per la libertà erano stati segnalati alle autorità di Vienna. Tutti sapevano chi erano i capi, certo» annuisce serena Herlinde. «Ma io non so cosa sia stato deciso con i servizi segreti... C'erano tantissimi soldi in ballo, anche se l'intero movimento, di suo, non è costato quasi niente, un po' di benzina e il denaro per pagare gli esplosivi.»

Proprio così: dopo gli inizi «poveri», in cui si deve contare sulla generosità degli attivisti e sulla «distrazione» degli operai nelle cave, cominciano a girare somme più consistenti. Un segno sicuro che i servizi segreti hanno cominciato a investire pesantemente.

«C'è stata una pioggia di denaro verso le spie, e poi gli attentati sono stati controllati.» La professoressa Molling conferma senza esitazioni che anche nella storia della causa sudtirolese si mescolano, già molto presto, diverse influenze «estere». Non solo gli americani e gli inglesi, ma le intelligence di Roma, Berlino e Vienna. Uno dei nomi principali è Norbert Burger, neonazista austriaco.

«Sapevamo fin dall'inizio che la presenza dei neonazisti sarebbe stata un problema per tutti, tra noi c'erano anche dei socialisti ed esponenti di altre forze politiche» ammettono i Molling. E gli attivisti nordtirolesi non riescono a fare nulla per fermare una deriva così poco desiderabile? Apparentemente no: «Queste attività venivano ricompensate con un bel po' di soldi, anche oggi è così» mi ricorda lei.

Da dove arrivassero non lo sa o non lo dice. Ma sa che ce n'era abbastanza anche per finanziare la propaganda. Ben presto, il gruppo di Burger mette in piedi una radio, e diventa molto più efficiente nel diffondere le proprie idee e nel fare proseliti. Tra i responsabili, secondo i Molling, c'è anche il più famoso dei sudtirolesi: Georg Klotz. Nel 1964, Klotz è un uomo braccato. «È lui che si è sempre occupato degli approvvigionamenti: io gli consegnavo il materiale e lui lo suddivideva tra i combattenti» ricorda Herlinde. «Noi, comunque, avevamo molti meno fondi dei gruppi controllati dalla destra.» La guerra si fa anche nell'etere e i Molling riusciranno solo nel 1965 ad acquistare un trasmettitore e aprire una loro radio clandestina, Radio Freies Tirol.

È ovvio pensare che si trovino nel mirino dell'intelligence italiana, soprattutto dopo il 1964, quando gli attentati diventano più violenti, e si comincia a sparare. Ma il punto, naturalmente, è che i servizi segreti non vogliono per forza farli smettere.

«Tante azioni in quel periodo sono state promosse dagli agenti italiani, e hanno sempre voluto dimostrare che ci fossero dietro i sudtirolesi o i nordtirolesi. C'erano molti uomini infiltrati, come Peter Kienesberger.» La strategia cambia e si tratta di una svolta, sostengono, a cui per loro è impossibile opporsi. Le divisioni interne sono troppe. In parte volutamente: ogni gruppo di attivisti è autonomo, per evitare che il movimento possa di nuovo essere decapitato da un'inchiesta ben organizzata, come dopo la Notte dei Fuochi. Ma questa stessa struttura li rende vulnerabili alle infiltrazioni.

Klaudius racconta che un giorno del settembre del 1964 si presenta da lui Erich Oberlechner, uno dei cosiddetti «ragazzi della Val Pusteria», un gruppo fra i più noti, a chiedere due chili di dinamite per un attentato. Lui lo accompagna nel suo atelier, nella Fischergasse a Innsbruck: «Il mio studio in quel periodo era pieno di esplosivo, anche Kurt Welser aveva le chiavi, poteva andarci quando voleva e prendere quello che gli serviva» spiega. Dopo essersi fatto assicurare che Oberlechner non userà il materiale per colpire mezzi pubblici o cabine telefoniche, e aver creduto alle sue rassicurazioni, Klaudius glielo consegna. «Erich lo portò alla chiesa di Sankt Nikolaus dove lo aspettava un altro combattente, di nome Joosten.» L'ordigno invece sarà trovato, pronto a detonare, sul treno da Bolzano e in un cestino della spazzatura viene rinvenuto un foglietto con i dettagli della missione. «Si disse che Joosten, un agente pagato dagli italiani, aveva assoldato Oberlechner per quella operazione» conferma Herlinde, e in effetti la storia è nota. Possiamo ipotizzare, le chiedo, che il Sudtirolo sia stato usato da una parte dei servizi segreti italiani come laboratorio per la cosiddetta «strategia della tensione»?

«Sì. Lo posso ben comprendere anche se non abbiamo le prove» annuisce lei. «Noi abbiamo avuto come bersagli solo i tralicci, ma l'altra strategia prevedeva danni alle persone.» E chi erano i responsabili di quest'altra strategia? «Erano fuori dal nostro giro di conoscenze» taglia corto Herlinde.

Peter Kienesberger, il più famoso «traditore della causa», sul cui arruolamento come infiltrato, con ipotesi di doppio o triplo gioco, sono stati versati fiumi di inchiostro, lo hanno conosciuto, ma si limitano a descriverlo come «una persona sgradevole». E questo nonostante la stessa Herlinde, nel maggio del 1965, abbia rischiato di cadere in una trappola organizzata proprio da lui.

«Fu Kienesberger a dirmi: "deve succedere qualcosa che riporti il Sudtirolo sui giornali"» ricorda. «Klaudius mi accompagnò in stazione a Kufstein e sistemò la mia valigia nello scompartimento di prima classe: era molto pesante.» Secondo lei si trattava di dieci chili di esplosivo, secondo suo marito ben di più. «Mi sedetti comoda insieme a mia figlia. Arrivata a Bolzano, diedi la valigia a un portantino e gli chiesi di consegnarla all'hotel Mondschein.» Carrozza di prima classe e un bell'albergo nel centro di Bolzano, come nei film di James Bond. Una volta che l'ignaro fattorino ha fatto arrivare la pericolosa merce nella sua stanza, Herlinde si reca in un maso nella campagna a sud-ovest della città, dove un contadino le presta la sua auto. «Era una grossa Volkswagen grigia, nuova, e non me l'ha data volentieri: anche la moglie mi ha guardato con parecchio sospetto. Sono tornata a Bolzano, ho messo nel bagagliaio metà del materiale che avevo, e sono partita.»

Ma mentre va a incontrare i contatti che le ha indicato Kurt Welser, Herlinde viene fermata dai carabinieri. «Volevano controllare se l'auto era rubata, la circondarono e mi chiesero i documenti! Naturalmente io avevo come sempre un passaporto falso, ed era pessimo, la foto non mi assomigliava per niente. Se ne accorsero anche loro, ma io insistevo che sembravo solo più giovane e intanto pregavo che non perquisissero la macchina... Grazie al Cielo mi lasciarono andare, forse perché avevano visto che con me c'era la bimba.» Herlinde riesce a ripartire, passa il ponte sull'Adige, ma a un bivio vede in lontananza un altro posto di blocco. Prende una strada diversa, non può rischiare che la fermino di nuovo. «C'erano controlli ovunque. Andai avanti un po' fino a trovare un frutteto con un traliccio. Non avevo abbastanza esplosivo per farlo saltare, ma lo minai lo stesso, mentre mia figlia giocava nel prato. Non potevo riportarmelo a casa, c'erano guardie dappertutto, avevo già capito che questa missione non sarebbe finita bene.»

Minato il primo traliccio, Herlinde torna al Mondschein, aspetta la sera prima di caricare in auto il resto del materiale, e riparte. «Andai verso Neumarkt, mangiammo al ristorante della stazione. Bevvi un litro di succo di mela, avevo la bocca secchissima per la paura.»

Mi fa un po' impressione immaginare una giovane Herlinde Molling a due chilometri appena dalla casa dove oggi vive mia madre – che si chiama Herlinde, combinazione, anche lei – mentre si guarda intorno alla ricerca di un obiettivo sensibile.

«Vidi che c'era un traliccio enorme, mi misi al lavoro. Intanto mia figlia, che si era addormentata in macchina, si svegliò e cominciò a piangere, avevo paura che arrivasse qualcuno…» Ma non succede niente e lei riesce a portare a termine l'operazione. «Il traliccio di Neumarkt è caduto, l'altro no, perché l'esplosivo non era sufficiente» conclude asciutta.

In ogni caso, è chiaro che qualcuno aveva avvertito le forze dell'ordine. «Si è scoperto poi che tutto era stato organizzato da Kienesberger» racconta. «I servizi italiani avevano condiviso alcuni documenti con quelli austriaci, per favorire la tracciabilità di determinate persone, descrivendole anche nei minimi dettagli» ricorda Herlinde.

Ma perché allora Kienesberger, che l'aveva incontrata,

non descrisse lei nei minimi dettagli? Se lo fece, come mai i carabinieri la lasciarono andare? Ho l'impressione che per averla fatta franca per dieci anni qualcosa possa avere contato l'amicizia con l'editore Fritz Molden, l'uomo degli americani in Austria. «Eravamo molto discreti. Bisognava dividere la vita legale da quella illegale» è tutto ciò che dicono i due coniugi. Ma non basta la discrezione per proteggerti in un decennio di attività clandestine, avanti e indietro dalla più sorvegliata delle frontiere.

Nell'estate 1967, la loro Radio Freies Tirol cessa le trasmissioni. «In Italia, sotto Aldo Moro, il clima era cambiato» ricorda Herlinde. «E in Tirolo era cambiato il governo locale, sempre più persone venivano scoperte. Ci fecero capire che dovevamo lasciar perdere, che eravamo arrivati al capolinea.»

Chi glielo fece capire, e come? Gli americani? I servizi italiani? La polizia austriaca? Niente di così semplice: piuttosto, un'altra delle avventure rocambolesche che questa coppia affiatata racconta così bene.

«Stavo lavorando agli stucchi sulla facciata del Neues Landhaus per dei restauri, una sera tardi» racconta lei. «L'ufficio del governatore era illuminato, la portafinestra del balcone era aperta, e nella stanza non c'era nessuno. Sulla scrivania ho visto una busta con scritto "Segreto – Corriere". Ho pensato, interessante. Sono entrata in punta di piedi e l'ho aperta, non era sigillata. Dentro c'era una mappa come quelle che usavamo per le nostre azioni, con un testo piuttosto lungo. L'ho trascritto parola per parola...»

A questo punto interviene Klaudius con aria fiera: «Curiosa e coraggiosa: una cosa incredibile».

In effetti è un'altra scena da film: nella realtà non riesco proprio a vedermela. Sulla mappa, come da copione, erano segnati i punti delle future missioni? Herlinde annuisce.

«Sì, erano i luoghi di operazioni che sarebbero state compiute sul territorio, nessuno ne sapeva ancora nulla. Era evidente che c'erano degli infiltrati. Gli italiani chiedevano che finissero sia gli atti di violenza sia l'attività della radio: quest'ultima, anche se era una cosa piccola, li infastidiva molto. Il documento insomma gettava le basi per una trattativa.»

Dopo aver chiuso un occhio per oltre dieci anni, sembra che il governo austriaco avesse deciso di collaborare. Forse, gli attori protagonisti di questo gioco internazionale si erano resi conto che la situazione era sfuggita di mano. «Cominciarono a fermare le azioni, tra il 1967 e il 1969, e infine fu approvato il pacchetto per l'autonomia del Sudtirolo. Era finita, grazie al Cielo!» conclude Herlinde.

E il passato, ormai, era passato.

«Se tornassi indietro, con quello che so oggi, non lo rifarei» scuote il capo lei. «Eravamo idealisti. Per raggiungere lo scopo bisognava percorrere quella strada, così stavano le cose nell'autunno del 1957.» Non avrebbero potuto smettere prima? «C'era il discorso della responsabilità, del dovere, tanti amici in Sudtirolo avevano bisogno di noi» dice.

Sono passate più di tre ore e molte tazze di tè. La sera è diventata notte e l'oscurità avvolge ancora molti di quegli eventi e delle loro motivazioni, penso mentre Klaudius accompagna Jacques e me alla macchina attraverso il giardino buio. Regge una torcia che illumina solo pochi metri di vialetto davanti a noi. Mi volto, la città e le montagne si stagliano dietro la casa come una quinta teatrale. So che il vero copione dello spettacolo che in quegli anni è andato in scena, recitato da attivisti e terroristi, traditori e spie, è emerso solo in parte dai cassetti della Storia.

12

Alta tensione

Glen, febbraio 1961

La carica di dinamite ha fatto saltare una parte della facciata, ma l'edificio è ancora in piedi. Un carabiniere in uniforme si avvicina a Umberto e gli porge un volantino.

«Hanno lasciato questo, prima di darsi alla fuga.»

Umberto scorre il pezzo di carta. Niente di nuovo. SUDTIROLO LIBERO. Firmato BAS. Sono Sepp Kerschbaumer e i suoi, uomini convinti che la loro terra possa ancora tornare all'Austria.

Tira su il bavero della giacca nera e si accende una sigaretta. Albeggia e fa un freddo glaciale lì dalle parti di Glen. La valle dell'Adige è ancora ammantata di foschia. A malapena si intravvede qualche luce verso Bolzano, a un'ora di strada. Lo ha svegliato una chiamata d'emergenza e lui si è precipitato sul posto. Anche l'obiettivo, come il volantino, è molto classico: la casa di Ettore Tolomei, sempre lui.

Umberto rimane a guardare mentre i carabinieri effettuano i rilievi del caso. Dovranno identificare l'esplosivo, il tipo di innesco. Fotografare i luoghi, domandare ai vicini, perquisire le abitazioni dei dintorni e poi stendere un rapporto. E come sempre dovranno lasciare due piantoni di guardia a un attentato già avvenuto, forze di cui possono a stento privarsi.

Da quando è giunto a Bolzano, Umberto ha capito

che tutti i servizi dello Stato si stanno occupando della questione sudtirolese: polizia, carabinieri, il ministero dell'Interno, quello della Difesa, i servizi segreti militari e civili. E anche gli «amici» di Washington: sono questi ultimi a preoccuparlo.

«È stato qualcuno del posto, magari del paese» osserva il capitano. «Li conosciamo quasi tutti... per un motivo o per l'altro.»

Umberto annuisce, non ci ha messo molto a farsi un'idea dell'organizzazione quassù. Reti dilettantesche, infiltrate da chiunque, anche dai suoi. Eppure è convinto che l'immagine sia incompleta, che manchino ancora delle tessere al puzzle. Solo per questo non si annoia.

«Sbaglio o gli hanno già fatto saltare la tomba?» osserva.

«Sì, esatto, quattro anni fa, dopo la grande manifestazione di Castel Firmiano...» Il carabiniere guarda Umberto con circospezione. Secondo certe indiscrezioni è un uomo della divisione segreta del ministero dell'Interno, del SIFAR. Le voci gli attribuiscono vari protettori, uno più potente dell'altro: Scelba, il ministro dell'Interno, Andreotti, il ministro della Difesa, De Lorenzo, il capo del SIFAR...

«Vado a fare un giro» annuncia Umberto con un cenno di saluto. Sale di nuovo in macchina, un'Alfa senza segni di riconoscimento, appoggia la fronte al volante e chiude gli occhi. A Roma, se non altro, c'erano strade in cui perdersi. Piazze, bar dove le notti passavano alla svelta, donne che aiutavano a dimenticare. Qui si sente un po' prigioniero, ha l'impressione di andare a sbattere contro i muri tutti uguali di questi paesini perfetti. Cammina tanto, tutti i giorni, per ore. Ascolta le voci, spia i volti. Guida fino alle pendici delle montagne. Legge pile di fascicoli archiviati negli armadi. I segreti, da queste parti, sono troppo facili per essere veri. Ricchezze mal guadagnate, tradimenti e doppi giochi, uomini e donne comprati, venduti e ricomprati. E dietro, come il dipinto *Il quarto stato*, contadini che vivono in un altro secolo, al tempo in cui la terra era ancora sacra e su tutti loro vegliava l'imperatore. Ma quella terra è diventata una trappola. Come Cefalonia.

Umberto scende le curve in direzione di Pinzon. Parcheggia davanti alla Gasthaus Staffler e spinge la porta. È ancora prestissimo, ma al bancone un giovanotto è già al lavoro.

«Un caffè» ordina.

Il ragazzo lo serve in silenzio.

«Gli affari languono?» domanda Umberto.

Le auto dei carabinieri sfilano lentamente lungo la via. Passano davanti alla grande casa dei Rizzolli, nella piazza, senza fermarsi: magari torneranno dopo, non è il caso di svegliare così presto il vecchio Herr Jakob.

«Sentito che botto?» domanda Umberto.

«Come no» risponde il giovanotto.

«Tu sei Peter?»

L'altro non sembra sorpreso. Si limita ad annuire.

«Io mi chiamo Umberto. Vengo da Roma.»

«Si era capito» risponde Peter «anche se lo parla bene, il tedesco.»

«Ho avuto tutto il tempo per impararlo, come ospite delle autorità in Germania» commenta il poliziotto, accendendosi una sigaretta. «Sei andato a vedere?»

«No.»

«Non sei curioso?»

«Dipende. Non sono un tipo da bombe...» Peter si dà da fare ad asciugare le tazze.

«Il tuo vecchio amico Hermann, quello invece, eh...?»

«Hermann è monco» dice secco Peter. «Me lo vedo proprio, con una mano sola.»

Umberto si guarda intorno, godendosi il tepore. Si

avvicina a una foto appesa al muro, sotto un crocefisso. Studia il ritratto in bianco e nero.

«Gli assomigli» si limita a osservare. Poi soggiunge in un sussurro: «Ho conosciuto dei soldati tedeschi. All'inizio eravamo amici… poi il vento è cambiato».

«È morto dopo la battaglia di Berlino» dice il giovane.

«Le sue medaglie le hai tenute?»

«Il suo corpo non è mai stato ritrovato» interviene una voce femminile.

Umberto si volta e si trova faccia a faccia con Katharina.

La esamina con attenzione, soffermandosi sulle due rughe poco profonde ai lati della bocca per poi tuffarsi nel lago limpido e gelido dei suoi occhi verdi.

«Buongiorno, Katharina» la saluta.

«Sa anche il suo, di nome?» lo apostrofa Peter e adesso il suo tono è vigile. Se quello prova a minacciare sua madre…

«È il mio mestiere.»

«Mio figlio è rimasto in casa per tutta la notte. D'inverno non teniamo personale alla Gasthaus, ci siamo solo noi.»

«Immagino il lavoro…» osserva Umberto, fissandola.

«Che cosa immagina?» incalza lei.

«Un po' tutto quanto» risponde. «La pensione, il figlio, il marito morto…»

«Non eravamo sposati» precisa la donna.

«E non è mai tornato…» continua Umberto, come se parlasse tra sé.

«Come le ho detto, non è mai tornato.»

Lui ci pensa un momento, poi aggiustandosi la giacca nera le chiede in tono ufficiale: «Se perquisissimo la pensione non ci troveremmo niente, vero?».

«No, qui non c'è proprio niente» risponde Peter al posto della madre. Troppo in fretta.

«Ma se per caso foste in possesso di qualche informazione che ci possa aiutare a sventare futuri atti di sovversione me lo direste subito, non è vero?» Umberto fa una specie di sorriso. Allunga la mano verso un blocchetto appoggiato sul bancone, prende una matita e scarabocchia un numero di telefono. Poi, rivolto al ragazzo, aggiunge: «Correte veloci, tu e il tuo amico Max. Ma è meglio contare sulla prudenza, che sulla velocità».

Saluta Katharina con un cenno della testa. Poi, prima di aprire la porta dai vetri appannati, indica brevemente la foto.

«Non è facile senza un uomo» si gira, e stavolta la voce è bassa, quasi minacciosa. «I giovani senza padre non sono quasi mai prudenti.»

13

Verso il punto di non ritorno

Bolzano, primavera 1961

Max e Karl lavorano in silenzio nella luce rossastra del laboratorio. Sviluppano e stampano gli ultimi rullini portati dal ragazzo.

«Ho già fatto un lavoro del genere, qualche anno fa» ricorda il fotografo guardando le immagini.

«In che senso?»

«Sopralluoghi, cose così.»

«E dove lo hai fatto?»

Karl ha un momento di esitazione, cerca le parole giuste per raccontare un passato difficile. Eppure forse solo questo può aiutare la testa calda che ha preso a benvolere.

«Tutta la zona era occupata dai tedeschi» inserisce le mani in un manicotto nero per avvolgere un altro rullino su una bobina di sviluppo. «Sapevano di avere perso, e avevano bisogno di trovare dei varchi per la ritirata delle truppe attraverso l'Austria e il Tirolo.» Karl interrompe il racconto per infilare la bobina in una tank dalla forma cilindrica. «Disegnavo delle carte. Facevo rilievi sui sentieri di montagna, segnando i punti di riferimento: una cappella, una fonte, un ponte sul torrente. Una specie di guida alpina.»

«Una specie... Ma lavoravi per i nazisti. Immagino ci fossi costretto.» Adesso è Max a darsi da fare. Agita la bacinella piena di rivelatore, poi la svuota. Aggiunge una miscela di acqua e aceto per fermare l'effetto dello sviluppo, e riempie il contenitore di fissaggio per poi rimetterlo in acqua e portare a termine il procedimento.

«Certo! Certo!» ribatte Karl. Appende la pellicola con una speciale pinzetta a un filo teso lungo il muro del laboratorio, dove una dozzina di negativi stanno già asciugando.

Peter e Max approfittano di ogni istante di libertà per esplorare la provincia a bordo della Zündapp. Vanno dappertutto: fino nelle valli più remote. Scattano fotografie: ponti, monumenti, stazioni, barriere, ferrovie, posti di polizia, caserme dei carabinieri. Poi rientrano a Bolzano e Max corre da Karl a sviluppare i negativi. Il fotografo si occupa di far avere le immagini ai loro destinatari finali.

Max si è stupito quando il suo misterioso amico gli ha proposto quel lavoro. Ora si sente un po' inquieto. L'attività di ricognizione serve per preparare i colpi dei «combattenti per la libertà», almeno crede. Sa che ci sarebbe un buon modo per scoprirlo: chiedere a Klara, che sembra sapere sempre tutto. Ma prima di darle una soddisfazione del genere si farebbe tagliare la lingua.

«E quelle mappe che disegnavi allora, a chi sono servite?» chiede prendendola alla lontana.

«Non lo so di preciso» ma il ricordo strappa una smorfia a Karl. «Forse non sono servite proprio a niente. Forse qualche nazista le ha ricevute in tempo. Io invece sono rimasto ferito in un bombardamento, mi hanno nascosto i preti. Gli americani, quando sono entrati a Bolzano, mi hanno interrogato. E mi hanno subito fatto capire che potevo dare loro una mano...»

«Gli americani?»

«Gli agenti dell'OSS, i loro servizi segreti. Sono arrivati in fretta, durante la guerra stavano a Berna.»

«E cosa volevano da te?»

«Non avevo fatto solo mappe, ma anche documenti, destinati a certi pezzi grossi. Niente politici o militari: ingegneri, scienziati, chimici, le menti migliori dell'industria bellica nazista...»

«Tu facevi... il falsario?»

Karl alza le spalle. «Facevamo tutti quel che potevamo. Alcuni perché ci credevano, altri, la maggioranza, per sopravvivere.»

«Mia zia ci credeva» a Max non piace parlare della fede politica di zia Sissi, ma ha l'impressione che quell'uomo magro e segnato possa comprendere.

«Avevo un'amica come lei» Karl stringe le labbra. «Si chiamava Hella.»

«Non... c'è più?» chiede Max esitante, notando il verbo al passato.

«Non c'è più. Era una donna senza mezze misure.»

«Cosa le è successo?»

«Non ha voluto affrontare il tempo degli inganni.»

Max prova un senso di ammirazione per quest'uomo. Sembrava un tipo semplice e noioso e invece è un ex falsario, con un'amica morta misteriosamente.

«Ma gli americani, che se ne facevano degli scienziati?»

«Quello che ci facevano i nazisti» risponde Karl. «Li hanno ingaggiati per fabbricare le nuove armi, e adesso raccolgono i frutti del loro lavoro. E del mio. A meno che...»

«A meno che?» incalza Max.

Karl guarda via dei Portici, tranquilla oltre la vetrina. I passanti che si godono il tepore di fine maggio. All'inizio dell'anno Antonio Segni, il ministro degli Esteri italiano, ha messo le cose in chiaro: «Non c'è nessun problema di frontiera in Sudtirolo. Qualunque tentativo di toccare la frontiera porterebbe necessariamente a un conflitto». Ogni tanto esplode una bomba a Tramin, a Schlanders, a Marling, perfino nel capoluogo, ma in realtà non si muove mai nulla. Come se i richiami di guerra si perdessero nel fondo delle valli o tra i crepacci che inghiottono i ruscelli.

«Ma no, niente» taglia corto. «Non c'è da preoccuparsi.»

«Me lo faresti un favore?» chiede Max d'impulso.

«Certo.»

«Ho trovato un vecchio negativo» si toglie di tasca una busta di carta marrone. «Ho paura che sia troppo rovinato, ma se c'è qualcuno che può recuperarlo, quello sei tu...»

Umberto si è seduto a un tavolo discreto nel giardino di un albergo del centro e ha ordinato una birra.

«Sono in ritardo, scusa» esordisce Franz Bauer, prendendo posto di fronte a lui. «La prossima volta che vengo a piedi metto la barba finta, così non mi fermano i conoscenti per strada.»

«Hai troppi amici, Franz. Sarà per questo che le tue macchine agricole si vendono come il pane!» ribatte Umberto con una punta di ironia.

Franz rivolge un cenno al cameriere e ordina un bicchiere di Gewürztraminer.

«Sembra che le cose si stiano muovendo» dice.

«Già, credo anch'io» risponde Umberto. «La polizia austriaca durante una perquisizione ha trovato...»

«... delle mappe della rete di distribuzione elettrica di qui» completa Franz con una punta di arroganza. «Anche le nostre funzionano, di reti.»

«Tranne che a Cuba» ribatte pronto Umberto, piccato. La CIA ha appena fatto un bel buco nell'acqua, con quel colpo di Stato fallito contro il regime di Fidel Castro. Il disastro della Baia dei Porci è stato molto dannoso per il prestigio degli Stati Uniti, sempre impegnati in un epico braccio di ferro con l'URSS. E i comunisti italiani hanno avuto buon gioco a gridare all'arbitrio dell'imperialismo americano.

«Se sai tutto, perché siamo qui?» chiede Umberto.

«Non sappiamo il giorno.»

«Non lo conosce nessuno. Ma gli austriaci hanno promesso di avvertirci quando lo scoprono.»

«Qualcosa mi dice che non lo faranno. Il loro gioco non è quello di Roma.»

«Pare che ci sarà una riunione dei capi in Svizzera. Se vogliono agire devono farlo alla svelta. La marea favorevole va colta...»

«E quando agiranno tu sarai lì, pronto a fermarli.»

«Non esattamente.» Umberto fa un sorrisetto. «Quando *avranno agito* io sarò lì, pronto a fermarli.» Si alza, si spazzola i pantaloni dalle briciole del Bretzel che gli hanno servito con la birra. «La tieni sempre d'occhio, la ragazza?» domanda.

«Certo! Frequenta cattive compagnie.»

«E le cattive compagnie sono molto utili» conferma Umberto. «Ma non ti preoccupi mai? È pur sempre tua figlia...»

«Sa badare a se stessa.»

«Mmm... mi domando che cosa farei io se avessi una figlia di quell'età.»

«Improvvisare. Il trucco è saper improvvisare» risponde Franz. «E comunque, fossi in te, non ne sarei così sicuro.»

«Di cosa?»

«Di non avere un figlio di quell'età.» Franz fa cenno al cameriere che gli porti il conto, poi alza gli occhi sull'uomo impietrito in piedi accanto al tavolo. «Viviamo in tempi così strani, dopotutto» conclude in tono soave.

Nell'atrio del palazzo di via Goethe, Klara si trova di fronte Konrad.

«Che ci fai tu qui?» controlla rapidamente che la governante non sia più nei paraggi.

«Ho un appuntamento con tuo padre, ma è in ritardo.» Konrad è in maniche di camicia, ha il cappello in mano. Si avvicina a Klara, ma lei lo blocca.

«Non qui! Perché non mi hai detto che venivi?» chiede irritata.

«Decisione improvvisa. Devo parlare con tuo padre» ripete lui, poi la prende per un braccio. «Solo un bacio» mormora.

«No! E non capisco perché sia così difficile telefonare per dire che sei di passaggio a Bolzano!»

Klara è furente. Da settimane è rinchiusa in camera a studiare come una forsennata per l'esame di maturità. Vuole il massimo dei voti e ha persino rinunciato alle gite a Innsbruck, alle uscite con Peter e Max. E Konrad non si è neppure preoccupato di farle sapere che era in città.

«Mi dispiace» dice lui, con falsa contrizione.

«Quando sei arrivato?» domanda lei.

«Adesso» risponde, ma mentendo. Non ha l'aria di essere appena sceso dall'auto dopo due ore di strada sotto il sole.

Klara lo prende per mano e lo accompagna sul retro.

«Mio padre lo puoi aspettare nel suo ufficio. Credo tu sappia dov'è.»

«E la porta è aperta?»

«Non ha niente da nascondere, lui. Proprio come me.»

Dal suo tono malizioso e dal fatto che lo precede nella stanza e chiude la porta, Konrad capisce che il peggio è passato. La prende tra le braccia e lei si lascia baciare.

«Ora si fa sul serio» le sussurra all'orecchio, premendo il corpo contro il suo. «Se tu e i tuoi amichetti volete agire, tenetevi pronti!»

Klara sente il suo desiderio, è chiaro che lo eccita accarezzarla così nell'ufficio di suo padre.

«Quando?» domanda cercando di restare lucida.

«Tra dieci giorni. Hanno scelto una data. La notte di domenica 11.»

Klara sussulta. Una data. È l'occasione che aspettavano, tutti loro. Si divincola dall'abbraccio e si avvicina alla scrivania. Getta un'occhiata alla grande cartina alla parete, con le decine di capocchie di colori diversi, le linee rette, le frecce rosse e blu. Sul tavolo c'è il solito disordine di pagine dattiloscritte, pile di telex e ritagli di giornale, ma al centro del ripiano c'è un faldone che non ha mai visto, nero, spesso, chiuso con un nastro di tessuto. Sulla copertina, a grandi lettere, un nome che non ha mai sentito: SITO RIGEL.

Konrad segue il suo sguardo.

«Lascia perdere» le dice, e non sorride più.

Una porta sbatte, e in corridoio si sente il passo deciso di Franz.

14

Servizi molto segreti

Un nome collega il decennio delle bombe sudtirolesi e gli Anni di Piombo: Silvano Russomanno. Classe 1924, durante la Seconda guerra mondiale Russomanno è dapprima in fanteria e poi, dopo l'8 settembre, nella Flak, la contraerea tedesca. Nel 1950 entra in polizia e fino al 1959 lo troviamo in Sudtirolo: Bolzano, Merano, Innichen, Bressanone. Evidentemente si fa notare: ottenuto il trasferimento a Roma, alla fine del 1960 entra nell'Ufficio Affari riservati, dove farà carriera, arrivando a dirigere la Divisione Sicurezza interna. Per tutti gli anni Settanta è un uomo-chiave dell'antiterrorismo e diventa vicedirettore del SISDE e direttore dell'Ufficio Sicurezza Patto Atlantico. La sua scalata ai vertici si interrompe nel 1980, con un processo per rivelazione di segreto d'ufficio: viene condannato a nove mesi con la condizionale. Fino a questa data, Russomanno è stato testimone privilegiato di tutti i segreti più cupi d'Italia, a cominciare dalla strage di piazza Fontana del 1969.

Il suo archivio privato è stato rinvenuto nel 1996: decine di migliaia di documenti del ministero dell'Interno, delle questure italiane ed estere, protocollati e non, alcuni riservatissimi. Silvano Russomanno, all'insaputa di tutti, teneva ogni cosa: lettere, rapporti, memorandum, schede. Scatole su scatole di materiale su cui si è subito concentrata l'attenzione degli «addetti ai lavori», magistrati e inquirenti che in quel periodo indagavano sulla stagione delle stragi, ma in cui nessuno studioso ha ancora messo le mani. Ora che è stato riordinato e catalogato, sta agli storici scavare in questo pozzo di segreti, con le dovute competenze e attenzioni. Io, però, ho avuto la possibilità di guardare in anteprima alcune carte, quelle che parlano della mia terra. Nel loro linguaggio apparentemente arido, mettono in scena il lavoro colossale che, dentro e fuori dall'Italia, fu affrontato per difendere la frontiera a rischio del Sudtirolo. Raccontano ricerche, espulsioni, perquisizioni, delazioni, pedinamenti. Mostrano volti, riportano echi di voci. Permettono di dipanare una rete di indagini che copriva mezza Europa. Lo scambio di richieste e informazioni degli inquirenti italiani con Monaco, Innsbruck e Vienna era continuo e capillare.

Un plico attira prima degli altri la mia attenzione: la trascrizione, con traduzione puntuale, dell'agenda di Norbert Burger. Mi colpisce innanzitutto perché ho conosciuto Burger di persona: andai a intervistarlo, giovane giornalista di TeleBolzano, in occasione della sua candidatura alle elezioni presidenziali austriache nel 1980.

Norbert Burger è una delle anime nere di questa storia. Classe 1929, nazista convinto, volontario in guerra, si lega alla causa sudtirolese fin da subito ed è tra i fondatori del BAS. È attivo nel reclutamento di giovani, non solo nei paesi e nelle valli tirolesi, ma anche a Vienna. Qui cercherà di mettere insieme un manipolo di studenti pronti a portare avanti il suo progetto di escalation della violenza. Vuole che le bombe esplodano in tutta Italia: treni, stazioni, autobus, autostrade. Ma le sue attività di destabilizzazione di matrice nera sono troppo scoperte ed estreme perché l'Austria possa chiudere un occhio e Burger ripara a Monaco, da dove però viene espulso nel 1963. In Italia è condannato in contumacia all'ergastolo per gli attentati della Notte dei

Fuochi e per le sue attività terroristiche. Nel 1968 viene processato nella capitale austriaca per «*nationalsozialistischer Wiederbetätigung*» («reiterazione di attività nazionalsocialiste»), dopo aver fondato un Partito nazionaldemocratico (NDP) di chiara impronta nazista. La pena è lieve, nove mesi di carcere, e non gli impedisce di continuare a fare politica né di prendere, alle presidenziali del 1980, il 3,2 per cento dei voti.

Sulle attività di Burger grava l'ombra di molti segreti. In una deposizione del 12 maggio 1967 al processo celebrato a Linz per gli attentati commessi in Sudtirolo, da cui uscirà assolto, Burger parla dei suoi rapporti con gli americani. Sostiene di averli messi in guardia contro le attività degli agenti sovietici in territorio sudtirolese, raccontando: «I comunisti dissero: vi forniamo l'esplosivo e ne potete fare ciò che volete, purché ne usiate una parte per far saltare basi missilistiche americane». Si vanta di essere stato lui in persona a sventare questo «complotto» dei rossi, raccomandando di rifiutare l'offerta. È un chiaro tentativo di accreditarsi presso la CIA e ottenere soldi e favori, com'era abitudine in quegli anni nel suo ambiente. Già nel maggio 1960, in un dispaccio marcato SEGRETO, un agente americano in Spagna riferisce che Burger gli è stato presentato da Otto Skorzeny, un nazista austriaco della prima ora che è stato fra i liberatori di Benito Mussolini detenuto sul Gran Sasso. In quell'occasione, Burger ha parlato all'agente della questione sudtirolese e si è offerto come fonte di aiuto e informazioni.

Norbert Burger è morto nel 1992 e al suo funerale era presente anche un giovane Heinz-Christian Strache, l'attuale vicecancelliere austriaco, a capo del partito di ultradestra che ha ottenuto un sorprendente 26 per cento alle elezioni del 2017. Un caro amico della figlia del mai pentito neonazista.

Sfoglio l'agenda e cerco di ricordare la lontana intervista con Burger. Era ancora convinto assertore dell'autodeterminazione e della riannessione del Sudtirolo all'Austria. La memoria mi restituisce la curiosità mista a repulsione nel trovarmi a tu per tu con una pagina così buia del recente passato. Mi aspettavo di trovarlo aggressivo, ma c'era qualcosa di patetico in quell'uomo appoggiato al caminetto del suo appartamento, posseduto da una volontà di guerra che gli anni non avevano attenuato ma che sembrava ormai completamente fuori dalla storia. Credo che nemmeno la morte gli abbia dato pace.

La sua agenda, acquisita dagli inquirenti italiani, copre l'anno 1963 e gennaio comincia con una perla di saggezza: «Essere rossi è prerogativa degli stolti». Annota Burger, sotto: «Cosa si direbbe se agli ebrei ed ai negri fosse fatto un simile torto, come ai sudtirolesi? L'Italia si è decisa a scegliere la via della violenza. Infatti, opporre illegalità ad illegalità diviene cosa lecita, determinata cioè dal diritto alla legittima difesa». E ancora: «Con la liberazione del Sudtirolo il sentimento nazionale tedesco riceverà nuovo impulso, che toglierà, per almeno cinquant'anni, ogni sostegno sotto i piedi ai politicanti della rinuncia ed ai traditori della patria in Germania. Questo è uno dei motivi per i quali si è contro di noi».

Non sono però le nauseanti teorie di Burger sul pangermanesimo l'aspetto più interessante di queste carte. È la finestra che aprono sulla quotidianità della sua vita fuori dalla legge. Le annotazioni di persone da chiamare, giornalisti, politici (per il colloquio con un non meglio specificato ministro una parentesi avverte: «abito scuro!»), si mescolano agli appuntamenti dal dentista e ai compleanni. I conti puntigliosi delle spese per viaggi e telefonate si alternano alle somme versate per l'organizzazione degli attentati. L'agenda di Norbert Burger è una lettura che ci ricorda quanto sa essere banale il male.

Ancora più interessanti sono le note degli inquirenti, che hanno lavorato per estrarne informazioni sulle complicità, sugli appoggi internazionali, sulle linee di finanziamento. Si cerca di capire se le persone citate sono reali contatti di Burger o se sono uomini a cui avrebbe voluto arrivare, magari per chiedere soldi: tra i nomi, compare anche quello dell'editore Fritz Molden. Gli elenchi di nominativi vengono acquisiti dalle polizie italiana, austriaca e tedesca per essere controllati con cura. Sono coinvolti giornalisti, politici, professionisti affermati e non sono ammessi errori.

A proposito di Molden, una nota della Divisione Affari riservati al questore di Bolzano, datata 28 dicembre 1967, riporta: «Fonte fiduciaria, in una "documentazione sul BAS", asserisce che questo era diretto, nel 1960, dai noti Fritz Molden e von Pfaundler, con la collaborazione di Kerschbaumer, Klotz e Bernhard Brandner [sic!] (indicato quale cognato di Luis Amplatz). [...] Quanto al finanziamento attuale del terrorismo, la fonte medesima ha fatto il nome di certo Max Buxbaum, definito come dirigente della commissione interna della Wiener Allianz di Vienna, il quale consegnerebbe al Klotz del denaro raccolto dal BIB [Bergisel-Bund], mentre il noto Josef Holzinger da Linz sarebbe lo intermediario fra detto Klotz e Burger».

La parola d'ordine è: *follow the money*. Le ultime pagine dell'agenda contengono un rendiconto finanziario da cui gli inquirenti capiscono che tra la fine del 1963 e l'aprile del 1964 Burger «ebbe a disposizione circa 2 milioni e mezzo di lire, e precisamente 7000 DM e 54.000 scellini». In un documento dell'11 marzo 1965 si ricostruisce il bilancio, con elenchi dettagliati in cui, per esempio, Klotz e Amplatz compaiono come destinatari di una somma di circa 1400 marchi (circa 1100 secondo altre interpretazioni della grafia dell'originale). Rispetto alla provenienza del denaro, in un interrogatorio del 22 giugno 1964 della polizia di Klagenfurt un sodale di Burger, Peter Knips, sostiene che tra i finanziatori c'era il vicepresidente dell'Unione cristiano-sociale in Baviera (CSU), che utilizzava i fondi dello Hilfswerk für Südtirol, organizzazione di beneficienza tedesca fondata per soccorrere i «cugini poveri» sudtirolesi. Nelle carte non compaiono però, su questa «soffiata» di Knips, né conferme né ulteriori indagini.

Ricostruita attraverso l'archivio di Russomanno, la rete di informazioni sull'Alto Adige condivise con l'Europa occidentale colpisce per la sua ampiezza. Un dossier che contiene le schede, con foto, di tutti i sudtirolesi ricercati è scritto in francese: a quanto capisco, la polizia italiana lo ha acquisito per tradurlo e completarlo. Sono diciassette pagine di volti e nomi ben noti, sotto la fototessera compaiono i dati fondamentali: generalità, aspetto fisico, processi, condanne. E i mestieri: fabbri, meccanici, contadini, tipografi. Non era un lavoro per ricchi, quello del latitante.

In molti dispacci che corrono tra le varie questure si cercano anche informazioni sulla provenienza degli esplosivi usati per gli attentati. Un tema non da poco, considerando che il Sudtirolo, a quanto pare, è punteggiato di arsenali: un documento della fine del 1963 passa in rassegna quelli scoperti, nel giro di pochi mesi, nei boschi. Decine di chili di dinamite, migliaia di cartucce e detonatori, e poi fucili, pistole, bombe a mano e mine antiuomo. Per esempio il 18 settembre 1963, «in località Punta di Tramontana in Val Passiria, è stato scoperto un attrezzato rifugio che si ritiene appartenesse al noto dinamitardo Klotz. L'arsenale comprendeva: una mitragliatrice pesante cal.12; due fucili mitragliatori; 4 moschetti; 6 pistole; 4 lancia-razzi; 23 nastri di mitragliatrice; 5.500 grammi di esplosivo; 4.000 cartucce; 157 detonatori di marca austriaca; equipaggiamento, una cucina da campo, viveri e tabacchi. Il rifugio è stato fatto saltare». Vent'anni dopo la fine della guerra, è evidente che se ne voleva preparare un'altra. Come e perché non scoppiò – o a cosa servirono, realmente, quei preparativi – è una storia che deve ancora essere raccontata fino in fondo. Porta, per esempio, dentro ai segreti di Gladio, l'organizzazione paramilitare clandestina italiana creata in quegli anni per contrastare un'ipotetica invasione sovietica. Questo archivio è indubbiamente un buon punto di osservazione dei legami tra quella vicenda e gli anni delle bombe in Sudtirolo.

Mi immergo poi in un lungo rapporto che comincia con la solita annotazione: «Le informazioni vengono da Fonte di provata attendibilità, bene introdotta negli ambienti altoatesini ed in quelli pangermanisti della Repubblica federale tedesca». Probabilmente è vero, perché il resoconto è dettagliatissimo e descrive il movimento clandestino nei minimi dettagli.

> Allo stato attuale, la forza numerica complessiva dei «combattenti della libertà» è ritenuta ancora insufficiente, non superando complessivamente i 650 elementi circa. Le zone di impiego tattico previste dal piano insurrezionale sarebbero tutta la Bassa Atesina con comandi a Caldaro, Egna e Termeno e con il compito di disturbare l'afflusso di forze armate italiane attraverso la Val d'Adige, i Passi di Costalunga, della Valle di Non, ecc.; tutta la Valle Pusteria, con Vallate laterali di Casies, Anterselva, Aurina e relative biforcazioni, Vallarga (Fundres); l'Alta Valle d'Isarco con vallate laterali di Vizze, Ridanna e Racines; la Val Passiria, l'Alta e Media Val Venosta.

Segue un elenco completo dei «comandi», con l'ubicazione dei centri nevralgici dell'organizzazione, e si avverte che parecchie armi, munizioni ed esplosivi sono «ormai giunti in Val Passiria; altri ne dovrebbero arrivare, in parte provenienti dalla Svizzera attraverso la Vallata d'Uina-Slingia, d'Assa-Rojen ecc. Notizie dell'arrivo di mezzi di combattimento risulterebbero pervenute pure al Vescovo di Bressanone Mons. Gargitter, il quale le avrebbe comunicate a persona di fiducia della fonte, non volendosi esporre personalmente».

La preoccupazione della Chiesa locale per ciò che si sta preparando è un passaggio importante del documento:

> Il vescovo di Bressanone ed il Presidente della Giunta provinciale di Bolzano – in un riservato colloquio avuto con la fonte – si sono, poi, dimostrati vivamente preoccupati dell'evolversi della tensione politica in Alto Adige, sintetizzando le proprie preoccupazioni con la frase: «Vediamo il prossimo futuro segnato di fuoco e di sangue». Il Vescovo predetto, anzi, avrebbe dato riservato incarico a persona di sua fiducia di provvedere alla costituzione di Comitati Civici di lingua tedesca, con il compito di vigilare sulla violazione dei principi cristiano-sociali da parte degli uomini in posizione-chiave della vita pubblica del gruppo etnico tedesco. Tali Comitati, per l'attività riservata che verrebbero a svolgere, dovrebbero rimanere segreti. Scopo della costituzione della cennata organizzazione sarebbe quello di mettere il Vescovo in condizioni di denunciare, caso per caso, l'infedeltà dei suddetti elementi e di creare in tal modo le premesse della loro sostituzione con elementi ossequienti alla Curia oppure, ove ciò si rendesse impossibile, preparare il terreno per la costituzione di un secondo partito di lingua tedesca in Alto Adige. [...] Sembra

> chiaro che la situazione altoatesina, da qualche tempo, è andata gradualmente inasprendosi ed ha oggi assunto aspetti di sicuro allarme. È, ormai, opinione comune che dietro agli sforzi di Vienna in favore della causa altoatesina si nasconda la *longa manus* di Mosca che ha un innegabile interesse ad un arretramento del confine del Brennero, oggi anche confine dell'Alleanza Atlantica, e, comunque, a continuare nella tattica di creare «focolai d'incendio» nelle zone di interesse strategico.

Guardo la data del documento, declassificato nel 2014 e marcato RISERVATISSIMO, aspettandomi di trovare il 1961, ovvero quando le indagini avevano fatto il loro corso e, grazie alle confessioni degli uomini catturati, della rete clandestina si sapeva quasi tutto. Trovo invece 20 giugno 1960. Un anno prima della Notte dei Fuochi le autorità italiane erano perfettamente al corrente che in Sudtirolo si stava organizzando qualcosa di grosso. Eppure ufficialmente si fecero cogliere di sorpresa dall'attentato, preparato e perpetrato – a quanto si disse – da un pugno di contadinotti.

Potevano esserci ragioni per lasciare che gli attentati si compissero? Su entrambi i fronti, quello interno e quello internazionale, come vedremo, forse sì: creare un'emergenza tale da giustificare la militarizzazione di una provincia di confine. Ma chi comandava, quindi, in Sudtirolo? Una rara intervista concessa da Silvano Russomanno a Sergio Zavoli, e contenuta nel libro *C'era una volta la Prima repubblica*, fornisce qualche, seppur reticente, indicazione. Al giornalista che più di altri ha lavorato sui misteri degli Anni di Piombo, e che lo interroga sui servizi segreti deviati, Russomanno risponde: «Pare che nel servizio qualche deviazione ci sia stata. Ma lei sta parlando di un servizio segreto militare». E più avanti aggiunge: «Il tempo è galantuomo, e basta. Quello che possiamo dire è che certe esigenze, chiamiamole difensive, non esistono più». Nel suo modo ellittico, l'ex uomo dei servizi segreti sta dicendo che certe decisioni furono prese non per difendere il territorio italiano, ma per aderire alle richieste dell'alleato americano. E a Zavoli, che gli chiede se in quegli anni ci sia stato un deficit di democrazia, risponde in modo provocatorio: «Poca democrazia, dice?... Sì, sì, poca... Ma non è che adesso nuotiamo nella democrazia!».

Forse proprio perché ha dovuto tacere per una vita intera, l'uomo controverso che è stato Silvano Russomanno ha voluto almeno conservare una memoria vasta, che probabilmente è già stata purgata delle sue parti più compromettenti ma che anche così può ancora dispiacere a molti. Di certo, il suo archivio ci conferma una cosa: l'immagine degli ingenui paesani sudtirolesi animati da un ideale nazionalista, che piazzarono qualche bomba e spararono qualche colpo in una piccola vicenda di confine nell'Italia degli anni Sessanta, è una delle tante cartoline dal Sudtirolo. Un'immagine patinata, perfetta, rassicurante, ma non descrive la realtà che sta dietro.

La storia che stiamo raccontando getta ombre molto più lunghe.

15

La Notte dei Fuochi

Bolzano, giugno 1961

Le cose hanno preso una brutta piega, almeno secondo i giornali. Nelle foto in prima pagina John Kennedy e Nikita Chruščëv sorridono perfino, ma i bene informati giurano che il primo vertice tra i due leader, nel fine settimana, è stato un fallimento. I gomiti sul bancone, Peter sfoglia i quotidiani. Per incontrarsi hanno scelto Vienna! Una città così vicina e così lontana. Avrebbe tanto voluto esserci. Mescolarsi tra la folla, veder passare le delegazioni ufficiali, sorprendere una stretta di mano. Accanto a lui, Max con la sua Leica avrebbe immortalato la scena. Ma loro sono bloccati qui.

I giornali parlano dell'ultimatum del leader sovietico, che esige il ritiro delle forze americane, britanniche e francesi da Berlino Ovest. Chruščëv intende firmare un trattato di pace con la Germania Est, ufficializzando la scissione del Paese e facendo di Berlino la capitale del nuovo Stato del Patto di Varsavia. Un gesto inammissibile per gli americani: i comunisti stanno guadagnando terreno in Europa, occorre fermarli. La Guerra «fredda» si va surriscaldando.

Peter getta un'occhiata nella Stube. Con la bella stagione è tornata Clothilde, che gli sorride. Sono arrivate anche le cameriere stagionali che si occuperanno delle stanze e della cucina. Katharina è soddisfatta: con Peter a casa il suo piccolo mondo è quasi perfetto.

Hermann è entrato senza dare nell'occhio e ha appoggiato il suo unico braccio sul bancone. Si china verso Peter.

«Dobbiamo parlare. Hai un momento?»

Peter richiude il giornale, fa un cenno a Clothilde per avvertirla che deve assentarsi e lo segue.

«C'è stata una riunione in Svizzera. Sono tutti d'accordo. È arrivato il momento di agire.»

«Anche noi?» Peter sente un brivido d'eccitazione e la giornata assume di colpo un senso.

«Anche voi. È tra una settimana.»

«Che cosa succede tra una settimana?»

Hermann scuote la testa, prendendo un'aria misteriosa. «Non posso dirtelo ora. Ma farà un bel botto!»

Peter è montato in sella alla Zündapp ed è diretto verso Bolzano.

«Non fare tardi!» l'ha pregato Katharina. «Sarà una serata piena.»

«E tu non le fai, le tue scampagnate?» gli è sfuggito. Non sempre, quando la madre sta via un giorno intero, è sicuro di dove stia andando. «Tranquilla, rientro in tempo.» Clothilde gli fa un cenno, ma con la fronte aggrottata. Da quando va a trovarlo in camera sua, dopo il turno, ha preso dei modi possessivi.

Arrivato sotto i portici del centro, si ferma di fronte al negozio di fotografia e attraverso la vetrina chiama Max.

«Che succede?» chiede l'altro uscendo. Ha passato la mattina a sviluppare pellicole in laboratorio e indossa il camice da lavoro. Se lo vedesse suo padre, pensa Peter.

Condivide con l'amico le novità di Hermann. «Non l'ho mai visto così agitato. Questa volta, mi sa, è una cosa seria. Ma non ha voluto dirmi di più.»

Max esita, combattuto tra orgoglio e buonsenso. Vince il secondo.

«Forse dovremmo chiedere a Klara» azzarda. Non la vedono da mesi, è troppo presa dai suoi giri di Innsbruck, e ora anche dagli esami. Dopo aver insegnato loro a fabbricare le bombe, è come se avesse deciso che non sono degni di farne esplodere una.

«Lei saprà qualcosa, per forza... con quel suo amichetto austriaco» ringhia Peter.

«Perché non le telefoni, allora?» propone Max facendolo entrare nel negozio.

Karl, vedendoli avvicinarsi al telefono se ne allontana con discrezione. Peter compone il numero di Klara con il cuore in gola. Uno squillo, due, tre. Poi risponde una donna che non è lei. Lo prega di attendere in linea. Altri minuti.

Poi ecco la sua voce, squillante, inconfondibile.

«Peter! Ormai avevo perso le speranze» lo stuzzica.

È stata lei a smettere di rispondere alle sue chiamate, a non farsi trovare in casa. Lui vorrebbe gridarle che è ingiusta, che non si fa così, ma inghiotte la collera.

«Dobbiamo vederci» dice solo.

«Questo lo so» risponde lei.

I tre amici siedono per terra sul tappeto della camera di Max. Quanta acqua è passata sotto i ponti dalla prima volta che le loro strade si sono incrociate! Quasi quattro anni di partenze e di ritorni. Eppure non si sono mai davvero persi di vista e finalmente hanno l'impressione di sapere perché. Aspettavano questo momento.

«Hermann non è stato molto preciso...» esordisce Max.

«Il tuo amichetto austriaco ti avrà ben messo qualche pulce nell'orecchio...» incalza Peter.

Klara finge di non cogliere l'allusione. Fa anche l'offeso, adesso, come se lei non sapesse che si è consolato in fretta e bene.

«La decisione è presa: è ora di dare un segnale forte» dice, con un po' di enfasi. «Hanno fissato una data per far esplodere delle bombe in tutta la provincia... un'operazione coordinata tra i gruppi di attivisti.»

«Quali sono i bersagli?» domanda Peter. «Di nuovo i quartieri italiani?»

«No. Quando Konrad è venuto a Bolzano...» riprende Klara, affrettandosi ad aggiungere «... per vedere mio padre, ha parlato di infrastrutture. Vogliono essere certi di non fare vittime.»

Max sembra poco convinto. Fa una smorfia.

«E noi? La nostra parte quale sarebbe?» domanda Peter.

«Non possiamo mancare. È una battaglia anche nostra!» insiste l'amico.

Klara li guarda. Sono così ansiosi di agire, e nello stesso tempo così ignari del significato delle loro azioni.

«Ho tutto il necessario per montare un detonatore» annuncia.

«Io posso procurarmi l'esplosivo da Hermann. So dove lo nasconde» propone Peter.

Max, però, tace. E guarda Klara con gli occhi stretti. «E tuo padre che c'entra con questa storia? Non hai detto che Konrad è venuto per vedere lui?»

«Mio padre si occupa di tante cose, ma non mi dice tutto» risponde lei.

«Una cosa posso dirtela io. Sono settimane che Karl lavora per lui, mi manda a scattare foto che non servono certo per le cartoline. A che cosa servono?»

«Che c'è, non ti fidi?» Klara alza il mento.

«Per niente» risponde Max senza esitazione.

Si guardano in cagnesco, poi la ragazza fa per alzarsi. Peter la trattiene.

«Ehi, il nemico è un altro!» ricorda a entrambi, in tono scherzoso.

«Non litighiamo fra noi, hai ragione» Klara si fa più conciliante. «Piuttosto, Max, dato che hai battuto palmo a palmo la zona pensa tu a sceglierci un obiettivo.»

Rabbonito da quel tributo alle sue competenze, lui annuisce.

«L'ideale è qualcosa dalle parti di Pinzon. Ci sarà da scappare in fretta.»

«Dovremo trovarci prima alla Gasthaus per preparare tutto» interviene Peter per tornare al centro delle operazioni. «Un giorno che mia madre è fuori.»

«Sempre la storia di quell'anziana amica che sta a Trento?» chiede Max.

«Sì, perché, non ci credi?»

«Tu ci credi?»

«Non ha motivo di mentirmi.» Peter si alza, imbarazzato.

«Be', è una bella donna. Ancora giovane» butta lì Klara, alzandosi a sua volta.

«Che cosa intendi dire?» si irrigidisce Peter.

«Perché non potrebbe avere un amante? Andare a letto con un uomo, come tutte le altre...?»

«Piantala! Non sarebbe da lei...» lo sguardo malizioso e il tono esperto di Klara lo feriscono doppiamente. Non vuole immaginare né lei tra le braccia di Konrad, né sua madre tra quelle di uno sconosciuto. Non c'è nessun segreto. Un'anziana parente.

«Ci vediamo» taglia corto ed esce in fretta dalla stanza.

* * *

11 giugno 1961. La domenica del Sacro Cuore di Gesù. Quella mattina, da un capo all'altro del Sudtirolo, i fedeli si sono ritrovati in chiesa per pregare. «Ricorda, Sacro Cuore di Gesù, tutto quello che hai fatto per salvare le nostre anime, non lasciarle perire.» Le campane del duomo di Bolzano, delle chiese di Bressanone e Merano, ma anche della chiesetta di Pinzon, hanno suonato a distesa. Dopo la messa gli uomini si sono ritrovati alla Gasthaus Staffler. Alcuni parlavano senza sapere, altri tacevano come chi sa troppo, in un clima di attesa.

Sono già le ore piccole quando Peter, Max e Klara escono in silenzio. Katharina è andata a letto nervosa ma a quest'ora si è addormentata, il sonno inquieto di chi ha paura di perdere ciò che ha di più prezioso.

Tutt'intorno si sentono fruscii e bisbigli, voci maschili soffocate, passi che smuovono le pietre. Max precede i due amici che seguono a pochi passi attraverso le vigne.

Ha già avvistato l'obiettivo e lo usa come punto di riferimento, per orientarsi. Peter porta il materiale in uno zaino: tre cariche di dinamite da due chili ciascuna e tre detonatori a orologeria. «Materiale austriaco, roba sicura» ha spiegato Klara. I tre camminano in silenzio tagliando per i vigneti, nell'aria leggera di una notte che profuma già di estate. Si allontanano dalle case di Pinzon, dove non c'è una luce accesa. Sanno che molti letti sono vuoti. Risalgono un lieve pendio e nel giro di un quarto d'ora sono a destinazione.

Alzano lo sguardo. Nella notte senza luna incombe la sagoma slanciata del traliccio. Quattro piedi di cemento piantati nella ricca terra sudtirolese. Peter posa lo zaino e distribuisce le cariche, i detonatori e il nastro adesivo che servirà a fissare la dinamite sulle barre d'acciaio. Bastano tre sole bombe per abbattere uno di quei giganti.

«Di chi è stata l'idea?» ha domandato Max. Troncare le linee dell'alta tensione che distribuiscono l'energia elettrica prodotta dai torrenti e dai fiumi alpini nelle turbine delle dighe. Né Klara né Peter sanno dare una risposta.

I tre lavorano con gesti rapidi, senza esitazione. Le loro dita non tremano. L'adrenalina inibisce i pensieri, ma se si guardassero da fuori si stupirebbero di quanto sia facile trasformarsi in sabotatori. Legano le cariche su tre delle gambe del pilone, ad altezza d'uomo, assicurandole saldamente. Poi verificano l'orologio del detonatore. Mancano due ore all'esplosione.

La notte è silenziosa, e così sono loro. Stanno voltando una pagina molto importante della loro amicizia. Non sanno che poi ne verranno altre piene di paura, dolore e rammarico. Stanotte non si pensa al domani.

«Filiamo» consiglia Max. «Meglio essere rientrati quando comincia.»

Arrivati a Pinzon, Max li saluta.

«Vado a casa» dice piano. «Domani la polizia sarà dappertutto. Se mai ci dovessero interrogare... siamo stati svegliati dalle esplosioni. Non abbiamo visto nulla. Non sappiamo nulla.» Poi dà un bacio sulla guancia a Klara e abbraccia forte Peter. «Tutto comincia stasera» sussurra, e sparisce nel buio.

Rimasta sola con Peter, lei si stupisce del proprio batticuore.

«Non posso rientrare a Bolzano adesso...» dice, quasi con timidezza.

È lui a non essere timido, adesso. La stringe tra le braccia, come sogna da tanti anni. La bacia, la sente abbandonarsi.

«Non puoi andare da nessuna parte» mormora. «Abbiamo già perso troppo tempo.»

Salgono in camera di lui, che chiude la porta a chiave. Lei lo trascina sul letto, inebriata dalla sua pelle e dal suo odore. Il bisogno di fare piano li eccita ancora di più. È una tenerezza urgente la loro, non c'è tempo di esplorarsi e d'altronde è come se i loro corpi si conoscessero da sempre. Unirsi, finalmente, è quello che conta.

Sono sdraiati fianco a fianco, appagati e senza sonno, quando i boati scuotono la montagna. Spalancano gli occhi e corrono alla finestra. Non è qualche esplosione, sono decine. Il cielo si illumina di lampi bianchi, la terra trema. In lontananza le luci di Bolzano si spengono.

I due si guardano, si sorridono increduli. Sono stati parte di tutto questo.

«Andiamo a vedere?» sussurra Klara.

«Non pensarci nemmeno.» Peter la tira di nuovo sul letto. «Abbiamo già fatto il nostro dovere.»

Si piega a baciarle il collo, il seno, e non vede balenare il rimorso negli occhi della ragazza. Anche lei ha fatto il suo dovere.

16

Vite dirottate

È facile immaginare i personaggi, i loro movimenti, i sentimenti di quella notte. È più difficile incontrare i protagonisti, oggi, nella quotidianità che si sono costruiti. Che cosa è rimasto di quei giovani che si sentivano eroi? Cos'hanno capito, quasi sessant'anni dopo? Me lo chiedo mentre scendo dalla macchina di fronte alla casa di Siegfried Steger: condannato all'ergastolo in contumacia per vari attentati del 1966 e del 1967, latitante dal 1961. L'uomo che sto per incontrare, se rientrasse in Italia, potrebbe finire dietro le sbarre. Jacques e io suoniamo il campanello con una certa curiosità, nel silenzio sospeso di una mattina di dicembre.

Steger, oggi, è un anziano signore dai gesti cauti e dall'espressione diffidente. Gli occhi azzurri si illuminano solo in due circostanze: per la collera, e quando parla del lavoro nei campi. La vita che sarebbe dovuta essere la sua. Invece, abita in questo silente sobborgo di Innsbruck, e mi riceve nella Stube di legno chiaro di una casetta adattata a bed&breakfast, insieme alla compagna Erika. In qualche modo ha seguito le orme dei genitori, che possedevano una Gasthaus a Campo Tures, il paesino della Val Pusteria in cui è nato nel 1939. Nell'attività di famiglia aiutavano tutti e sei i figli, e durante la guerra anche di lì erano passati i soldati tedeschi, poi quelli americani. Di questi ultimi Steger ricorda, come molti della sua generazione, il dono delle prime tavolette di cioccolata. Ma il punto di svolta nella sua infanzia non è una jeep carica di militari. È una semplice maestra. Italiana.

«Non parlava una parola di tedesco, dovevamo fare lezione in una lingua diversa da quella che parlavamo a casa. Una volta ha disegnato un animale alla lavagna e sotto ha scritto: CAVALLO. Io ho detto: "No, quello è un *Pferd*!".» Lo choc dell'improvviso scontro con l'italiano alle scuole elementari è un ricordo comune alla maggioranza degli ottantenni sudtirolesi. Immagino lo stupore e le difficoltà di quei bambini della Val Pusteria, che si sentivano di colpo stranieri in casa propria. Immagino anche quelle della maestra: «Non riusciva a spiegarci perché dovevamo parlare un'altra lingua» ricorda Steger. «Però ci trovava belli, con i nostri occhioni azzurri e i capelli biondi. Poi è venuto un altro insegnante italiano e lui non era simpatico per niente.»

Si incupisce, ma ammette che l'integrazione non era poi così impossibile. «C'erano tante coppie in cui lei era sudtirolese e lui italiano, spesso finanziere o carabiniere. I figli erano i miei migliori amici.» E nella Gasthaus degli Steger venivano anche le forze dell'ordine, fuori servizio, per una birra o una partita a calcio balilla. Cercavano di mescolarsi ai «tedeschi», non solo per sorvegliarli ma per dare un segnale di presenza, di partecipazione. E per corteggiare le ragazze, certo.

Quando erano lì, non si parlava di politica. Altrimenti sì, e in termini che non avrebbero approvato. «All'epoca era proibito mostrare simboli» ricorda Steger «ma c'erano grandi dibattiti, tutti dicevano che il Tirolo doveva svegliarsi e reagire, i vari gruppi parlavano già della necessità di fare degli attentati.» E lui drizzava le orecchie, un adolescente che nell'età della ribellione incontrava una causa in cui credere. In cui incanalare la voglia che hanno i giovani di spaccare il mondo. Comincia così, la sua storia.

È il suo amico, il fabbro del paese, a convincerlo a impegnarsi in prima persona. «Mi ha detto: "Questa occasione non la dobbiamo perdere, è la direzione giusta. Altrimenti perdiamo il Sudtirolo".» Serve l'aiuto di tutti, anche quello di Siegfried. «Allora ho pensato che dovevo fare qualcosa. Ho chiesto a mia mamma dove potevo procurarmi una bandiera. Lei mi ha risposto: "Te la faccio io".»

Con quel vessillo cucito in casa, Steger si unisce al gruppo diretto al grande raduno di Sigmundskron, il 17 novembre 1957. All'arrivo trovano un vero bagno di folla: «Salivamo verso il castello tra due ali di polizia, tutti armati». Ricorda bene il discorso di Silvius Magnago, le parole d'ordine: *Los von Trient*. Ricorda poi il ferragosto del 1958, il giorno in cui si arrampica sulla torre campanaria del paese per innalzare la bandiera del Tirolo. E ricorda il suo primo scontro con le autorità, quando in occasione della festa del Sacro Cuore del 1959 viene fermato assieme ai suoi amici sospetti di simpatizzare per i movimenti clandestini: «Ci chiamavano "crucchi", mi hanno portato in caserma, minacciato e picchiato».

Presto, la passione politica e le attività di disturbo sortiscono il loro effetto. Siegfried viene notato. Alla fine del 1959, alla Gasthaus, si presenta Kurt Welser. «Mi disse che stavano costituendo un gruppo di resistenza sul territorio, e mi chiese se conoscevo delle persone affidabili, gente che sapesse mantenere un segreto» racconta. «Ci demmo appuntamento di lì a un mese nella Stube di un contadino, eravamo una decina. Welser ci parlò degli obiettivi, ci insegnò come dovevamo comportarci, cosa dire quando ci arrestavano. E poi ci addestrò all'uso degli esplosivi.» Molti dei cospiratori, tra cui Steger, sanno già sparare, anche se le armi in quel tempo sono vietate a tutti tranne che ad alcune categorie, come i cacciatori e i macellai. Gli esplosivi, invece, vengono dal cantiere per la costruzione di una centrale elettrica lì vicino: li vendono sottobanco gli operai italiani, che pranzano alla Gasthaus. Ignorano a cosa serva quel materiale, forse pensano a delle innocue opere edilizie.

Welser porta i suoi pusteresi in alta montagna. «Tirava fuori la dinamite, il detonatore, il timer. Eravamo vicino al lago, così intanto pescavamo, dopo le esplosioni ci dividevamo i pesci da portare a casa. Eravamo giovani» racconta Steger, e sembra quasi che parli di una gita. Possibile che non avessero paura di saltare in aria? Non era quello, dice, il problema principale. «Se conosci le regole fondamentali, non ti succede niente» spiega. «L'unico timore era che arrivasse qualcuno.»

L'uomo che mi siede accanto non rinnega nulla del proprio passato e alla «causa» professa di credere più che mai. Chissà se a volte pensa che la sua vita sarebbe potuta essere spesa meglio.

È la Notte dei Fuochi il punto di svolta. Il suo racconto ci accompagna, come se fosse successo ieri.

Lui e i suoi compagni immaginano di avere ancora davanti settimane per prepararsi. Invece, un giorno di giugno alla Gasthaus arriva uno sconosciuto. Dà la parola d'ordine. «Mi ha detto: "Ora si parte".» L'uomo è proprio il filonazista Norbert Burger. Quali motivazioni abbia, Steger e i suoi compagni non se lo chiedono. Nessuno dei «ragazzi della Val Pusteria» – è così che diventeranno noti, i «*Puschtra Buabm*» – sa chi abbia preso la decisione di agire. Nessuno sa da chi stanno ricevendo ordini. Colpiranno quella notte dell'11 giugno.

Siegfried esce di casa al buio, sono passate le tre del mattino, e si avvia verso il bersaglio insieme al suo amico Franz Ebner che è più grande di lui, ha fatto anche la guerra. Per piazzare la carica bastano pochi minuti.

«Non ci vuole niente, quattro chili di esplosivo, uno per ogni sostegno del pilone. Avevo già preparato tutto, assemblando il detonatore e il timer.» Verso le quattro, l'esplosione. Il traliccio trema, si inclina, cade. «Ha fatto una gran fiamma.»

Stavolta c'è un po' di paura. «Ho pensato: forse non sopravvivo. Se perdevo la vita l'avrei persa per la mia causa.» Pronuncia queste parole con convinzione, nella Stube, anche qui, con la colomba dello Spirito Santo in legno al centro del soffitto. Capisco che quasi ottant'anni di vita non sono bastati ad allontanarlo dal passato.

Appena un'ora dopo l'esplosione, alle cinque di mattina, i militari si presentano a colpo sicuro in casa Steger. La madre, Frieda, corre su in camera: «Siegfried, cos'hai combinato?» chiede. Sa tutto delle attività del figlio, da sempre. «Facevo le bombe in casa, spesso nelle prime ore del giorno, e lei era nervosa, mi raccomandava di stare attento.» I timori materni si concretizzano nelle figure degli uomini armati arrivati per arrestarlo. «Volevo scappare, ma non potevo saltare giù dal secondo piano, e poi fuori c'erano le jeep dei militari e dappertutto i carabinieri con le mitragliette.» Così, si lascia condurre nel cortile di casa. Poi, mentre lo accompagnano verso l'auto che dovrebbe trasportarlo alla caserma, i militari hanno un momento di distrazione, almeno questa è la sua versione. Il prigioniero si divincola, si mette a correre, esce dal cancelletto sul retro. Nessuno ha la prontezza di sparare, o forse decidono di non farlo. Sono pur sempre persone che abitano nei dintorni, probabilmente lo conoscono da anni.

Nei giorni successivi nessuno lo trova: «Sono rimasto tre giorni oltre le Zillertaler Alpen, per vedere cosa succedeva» dice.

Possibile, in quel clima di caccia all'uomo? Una fuga così semplice e una latitanza così indisturbata? Ciò che è certo è che a casa non tornerà mai più. Ripara in Austria dove, grazie alla rete di sostegno attivata per i fuggiaschi, riesce a trovare lavoro. Rientrerà diverse volte da clandestino in Sudtirolo, ma solo per brevi periodi e sempre con uno scopo preciso: «Nel 1963 sono stato per sedici settimane in patria, tutta l'estate, da giugno a settembre, e ho preparato tanti colpi. Volevamo liberare la nostra terra. Eravamo soldati, non terroristi. Non volevamo mettere di mezzo i civili, ma distruggere l'Italia».

Proprio in quell'estate, però, le cose stanno cambiando. La stagione dei doppi e tripli giochi e dei tradimenti è cominciata. Ho l'impressione che Steger non ne sapesse granché. Mi racconta che lui e gli altri *Puschtra Buabm* agivano in autonomia: sceglievano gli obiettivi, perpetravano gli attentati, e poi fuggivano. Non erano agli ordini di nessuno, anche se ricevevano armi ed esplosivi dal Nordtirolo e conoscevano molti altri esponenti del movimento. Tra questi i Molling che a un certo punto lo ospitarono in casa loro per qualche settimana. «Non c'erano traditori né spie, nel nostro gruppo.» In altri, sottinteso, sì.

Gli chiedo se non si sia mai sentito strumentalizzato. «Se non fossi stato convinto al cento per cento di ciò che stavo facendo, non avrei fatto niente» risponde secco.

Di convinzione doveva servirne parecchia, per affrontare la vita miseranda del latitante. Aveva abbandonato la sua Heimat e lasciato la sua famiglia nei guai, sua sorella e sua madre sarebbero finite a più riprese in prigione, per mesi. Quando tornava – spesso assieme a Luis Amplatz, anche lui fuggito nel 1961, o ad altri – doveva spostarsi a piedi attraverso le montagne: otto, anche dodici ore di cammino fino a che la cattiva stagione non rendeva impraticabili i passi. Mi mostra, su uno dei due libri di memorie che ha pubblicato, le foto dei rifugi che usavano sulla via, c'erano anche case «amiche» di contadini. Ma erano sempre braccati. E sempre soli. La sua fidanzata di gioventù, Dolores, se l'era lasciata alle spalle quando era fuggito. Christine, conosciuta nel 1967 in un albergo in Austria, quando le aveva rivelato la verità l'aveva presa abbastanza bene. Ma i genitori di lei no, un genero terrorista con una falsa identità non lo volevano, e la storia era finita. Persino con Erika, che ora gli siede accanto, non è sposato: è la signora Sax. «Portare il mio cognome per lei sarebbe difficile» dice. Quando si entra in certe dinamiche, la vita che si dirotta non è mai solo la propria.

Dopo l'estate del 1963 in cui organizzano l'agguato a una caserma di Campo Tures, anche in Austria l'aria comincia a farsi pesante. Ma ci vorranno ancora anni prima che il governo di Vienna dichiari la tolleranza zero per il movimento sudtirolese. «Ci hanno sottovalutato» si limita a commentare Steger.

E oggi? Non si sente colpevole, per le tragedie di quella stagione, per gli anni di prigionia scontati dagli amici e dai famigliari? Niente affatto. Sono «gli italiani», dice, che dovrebbero scusarsi. «Avrebbero dovuto andarsene subito, ridare il Sudtirolo ai sudtirolesi.» L'autonomia, per lui, non era altro che «una rapina», un grande imbroglio, e solo l'autodeterminazione sarebbe stata accettabile. «Per un'autonomia come quella odierna non avrei speso nemmeno un centimetro di miccia» ha dichiarato in un'intervista, più di dieci anni fa, quando ha chiesto all'allora presidente della Repubblica Carlo Azeglio Ciampi la grazia, che non gli è stata concessa.

Obietto che il Sudtirolo è una delle regioni più ricche d'Italia, per non dire d'Europa, e che la gran parte delle persone con cui parlo è soddisfatta di ciò che l'autonomia ha portato. Ma secondo lui questo non è merito dei politici. «Loro hanno solo incassato. Il popolo lavora, per questo le cose vanno bene là, anche agli italiani. Molto meglio che nel Sud Italia.»

Fisso i suoi occhi azzurri vivi e aggressivi e capisco che non potrebbe mai sostenere qualcosa di diverso. Sarebbe come ammettere che ha sbagliato, sessant'anni fa e per i decenni a seguire. Gli chiedo se abbia mai ucciso qualcuno e lo sguardo si fa duro, e nello stesso tempo sfuggente.

«Non si può mai dire, quando si fa fuoco, cosa può succedere. Ci sono delle situazioni in cui bisogna sparare.»

«E lei ha sparato?»

«Solo in aria, ho sparato.»

«Ma si può pensare che i colpi possano essere andati dalla parte sbagliata?»

Non risponde e non risponderà.

«Abbiamo fatto quegli attentati solo per liberare il Sudtirolo. Eravamo sognatori.»

Era un sognatore, Johann Clementi? Me lo domando mentre costeggiando una vigna procedo lungo la stretta stradina che porta fuori da Pinzon, il paese della mia bisnonna Rosa Tiefenthaler. Johann Clementi, detto Hans, e sua moglie Hanna hanno sempre vissuto qui, nell'ultima casa alla fine della via.

Ero stata a trovare Hans qualche anno fa, durante le ricerche per il mio libro *Tempesta*. Classe 1921, cacciatore, agricoltore, era un uomo dai capelli bianchi e dall'aria seria, temprato dalla vita come legno stagionato. Seduto con la schiena ben dritta mi aveva parlato della sua giovinezza e della «sua» guerra. Reduce dalla campagna di Russia, era riuscito a venire via poco prima del massacro di Stalingrado, ma gli avevano amputato alcune dita dei piedi per congelamento.

Nella nostra conversazione mi aveva anche accennato agli anni del terrorismo, alla Notte dei Fuochi. Era stato arrestato per quegli attentati, torturato, incarcerato. Mi ero ripromessa di tornare a sentire il resto della storia.

Ma il tempo non dovremmo mai aspettarlo, dovremmo coglierlo quando c'è. Hans Clementi se n'è andato nell'inverno del 2017 e del suo racconto mi è rimasto solo qualche minuto di voce registrata.

L'anno si avvia alla fine e sua moglie mi accoglie, ospitale anche se un po' in agitazione per il tema dell'intervista, nella stessa Stube in cui avevo parlato con lui. Mi offre un caffè e un dolce. Guardo alla parete la foto di Hans in tenuta da caccia, il suo attestato di partecipazione al coro locale.

Anche la sua vita e quella della moglie sono cambiate nella notte tra l'11 e il 12 giugno 1961.

Ad «arruolare» Hans è Sepp Kerschbaumer. La battaglia, dice, deve essere ingaggiata, è giunta l'ora, ma non ci sarà bisogno di uccidere. Faranno saltare qualche traliccio, e gli italiani si spaventeranno, tanto da andarsene per sempre dalla provincia.

Hans, però, all'inizio degli anni Sessanta le sue guerre le ha già combattute. Ha due figli, Maria di sette anni e Christian di quattro, e il suo maso a cui pensare. Sa che impegnarsi nelle attività clandestine comporta dei pericoli, la prima perquisizione a Pinzon è stata già nel 1957 ed è arrivata anche a casa loro. «C'erano tre carabinieri, avevano fatto aprire tutti gli armadi. Dicevano che erano pieni di fucili. Avevano avuto l'informazione da qualcuno» racconta Hanna. Naturalmente, gli unici fucili in quel momento sono quelli da caccia e di esplosivo non c'è traccia, non ancora. Arriverà in seguito. Da dove, lei non lo sa. «Certo so che c'entravano i Molling, per esempio. Una volta arrivò a casa un'auto nel cuore della notte.» Evidentemente bisognava nascondere in tutta fretta qualcosa. «A me quella faccenda non piaceva affatto, non volevo sapere niente.»

Per la Notte dei Fuochi Hans si presta solo a tenere in casa dell'esplosivo. Agli attentati veri e propri, sostiene Hanna, non partecipa. Tanto che è uno degli ultimi arrestati, e per di più in un modo che sembra indicare una straordinaria ingenuità, o una grande buonafede. La mattina del 12 giugno 1961, i militari arrivano a casa di Clementi, ma se ne vanno a mani vuote.

«Venne Rotellini, il capitano dei carabinieri di Neumarkt, e disse a mio marito: "No, non ti portiamo dentro, adesso, veniamo a prenderti domani".» I due coniugi immaginano si tratti di semplici controlli, per mettere un po' di paura a chi è noto per le sue tendenze anti-italiane. Ma il colpo è stato troppo clamoroso per non produrre una reazione severa, e la situazione precipita molto in fretta. «Passarono un paio di settimane, poi li individuarono tutti, velocemente.»

È a questo punto che molti fuggono. Molti, ma non Hans. Perché? Perché non ha fatto niente, sostiene sua moglie, e non si sogna nemmeno di abbandonare la sua casa e i suoi affetti. Quando vede che cominciano gli arresti, va lui stesso in caserma a Neumarkt a costituirsi per la detenzione di esplosivo. In Vespa, come per una commissione o una visita qualunque. «Ha detto: "Succeda quel che succeda". Ma di andar via non ne voleva proprio sapere.» È convinto di cavarsela con una condanna leggera.

Ma anche questa vita viene dirottata. Hans finisce in cella.

«La prima notte in caserma è stata tremenda, l'hanno tenuto fino al mattino con le mani sopra la testa. È stato torturato così e anche in altri modi che io non posso neanche immaginare» ricorda Hanna. «Molti sono stati pestati a sangue, in quelle ore. Mio marito non ha parlato, tanto sapevano già tutto loro. Ma non pensava gli sarebbe successa una cosa del genere.»

Hans viene trasferito nel carcere di Trento, la stessa città in cui nel 1963 si svolgerà il processo ai diciannove carabinieri accusati di torture sugli arrestati come lui. Hanna si sente coinvolta in prima persona e va ad assistere insieme alla sorella, Maria. «Quel processo è durato tre giorni e ci sono stata sempre. Non può neanche immaginare l'umiliazione, la sala era addobbata con il tricolore, e i sudtirolesi sono stati portati dentro in catene, è stato uno spettacolo triste.» Suo marito, aggiunge, non era presente in aula. «Lo avevano torturato troppo.» Il processo si concluderà il 20 agosto 1963 con l'assoluzione dei militari, fatta eccezione per due che, condannati a pene lievi, riceveranno quasi subito la grazia dal presidente della Repubblica. Un esito destinato a esacerbare ancora di più gli animi. Il 7 dicembre dello stesso anno si aprirà il maxiprocesso di Milano per gli attentati della Notte dei Fuochi. Hans Clementi si troverà alla sbarra insieme a quasi cento altri arrestati. La sua condanna sarà a sette anni di carcere, una pena particolarmente severa. Perché?

Perché l'accusa, per lui, è quella di omicidio.

L'unica vittima della notte dell'11 giugno, il cantoniere Giovanni Postal, è infatti attribuita alla carica piazzata da Clementi. Che secondo sua moglie, però, non ne ha piazzata alcuna. «Certo, era un complice, aveva l'esplosivo, ma lo avevano anche altri che presero solo tre anni. E gli attivisti austriaci, che prepararono tutto per la Notte dei Fuochi, ne sono usciti puliti...» Molti pagarono per le azioni dell'11 giugno, insomma, ma secondo lei furono di più quelli che la fecero franca.

«Nella Bassa Atesina i combattenti per la libertà erano tanti. Bisogna capire che sotto il fascismo questo posto ha subito delle trasformazioni culturali importantissime. L'oppressione qui è stata forte.» Ancora una volta noto come, nella mente delle persone del posto, la linea che porta dalla fine della Prima guerra mondiale al terrorismo degli anni Sessanta sia un filo dritto e teso, senza alcuna deviazione. Dall'italianizzazione forzata di Tolomei e Mussolini alla guerriglia contro lo Stato.

Hans Clementi fa ciò in cui crede e la corrente lo trascina via. La moglie lo va a trovare al carcere di Trento ogni lunedì, scendendo a piedi fino a Neumarkt o Auer e poi prendendo il treno. Nel tragitto incontra sempre la stessa gente, alcuni altri parenti di carcerati, donne che in molti casi, dice, non avevano idea delle attività dei mariti fino al momento dell'arresto. Portano vestiti, cibo, qualche pezzo di salame o di speck. Vedono i loro uomini a un lungo tavolo, nel parlatorio. «Si poteva sporgersi e abbracciarsi, baciarsi» racconta Hanna «ma era un tavolo molto largo.» Ai figli, che a volte l'accompagnano, ha detto solo: «Papà ha fatto delle cose, ha rovinato degli edifici, e per questo è colpevole e deve stare in prigione, ma speriamo esca presto».

Intanto, alle preoccupazioni per la salute del marito si aggiungono quelle economiche. La casa è ipotecata, teme di perdere tutto e nel frattempo mandare avanti da sola il maso e crescere due ragazzi non è uno scherzo. Dai compagni di lotta di Hans non ha grandi aiuti, ma in fondo, pensa senza rancore, non pochi sono a loro volta incarcerati o fuggiaschi e hanno già i loro problemi. Però fatica a capire perché, molti, nel paese, le voltino le spalle nel momento del bisogno. In fondo, il sostegno alla causa è ancora forte nella popolazione. Per anni ritiene che sia solo pudore, ma probabilmente c'è di più. Il senso di colpa collettivo per l'uomo che ha pagato più di altri.

Solo nel 2000 scoprirà quasi per caso la verità su

quella storia. Hans è stato solo un capro espiatorio, e per di più lo ha sempre saputo, prosegue Hanna. Ha sempre professato la propria innocenza, ma sul vero colpevole non ha mai parlato. Non ne ha avuto la possibilità. «Nell'ondata di arresti, gli inquirenti hanno fatto tutto di fretta: "È stato Clementi" hanno detto. Così gli altri nella Bassa Atesina sono rimasti tranquilli» racconta la donna, stavolta con amarezza. Ma allora chi è il vero responsabile della morte di Postal? Lei scuote il capo. «Credo che sia ancora vivo, non è mai stato in prigione» è tutto ciò che dice. «A mio marito nessuno ha mai chiesto nulla in proposito, nemmeno il pubblico ministero. E io mi chiedo chi ci sia dietro, quali interessi.»

Sta dicendo che Clementi fu indotto a costituirsi dai suoi stessi compaesani, dai compagni di battaglia politica? «Gli dicevano, tu hai già fatto la guerra, ti sei già sposato...» In pratica, il colpevole perfetto. Che però certo non immaginava di restare in prigione quasi sette anni. «Sei anni e dieci mesi» precisa Hanna, in un tono graffiante che fa riemergere la ragazza combattiva che è stata. Qualunque altra responsabilità è stata messa a tacere: «Per denaro ogni cosa è possibile, non solo in Italia». Ma proprio non vuole dirmi di chi stiamo parlando. Solo che non era sudtirolese, che è stato condannato in Austria e che è vivente.

«Prima di scoprire questi fatti andavo ogni anno in chiesa per la messa in memoria di Sepp Kerschbaumer, dopo non ho voluto più sapere niente di nessuno di loro» dice dura. «Io sono una testimone diretta che nessuno vuole ascoltare. Sono una spina nel fianco. E questa spina non poteva toglierla mio marito né posso toglierla io, così è stato deciso.»

Certo è una storia scomoda. Incrina l'immagine patinata dei combattenti, perseguitati dagli italiani ma uniti nell'amore per la causa. Insinua l'imbarazzante sospetto che a un certo punto la linea di quegli eroici cospiratori sia diventata il «si salvi chi può». Tutti, sostiene Hanna, sapevano fin dall'inizio dell'ingiustizia subita da Hans. «Perché chi era colpevole non si è fatto avanti? Perché ci ha rimesso mio marito?» chiede con foga, stringendo le mani sulla tovaglia ricamata, nella Stube ormai in penombra. Nessuna di noi due ha pensato di accendere la luce, siamo prese dentro a una storia che alterna esplosioni e buio.

Hans torna a casa il 19 giugno del 1968: della pena comminata non gli è stato risparmiato nemmeno un giorno, anche se negli ultimi sei mesi gli hanno concesso delle visite a casa. Lui e Hanna ricostruiscono una normalità, si tirano fuori dai problemi economici, e la vita va avanti.

Ma al contrario di Siegfried Steger, Hanna è una persona che il passato lo elabora ogni giorno. Le fa ancora male pensarci, ma è ben decisa a non esserne schiava. Vorrebbe, è umano, che le cose fossero andate diversamente. «Sono convinta che se avessero lasciato fare a Kerschbaumer, senza i Molling e tutti i nordtirolesi... sarebbe stata un'altra cosa. Non so se si può dire che sarebbe stato meglio, ma un'altra cosa, questo sì.»

Tra poche ore vedrà finire un altro anno, guardando dalla finestra il cielo e la neve. Hans se n'è andato, a Hanna interessa solo portare avanti la memoria della sua innocenza, con la forza che sanno mettere in campo le donne. Penso a quante, coinvolte in queste vicende, hanno avuto in sorte l'attesa, la preoccupazione, l'abbandono, la paura e la violenza, come lei e più ancora.

«Non ha mai pensato di aver sposato l'uomo sbagliato?» le chiedo.

«No. Questo non l'ho mai pensato.»

E alla fine sorride.

17

Traditori e traditi

Pinzon e Bolzano, luglio 1961

Un'auto ha accostato di fronte alla Gasthaus. Sono scesi due uomini, evidentemente poliziotti in borghese. Pantaloni attillati, giacche leggere, capelli corti, baffetti. Visitatori del genere, dopo la Notte dei Fuochi, sono frequenti. Sono arrivati a migliaia, qualcuno dice a decine di migliaia: carabinieri, polizia, esercito e altri che danno meno nell'occhio.

«Sono tornati quelli là» mormora Clothilde, bianca come le tovaglie con cui sta apparecchiando. Al contrario di molti compaesani non ha dovuto presentarsi nella caserma di Neumarkt. Ma la pensione è stata perquisita, come tutte le altre case. E presto sono cominciati gli arresti: qualcuno ha parlato. Le prime cellule sono state smantellate, anche se i pesci grossi si sono dati alla macchia. A Pinzon, tutti hanno notato con apprensione che neppure di Hermann c'è più traccia. Peter non vede il «monco» dalla notte delle bombe. La mattina successiva, quando è passato a prendere la Zündapp per accompagnare Klara a Bolzano, ha trovato la casa deserta. Hermann era sparito, prendendo con sé soltanto la giacca da cacciatore e il berretto. Non si era neppure preoccupato di sparecchiare la tavola, dove restavano ancora gli avanzi della cena. Forse sapeva che la collera degli italiani si sarebbe scatenata molto presto e che il suo braccio mancante non sarebbe bastato a salvarlo. Rientrato da Bolzano, Peter ha parcheggiato la moto e chiuso il fienile con un grosso lucchetto. Qualcosa gli dice che non rivedrà presto il suo vecchio amico. Vecchio, ma non tanto da abbandonare la lotta.

«Peter Staffler?» esordisce uno dei due uomini. Sono entrati senza salutare, come in casa propria. Il più giovane ha scoccato un sorriso a Clothilde. «Come stai?» ha domandato in tedesco, con un accento terribile, ma in tono gentile.

«Prendete qualcosa?» chiede Peter.

«Ci piacerebbe, ma credo proprio che non ci sarà tempo» risponde l'altro poliziotto, avvicinandosi al bancone. È giovane, poco più grande di Peter. Chissà che cosa gli hanno raccontato quando lo hanno mandato qui. Che andava a combattere dei nostalgici del nazismo, o degli agenti comunisti, in ogni caso che la salvezza della Repubblica italiana dipendeva da lui. E che il nemico era pericoloso e spietato. I modi sono arroganti, ma a volte l'arroganza nasconde l'insicurezza.

Peter guarda l'auto parcheggiata davanti alla porta. Un'Alfa Romeo grigia con un'antenna radio sul cofano. Ne ha già viste parecchie, in giro.

«Ti dispiace venire con noi? Solo un momento. Abbiamo qualche domandina da farti» prosegue l'uomo. Ha una fondina alla cintura, è leggermente aperta e il calcio della Beretta è in evidenza. Max ha spiegato che il ministero dell'Interno ha mandato sul posto agenti di una sezione speciale, un servizio che non deve rendere conto a nessuno. Ma perché sono venuti quelli anziché i carabinieri locali? L'altro continua a fare gli occhi dolci a Clothilde con un'aria di intesa, quasi di complicità.

«E non potete fargliele qui, le domande?» interviene Katharina. Tutti si voltano con un sussulto, non l'hanno sentita entrare e la sua voce si è levata alta, quasi stridula. Teme quel momento da settimane. Tanti sono stati arrestati, portati in caserma, o interrogati «informalmente» durante le perquisizioni. Anche i loro stagionali, anche Clothilde. Che cosa hanno raccontato? Non glielo ha nemmeno chiesto, sarebbe stato inutile. E nessuno si è confidato con lei. Tutti muti. Attanagliati dalla paura.

«Ordini. Si va a Egna. Glielo rimandiamo indietro subito, suo figlio. Una semplice deposizione» assicura il più anziano.

«Noialtri non sappiamo niente, e neppure mio figlio» insorge Katharina. Se potesse urlerebbe e prenderebbe Peter a schiaffi. Da vent'anni lo protegge da ogni cosa. E lui che fa? Nello spazio di una notte si mette nei guai. E non le ha confidato nulla.

«Non ho dubbi, e sono certo che verrà anche il suo turno di testimoniare» continua il poliziotto. «Ma lo sa anche lei che i danni sono stati ingenti, e che c'è di mezzo un morto. Un poveretto che passava di lì e ha cercato di fare il suo dovere. Lui ha pagato con la vita. Ora tocca a tutti gli altri, pagare.»

Fa un cenno a Peter, che esce a testa alta da dietro al bancone.

«Stai tranquilla, mamma, torno presto.»

L'altro agente, il più giovane, guarda Clothilde quasi con aria di scusa.

«Lo facciamo per il vostro bene, sapete» dice, sempre in quel tedesco stentato, ma volenteroso. «Lo sappiamo che siete brava gente. Vogliamo solo proteggervi. Grazie di tutto.»

«Grazie di che?» chiede Clothilde, con un tremito nella voce, e lui fa una faccia dispiaciuta. Esce, lo sguardo basso.

«Vai a prendere qualche bottiglia di rosso in cantina, è quasi finito» ordina Katharina a Clothilde. Aspetta che si allontani prima di aprire il cassetto dove conserva i vecchi registri contabili. Prende da sotto la pila un pezzo di carta con un numero di telefono, e lo infila nella tasca del grembiule.

«Dobbiamo parlare» Max irrompe nell'ufficio di suo padre.

«Sarebbe una novità. Sarà un mese che non apri bocca» ribatte l'altro, ironico, senza scomporsi per l'ingresso drammatico del suo erede.

Max si pianta di fronte alla finestra, tra due alti scaffali pieni di libri. Sulla parete accanto, Kurt ha fatto appendere una grande foto in cornice: è una ripresa aerea della proprietà, scattata dall'alto di una mongolfiera che ha fatto venire apposta da Vienna. Si riconoscono, nel parco, gli invitati a un festeggiamento speciale, il matrimonio della sorella maggiore di Max con il primogenito di un ricco casato locale.

«Sembri di buon umore» osserva Max.

«L'estate è calda e lo rimarrà» dice Kurt. «Sarà una buona annata.»

«Sai pensare solo alla vendemmia» lo accusa il figlio, esasperato. «Non capisci cosa sta succedendo? Gli italiani ci hanno invaso!»

«Gli italiani ci hanno invaso molto tempo fa» ribatte lui, placido. «Perché te ne preoccupi ora? Sei nei guai?» nel tono calmo si insinua una nota dura.

«Io no. Ma Peter è ancora in galera. Lo hanno trasferito a Bolzano, mi ha appena chiamato sua madre.»

«Ha chiamato te? Perché mai pensa che tu possa aiutare quel sabotatore di suo figlio? Tu non c'entri, con queste cose.»

«Devi farlo uscire di galera» Max finge di ignorare il suo tono sarcastico. Non vuole fare polemiche, ha troppo bisogno di lui. Da quando hanno preso Peter è inquieto, ma ora è spaventato: il carcere di Bolzano si è guadagnato in poche settimane una pessima reputazione. Le famiglie dei detenuti parlano di violenze, di maltrattamenti, la parola «tortura» corre di bocca in bocca. Max sa che Peter, nonostante il fisico muscoloso da pugile è un ragazzo dolce, persino fragile. Che cosa gli faranno?

«E che cosa ti fa pensare che io possa aiutarlo?» butta lì suo padre.

«Basta che tu prenda quel telefono e chiami il procuratore di Bolzano. In due minuti Peter sarà fuori. So che puoi farlo» Max quasi lo supplica. «In fondo te ne deve, di favori, quella gente...»

Mossa sbagliata. Il padre si raddrizza sulla poltrona.

«Non ripeterei insinuazioni simili in pubblico, se fossi in te» sibila. «Ti perdono solo perché sei scosso. E ancora non capisco perché dovrei fare dei favori al figlio della locandiera di Pinzon.»

Max ha pensato in anticipo alla risposta. Ha preparato da un pezzo la sua frase a effetto. «Perché se non farai niente mi presento in commissariato e confesso che la bomba l'ho messa io.»

Kurt si alza di scatto e gli si pianta di fronte.

«E secondo te questo tuo gesto coraggioso, questo sacrificio, servirebbe a qualcosa?»

«Non credo che tu abbia voglia di vedere il tuo nome stampato sui giornali.» Max sostiene il suo sguardo. Lo vede esitare.

«Sopporterò questa umiliazione» dice infine l'uomo. Si siede in poltrona e riapre il giornale. «Forse, finalmente, in galera imparerai qualcosa. L'obbedienza, per esempio.»

«Pensi che non lo farò» dice piano Max. «Ma ti sbagli.» Si avvia verso la porta, ma prima che possa raggiungerla il padre si è alzato di nuovo. Lo afferra per una spalla con violenza e lo costringe a girarsi. Sbilanciato, Max quasi cade a terra. La rabbia che legge negli occhi grigi gli toglie il fiato. Kurt non è ancora pronto a odiare quel figlio tanto desiderato, ma non può non dare sfogo alla sua amarezza.

«E tu pensi davvero che un poliziotto o un procuratore metterebbero agli atti la tua confessione senza prima domandarmi il permesso? Pensi davvero che un giornalista oserebbe scrivere una riga con il mio nome senza avvertirmi?» abbassa la voce: «In che mondo vivi, povero illuso?».

Accenna a una pila di documenti sulla scrivania.

«Tanto perché tu lo sappia, non penso solo alla vendemmia. Penso anche a tener d'occhio te e le tue cattive compagnie. Il tuo amico Peter è stato denunciato. Da una ragazza che lavora alla Gasthaus. Ha vuotato il sacco, ha raccontato della notte in cui lui è partito con un compare e la sua nuova amichetta per far saltare un traliccio. Puoi anche risparmiarti la fatica di costituirti, qualcuno li ha già fatti, i vostri nomi. Ma gli sbirri non sono dei cretini, hanno fatto capire alla ragazza che le conveniva dimenticare due nomi su tre. Non è successo proprio niente, per quanto concerne la nostra famiglia. E anche la tua amica Klara può dormire sonni tranquilli, sempre che non la tenga sveglia la coscienza.»

Max rimane di sasso. Sono anni che non ascolta un discorso così lungo di suo padre, uomo di poche parole, e così tanta asprezza non l'ha mai sentita. Non si sente un avversario all'altezza, non ha la stoffa. Come ha potuto illudersi di tenergli testa? Occorrono decenni di pratica per rendersi invulnerabili.

«Adesso puoi andare.» Kurt gli lascia la spalla e l'ultimo sguardo al viso del figlio è quasi di rimpianto. Poi torna la durezza. «Cerca di trovarti una ragazza perbene» dice. «Tanto alle donne interessa solo la ricchezza, persino tu non avrai difficoltà.»

La porta si apre e Umberto rivolge un cenno ai poliziotti seduti nella stanzetta dove Peter è rinchiuso già da varie ore. Gli uomini si alzano ed escono.

«Siedi pure» dice Umberto accendendosi una sigaretta. Peter si lascia cadere su una sedia. Caviglie e ginocchia sono a pezzi. I muscoli dei polpacci e delle cosce, contratti, pulsano dolorosamente e dalla nuca alle reni la sua schiena è un unico nodo straziante. «Ti hanno picchiato?»

Peter fa segno di no con la testa. Sente il sangue pulsare nelle tempie. Ha gli occhi bruciati dalle lacrime e dal sudore che gli è colato dalla fronte. Gli sembra che la lingua sia raddoppiata di volume, la bocca foderata di carta vetrata. Vorrebbe chiedere un bicchiere d'acqua, ma ha la gola paralizzata, non riesce a emettere alcun suono. Ha freddo nonostante il caldo opprimente, e il suo torace nudo è scosso da un tremito che non riesce a controllare.

«Ti è andata bene» osserva Umberto, senza emozione. «Ce n'è di meno fortunati.»

Peter non saprebbe più dire da quanto è detenuto nel carcere di Bolzano. Ha perso la cognizione del tempo. Ricorda il commissariato di Neumarkt, e di essere stato preso in consegna da una piccola squadra di agenti. Lo hanno ammanettato con le mani dietro la schiena e spinto in una cella che ospitava già una decina di prigionieri, tutti seduti per terra. Ha riconosciuto dei visi noti, anche dei paesi vicini. «Non dire una parola» ha sibilato uno di loro. «Ascoltano tutto.» «Qualunque cosa accada, acqua in bocca. Non fare nomi.»

Quante ore sono passate, prima che la porta della cella si riaprisse? Un giorno? Due? Lui e gli altri sono stati fatti avanzare a calci e pugni lungo il corridoio. «Figli di puttana! Pezzi di merda!» urlavano i secondini. «Ve lo insegniamo noi a mettere le bombe!» Li hanno fatti salire su una camionetta e trasferiti in città.

«Hai sete?» gli domanda Umberto. Peter annuisce e il poliziotto gli avvicina un bicchiere. Per quanto tempo è rimasto in piedi? Non lo sa più. All'inizio l'ha presa come una sfida. I tizi urlavano. «Con chi eri la notte delle bombe?» «Fuori i nomi!» «Confessa, razza di mezzasega, confessa!» Peter teneva duro. Un pugile sa incassare anche quando fa male. Poi gli hanno strappato via la camicia e gli hanno ordinato di alzare le braccia. I muscoli hanno preso a dolergli, ma era fuori discussione cedere di fronte a quelle bestie. Il tempo passava. Gli agenti fumavano e sbraitavano. Uno gli si è avvicinato e gli ha detto: «Quando il posacenere è pieno inizio a spegnere le cicche sul tuo bel faccino da finocchio!». Il tempo passava e il dolore si è fatto sempre più intenso. Poi gli hanno calato i pantaloni e le mutande e si sono messi a ridere. «Guarda che bel culetto, questo farà faville in gattabuia.» «Ci dovrai mettere un tappo, tanto te lo sfondano!» Peter era in piedi da ore e le lacrime gli scendevano lungo le guance, non c'era modo di fermarle.

Poi, il tono dell'interrogatorio è cambiato.

«Guarda che è inutile che fai l'eroe» gli ha detto un nuovo aguzzino. «La tua amichetta ci ha già raccontato tutto. Lo sai che è una bella zoccola, la tua Clothilde? E quanto è gelosa!» Peter si è sentito travolgere da un'ondata di paura. Che ne era di Klara? E di Max? Nel bel mezzo di quella confusione, è partita una domanda: «Vogliamo sapere solo una cosa: dov'è Hermann, il tuo amico monco? Diccelo e ti lasciamo andare. E anche i tuoi amici».

«Puoi rivestirti» dice ora Umberto.

Peter si accorge solo adesso di essere crollato quasi nudo sulla sedia di legno. Con una smorfia a ogni gesto, si tira su i pantaloni. Umberto lo guarda, immobile. Indifferente. Spegne la sigaretta nel posacenere pieno di mozziconi. Sorride.

«Te l'hanno fatto il giochetto del posacenere pieno?»

«Sì.»

«E lo sai che è tutto vero? Che spengono le sigarette addosso a quelli che non parlano... Non so perché te l'hanno risparmiato, mi sa che hai avuto un trattamento di favore.» Si china in avanti e lo afferra per la spalla, aiutandolo a rialzarsi. Lo sorregge nei primi passi verso la porta. «Bene così, ragazzo, bene così» lo esorta, come parlando a un bambino. Poi gli passa il braccio destro sulle spalle e lo guida per il corridoio, proteggendolo dall'agitazione che regna lì fuori, tra i detenuti in manette seduti nel puzzo di sudore e orina.

Avanzano tra due file di sguardi, stretti come vecchi amici. Peter capisce, ma è troppo tardi. Vorrebbe dibattersi, urlare, gridare che non ha aperto bocca.

Ma dal fondo della sua gola indolenzita sale a stento un rantolo disperato che suona più come una confessione.

18

«Bisogna combattere il male con il male»

Bolzano e Pinzon, luglio-agosto 1961

«Avete per caso delle vecchie foto?»

In piedi sulla porta del negozio, Karl squadra la giovane donna che è appena entrata. L'accento è tedesco.

«Berlinese?» le domanda incuriosito.

Gli tende la mano: «Sì, ma abito a Monaco. Gerda Schuster, scrivo per lo "Spiegel". Non sarà tedesco anche lei?».

«Più o meno. Sono nato a Berlino, tanto tempo fa» risponde lui. «È venuta per... quello che è successo?»

Lei sorride. «L'intuito non le manca!»

«Già, le ho fatto una domanda sciocca. In un momento come questo ci sono pochi turisti, è chiaro. Io mi chiamo Karl» soggiunge.

Max sbuca dal laboratorio e si avvicina.

«Questo è Max, che sta proprio riordinando dei plichi di vecchie stampe e negativi.»

«Che cosa cerca precisamente?» domanda Max.

«Qualcosa per illustrare la storia recente. La Bolzano fascista, l'arrivo dei tedeschi, gli americani. Il mio giornale può comprare immagini d'archivio, ma io cercavo qualcosa di più personale. Delle foto scattate in quegli anni e poi dimenticate. Un frammento di memoria rimossa...»

«Quando ha lasciato Berlino?» la interrompe Karl.

Da qualche giorno si sente molto a disagio. Le pattuglie per le strade, i posti di blocco, i controlli di identità. Il coprifuoco. Bolzano sembra in stato di assedio. Si ritrova a pensare a Berlino con nostalgia, e sì che l'ultima volta in cui l'ha vista piovevano le bombe.

Gerda non sembra sorpresa da quella domanda. Anche in Germania i ricordi sono ancora freschi. Galleggiano sulla superficie della consapevolezza collettiva, e basta un nonnulla perché le acque si increspino.

«Io? Già nel 1943, quando i bombardamenti si sono fatti troppo violenti. Avevo dodici anni. Mia madre ci ha portati dai suoi, a Monaco.»

«E suo padre?» domanda Karl.

«Era al fronte. Non è mai tornato.» La giornalista cambia argomento e si rivolge a Max: «Allora? Pensa di avere qualche buona foto per il mio articolo?».

«E che cosa intende scrivere di noi?»

«Di voi due? Direi nulla. Sul resto mi sono fatta le mie idee.»

«Ovvero?»

«Le idee di qualcuno che viene da Monaco.» Sul volto della tedesca passa un'ombra. «Dove di quel che è successo qui ne sanno quanto voi, se non di più.»

Max apre la bocca per chiederle cosa intende, ma Karl gli mette una mano sulla spalla, e lui tace.

«Mi segua nel retrobottega» si limita a invitarla. «Ho sottomano molte vecchie foto interessanti.»

Katharina è seduta al buio in camera sua.

Peter è tornato. Lo ha abbracciato, ha pianto, gli ha apparecchiato una cena che il figlio a stento ha toccato, mentre finiva la bottiglia di vino. Non gli ha chiesto niente. Non voleva rischiare domande.

Ripensa al colloquio con Umberto, nell'ufficio spoglio che come unico mobilio aveva un tavolo in ferro e due sedie.

«Dov'è Peter?»

«Qui di fronte.»

«Nel carcere?»

«E dove se no?»

«Ma non può rimanere lì dentro, deve tornare a casa!» aveva giocato la carta della madre sola, vergognandosi. «Non posso gestire la Gasthaus senza di lui, ho bisogno d'aiuto.»

«Non le do torto. Ma io che cosa posso farci? Non sono mica il giudice.»

«Lei mi ha promesso di aiutarmi.»

«No, le ho detto di chiamarmi se veniva a sapere qualcosa di interessante.»

Katharina aveva valutato in fretta le possibilità. Anche quelle sgradevoli, anche quelle ancora più vergognose. Ma chissà perché, non le sembrava che potessero funzionare. Quell'uomo non era come tutti gli altri, non alzava la voce, si muoveva con gesti misurati.

«Avanti, Katharina, mi ha telefonato lei» era stato Umberto a rompere il silenzio. «E ha fatto bene. Ora mi dica ciò che sa.»

Ma lei riusciva solo a fissare ipnotizzata la mano che sollevava lenta la sigaretta. Poi lui si era alzato.

«Cosa non farebbe una madre per suo figlio, eh?» l'aveva guardata con i suoi occhi neri e per un momento sì, era sembrato come tutti gli altri. Le aveva sfiorato una ciocca di capelli sfuggita dalla solita crocchia. «A Cefalonia ho visto i tedeschi saccheggiare i villaggi dei resistenti. I vincitori ci mettono poco a diventare dei barbari.» Aveva avvicinato il viso a quello di lei. «Ma noi non siamo così.»

«E allora come siete?»

«Voglio Hermann.»

«Ma io non so dov'è!» La disperazione nella sua voce era autentica. Non ci avrebbe pensato un minuto, a consegnare il «monco» in cambio di suo figlio.

«Ma lo saprà. E allora verrà a dirmelo.» Umberto si era alzato e aveva aperto la porta. «Può andare.»

«E Peter?»

«Tornerà a casa.»

L'aveva accompagnata fuori, nel corridoio pieno di uomini in manette.

«Peter tornerà a casa» aveva ripetuto. «Noi non facciamo del male ai bravi ragazzi.»

Katharina guarda fuori dalla finestra e si chiede come ha potuto sentirsi rassicurata da quelle parole, e dalla voce profonda di lui. Come ha potuto uscire leggera, aspettare speranzosa, accogliere il figlio con lacrime di sollievo.

Che stupida è stata, a non capire.

E ora siede nel buio come se accendere anche solo una candela potesse attirare sulla sua casa qualche orribile vendetta.

Peter è a casa, è vero. Ma è più in pericolo di prima.

Klara non dorme da troppe notti. Quando chiude gli occhi, il vuoto lasciato da Peter le dà una fitta allo stomaco. Anche quella sera, a cena, non ha mangiato. Sua madre la guarda ansiosa ma, stranamente, non dice una parola, si limita a riportare in cucina i piatti pieni. In casa loro non c'è mai stato tanto silenzio.

Fuori, via Goethe è insolitamente calma. Il coprifuoco è ancora in vigore: verrà tolto solo al termine delle perquisizioni e degli arresti. Klara si sente in colpa, senza sapere bene per cosa. Ha usato i suoi amici per raggiungere il suo scopo? Sì, ma il suo scopo era anche il loro. Avrebbe potuto agire senza gli altri due? Sì, ma avrebbero agito lo stesso. Avrebbe potuto evitare l'arresto di Peter? No.

Non lei, almeno.

Sente un passo sicuro nel corridoio e d'impulso apre la porta.

«Papà!»

Franz, che sta andando in camera, si volta stupito.

«Klara. Tutto bene?»

«Posso parlarti?»

Lui esita, non entra quasi mai nella stanza della figlia.

«Per favore...»

Il padre la raggiunge, la guarda chiudere la porta. Non vuole che la mamma possa origliare, anche se dovrebbe essere già a letto.

«Papà, perché hanno arrestato Peter e non me o Max?» chiede d'un fiato. È una confessione, ma tanto lui sa già tutto, non c'è da dubitarne.

«Peter ha fatto una sciocchezza.» Franz sospira e si siede sulla sedia accanto alla scrivania. «Quando si agisce non bisogna lasciare tracce o avere testimoni.»

«Ma quella notte c'ero anch'io! La persona che ha visto Peter ha visto anche me e Max.»

«Lo so, lo so, ma... agli italiani non interessate né tu né Max.» A Franz non piace mentire a sua figlia ma, si dice, una mezza verità non è una menzogna.

«Perché no?»

«Perché siete... quelli sbagliati. A loro servono gli eroi convinti di combattere per la patria. Servono un po' di bombe e un po' di martiri, ma di certo non vogliono farsi nemici potenti.»

Klara lo fissa, la fronte aggrottata. Ha la strana impressione di vivere in un mondo diverso da quello di lui. Ha capito benissimo che gli americani hanno un loro interesse nei disordini in Sudtirolo. Ma gli italiani? La notte dell'11 giugno lei non stava certo lavorando per gli italiani. O sì?

«Affacciati alla finestra» la invita il padre. «Tra poco, vedrai passare una pattuglia. Pensi che sarebbe stato possibile mandare tante forze armate in questo spicchio di terra, se non fosse successo nulla? Le bombe hanno fatto quel che dovevano» fa una pausa brevissima. «Anche la vostra.»

Lo dice come se gli dispiacesse e in effetti è così. Klara pensa di essere già esperta delle cose del mondo, pronta a tutto, ma è solo una ragazza. Ha sempre cercato di proteggerla ma forse non è più possibile, anche lei deve prendere il suo posto nel grande gioco. Lo ha già fatto.

Peccato che lui conosca quel che si rischia di perdere, e lei no.

«Allora... è tutta una messa in scena? Hanno preso Peter solo per dare un esempio? Un segnale?»

Franz si chiede se può mentirle di nuovo. Ma non lo fa.

«No. Vogliono il suo amico Hermann.»

Klara sgrana gli occhi.

«Il "monco"? E tu come fai a conoscerlo?»

«Lo conosco.»

«Ma è un invalido. Non può aver piazzato nemmeno una bomba.»

«Si può fare, con una mano sola» le assicura. «Hermann è un soldato, non dimenticarlo. Peggio, è un soldato sconfitto che cerca una nuova guerra.»

«Ma chi lo vuole? Gli italiani o gli americani?»

Lui si stupisce della domanda. È troppo lucida.

«È complicato» cerca di tagliar corto.

«E da quando hai paura di spiegarmi le cose complicate?»

Suo padre quasi sorride. È da quando aveva sei anni che Klara lo sfida con quelle stesse parole.

«Hermann è rimasto fedele al nazismo. Ce ne sono tanti, in Europa, di nostalgici del Reich come lui. Gli italiani vorrebbero usarli, ma in realtà hanno paura di loro. Gli americani sanno usarli, e non hanno paura.»

«E a che cosa dovrebbero servire?»

«Contro i comunisti.»

Anche Klara, ora, si ricorda di quando era bambina. Di quando le sue catene infinite di «Perché?», alla fine, si scioglievano contro una risposta più lapidaria delle altre. Suo padre è un maestro in questo gioco: dare risposte semplici, ma incomprensibili.

«Peter non c'entra nulla in questa storia.» Klara si aggrappa alla sua unica certezza, quella di dover salvare il suo amico.

«Lo so bene, ma gli italiani sono convinti che li porterà sulle tracce di Hermann. Finché non lo farà...»

«Lo terranno in carcere? Ma è orribile!»

Franz scuote il capo. E Klara impallidisce.

«Lo... tortureranno?»

Il padre continua a tacere.

Lei scandisce: «Come lo sai?».

«Ho degli amici tra gli italiani.»

«E lo hanno torturato?» lo fissa incredula, sente la gola chiudersi. Non vuole piangere davanti a suo padre. Ma immagina il corpo di Peter martoriato e le sembra di impazzire. «Tu li hai lasciati fare?»

«Peter se l'è cavata con poco» risponde Franz. «Qualche maltrattamento.»

«Perché parli al passato? È...»

«Ma no che non è morto» la interrompe quasi con impazienza. «È a casa. Lo hanno rilasciato oggi pomeriggio.»

Klara balza in piedi.

«E non mi dicevi niente?» La gioia si mescola con l'indignazione. «Come puoi restare così... indifferente? Non ti importa niente di noi?»

«Mi importa di te» stringe i denti. «E di fare quel che devo.»

Lei solleva i pugni, un gesto inconsueto. È in gioco la vita, la sicurezza di una persona che ama, come può suo padre parlare con tanta calma? Le sembra di non averlo mai visto così freddo. Ma forse, invece, è stato sempre così.

«E in *quel che devi* ci sono anche le botte, le torture, gli inganni degli italiani? Mi dici, allora, perché saremmo meglio dei nazisti?»

Franz la fissa muto. Sa che se apre bocca dirà la cosa sbagliata. Ma tacere è un tormento.

«Non dici niente, non muovi un dito! Non hai aiutato Peter, non aiuti tutti gli altri, nemmeno protesti per le torture! *Tu potresti far finire tutto questo!*»

Klara si sente coraggiosa a sfidarlo in quel modo. Ma il suo è solo il grido di una bambina che sta scoprendo che il suo papà non è onnipotente. Né onnisciente. Né innocente.

E quel grido attraversa Franz come una lama.

«Basta così» intima alzandosi. «Ci sono delle regole, Klara. Se non sei in grado di capirle, o di accettarle, limitati a non giocare.»

Lei si ritrae, come schiaffeggiata.

«Si sta bene dalla parte del giusto, eh? L'indignazione. L'emozione. Belle cose» prosegue lui. «Ma a volte bisogna combattere il male con il male.»

Sotto i piedi di Klara si spalanca un baratro. Mentre il padre esce dalla stanza, le sembra di aver perso ogni punto di riferimento. Peter, pensa: solo Peter può salvarla. Ma prima, lei dovrà salvare lui.

Peter ci ha pensato bene, e torna tutto. Le gite a Trento, il viavai di uomini in divisa e in borghese nella pensione, il «trattamento di favore» e la liberazione improvvisa dal carcere.

La tentazione, però, è tacere. Fare come se non fosse successo niente. Lasciare il passato immerso nel silenzio. Non dover affrontare sua madre.

Ma al mattino, nella Stube, è lei ad affrontarlo.

«Promettimi di non fare più sciocchezze» gli dice calma e intensa, mentre bevono il caffè. «Me lo prometti?»

Lui alza gli occhi, altrettanto calmo.

«E tu? Cosa mi prometti?»

Sul viso le legge la colpa.

«Che cosa hai promesso allo sbirro per convincerlo a rilasciarmi?» incalza. «Gli hai parlato di Hermann?»

«Hermann non si è più visto dal giorno delle bombe. È sparito, e io ne so quanto te.»

«E allora che cosa gli hai promesso? Che mi terrai d'occhio?»

«Vogliono Hermann, non te.»

«Ah! E quindi lo sbirro ti fa anche delle confidenze. Intime, magari.» Peter sbatte il tovagliolo sul tavolo. «Gli sei piaciuta? Pare che ci sappiano fare, con le donne, i bravi uomini meridionali!»

Katharina ha un moto d'indignazione. Chi è quell'uomo che la accusa con arroganza? Dov'è suo figlio?

«Non ti permettere, sei solo un ragazzino!» attacca a sua volta.

«Ho vent'anni e so quello che faccio! Alla mia età, mio padre era al fronte... Ma tanto tu ti sei consolata in fretta, vero? Magari anche prima che arrivasse lo sbirro.» Mentre le parole gli escono di bocca si fa orrore da solo. Sta davvero dicendo queste cose a sua madre?

Lei spalanca gli occhi inondati di lacrime.

«Tu non sai niente» singhiozza. «Perché sei così cattivo? Volevi restare in galera? Volevi che ti facessero ancora del male?» alza la voce, tra pianto e rabbia. «Tu non sai assolutamente niente» ripete.

Lui la guarda senza risposte, odiandosi perché l'ha fatta piangere, odiandola perché sta piangendo.

«Vado a stare da Max» dice, e corre fuori.

Nella notte è squillato il telefono. Due volte. Poi di nuovo tre squilli. Poi più nulla. L'uomo si è alzato e si è avvicinato a una finestra dalle persiane ben chiuse. Sbirciando da un interstizio ha perlustrato con lo sguardo la via deserta. Ha inspirato il profumo del bosco vicino. Ha ascoltato in silenzio i suoni familiari. Poi, con la sua unica mano, ha composto il numero che conosce a memoria.

«Il ragazzino è fuori, ma pare che abbia cantato» dice una voce maschile.

«Cambia poco. Non può avergli detto dove sono, e chi sono già lo sanno.»

«E sanno anche che non collabori. Se non puoi essere un'arma, ti useranno come capro espiatorio.»

«Lo so. Ma per ora qui sono al sicuro. Ho degli amici che mi proteggono.»

«Non basta. Devi passare la frontiera.»

«E il ragazzo?» Nella voce di Hermann si insinua una nota insolita di preoccupazione.

«Qualcuno se ne occuperà.»

«No. Me ne occupo io.»

«Qualcuno potrebbe avere fretta. Bisogna spicciarsi.»

«Me ne occupo io.»

Hermann riaggancia. «Spicciarsi...» Poveri imbecilli. Bisogna saper attendere, invece. Capire la trappola. E colpire i colpevoli, non le vittime.

* * *

Bussano alla porta. Umberto si sveglia e va ad aprire, la Beretta in pugno.

«Ma che casino fai?» sbotta alla vista di Ettore. «Hanno inventato il telefono, lo sai usare?»

«Il telefono funziona meglio quando non si tiene staccato» ribatte il braccio destro di Umberto posando la cornetta sull'apparecchio. Si guarda intorno nella stanza: il letto sfatto, i posacenere pieni, le tazze di caffè abbandonate in giro, i sonniferi sul comodino.

«Ne hanno fatto saltare un altro a nord di Merano» dice.

«E allora?»

«Hanno aperto il fuoco sugli alpini...»

«Ci sono morti?»

«No, si sono messi al riparo.»

«Gli attentatori sono scappati?»

«Di sicuro. Ma penso che valga la pena fare un salto.»

«E che cosa pensi che stia facendo? Non mi rivesto mica per tornare a letto. Si va...» risponde Umberto.

In auto accende una sigaretta. Ettore, che non sopporta il fumo, abbassa il finestrino. L'aria è calda, e la luna di agosto si scorge appena tra gli abeti. Anche premendo sull'acceleratore ci vorrà un'oretta. Ponte Clava. Dopo Merano la strada comincia a serpeggiare, seguendo il corso impetuoso di un torrente. È la gola del Passirio. Il bosco si infittisce, facendosi impenetrabile. Qui è l'ex fabbro, ora latitante, Georg Klotz a dettare legge, assieme ai suoi. Cinque anni di Wehrmacht sono una bella scuola.

«Hanno piazzato l'esplosivo, hanno fatto saltare il traliccio. Quando sono arrivati i militari, quelli li hanno sventagliati di piombo. Con un mitra... è la prima volta che succede. Se adesso i terroristi cominciano a fare il tiro a segno con i soldati...»

«Poveretti, i soldati» commenta Umberto.

«Perché?»

«Perché non sanno neanche che ci fanno qui» ribatte l'altro, poi si accorge di aver parlato troppo. Dev'essere il sonno. «Fanno la guardia ai tralicci, alle stazioni, ai posti di blocco, quando invece dovrebbero presidiare i boschi, le macchie, le strade che portano al confine» aggiunge in fretta.

«Non ci sono abbastanza uomini. Ne hanno mobilitati ventimila e ancora non bastano.»

«No» annuisce Umberto. «Non bastano ancora...»

L'auto si ferma nei pressi di un ponticello non lontano da San Leonardo. In una radura sulle rive del torrente, i resti di un traliccio dell'alta tensione. Tre dei quattro piedi sono saltati, e il gigante è coricato nell'erba come un ridicolo fantoccio. All'altro capo del ponte c'è la postazione degli alpini, che giorni prima hanno montato una tenda e una transenna. Li vedono arrivare e si sbracciano.

«Giù! State giù!» gridano le loro voci nella notte.

Umberto ed Ettore fanno appena in tempo a smontare, che cominciano a fischiare i proiettili. Una veloce raffica.

«Giù!»

Umberto si butta dietro l'auto e sfodera la Beretta. Nel buio non si vede a un passo. Il crepitio di una seconda raffica. Breve, precisa. Di nuovo troppo alta. Se quelli li volessero morti, lo sarebbero già.

«È una Sten» commenta Umberto. Un'altra raffica. Più lunga e rapida, simile all'urlo rauco di una sega a motore. «E questa è una MG42. Roba più seria.» L'MG42, la mitragliatrice della Wehrmacht. Torna il silenzio, appena increspato dal rumore dell'acqua che scorre. Poi, dalla parte degli italiani, esplodono degli altri colpi di arma da fuoco. Qualcuno spara contro la cortina impenetrabile degli alberi.

Umberto si alza. «Via libera» dice a Ettore, ancora esitante. «Se ne sono andati.»

«Che cosa è successo?» domanda l'altro.

Umberto alza gli occhi verso l'ombra nera del bosco, aggrappata ai fianchi della montagna.

«Che le strade sono in mano nostra. Il resto è tutto in mano loro.»

L'ufficiale degli alpini si avvicina.

«Tutto bene?»

«Era solo un avvertimento, credo» dice calmo Umberto.

«Credo anch'io» annuisce quello. «Significa: "Finora ce la siamo presa solo con i tralicci, ma i prossimi siete voi".»

«Ottima traduzione» commenta Ettore.

«Dite che è il caso di andare in ricognizione?»

«In questo buio pesto?» Umberto scuote il capo. «No. Loro sanno dove trovarci, ma noi non li troveremo mai.»

19

Caccia all'uomo

Un filo invisibile collega un paesino sulle Alpi, in provincia di Merano, e uno sull'Appennino. Il filo unisce due storie che si sono incontrate nell'estate del 1961, in Sudtirolo. Protagonisti due uomini, oggi diremmo due ragazzi: Sepp Mitterhofer, che allora aveva ventinove anni, e un altro, che chiameremo Francesco e che ne aveva venticinque. L'uno convinto di dover liberare la sua terra dagli italiani, l'altro mandato là per impedirglielo. Il terrorista e il persecutore, nei termini della contrapposizione armata dell'epoca.

Il nome di Francesco, quello vero, è più noto per altre imprese, successive: è stato per anni in forze ai servizi. Ma mi chiede di mantenere l'anonimato, oggi che è in pensione. Mentre percorro i vicoli acciottolati di un borgo da cartolina, è strano pensare che proprio qui mi aspetti un pezzetto dei misteri d'Italia. E di quelli del Sudtirolo, dato che Francesco cominciò la sua carriera proprio lì. Trovò anche l'amore, una ragazza bionda che chiameremo Lisa: oggi mi accoglie assieme a lui, seguendo con attenzione l'intervista. Ha fatto una scelta non facile, per una sudtirolese, dato che Francesco era non solo un italiano, ma uno dei protagonisti dell'inchiesta più clamorosa della stagione delle bombe: quella che portò all'arresto di decine di persone dopo la Notte dei Fuochi.

Siamo seduti attorno a un grande tavolo di legno,

dalle pareti ci guardano i ritratti degli antenati. Nonostante la luminosa giornata di settembre, la stanza è in ombra. Penso alla mia amica Sandra, che mi ha accompagnato fin qui in macchina, e che si gode la quiete e il sole chiacchierando con gli abitanti del paese. In un istante, mentre il mio ospite comincia a parlare, il mondo esterno si allontana. E il filo che collega questa casa a un'altra tra le montagne sudtirolesi si tende.

È il 1959 quando l'ufficiale dei carabinieri Francesco viene inviato alla caserma che gli è stata assegnata, dalle parti di Merano. È entrato nell'Arma subito dopo la maturità, è deciso a fare carriera. Non sa che lo hanno spedito in un punto nevralgico per la sicurezza nazionale. All'inizio, la situazione non gli sembra affatto grave.

«C'era attenzione, non allarme» ricorda. «Non si indagava sul territorio in modo sistematico. Si diceva, questo sì, che i colleghi del controspionaggio fossero più interessati.» Già allora, forse, si considera che in quest'area di confine si potrebbero muovere forze al soldo di potenze straniere, anche se gli attentati in sé, per ora, sono ben poca cosa: colpiscono i monumenti degli alpini, i segni della presenza del governo di Roma sul territorio. Per Francesco è più che altro un fastidio. «Dopo ogni esplosione, sul posto venivano messi due carabinieri. Una vigilanza costante e inutile, che demotivava la gente. Era l'aspetto negativo di questo allarmismo di facciata.»

Ma sta per diventare allarme vero.

Le avvisaglie cominciano già all'inizio del 1961. Si presenta in caserma un giovane, convocato per controlli di routine. Si chiama Josef Selm, ha poco più di vent'anni e occhiali dalle lenti molto spesse, e non sa nemmeno perché si trovi lì, non è quello che si dice un elemento anti-italiano. Lui e Francesco si mettono a parlare e scatta una sintonia: Josef torna altre volte a trovare il suo coetaneo carabiniere. Comincia a passare informazioni sui personaggi coinvolti nella lotta clandestina, sui colpi che progettano. È il primo a fare il nome di Franz Muther, «importante per la Val Venosta come Klotz per la Val Passiria». È lui a raccontare degli attivisti che si danno da fare nel Nordtirolo, della rete di contatti che stanno tessendo, delle riunioni che si tengono a Innsbruck.

«All'epoca non esistevano le intercettazioni. Le attività di polizia giudiziaria si riducevano in definitiva a fermo, interrogatorio, perquisizione, quest'ultima non mirata e quindi inutile» spiega Francesco. Il contributo di Selm è prezioso e lui vorrebbe assoldarlo come informatore, in modo più strutturato, ma dall'alto gli arriva un rifiuto, non è un investimento che valga la pena. Tutto ciò che può fare è pagargli di tasca propria la benzina per andare, in moto, fino a Innsbruck a raccogliere notizie. E lui ne raccoglie. Parla di esplosivi che stanno arrivando da oltreconfine, descrive con precisione i materiali, il colore, le componenti degli ordigni. Sul luogo del successivo attentato, a una caserma, che solo per un caso non fa vittime, vengono trovate proprio le componenti descritte da Selm.

È chiaro che la situazione si sta aggravando.

Chissà quante volte il giovane Francesco ha percorso questa stessa strada, penso mentre mio marito Jacques guida verso Obermais, un quartiere di Merano. Siamo diretti al maso dove Sepp Mitterhofer abita insieme alla famiglia del figlio. Aveva ventinove anni nel 1961, quando venne coinvolto nella Notte dei Fuochi. Catturato, nel maxiprocesso di Milano è stato condannato a dodici anni di carcere e ne ha scontati sette e undici mesi. L'esperienza non lo ha domato: una volta uscito, ha continuato per vie politiche la stessa lotta. Dal 1990 al

2011 è stato a capo della Südtiroler Heimatbund, associazione che all'origine riuniva gli ex «detenuti politici» e per cui «l'unità e la libertà del Tirolo» è ancora oggi un obiettivo. Mi accoglie dritto sulla porta, un uomo di ottantasei anni dai radi capelli bianchi ma dall'aria ancora formidabile.

Mi guarda circospetto, non sono certo la prima a venire a riaprire i conti, mai del tutto chiusi, con il suo passato. Tanto che, quando ci sediamo a parlare, le sue considerazioni suonano battagliere: «Non siamo stati contenti della soluzione politica, quando c'è stata» dichiara. «Noi volevamo la secessione del Sudtirolo. L'autonomia ha portato il benessere, e quando si sta bene non si combatte. Lo Stato ci vorrebbe italianizzare anche con i soldi, e la gente non accetta più di fare sacrifici. Ma la battaglia deve continuare.» Le armi che ha in mente sono legali, precisa, quelle della democrazia: ritiene che in una consultazione, oggi, la maggioranza voterebbe per unirsi all'Austria. Gli altri metodi, quelli della sua gioventù, non sono ciò che occorre ai tempi nuovi. «Non rimpiango nulla. Ma non voglio più avere niente a che fare con dinamite e armi.»

La sua storia è simile a quella che raccontano in molti. «Ero un agricoltore. Sono nato qui e morirò qui, il mio maso esiste dal 1257.» Lo dice con orgoglio, accennando all'angolo di mondo fuori dalla finestra, che gli è sempre bastato. «Da piccolo avevo dovuto studiare tedesco nelle Katakombenschulen. Ero l'unico studente, mi portavo un panino con il burro.» Quando ci fu da scegliere tra restare in Italia e partire per la Germania, la sua famiglia, come la maggioranza delle altre, optò per trasferirsi nel Terzo Reich, senza lontanamente pensare di farlo davvero: «Nessuno avrebbe lasciato il proprio maso, così abbiamo rinviato la partenza fino al 1943 e in seguito abbiamo ritirato l'opzione». A trattenerli non era solo l'idea di abbandonare la propria terra e andare verso l'ignoto, ma anche le notizie che arrivavano da nord. «I soldati in licenza raccontavano cose terribili dei campi di concentramento, del trattamento riservato agli ebrei. Mio padre aveva detto: "Io lì non ci vado!".»

Non partirono, infatti. Ma la fine della guerra portò solo una breve tregua.

«Gli impiegati della pubblica amministrazione erano tutti italiani, ex fascisti o immigrati dal Sud Italia che ottenevano gli impieghi migliori. Solo il 10 per cento di quei posti di lavoro andava ai sudtirolesi, i disoccupati venivano piazzati nelle baracche di legno sull'Eisack.» Il viso gli si accende di sdegno, sembra che da allora non siano passati sessant'anni. Era un sistema all'insegna dei favoritismi, insiste, e le ingiustizie erano quotidiane. «Gli italiani non sapevano il tedesco, nemmeno quelli che lavoravano da tempo negli uffici pubblici. Se lo parlavi ti mettevano da parte e ti facevano aspettare ore. I giovani non vedevano alcuna opportunità di futuro.»

È un nodo difficile da capire fuori da questa provincia, e tanto più doveva esserlo nell'inquieto dopoguerra. Gli «italiani» si chiedevano: perché, sul territorio nazionale, alcune centinaia di migliaia di persone pretendono di parlare un'altra lingua? Non erano più i tempi di Francesco Giuseppe, e nemmeno quelli di Hitler. I «tedeschi» ragionavano: perché non ci è più concesso parlare l'idioma dei padri, il solo che intere generazioni abbiano mai conosciuto?

«Correva sangue amaro!» riassume Mitterhofer. E qualcuno stava già pensando a come indirizzare la rabbia popolare. «Ero amico di Sepp Kerschbaumer, che nel 1959 aveva fondato una compagnia di Schützen con mio fratello. Discutevamo della situazione politica e poi ho partecipato alle sue prime riunioni, a Bolzano e nella Gasthof Schenk di Frangart.» Erano una decina, spiega, a discutere sul da farsi. «Io e Kerschbaumer eravamo quelli con le idee più chiare. Diventammo presto un'organizzazione clandestina, avevamo deciso di usare la dinamite per essere ascoltati a Roma.»

Come altri, Mitterhofer si addestra in Tirolo con Kurt Welser, che definisce «un vero patriota»: i «corsi», per dieci o quindici persone alla volta, durano solo ventiquattr'ore, per non assentarsi troppo dal maso né insospettire le autorità. «Bastavano, per imparare i pericoli legati all'esplosivo.» Intanto, a casa, i famigliari coprono le assenze e non di rado si rendono utili: Sepp racconta che agli albori del movimento l'attivismo coinvolge tutta la popolazione. In parte anche quella femminile: «C'era solo una donna, di Innsbruck, Herlinde Molling, dinamitarda pure lei. Però le sudtirolesi in genere portavano gli esplosivi, vicino al cimitero evangelico di Merano». Come la stessa Frau Molling mi ha confermato, molti di quei materiali proibiti arrivavano dall'Austria: «A un certo punto ho ricevuto cinquecento chili di esplosivo, dal Reschenpass: un amico l'acquistava per la costruzione stradale e barava sulla quantità, poi la comperavo in nero e la nascondevo vicino al maso».

Così, si progettano i primi attentati. «Nel 1960 provai a farne uno alle case popolari ma purtroppo l'ordigno non funzionò... l'effetto politico sarebbe stato ideale. Tutto era stato studiato alla perfezione, ma non avevamo orologi, solo detonatori arrivati da Neumarkt.» Anche lui però sostiene che, nonostante tutto, le intenzioni iniziali sono perlopiù non violente. Kerschbaumer per primo ripete che non devono essere sacrificate vite umane, ma non tutti sono della stessa opinione. «Klotz e altri volevano alzare il livello a una vera guerra partigiana.» E i neonazisti austriaci come Norbert Burger? «Era nazista ma non ha fatto alcuna propaganda in quel senso, stava con noi per idealismo» risponde Sepp Mitterhofer, con la stessa convinzione che deve aver avuto allora. «Noi no, non eravamo nazisti. E nel nostro gruppo c'erano pochi ex militari» aggiunge. Le infiltrazioni di chi è deciso a dirottare il loro movimento «di liberazione» verso scopi meno ideali e più inquietanti, secondo lui, in quegli anni sono limitate. Nessuno si chiede chi sia disposto a spendere così tanto per la piccola patria sudtirolese, e per quali ragioni. Per loro è la buona volontà di gente che crede nella causa. Sepp e i suoi compagni accumulano esplosivi e non pensano che sia tutto troppo facile.

Stanno correndo verso la Notte dei Fuochi come sulle strade in montagna, quando è buio e non riesci a vedere oltre la prossima curva.

Nella notte senza luna tra l'11 e il 12 giugno 1961, Francesco è nel suo alloggio. Sta leggendo, e all'improvviso va via la luce, poi torna. In quel momento si sente un boato, vicinissimo. È una bomba. Lui salta giù dal letto, si veste e corre a chiamare il piantone che dorme in una stanza nel seminterrato.

I due escono per un controllo, vedono e sentono altri scoppi. Rientrano al comando per telefonare a Bolzano, danno notizia degli attentati, almeno tre. Dall'altra parte del filo manca poco che si mettano a ridere: da loro ce ne sono stati molti di più, quindici, venti. In tutta la provincia si sono accesi i fuochi, e non quelli del Sacro Cuore.

«Quella notte l'abbiamo passata a fare sopralluoghi» racconta Francesco. «La mattina abbiamo scoperto che erano state fatte brillare quasi cinquanta cariche.» Secondo tutte le fonti, gli attentati riusciti, quella notte, furono 37. Sul numero delle esplosioni, invece, le opinioni divergono: c'è chi dice, come Francesco, 47, chi sostiene che furono ben di più. «Calcolando che per ognuna fossero servite dalle tre alle cinque persone, si parlava di circa centocinquanta coinvolti. Era chiaro che le cose erano andate molto più in là di quanto pensassimo, c'era un'organizzazione che aveva bruciato le tappe.»

Assieme ai suoi, Francesco batte i dintorni per rendersi conto dell'accaduto. Hanno anche l'ingrato compito di disinnescare le cariche inesplose: ce ne sono parecchie, i danni sarebbero potuti essere ancora maggiori. «Dove ne era brillata una sola, e la struttura era rimasta in piedi, abbiamo sminato le altre, anche se non eravamo artificieri.»

Le indagini, le perquisizioni, i fermi e gli interrogatori cominciano quasi subito. Vengono inviati rinforzi. «Arrivò un battaglione di supporto. Tutte le opere pubbliche – ponti, acquedotti, gallerie – andavano tenute sotto controllo» enumera. È quella che molti dei miei interlocutori definiscono una vera e propria militarizzazione del Sudtirolo, con una forza di molte migliaia di persone che si concentra nella provincia nel giro di poche settimane: la risposta del governo di Roma all'emergenza terrorismo. Lui, con i numeri, è più cauto, e ricorda: «Il lavoro era tanto, trascorrevamo le prime ore di ogni mattina controllando i falsi allarmi, le sparatorie, la caduta massi...». I militari spediti in tutta fretta sulle montagne sono perlopiù giovani, spesso senza esperienza, non conoscono la lingua, si trovano in una situazione di massimo allarme in una zona ostile, che si chiama Italia ma sembra straniera. Il rischio di incidenti è molto elevato. «È brutto stare di sentinella, la notte, soprattutto per ragazzi che non l'hanno mai fatto. Il buio, le ombre, l'arma in mano, ogni tanto qualcuno sparava per rompere il silenzio. E la mattina dopo bisognava mettere in piedi un piccolo processo, stabilire le punizioni.»

Al suo arrivo, nel 1959, Francesco non aveva percepito ostilità nei confronti dei carabinieri. Ma ora, due anni dopo, il clima è cambiato. E in quella domenica di luglio del 1961, quando hanno appena deciso di andare all'ippodromo per rilassarsi un po', alla sua caserma arriva una telefonata.

«Sono l'ingegner Steiner. Qualcuno ha messo una bomba nella mia macchina, venite per favore ad aiutarmi.» È Benno Steiner, giornalista che si occupa della pagina di lingua tedesca sull'«Alto Adige», il quotidiano locale in italiano.

«Non tocchi niente, resti fermo, in due minuti siamo da lei.» E Francesco riaggancia.

La via in cui abita Steiner è bella, elegante, con un'aria di quieto benessere. Sul muro della casa qualcuno ha disegnato con la vernice nera una forca. Davanti, è parcheggiata una Seicento con accanto il giornalista e sua moglie, tremante. È stata lei a chiedergli, prima di avviare il motore, se avesse controllato il bagagliaio.

Lui lo apre per i carabinieri. «C'erano non meno di venti candelotti da cento grammi» ricorda Francesco. «Se fossero scoppiati li avrebbero polverizzati. Bastava che lui girasse la chiave, tirasse la levetta e facesse partire l'auto...»

Ma ci sono stati degli avvertimenti e la moglie ha avuto un'intuizione, o forse sapeva qualcosa. È difficile dire, a distanza di tanto tempo, in che modo potessero passare le informazioni, in una situazione in cui la persona «da eliminare» era il tuo vicino. Tra gli abitanti della via che vengono interrogati, però, nessuno ha visto nulla.

Benno Steiner va in caserma la mattina dopo. È scosso, più della sera precedente. Vuole essere aiutato a fuggire da Merano. Lo hanno preso di mira, dice, perché ha rifiutato di unirsi al movimento clandestino. Nel 1956 aveva partecipato a una riunione segreta, ce lo aveva portato Georg Klotz. I congiurati sostenevano di avere il supporto economico e politico di gruppi stranieri, e disponibilità di armi ed esplosivi. Sono lo stesso Klotz e Franz Muther, assicura Steiner, i principali responsabili materiali della Notte dei Fuochi. E conclude affermando che queste cose lui le aveva già dette alle autorità italiane. Le aveva raccontate tempo prima a «uno dei loro», un uomo in borghese, di cui poi non ha saputo più nulla.

C'è stata davvero quella denuncia? Che fine ha fatto l'indagine? Chi era l'uomo in borghese, posto che sia esistito? Francesco se lo chiede, ma non ha tempo di scoprirlo, la sua priorità ora è catturare Muther e Klotz prima che vengano avvertiti del pericolo. Qualcuno ha sicuramente visto Steiner entrare in caserma.

Nonostante le precauzioni, una delle prede sfuggirà: Klotz dice al carabiniere inviato a casa sua che sale un attimo a prendere la giacca, balza fuori dalla finestra e scompare tra gli alberi. «E così era già finita: lui nel bosco era un capriolo, gli altri si muovevano come elefanti...» Muther, invece, verrà arrestato.

In caserma viene organizzato un confronto. «Fu uno scontro feroce, in tedesco. Steiner gli contestò tutto. Muther, rosso in faccia, resisteva.» Il giornalista racconta i dettagli, descrive l'incontro in cui hanno cercato di arruolarlo, proprio a casa di Muther. Ma l'altro non ammette nulla. Viene fermato e trattenuto in caserma, per essere interrogato la mattina successiva. E anche al pomeriggio.

Nella notte tra martedì e mercoledì, Francesco viene svegliato dai suoi.

«Il Muther vuole parlare con lei.»

Il carabiniere scende nel piccolo ufficio della polizia giudiziaria.

«Se io dovessi ammettere quello di cui voi mi accusate, cosa mi succede?» chiede Franz Muther.

I capi d'imputazione sono costituzione di banda armata e cospirazione contro lo Stato: accuse gravi che possono costargli anche vent'anni di carcere, gli spiega Francesco. Ma gli promette che, se collabora, il giudice potrebbe applicare il minimo, e non il massimo, della pena. «Muther, che parlava italiano, ci pensò un poco, poi disse: "Se vuole, possiamo cominciare". Chiamammo un dattilografo per fare il verbale.»

Muther, più tardi, sosterrà che quelle dichiarazioni gli sono state estorte con la tortura, mentre secondo Francesco dal verbale risulta che fu lui a voler «cantare». La verità, quasi sessant'anni dopo, è fatta solo di parole: le testimonianze degli uomini che erano in quella stanza, quella notte. E di un fatto: Muther fece i primi nomi.

«La struttura era a grappolo. Scendeva dalla Val Venosta, dalla Val Passiria, dalla Val d'Ultimo, su Merano e Lana, e su Bolzano. Lui cominciò a indicare due o tre uomini. La sera dopo li fermammo e li portammo in caserma, dove, confrontati con le dichiarazioni del Muther, si misero a parlare. Nell'arco di tre o quattro giorni scendemmo dalla Val Venosta fino a Merano.» Guardando l'agenda dei rinvii a giudizio da parte del giudice istruttore, aggiunge Francesco, i nomi hanno una progressione quasi geografica, come un domino che cade. «Arrivammo a Luis Amplatz, il corrispondente di Klotz per la Bassa Atesina. E a Kerschbaumer.» Vanno a prendere gli attentatori uno per uno, perquisiscono case, stalle, cortili. Trovano dinamite, micce, detonatori, armi, spesso nascosti sotto terra. Un volta, tornando in caserma dopo i sequestri, Francesco ricorda di aver viaggiato con oltre cento chili di esplosivo, e nella macchina al seguito due carabinieri con tre arrestati: «Se avessero voluto tentare un colpo di mano, ci avrebbero fatti fuori tutti...».

Ma i cospiratori sembrano, in questa fase, indecisi e

disorganizzati. Si lasciano catturare. Parlano. Forse sotto tortura, o forse molti si rendono conto solo in quel momento di essere entrati in un gioco più grande di loro. Francesco nega di aver fatto ricorso alle sevizie: «Da noi non ce n'è stato bisogno» dice. «Muther non è stato sfiorato, ve lo garantisco io. Ha dovuto ringraziare di aver fatto chiamare me, perché c'è modo e modo di interrogare le persone.» Non esclude che altrove siano stati sperimentati anche altri «modi».

E le denunce di maltrattamenti gravi, avvenuti durante gli interrogatori nelle caserme dei carabinieri, si moltiplicano. I militari ribattono che i prigionieri si autoinfliggono le ferite solo per poter incolpare l'Italia. Il 22 novembre 1961 però muore in carcere uno dei detenuti, Franz Höfler, e a gennaio del 1962 un altro, Anton Gostner, entrambi a Bolzano. Il governo austriaco protesta formalmente, lo scandalo è abbastanza grave da portare al processo di Trento. Secondo Francesco, a Merano non è mai successo niente, ma altrove? «È verosimile che sia avvenuto, mi sembra sia stato più o meno ammesso. Gli americani fanno lo stesso trattamento ai detenuti di Guantánamo con l'acqua.» Intende il *waterboarding*? Lui annuisce. «La "cassetta", veniva chiamata in Sicilia nella guerra contro la mafia.»

Delle indagini e dei processi per la Notte dei Fuochi ho avuto occasione di parlare anche con Roland Riz, uno degli uomini che hanno determinato i destini del Sudtirolo. Giurista e politico, è stato deputato e poi senatore al Parlamento italiano per molti anni e presidente della SVP dopo Silvius Magnago. Ha fatto parte della Commissione dei Diciannove, istituita nel 1961 per aiutare a trovare un accordo sul Sudtirolo ed è un celebre e abile avvocato. Gli ho chiesto delle torture e mi ha risposto netto: «Non c'è dubbio che fossero vere». Innegabile che i detenuti venissero maltrattati: «Li ho visti sanguinanti» ha detto. Ha raccontato di averne parlato anche con l'allora ministro dell'Interno, Mario Scelba. «Gli dissi: "La polizia picchia". E lui mi rispose: "E in quale Paese non picchia?". Lo dava per scontato. È brutto ma è così.» C'erano alcune squadre, ha aggiunto, particolarmente note per le violenze. D'altra parte, erano arrivati migliaia di soldati: Riz l'ha descritta come una «inutile invasione» con 20.000 uomini.

Lo Stato, insomma, in quell'estate del 1961 risponde con decisione, in alcuni casi con violenza. E la rete che ha messo a segno il più grande attentato dell'Italia repubblicana fino a quel momento finisce sotto scacco in pochissime mosse. Certo, Francesco descrive le forze dell'ordine italiane come all'altezza della situazione, presenti sul territorio, capaci di crearsi alleanze sul posto. Ma i suoi avversari sembra siano allo sbando. Colpisce la differenza tra l'accurata preparazione – la regia dei nordtirolesi, i sopralluoghi sul terreno, il coordinamento di un elevato numero di partecipanti – e l'approssimazione con cui viene gestito il «dopo». Non è possibile che non si aspettassero di scatenare una caccia all'uomo. Eppure non presero precauzioni. La regola di base di una rete clandestina è che nessuna delle cellule deve conoscere le altre. Non facile, in un paese fatto di piccole comunità coese, ma non impossibile. «Non erano persone addestrate, quelle» Francesco scuote la testa. «Chi continua diventa più bravo per forza, ma bisogna sopravvivere alla prima ondata. Invece ne rimasero pochi: il Muther li avrà conosciuti tutti, ci fece i nomi solo di quelli più vicini a lui, ma anche così la struttura crollò con una facilità incredibile.»

Sepp Mitterhofer, in quegli stessi giorni, si trova dall'altra parte della barricata. Alla Notte dei Fuochi, però, non partecipa. «Feci un attentato una settimana dopo a Untermais, peccato però, saltarono solo due tralicci.» Per le forze dell'ordine, tuttavia, ormai non fa differenza in quale giorno abbia agito, sono decisi a estirpare il movimento clandestino e hanno finalmente in mano i nomi.

«C'erano cinque o sei spie, comunque troppe in un gruppo di circa duecento uomini» racconta Sepp amareggiato. «Tra loro un giornalista dell'"Alto Adige", Benno Steiner. Io ero contrario a uccidere persone, ma Steiner era davvero uno spione, un farabutto.» Le autorità inquirenti arrivano fino a Mitterhofer, perquisiscono il suo maso in modo accurato. Sanno cosa cercare, e non trascurano nemmeno l'esterno. «La plastica azzurra in cui era stata avvolta la dinamite che scoprirono sepolta nel mio cortile era la stessa trovata nell'ordigno dell'auto di Steiner.» Un attentato fallito per cui lui non sarà, però, incriminato. «Il gip era un fascista, ma una cosa buona l'ha fatta. Dissi che quella dinamite l'avevo data a Kurt Welser.»

Sepp finisce in caserma. Non è passato neanche un mese dall'11 giugno. «Mi tennero dentro una settimana. Gli interrogatori erano brutali. Almeno il 70 per cento di quelli che sono stati torturati hanno scritto a Magnago, lettere che lui non ha mai reso pubbliche» racconta. «Poi mi portarono in carcere a Merano, la situazione era migliore ma non c'era niente da mangiare né da bere, e la sete era peggio della fame, quella almeno dopo un giorno non la sentivi più...»

Per indurre i prigionieri a parlare si fa leva anche sulla preoccupazione per le famiglie. «Mia moglie Maria, molto coraggiosa, incinta del quarto figlio, venne dai carabinieri e disse: "Io di qui non me ne vado, finché non mi fate parlare con mio marito!". Così riuscii almeno a incontrarla.» Entrambi, in quel momento, temono che sia l'ultima volta: «L'attacco all'integrità dello Stato prevedeva l'ergastolo, poi mi accusarono di attentato alla Costituzione, per cui erano previste pene più lievi, e altro ancora... Ognuno di noi avrebbe potuto accumulare condanne per novant'anni di carcere. Eravamo spaventati, ma prevalse l'ottimismo. Mi feci coraggio e non parlai, non dissi nemmeno un nome. Raccontai solo della dinamite».

Sepp Mitterhofer passerà quasi tutti gli anni di prigione a Trento. Visto che la sua versione sul trattamento ricevuto dalle forze dell'ordine diverge così tanto da quella di Francesco, gli chiedo se sappia qualcosa di Franz Muther, della famosa deposizione, il verbale che diede il via alla catena di arresti. Mi risponde che Muther tradì, ma non in cambio di uno sconto della pena. «Lo avevano torturato così tanto che quando l'ho visto non l'ho riconosciuto» dice. «D'altra parte sapevamo che lo avrebbero fatto. Se ci credi, combatti lo stesso.»

Il livello dello scontro si alza. I latitanti rimasti in circolazione, nei mesi successivi, mettono a segno anche azioni a fuoco. Presto non saranno più «solo» le infrastrutture a saltare. Si comincerà a sparare contro le persone.

Nel settembre del 1961, una sera, telefona alla caserma di Francesco la stazione di San Leonardo in Passiria: c'è stata un'esplosione tra la strada e il fiume in corrispondenza di Ponte Trava. C'è un ponte a un'unica arcata in calcestruzzo verso San Leonardo: su quella struttura, e su una collinetta a poche centinaia di metri, gli alpini hanno costituito un presidio e da lì controllano il territorio.

Il giovane carabiniere è a cena dalla fidanzata, i suoi colleghi ci mettono del tempo a rintracciarlo, quindi parte in ritardo. Poco prima di lui, sul luogo dell'attentato arriva un mezzo militare del presidio degli alpini di

San Tussio. «Come si fermarono, dal costone sovrastante qualcuno cominciò a sparare sulla macchina» racconta Francesco. «Era una trappola.» Per miracolo, quando si scatena il fuoco, i militari sono già scesi e non ci sono vittime.

La sparatoria dura un quarto d'ora, le due auto dei carabinieri arrivano dieci minuti dopo la fine. «C'era il puzzo della cordite, della polvere da sparo. La mattina facemmo il sopralluogo e trovammo il punto da cui erano partiti i colpi. La tecnica era impeccabile: due o tre armi, pallottole perforanti tedesche dell'ultima guerra, con l'anima d'acciaio, che avevano scheggiato tutto il ponte. La macchina era bloccata, il motore distrutto.» Francesco si è sempre chiesto se il ritardo con cui è stato avvertito non gli abbia salvato la vita. «Credo avessero fatto i conti, il primo che doveva arrivare ero io, ma lì per lì non ci ho pensato.»

Ha capito, ormai, di essere in guerra. Ma quella guerra non è già più la sua. A ottobre, viene trasferito. Tornerà, per una sola missione, nel 1963. «Ci era giunta notizia che Georg Klotz era entrato in Italia e progettava attentati contro le persone e i militari.» Francesco viene chiamato in appoggio alla spedizione di pattugliamento del confine: conosce i luoghi e ha già visto all'opera Klotz.

Per quindici giorni, il drappello di carabinieri percorre la Val Passiria per controllare i sentieri e i passi. «Eravamo in tre, ci fingevamo turisti stranieri. Per non lasciare mai la tenda incustodita, e giustificare che uno di noi stesse sempre lì, gli ingessammo una gamba.» La scena ha una sua involontaria comicità: i falsi campeggiatori e il pover'uomo con il binocolo, fermo con il gambone a montare la guardia. «Eravamo attendati a mezzo chilometro dalla casa di Klotz, dove è stato più volte avvistato nella sua latitanza, il posto lo avevamo azzeccato. Ma dopo i primi otto giorni cominciavamo a dare nell'occhio.»

I tre si spostano dalle parti di Modo, in un alberghetto non lontano da un sentiero usato spesso da Klotz. «La sera del quarto o quinto giorno ci chiamò la stazione di San Leonardo, sulla radio che mi ero fatto prestare dagli alpini.» Georg Klotz è arrivato a Walten, con altri uomini, e si trova in casa di un suo fratello, una malga a circa 1500 metri di altitudine, persa nei boschi. La pattuglia di Francesco parte con l'intenzione di fare un'imboscata. «Conoscevo bene il posto, si entrava nel fosso, da sotto, avremmo avuto dalla nostra l'effetto sorpresa. Ma eravamo solo a metà strada quando arrivò l'ordine di fermarci: "Non muovetevi, dobbiamo venire anche noi".» Perché, se le cose stanno così, l'avanguardia che aveva qualche possibilità di catturare il più temuto dei nemici dello Stato viene bloccata? In attesa di rinforzi? Sembra evidente che qualcuno ha interesse che non arrivino alla malga. Se non quando è troppo tardi. «Salirono quattro ore dopo da Bolzano altri militari del battaglione, tutti carabinieri. Trovammo i giacigli caldi, erano andati via da poco.» Di certo le loro prede erano state avvertite: di notte, tre o quattro camionette che salgono per le strade della Val Passiria si notano.

Fu probabilmente una delle tante operazioni di quegli anni. Ma il racconto colpisce, perché è un aneddoto di guerriglia, e perché mostra una mancanza di coordinamento – solo quello? – tra i diversi corpi che operavano sul territorio.

Un territorio in cui, ricordo al mio interlocutore, erano insediati anche soldati di almeno una potenza straniera, gli americani nella base di Natz-Schabs, e in cui circolava almeno un neonazista austriaco, Norbert Burger. «È un posto di confine: creare qui instabilità politica va benissimo, perché è un Paese-cerniera» annuisce Francesco. «C'è interesse a difenderlo da parte degli americani e a metterlo in crisi da parte...» si interrompe. «Io non mi meraviglio più di niente. Penso siano state decise delle cose da alcuni cervelli. Certo, in Alto Adige c'era una certa debolezza nell'autodifesa, in quel momento. Scarsissima conoscenza del fenomeno, scarsa considerazione dell'importanza geografica della zona, che era strategica invece ai fini degli interessi di diversi Stati.»

Non per niente, ripete, ad avere una conoscenza strutturata della situazione in Sudtirolo erano, ancora più che le forze dell'ordine, i servizi segreti. «A Bolzano operava il SIFAR. Poi c'era il servizio cooperativo: marina, aeronautica, esercito e anche SIFAR.» Eppure, quando scoppiano le bombe del 1961 e quando si comincia a sparare, nessuno sembra risolutivo.

«C'era qualche cosa in questo terrorismo... non lo voglio chiamare all'acqua di rose, perché quando si mina un traliccio non sai mai come va a finire» riflette. «Non puoi disseminare una provincia di bombe. Però era un terrorismo gestibile. Io sono dell'idea che i problemi vadano affrontati in maniera diversa, la politica è la rovina di tutto quanto.»

Ancora una volta, un testimone mi conferma che l'escalation della violenza aveva una sua utilità. «Il gioco degli equilibri e degli squilibri può interessare tutti i settori. L'Austria, neutrale tra la Germania e l'Italia, la Cecoslovacchia, la Jugoslavia... la storia dell'Alto Adige è un piccolo riquadro nella storia generale» conclude.

Ma a volte una sola tessera può dare un senso a tutto il puzzle.

20

Una foto compromettente

Bolzano, gennaio 1962

Peter esce dalla palestra che sembra già notte, una notte spazzata da un vento gelido. I marciapiedi sono deserti: il coprifuoco è stato revocato, ma la gente ha poca voglia di uscire, dopo una certa ora. Sistema il borsone che porta a tracolla e allunga il passo. Dopo la terribile esperienza dello scorso luglio cammina più in fretta, si guarda spesso alle spalle, è dimagrito. Nemmeno far piovere colpi devastanti sul sacco di sabbia lo aiuta a sfogare l'angoscia. Nemmeno nella città, più grande e indifferente rispetto al suo paesino, riesce a eludere la diffidenza dei suoi conterranei.

È stato arrestato e torturato, ma nessuno lo ha degnato di una parola gentile, di un gesto di solidarietà. Forse avrebbe fatto meglio a morire, come Franz Höfler, come Anton Gostner. Allora sarebbe stato un eroe. Invece, è uscito dalla cella sorretto dal nemico. Nessuno si fida di lui. La paura ha messo radici: insidiosa, amorfa, sempre in agguato. Tra qualche giorno lui compirà ventun anni, la maggiore età. Sarà libero. Ma libero di fare che cosa?

Klara è la sola a cui abbia raccontato ogni dettaglio. Lei lo ha stretto tra le braccia e lo ha lasciato piangere. A lei Peter ha confessato la sua vergogna nel trovarsi nudo, impotente, incapace di resistere al dolore. Umiliato.

Nemmeno a Max può confessare tutto, pensa che l'amico si sarebbe comportato senz'altro in modo eroico, al suo posto. E comunque di questi tempi sembra preso solo dalla fotografia, da quello strano Karl.

Klara ha ascoltato anche il racconto della scarcerazione: l'intervento di Umberto, i sospetti di Peter su sua madre, la lite, il suo timore di essere ormai marchiato come traditore. Lei non ha commentato, non ha attribuito ragioni né torti. Lo ha stretto a sé, accarezzato, confortato. Il tocco delle sue mani gli ha ridato fiducia.

«Ora bisogna fare sul serio» ha detto la giovane.

«Che cosa intendi?»

«Mostrare a tutti che non sei un traditore. Che stai... che stiamo dalla parte giusta» ha spiegato lei. «Occorre un piano.»

Un piano. Peter si rigira questo pensiero nella mente e cammina rapido per le strade buie.

Prima di svoltare in via della Roggia, si getta un'occhiata alle spalle. Per caso, forse. Per intuito. Perché nel silenzio ha sentito dei passi cauti o nell'aria fredda il calore di un corpo umano.

Solleva veloce il borsone, è una frazione di secondo. Il primo colpo affonda lì, invece che nel suo cranio. Un bastone.

Sono in due, ma forse uno solo è armato. Il secondo colpo mira alle gambe, ma Peter lo schiva. Conosce il terreno. Si sfila la sacca e la getta in faccia all'uomo con il randello: quello da neutralizzare al più presto. Intravvede uno spiraglio: d'istinto, quello ha sollevato il braccio. Peter ne approfitta per sferrargli un pugno micidiale alla bocca dello stomaco. L'altro aggressore si getta nella mischia, Peter arretra. Viene colpito al viso e sanguina dal naso. La coscia sinistra gli fa male, un calcio che per poco non lo ha atterrato. Si sfila, fa due passi all'indietro, una finta, e il suo destro parte come un maglio per abbattersi sulla mandibola dell'assalitore. Peter sogghigna. Finalmente! Una buona vecchia rissa. Sente nella testa la voce dell'allenatore, il coach Werner. «La testa nei guantoni», «Mai restare nell'asse», «Gli appoggi, gli appoggi!». La strada è un ring e sul ring Peter non perde quasi mai. Scatena tutta la sua potenza, sentendo sciogliersi l'angoscia. Ora colpisce per il gusto di fare male, incurante delle nocche doloranti. Un uomo è a terra, il secondo a mal partito. Si danno per vinti.

«Sporco traditore!» gli urlano subito prima di tagliare la corda.

La strada è sempre deserta. Nessuno si è affacciato alla finestra, nessuno è sceso per fermare la colluttazione.

«Non finisce così» echeggia l'ultima minaccia nella notte.

Rosa li ha lasciati soli. Quando Peter ha suonato alla porta della casa di via Goethe, ha aiutato la figlia a medicarlo. «Niente di rotto» ha concluso dopo aver frizionato delicatamente con dell'alcol il viso tumefatto del giovane. Gli ha esaminato le mani e gli ha detto: «Quelle ti servono ancora, guarda come le hai ridotte. Lo sai qual è il modo migliore per vincere? Evitare lo scontro».

«In questo caso era un po' difficile.» Peter ha stirato le labbra spaccate in un sorriso, grato delle attenzioni di una madre.

Rosa gli ha fatto una carezza prima di uscire dalla stanza della figlia. Se solo Franz fosse stato in casa. E invece no, è di nuovo a Innsbruck.

«Ci sono delle novità» ha detto partendo. Non ha aggiunto altro e questo la preoccupa. Se le tiene nascosto qualcosa è per proteggerla. Ma chi protegge Klara?

La ragazza è seduta sul letto, a gambe incrociate. Squadra Peter con aria severa.

«Avrebbero potuto ammazzarti, lo sai?»

«Per quello dovevano venire in tre» Peter si vanta un po', l'adrenalina è ancora in circolo anche se il dolore comincia a farsi sentire.

«Chi erano?»

«Non lo so» risponde lui, socchiudendo gli occhi.

«Che aspetto avevano? Vecchi, giovani, alti, bassi?»

«Mah, non ho avuto tempo di fare l'identikit... E poi era buio.» Davanti all'espressione di rimprovero di lei, fa uno sforzo. «Erano due tizi robusti, ovviamente» borbotta «ma né agili né furbi. Di quelli che le prendono e si levano di torno.»

«Non dei professionisti, insomma» riassume Klara. E pensa: almeno non ci sono mandanti. D'altra parte, in quel caso sarebbe stato un colpo di pistola, non una rissa. Il trucchetto degli «amici» italiani di suo padre è riuscito a meraviglia. I fanatici sono convinti che Peter abbia parlato e vogliono fargliela pagare. Naturalmente di Hermann non c'è traccia. Il grande soldato è scappato come una lepre e ha lasciato il figlio del suo commilitone nei guai.

Lui si è addormentato, la faccia gonfia, le mani escoriate. Klara si dice: servirà anche l'aiuto di Max. Sono soli, non ci sono più padri, madri, amici. Si sdraia accanto a Peter, domani ci penserà. Riuscirà a salvarlo. Penserà al famoso piano.

Ma ogni piano ha un numero infinito di incognite.

Nell'archivio del negozio di fotografia, sotto le volte dello scantinato, Max ha scoperto un vero tesoro. Centinaia di scatole piatte colme di negativi, archiviate in armadi di acciaio foderati in tela impermeabile per proteggere il materiale dall'umidità. Le scatole sono ordinate per anno e mese. Ciascuna contiene buste con scritte a grandi lettere gotiche. MATRIMONI, COMUNIONI, CERIMONIE, FUNERALI, INAUGURAZIONI eccetera.

Gerda, la giornalista dello «Spiegel», ne ha comprate alcune per illustrare il suo articolo su Bolzano e sui «combattenti per la libertà». È ripartita soddisfatta, lasciando a Max un biglietto da visita con i recapiti di Monaco. Ha promesso di tornare a trovarli, come fanno spesso i giornalisti, sapendo di mentire.

Quando ha scoperto l'archivio, Max ha chiesto a Karl: «Ma tu lo sapevi quanta roba c'è là sotto?» e l'altro è parso imbarazzato. Certo che lo sapeva. Ma Karl non è il tipo da frugare nel passato. È sopravvissuto a tutto: alle SS, alla paura, alla disperazione, alla sua stessa vigliaccheria, perfino alla bomba che avrebbe dovuto ucciderlo. La casa in cui era prigioniero è stata spazzata via da un ordigno nel giorno in cui i nazisti avrebbero dovuto fucilarlo, le spesse pareti della cella lo hanno protetto. Dopo, è rimasto solo, come chi è stanco di veder morire quelli che ama. Il legame che ha stretto con Max sorprende lui per primo: da molto tempo non lasciava avvicinare nessuno. Ogni giorno si stupisce di veder tornare il ragazzo, di vederlo entrare sorridente nel negozio. Nella sua esperienza, le persone a un certo punto spariscono.

Quella mattina, Max è preoccupato. Ha visto Klara al caffè, in piazza, e lei gli ha raccontato ciò che è successo a Peter. L'amico non è venuto: è tornato dalla madre.

«Da Katharina? Ma come, senza dirmi niente?»

«Fa tutto parte di un piano» Klara ha allungato la mano a stringere la sua, sopra al tavolo, e ancora una volta Max ha pensato che era bella, e forte. E pericolosa. È contento di averla dalla sua parte, ammesso che lui abbia una parte, di questi tempi.

«Non mi hai mai detto come hai fatto ad aprire questo negozio» chiede ora a Karl, mentre riordinano la vetrina. «Lo hai comprato?»

«Ma no, figurati! Con quali soldi?»

«E allora?»

«Sei un bel ficcanaso... Dopo la guerra sono arrivati gli americani. Lavoravano per il governo. Avevano bisogno di una mano per certi documenti. Sapevano che era la mia specialità.»

«Documenti falsi?»

«Non proprio... Falsi, ma ufficiali, diciamo. Per certa gente che doveva trasferirsi negli Stati Uniti.»

«Che gente?»

«Adesso esageri con le domande.»

«Non mi sembra. Che gente era?»

«Studiosi, scienziati, ingegneri...»

«Che magari avevano lavorato per Hitler? E gli americani se li sono portati via?»

«Per evitare che se li prendessero i russi.» Karl cerca in fretta un altro argomento. «A proposito, sono riuscito a salvare quel negativo. Quello che mi avevi dato da sviluppare.»

«Alla buon'ora!»

«Mi è passato di mente.» Non è vero, ma tanto prima o poi doveva pur dargliela, la foto. Ha stampato il negativo che Max ha trovato nella scrivania di suo padre.

«E come hai fatto?»

«Ho fotografato il negativo per ingrandirlo senza rovinarlo.»

Max studia l'immagine. Un esterno, due uomini in un campo vicino all'argine di un fiume. Uno è suo padre, più giovane di almeno vent'anni, ma riconoscibilissimo. Gli assomiglia in modo impressionante, a parte i baffi e la forma del viso, più quadrata, spigolosa. Kurt sta stringendo la mano di un uomo che gli tiene la propria su una spalla. Sorride nell'obiettivo con un'aria soddisfatta. Ma accanto a lui c'è un buco bianco. L'uomo che gli stringe la mano sembra decapitato. Il busto, elegante in un'impeccabile giacca a doppio petto, termina con un vuoto incongruo.

«Quella parte è stata grattata via. Un lavoro di precisione» spiega Karl. «Non si tratta di un danno accidentale.»

«E tu credi che a manometterlo sia stato mio padre?»

«Chi lo sa. Forse quando lui ha messo il negativo nella busta era integro, e l'ha danneggiato qualcun altro. Tua madre?»

«Mia madre non saprebbe nemmeno da che parte cominciare.»

«No so che cosa dirti.» Karl allarga le braccia. «Ma so che qualunque cosa tuo padre nasconda, è la tua eredità. Un passato vergognoso? Una tragedia? Sono parte della tua storia. Dovrai essere tu a decidere che cosa farne.»

«Sia pure. Ma prima devo scoprire chi era questo tizio.» Max rimane a fissare la foto, dimentico di Peter, di Klara, del loro piano e di ciò che avrebbe dovuto chiedere a Karl. L'uomo che fabbricava passaporti, e che potrebbe fabbricarne ancora.

21

Un incontro clandestino

Pinzon, Bolzano e Kalterersee, primavera-estate 1962

Peter è assalito da un'ansia strana che somiglia a un torpore irresistibile. Una paralisi assoluta. Si sente prigioniero, come in quella stanzetta dalle pareti grigie al commissariato di Bolzano. Passa tra i tavoli per dare un colpo di straccio. Lavora in maniche di camicia. Va a prendere nella legnaia una bracciata di ciocchi per alimentare il fuoco nella Stube, anche se presto bisognerà spegnerlo di nuovo, sta arrivando la primavera.

Katharina ha comprato un nuovo televisore per attirare i clienti. La sera, quando la sala si riempie, gli habitué fissano lo schermo e la conversazione piano piano si spegne. Gli uomini sorseggiano il vino e guardano le immagini animate che sembrano venire da un altro mondo.

Sullo schermo le cose si muovono, ma la vita è ferma. Peter pazienta, resta al sicuro come gli ha chiesto Klara, attende con ansia che lei vada a trovarlo. Ma soffre.

«Riposati un po', sto io al bar» dice sua madre.

«Sto bene, non sono stanco.»

«Vai a sdraiarti, sei in piedi da stamattina.»

Peter cerca di rendere il più duro possibile lo sguardo che le scocca, ma poi si vergogna. Se fosse davvero coraggioso come dice, se ne sarebbe andato da un pezzo.

«Sto bene, ti ho detto. Lasciami in pace.» E si china di nuovo sul «Dolomiten». Sfoglia il giornale senza neppure fare caso ai titoloni. I clienti commentano spesso la guerra in Algeria, un modo sicuro per parlare di una guerra ben più vicina. Gli algerini, dicono, hanno saputo sbarazzarsi dei francesi. «E noi, invece...» borbottano tra un bicchiere e l'altro. Peter pensa: sì, ma i morti? Quanti morti è costato quel grido di vittoria?

Il telefono squilla e Peter risponde per abitudine. Sente un *clic*, poi la voce di sua madre che dice: «Pronto?» Katharina ha preso la chiamata sull'altro telefono, quello nel corridoio dell'appartamento. Lui fa per riattaccare, poi ci ripensa. Trattiene il respiro.

«Sono io» dice una voce maschile.

«Lo so» risponde Katharina con dolcezza. «Stai bene?»

«Sì, e ho voglia di vederti.»

«Anch'io.»

«Domani sarò a Bolzano.»

«Va bene. Prendo il solito treno.»

«Ci vediamo là.»

Peter è folgorato. A chi appartiene quella voce mai sentita prima? Cos'è quel tono intimo, la breve conversazione che dimostra una familiarità profonda? Riattacca nel momento stesso in cui Katharina sbuca nella Stube. Sono entrati dei clienti.

«Salve» li accoglie sua madre con un sorriso. Le mani passano sul grembiule lisciando la stoffa come una carezza.

Max controlla per l'ennesima volta la macchina fotografica. La pellicola è montata nel suo alloggiamento, la lente del teleobiettivo è pulita e lucida, il pulsante funziona: lo ha verificato scattando una foto del binario 1 alla stazione di Bolzano. Si è calcato in testa un berretto di lana spessa, si è avvolto una sciarpa intorno al collo e ne ha sollevato un lembo per proteggersi la bocca. Indossa guanti con le dita tagliate, che lo riscaldano senza intralciarlo. Intabarrato in un lungo cappotto grigio è irriconoscibile.

Peter lo ha chiamato nella notte. Parlando a voce bassa. Gli ha chiesto un favore, facendogli giurare di mantenere il segreto. Poi lo ha chiamato di nuovo, nelle prime ore del mattino. «È appena partita» ha sibilato. Le sei, poco prima dell'alba. Peter ha fatto un rapido calcolo. Circa un'ora per arrivare alla stazione di Neumarkt, a piedi: sua madre non ha la bicicletta. Poi il treno per Bolzano. «Hai tutto il tempo.»

Max ora, alla stazione, è preoccupato: se Katharina gli sfuggisse? Se imboccasse le scale da una parte mentre lui tiene d'occhio l'altra? Forse sarebbe meglio appostarsi fuori, sul marciapiede di fronte?

La voce metallica annuncia l'arrivo del treno da Verona, quello che ferma a Neumarkt e che Katharina dovrebbe aver preso. Dal binario 1 lo vede entrare in stazione e fermarsi, cerca con lo sguardo la figura alta e dritta della donna. Eccola.

Lei imbocca le scale del sottopassaggio, e poi ricompare poco lontano da lui. Max si ritrae nell'ombra ma è superfluo, lei guarda davanti a sé, con un lieve sorriso. «Seguila, voglio sapere dove va!» ha detto Peter al telefono. «E soprattutto, con chi si vede.» La voce al telefono era quella di un sudtirolese, quindi non è Umberto, né un altro degli sbirri. Ma allora, chi è?

Katharina lascia il marciapiede e attraversa il piazzale della stazione, diretta in via Laurino. Si ferma accanto a un furgoncino Fiat parcheggiato sulla sinistra, con un uomo a bordo. Sale. Dall'altro lato della strada, Max può vedere bene l'interno del veicolo. Katharina si sporge verso il conducente e lo bacia delicatamente sulle labbra.

Max solleva la macchina fotografica, accosta l'occhio al mirino e mette a fuoco. L'uomo apre il finestrino per sistemare lo specchietto e guarda dietro di sé per immettersi nel traffico. Max scatta, la foto è presa, il furgone si allontana. Il ragazzo rimane frastornato, immobile nel viavai impaziente della gente. Lo conosce, quell'uomo. È sicuro di aver già visto quel viso. Ma era più giovane. Lotta contro un'idea folle che gli è balenata in mente.

Torna di corsa in stazione, cerca un telefono pubblico e compone il numero della Gasthaus.

«C'era troppa gente, l'ho persa nella folla.» Non ascolta neppure le imprecazioni del suo amico, che gli dà dell'imbecille. Gli tornano in mente le parole di Franz, il padre di Klara. Parole già vecchie, del loro primo incontro a Sigmundskron. «Lo sviluppo è la fase più intensa. È lì che vengono fuori le cose che il tuo occhio non aveva visto.» Il momento della verità sarà quando svilupperà la foto, lo sa. Gli serve un ingrandimento.

A Bolzano è già piena estate, e Umberto sogna la frescura delle onde. Chiude gli occhi, tende il viso verso le pale del ventilatore. Ha la testa altrove, lontano. Sull'isola dove ha lasciato lei.

Ettore entra nell'ufficio e gli appoggia sul tavolo una tazzina di caffè.

«Ci sarebbero anche dei modi migliori per passare la domenica!»

«Questo è sicuro. Dettagli?» Umberto prende la tazzina. «Grazie.»

«Un ferito leggero. Un tipo che stava pisciando. Doveva prendere un treno per Verona. Niente di sospetto...»

«Se ora iniziano a piazzare le bombe nei cessi delle stazioni, le cose si mettono male…»

«Non c'era quasi nessuno, per fortuna. La domenica mattina circolano pochi treni.»

«Quanti ne abbiamo da interrogare?»

«Una trentina. La polizia ha fermato chi poteva. Quando si è sentita l'esplosione la gente si è defilata.»

«Schedati?»

«Zero. Chiunque sia stato, non lo abbiamo preso, neanche per sbaglio.»

«Va bene.» Umberto esce in corridoio. I «fermati» sono in fila contro le pareti. Loro sì che avrebbero preferito trascorrere la domenica a casa. La polizia non sta simpatica a nessuno, di questi tempi, poi… Ma non hanno nulla da temere: controlli di rito, qualche domanda. Non ci vorrà molto. Alcuni stanno già andandosene.

«Ehi, tu!» dice Umberto.

L'uomo si volta. Indossa una tuta da lavoro, una camicia a quadri, un berretto con visiera. Ha il viso squadrato, gli occhi azzurri, la barba folta ma ben curata.

«Ce l'hai un minuto?» Umberto non ama parlare con la gente del posto che lo disprezza per il suo accento. Per ripicca dà loro del tu. Lo fa entrare nel suo ufficio, gli indica la sedia vuota. Ettore gli passa un foglio con le generalità.

«Hans Pichler di Tesido, eh?»

«Di Taisten, esatto.»

«Come dici?»

«Taisten. Il nome del paese è Taisten.»

«E sei titolare di una segheria?»

«Sì, la più grossa della valle.»

«Cosa ci facevi a Bolzano?»

«Dovevo vedere un cliente.»

«E invece?»

«Non si è presentato. Sarà tornato indietro quando hanno dato l'allarme in stazione.»

«E ha un nome, questo cliente?»

«Grunder, Klaus Grunder.» Nessuna esitazione, pensa Umberto. O è sincero, o è un professionista.

«E che cosa fa di bello, questo Grunder?»

«Fabbrica botti.»

«E dove lo possiamo rintracciare?»

«A Tramin lo conoscono tutti.»

«Termeno. E allora perché il treno?»

«Come dice?»

«Perché sarebbe dovuto venire in treno? Termeno dista mezz'ora in auto.»

«La conosce bene, la zona...»

«Eh, mi piace molto, questa zona. Vado pazzo per i suoi abitanti.»

«E il tedesco dove l'ha imparato?»

«Non a scuola...»

«Neppure io. Ci ha pensato Mussolini.»

L'uomo è irritato dall'interrogatorio serrato. Meglio così, pensa Umberto. Il nervosismo induce a passi falsi.

«Perché doveva arrivare in treno?» insiste.

«Questo bisognerebbe domandarlo a lui. Io so solo che voleva del legname. Spero che lo voglia ancora.»

«Dimmi, Hans.» Umberto si china sul tavolo, scrutando il volto famigliare. «Ci siamo già visti da qualche parte?»

«Non che io sappia» lo stupore è autentico. «Non l'ho mai vista prima.»

«Non mi hai mai visto, ma ci siamo *incontrati*» Umberto si concede una pausa a effetto. «Alla pensione di Katharina Staffler. E allora tu non eri Hans Pichler di Tesido.»

«Taisten» lo corregge quello, cocciuto, ma la voce è un soffio.

* * *

«Max sembra finalmente felice» dice Klara. È infastidita, si aspettava di più da Max e dal suo mentore Karl, l'amico degli americani. Peter non è affatto al sicuro e per aiutarlo lei ha bisogno di alleati. Ma sembra che a Max importino solo le fotografie. E, da qualche mese, il suo nuovo fidanzato.

Il sole sta calando sul Kalterersee. È agosto e il lago è verde e fresco. Pare che la situazione si vada normalizzando e sono riapparsi i turisti. Austriaci, tedeschi, ma anche qualche italiano. Klara sa che le acque non si sono calmate affatto, ma Max è fuori dai giochi e Peter è meglio che resti al sicuro alla Gasthaus. Forse è meglio, che non possa più andare così spesso a casa dell'amico. Bolzano è ancora pericolosa.

I tre hanno preso posto su un pontile di legno e si sono concessi una rara giornata di svago. Nel pomeriggio li ha raggiunti Federico, un giovane uomo dal corpo snello e muscoloso, con i capelli neri e ricci, con cui Max è scomparso da un po' in direzione degli spogliatoi.

«Ma sei proprio sicura?» chiede ora Peter, perplesso. «Max e quel tizio?»

«Sei l'unico a non averlo capito!» ride Klara. «Fa bene. Ha passato anche troppo tempo ad aspettare te.»

«Tu sei matta! È il mio migliore amico. È come un fratello!»

Klara non sa se ridere o arrabbiarsi, a volte Peter le sembra troppo ingenuo. Prova un senso feroce di protezione. E insieme, di rimorso. Ora gli farà male. Chiude gli occhi, rimandando l'inevitabile. Intorno a loro le famiglie stanno raccogliendo le proprie cose e i bambini fanno ancora un tuffo. Gli uccelli volteggiano salutando gli ultimi raggi del sole. Sente la mano di Peter che si appoggia sul suo fianco, poi scende a sfiorarle il ventre. Si impone di non lasciarsi prendere dal desiderio.

«Sono in partenza per Innsbruck» dice con tutta la dolcezza possibile.

«E quanto tempo ci rimani?» domanda lui, ignaro.

Klara si mette a sedere a gambe incrociate, la sua posizione più tipica per concentrarsi.

«Mi trasferisco. Mi sono iscritta all'università.»

«Senza dirmi niente?» anche Peter scatta a sedere, incredulo.

«Te lo sto dicendo adesso.»

«Lo vedo bene. Ma non mi avevi avvertito. Non sono affatto d'accordo!»

«Peter, mi sono presa un anno di pausa e l'ho fatto anche per amor tuo. Ma ora so che cosa voglio fare. Ed è anche per il tuo bene.»

«Dici così, ma vuoi solo andartene» commenta lui amareggiato.

«Non è vero e lo sai.»

«E io cosa dovrei fare, secondo te? Non avevamo un piano?»

«Lo abbiamo. E adesso prevede che tu resti al sicuro, e che io cerchi… degli alleati.»

Peter si sente perduto. Klara se ne va, Max pensa ad altro. E lui? Tutto ciò che ha davanti è la Gasthaus, sua madre, un segreto che non riesce a penetrare.

«Tornerò spesso» sussurra con voce suadente lei. Lui non si lascia rabbonire.

«Hai intenzione di rivedere Konrad?» chiede, duro. «Con "alleati", intendi lui?»

Klara non risponde. Sente sulle spalle il peso di tutto ciò che non può dirgli. Konrad, certo: può essere utile nel suo piano per la salvezza di Peter e lo incontrerà. Ma c'è anche l'altra missione, la ricerca che deve portare a termine a Innsbruck, da sola, e che ha rimandato già fin troppo a lungo. Nel capoluogo del Tirolo, lo sa, l'aspetta la verità sulla sua famiglia. L'unica che il padre non ha mai voluto rivelarle. Gli strapperà almeno questo segreto.

Il sole è calato dietro le montagne, l'aria si è rinfrescata. Max ricompare, provvidenziale, allegro, vestito solo di un asciugamano. Federico non è con lui. Si siede accanto a Peter, senza cogliere il disagio lasciato nell'aria da quella domanda sospesa.

«È venuto freddo» commenta la ragazza infilando un maglioncino. «Vi lascio soli.» Si alza e guarda i due giovani ai suoi piedi. «D'altra parte è così che vi ho trovati, no? Insieme… contro tutti.»

Max guarda stupito dapprima lei e poi il viso cupo dell'amico.

«Mi sono perso qualcosa?»

«Prenditi cura di lui» dice Klara, come unico saluto.

22

Giochi di guerra

Mi sono imbattuta per la prima volta nel nome del «sito Rigel» in un documento di un esperto americano di armamenti nucleari, William Arkin. È stato uno dei primi a indagare sugli ordigni atomici che gli Stati Uniti stoccarono in Europa e nel mondo a partire dalla fine degli anni Cinquanta. Per lunghi anni il tema è stato top secret, tanto che Arkin ha potuto cominciare a pubblicare le prime informazioni in merito solo nel 1985, quando alcuni documenti sono stati desecretati. Nonostante la fine della Guerra fredda, il tema resta scottante. Anche in Italia.

Soltanto due Stati europei, la Gran Bretagna e la Francia, si erano dotati di arsenali nucleari in modo indipendente dagli USA. Quasi certamente i rispettivi governi si erano avvalsi dell'aiuto di tecnici americani, ma la loro *force de frappe*, come la chiamava il generale de Gaulle, cioè il loro potenziale di dissuasione atomica, era svincolato dalla politica di Washington. Autonoma era la gestione di quegli arsenali, autonome la riflessione e le decisioni su come utilizzare quel potere. Per esercitarlo, è indispensabile informare il nemico che si possiede «la bomba», per cui Londra e Parigi annunciarono in pompa magna il loro ingresso nel club delle potenze nucleari, rispettivamente nel 1952 e nel 1960.

Per le altre nazioni europee, specialmente quelle che facevano parte dell'architettura di sicurezza della NATO, creata nel 1949, la questione nucleare era più spinosa. Occorreva conciliare diversi aspetti. Primo: il bisogno di difendersi in caso di aggressione sovietica. Secondo: la debolezza degli eserciti convenzionali in Paesi in crisi finanziaria e, nel caso dell'Italia e della Germania, soggetti a vincoli post-bellici. Terzo: la dottrina strategica statunitense secondo cui, sempre più, il nucleare era l'unica possibile risposta a un'invasione sovietica. Non dimentichiamo, inoltre, che fino a quando non entrarono in gioco i missili intercontinentali lo scontro tra USA e URSS doveva avvenire nel teatro europeo. I Paesi coinvolti rischiavano seriamente di venire spazzati via. Meglio morti che rossi, insomma, secondo gli Stati Uniti. Ma era un'alternativa un po' drastica.

È la storia di questa catastrofe scampata a portarmi, in una bella giornata d'estate, di fronte al municipio del comune di Natz-Schabs, circa quattromila abitanti, a un quarto d'ora da Bressanone. Siamo a quaranta chilometri in linea d'aria dal passo del Brennero. Jacques e io a un certo punto abbiamo temuto di esserci persi, dopo aver abbandonato la via principale che segue il profilo della Val Pusteria, svoltando a destra in una stradina già molto stretta, attraversato Schabs e una zona agricola per arrivare, finalmente, a Natz. Mio marito adora guidare per i tornanti del Sudtirolo, soprattutto in giornate come questa, con il cielo azzurro, l'aria trasparente, i balconi grondanti di fiori.

«Il Sudtirolo in tutto il suo splendore» commenta senza ironia. «Per forza i turisti lo amano.»

«E non solo loro» ribatto, già immersa nel pensiero di ciò che troveremo al nostro arrivo.

«Sembra di avvicinarsi agli estremi confini del mondo, in un luogo dove gli uomini e la natura possono comunicare in pace, un luogo dimenticato dal potere...» Jacques ammira lirico il panorama e si lascia un po' prendere la mano, anzi il piede, finché non minaccio di sentirmi male.

Quando parcheggiamo nella piazza principale di Natz e ci dirigiamo all'ufficio informazioni, però, penso che non ha torto: sembra impossibile che in questo posto sperduto possa essersi giocata la partita nucleare. E alla mia domanda su come raggiungere il sito Rigel, la ragazza dietro il banco risponde con un'espressione vacua. Preciso che sto parlando dell'ex base militare americana, senza successo. In effetti non deve essere la più richiesta delle indicazioni, quassù. Si volta verso la sua collega in una muta richiesta di aiuto.

«Non c'è più niente da vedere là» risponde lei.

Le spiego che lo so bene, sono passati più di trentacinque anni dalla chiusura della base, ma vorrei comunque visitare un luogo dove sono state stoccate munizioni nucleari americane.

«Ma no!» ribatte quasi con fastidio. «Non ci hanno mai tenuto delle armi nucleari, in quella base. Non ci sono prove.» Rimango stupita da una reazione tanto netta: secondo Arkin, tra Germania Ovest e Italia a metà degli anni Sessanta, gli USA avevano disseminato ben 372 ordigni nucleari. Che parte di essi si trovassero a Natz-Schabs, dove era impiegato personale americano, è semplicemente logico. Che in quell'angolo delle nostre montagne ci fosse un piccolo arsenale atomico è una convinzione condivisa da molti. Non la persuado. Ma almeno ottengo le informazioni, e ripartiamo.

Usciamo da Natz e torniamo verso Schabs, imboccando quasi subito una stradina che ci era sfuggita. Passiamo accanto a una torretta di guardia, poi raggiungiamo un piccolo edificio malconcio che segna l'ingresso di una zona incolta. Qui doveva esserci il posto di guardia. Subito dopo, un arco ricorda l'accesso a un campo militare e a intervalli, lungo il perimetro di quello spazio brullo, si riconoscono ancora pezzi di recinzione e di filo spinato. Proseguiamo e parcheggiamo di fronte al luogo per cui siamo venuti fin qui. Ci scambiamo uno sguardo: non sembra niente di che. Ma sappiamo che le storie più interessanti spesso si nascondono dietro apparenze ordinarie.

Di fronte a noi si ergono due costruzioni di calcestruzzo chiuse da portelloni scorrevoli d'acciaio di fattura recente. Sono assicurati con un lucchetto, possiamo solo ispezionarne l'esterno. Sono i due cosiddetti «bunker» del sito Rigel, qui erano stoccate le armi. Ipotizziamo che le parti visibili dall'esterno fossero soltanto l'entrata e la zona manutenzione di un deposito sotterraneo. Oggi è tutto abbandonato, i muri istoriati di graffiti. Una grande scritta cita Kurt Cobain: «*Wanting to be someone else is a waste of the person you are*».

Non si sa molto del sito Rigel. Secondo Arkin, le prime munizioni nucleari arrivarono in Italia nell'aprile del 1957, e i depositi di questa base potrebbero essere diventati operativi in quel periodo. Si spiegherebbero così anche molti episodi che più tardi hanno segnato la storia della provincia, per esempio la massiccia militarizzazione.

Quando il 28 settembre 1960 Antonio Segni prende la parola di fronte all'Assemblea generale dell'ONU, il Sudtirolo non è certo il suo problema principale. Più tardi, firmerà un accordo segreto con gli americani per portare armi e munizioni nucleari sul territorio dello Stato italiano. Quel documento, datato 13 gennaio 1962, è il frutto di negoziati avviati già nel 1956.

Il 10 aprile di quell'anno, in un telegramma top secret, il segretario di Stato USA John Foster Dulles, fratello di Allen Dulles, il capo della CIA, informa il suo amico Charles E. Wilson, segretario della Difesa, che gli italiani hanno dato il via libera. «L'ambasciatrice [Clare Boothe] Luce ha parlato con il ministro della Difesa [Paolo Emilio] Taviani della possibilità di un dispiegamento di arsenali atomici in Italia. Il ministro della Difesa italiano ha assicurato all'ambasciatrice che gli Stati Uniti hanno carta bianca per procedere con il piano. L'ambasciatrice è dell'avviso che possiamo dare inizio alle operazioni senza più sollecitare il parere del governo italiano», si legge in quel messaggio coperto per quarant'anni dal segreto militare. Dulles precisa che l'Italia rispondeva a una richiesta presentata dal Pentagono nel dicembre 1955. Dopo questo semaforo verde, gli USA non saranno più tenuti a dire quante e quali armi nucleari porteranno effettivamente nel nostro Paese, né dove le dislocheranno.

Occorreranno sei anni per definire con precisione quell'accordo in dieci punti, noto a pochissimi e decisamente asimmetrico. Sarà il comando americano in Europa a stabilire la collocazione dei depositi, mentre i costi delle infrastrutture di stoccaggio e le spese di manutenzione graveranno sull'Italia. Il controllo degli armamenti, in compenso, l'avranno le truppe statunitensi presenti nella penisola. L'uso di quelle risorse sarà soggetto alle regole di ingaggio della NATO.

Leggere quel testo è illuminante. È evidente che la sicurezza dei depositi doveva essere garantita. Per proteggerli, serviva un esercito che facesse capo a un governo amico di Washington. Dato quel presupposto, era impossibile che il Sudtirolo si sganciasse mai dal controllo di Roma. Ed era anche molto utile dispiegare le truppe sulle Alpi.

Con il passare degli anni, nel Nord Italia sono arrivate granate, bombe e testate nucleari. I tre vertici del triangolo erano le basi di Aviano, Rimini e Ghedi. Un fronte che avrebbe dovuto reggere l'urto di un assalto sovietico attraverso la Jugoslavia di Tito e la «breccia» di Gorizia. Cosa c'entra, allora, Natz-Schabs? È facile capirlo: quell'area montuosa costituiva il cuore del sistema di difesa del Tirolo, ai tempi dell'Impero asburgico come nel Ventennio. Mussolini, non a caso, aveva fatto costruire nella zona decine di forti, per una possibile resistenza tanto ai nemici quanto al suo imprevedibile alleato, il Führer. L'altra «breccia» della frontiera naturale alpina, il Brennero, doveva essere difesa con ogni mezzo.

Leggo la scritta tracciata sul porticato all'ingresso: ALPEN FLAIR. Oggi, sul terreno dell'ex base militare, si organizzano concerti, festival di musica rock e rave party. A due passi da lì alcuni giovani prendono il sole con una birra in mano. C'è qualcosa di ironico in questa metamorfosi: dalle casse di munizioni alle casse di bottiglie, dai kilotoni alle gradazioni alcoliche. Lasciando il sito Rigel mi sento quasi ottimista: il buonsenso ha preso il sopravvento sulla paranoia di quei tempi. Durerà? Chi si mobilita più per il disarmo, o contro il pericolo della militarizzazione delle nostre società?

«Sono un sopravvissuto della generazione perduta.» Così esordisce Maurizio Sulig, capelli grigio ferro e occhi vivaci dietro gli occhiali. Generale in pensione dell'esercito italiano, ha il sorriso ampio e schietto di chi allo scontro ha sempre preferito la strategia. «Ho cominciato in piena Guerra fredda. Nel 1977 sono entrato all'Accademia di Modena e sono arrivato in reparto nel gennaio del 1982. Anni di quiete, a parte per i colleghi paracadutisti e bersaglieri catapultati in Libano nell'82, e poi in Kurdistan: noi siamo rimasti in Italia, chi sulle Alpi, chi in pianura.» Poi le cose sono cambiate, e negli ultimi due decenni Sulig si è trovato su alcuni dei principali fronti di guerra: il Kosovo, poi l'Afghanistan.

Mi è venuto incontro sotto il nevischio di un pomeriggio invernale, in una strada del centro di Schlanders, la cittadina della Val Venosta in cui abita. Cos'ha portato qui il giovane Maurizio, all'inizio degli anni Ottanta, e cosa lo ha fatto restare? Basta un nome, quello di sua moglie: Hildegard. La coppia ha accolto Jacques e me con cordialità, nella Stube dalle pareti tappezzate di libri: soprattutto romanzi storici e biografie militari, da Napoleone a Rommel. Hildegard era una ragazza del posto, cresciuta in un maso qui vicino, e all'inizio suo padre non era così entusiasta all'idea di lasciarle sposare un italiano. «Diceva che erano inaffidabili» commenta la donna sorridendo. Sarebbe toccato a Maurizio fargli cambiare idea.

Nel 1982 gli anni delle bombe erano finiti, ma la tensione restava. Anche per un problema quantitativo: «Su seimilacinquecento abitanti, frazioni comprese, c'era una caserma con quasi seicento artiglieri» ricorda il generale. «Non si era ai livelli di Glorenza, con trecento alpini per un paesino che non arriva a mille abitanti, ma gli attriti erano inevitabili.» Centinaia di ragazzi in libera uscita, decisi a divertirsi, ignari dei costumi locali e forse anche un po' prevenuti verso una terra di montanari dalla lingua incomprensibile. E scontenti a priori, perché essere spediti qui era considerata una sorta di punizione, o nel migliore dei casi un male inevitabile: «Il costo della vita era più alto che altrove, a fronte di retribuzioni mai elevate. E una moglie aveva serie difficoltà a lavorare se non aveva il patentino di bilinguismo... Così, qui capitava lo studente meno brillante del corso, o chi proprio non aveva alternative». Schlanders, poi, aveva fama di essere un posto da lupi: «Si favoleggiava di una caserma nera, reparto punitivo, sottotenenti di complemento che volavano dalle finestre, botte da orbi ogni sera con gli abitanti del posto...». Eppure, lui si trovò bene. Al punto che un suo commilitone gli consigliò di sposarsi e mettere radici. Per esempio, c'era quella bella ragazza che aveva un negozietto di abiti per bambini... «Però figurati se lei esce con uno di noi» aggiunse il collega. Così, si giocarono una pizza. Ed è evidente chi vinse, dato che oggi Maurizio e Hildegard hanno due figli grandi e anche dei nipoti.

Fuori dalla finestra è già buio mentre affronto con il generale una storia che nasce negli anni Sessanta e arriva dritta nel cuore della Guerra fredda.

«Questa carta indica dove fossero i siti di stoccaggio delle testate nucleari di guerra in Italia» esordisce mostrandomi una mappa. L'arco alpino è punteggiato di siti. «In Italia c'erano ventiquattro mine nucleari. Si dice che per un certo periodo ce ne fosse qualcuna anche a Natz-Schabs, e questo avrebbe avuto senso nell'ottica di interdire il passaggio di truppe in Val Pusteria. Ma non ne ho certezza. Fino a quando il sito Rigel è stato attivo erano comunque custodite lì le testate per le granate nucleari da 203mm. La loro presenza è documentata: per un breve periodo quelle per i missili, dopo la fine degli anni Sessanta solo quelle per le granate di artiglieria.»

Le granate sono munizioni che vengono sparate dai cannoni, mi spiega, e possono essere convenzionali, ad alto esplosivo, oppure speciali. Quelle nucleari rientrano nella terza categoria. «Erano disponibili quattro diverse testate, di cui tre in grado di rilasciare una potenza da cinque a dieci kilotoni e una della potenza di quaranta kilotoni» precisa. La bomba di Hiroshima era di circa quindici kilotoni. Erano gli americani, affiancati dagli artiglieri italiani, ad assemblare le testate nei cannoni. Questi ultimi si trovavano a Verona e in caso di necessità sarebbero potuti arrivare in poche ore a Natz-Schabs, e da qui, insieme alle granate, alle truppe schierate sul fronte.

Quale fronte? Quello della Guerra fredda.

«La base di Natz-Schabs è stata sotto controllo statunitense fino alla fine degli anni Ottanta» dice il generale. La vigilanza del sito era affidata a personale italiano, mentre manutenzione, supervisione e – in caso di guerra – approntamento e montaggio delle testate erano di competenza di un militare USA. Il personale italiano era stanziato presso la caserma Ruazzi di Elvas. «Gli americani erano cinque o sei tra ufficiali e sottufficiali, e tra i cinquanta e gli ottanta militari di truppa. Erano di stanza a Vicenza e credo facessero i turni per andare nelle altre basi, come Natz-Schabs.» Non solo gli alleati a stelle e strisce assicuravano la manutenzione degli ordigni, ma avevano una chiave preziosa: una delle due che attivavano la testata nucleare. La decisione di usare quest'arma doveva infatti essere congiunta: «Avrebbero dovuto intervenire due operatori, uno statunitense e uno italiano, ognuno in possesso di un pezzo della stringa del codice di attivazione».

Ma perché una base NATO proprio qui? Capisco che una località isolata sia utile ai fini della sicurezza, ma tra gli anni Cinquanta e Sessanta in Sudtirolo la situazione diventava, letteralmente, sempre più esplosiva. Perché proprio allora qualcuno decise di dislocare qui le armi più potenti e pericolose del mondo?

Esattamente perché questa non era una frontiera solo italiana o europea. Era un confine tra i blocchi.

«Natz aveva il vantaggio di essere sufficientemente arretrata, rispetto alla linea di confine» spiega il generale. «Nel momento in cui le forze sovietiche avessero cominciato a violare la neutralità dei due Stati cuscinetto, Austria e Jugoslavia, avremmo avuto un preavviso sufficiente per prepararci, e anche per evacuare il deposito e schierare le testate da qualche altra parte.»

Nel racconto di Sulig, l'attacco sovietico non è una

fantasia da romanzo di spionaggio, ma un'eventualità da considerare. Oggi è facile dimenticarlo, ma molti lo ritenevano probabile, persino imminente, in quei due decenni.

«A partire dalla fine degli anni Cinquanta, inizio Sessanta, il Patto di Varsavia aveva cominciato a formalizzare piani d'attacco al fronte Sud della NATO, e in particolare all'Italia. Da Vienna o da quello che adesso è il confine della Slovenia e della Croazia con l'Ungheria, tredici divisioni motorizzate e corazzate sarebbero arrivate in Italia nell'arco di una nottata. Due o tre ungheresi, e in maggioranza unità corazzate dell'URSS. Era il cosiddetto gruppo Forze Sud.» Secondo la dottrina di Mosca, spiega, l'attacco si sarebbe concentrato, con il grosso delle forze, sul punto «più suscettibile». Intanto, una manovra secondaria di altre truppe avrebbe distolto risorse dalla difesa del fronte principale, tenendo impegnate le riserve.

Ecco la cronaca di come sarebbe andata.

La distruzione arriva dal cielo. «Tutti i piani sovietici prevedevano di far precedere l'attacco delle forze di terra da una serie di attacchi nucleari su Aviano, aeroporto statunitense; Ghedi, l'aeroporto vicino a Brescia dove è ancora stanziato un reparto di volo italiano, che all'epoca aveva capacità nucleare; Vicenza, sede del comando USA in Italia; e Verona.» I funghi atomici che si levano sul Nord Italia sono insomma un nefasto preannuncio della devastazione che si avvicina via terra.

L'attacco si sviluppa lungo due direttrici. Una parte dell'esercito invasore muove verso la cosiddetta «soglia di Gorizia» attraversando la Jugoslavia, e un'altra passa lungo la direttrice Drava cioè via Austria, scendendo da Dobbiaco, Brunico, Bressanone e poi sulla conca di Bolzano.

Il nostro esercito non sta a guardare, e ha torto, sottolinea il generale, chi ritiene che la difesa possa essere sbaragliata in poche ore. Come prima cosa, viene sbarrata la direttrice in Val Pusteria, distaccando una batteria a disposizione del comando delle truppe alpine: «Parliamo di artiglieria pesante a quattro obici, del calibro di 203mm, sono granate che pesano settanta chili» precisa. L'ordine è di impiegare questa potenza di fuoco non sulle prime schiere russe ma sui secondi scaglioni, quelli destinati a sfruttare il successo dei loro compagni e ad arrivare a Bolzano. «Le truppe in prima schiera si sarebbero logorate» spiega. «Ma sarebbero passate.»

Il grosso delle forze d'invasione, però, quello che davvero avrebbe lo slancio per entrare a Bolzano, viene subito dietro. Ed è su di loro che si scaglia il fuoco nucleare. «Le armi sarebbero state utilizzate direttamente sulle truppe. Le mine nucleari, ordigni di potenza variabile, fino a quindici kilotoni, sarebbero state fisicamente interrate al centro di una valle e fatte esplodere al passaggio.» L'idea, quindi, è far saltare il Brennero. Un disastro da far impallidire Hiroshima. «Oltre a distruggere le opere d'arte, le vie di facilitazione, viadotti, autostrade, chiaramente il fallout, la radioattività, avrebbe interdetto un'ampia fascia di terreno» conclude il generale. Per tacere di un bel po' di vittime. La breve cronaca dell'invasione sovietica del Sudtirolo oggi sembra frutto di un delirio.

«La dottrina dominante nell'Alleanza atlantica era allora quella della cosiddetta "risposta flessibile"» racconta il generale. «Prevedeva, per ragioni squisitamente politiche, che a tirare il primo colpo fossero *gli altri*, così da giustificare la rappresaglia. Si cominciarono a schierare armi nucleari di teatro: non più bombardieri o missili balistici intercontinentali, con i pozzi di lancio negli Stati Uniti e capaci di raggiungere l'Unione Sovietica, ma testate di guerra più piccole, le armi nucleari tattiche, da impiegare nei vari teatri operativi, tra cui l'Italia.

I piani della NATO e del Patto di Varsavia furono poi aggiornati quasi annualmente, fino allo scioglimento del Patto nel 1991, ma la strategia restò nella sostanza la stessa: distruggere tutto ciò che serve. L'unica priorità era evitare l'avanzata nemica.

Gli abitanti della zona qualcosa sapevano, o sospettavano. Ma certo non immaginavano che il loro governo fosse in possesso di presunti piani sovietici, secondo cui casa loro era la linea del fronte dell'imminente guerra mondiale. Tantomeno che lo stesso governo prevedesse di interrare una mina nel loro giardino. «Immagini di essere a San Lorenzo di Sebato» il generale Sulig disegna lo scenario con inquietante chiarezza. «Già non è bello sapere che stanno arrivando i russi. Una cosa però è che una batteria di artiglieria con i suoi grossi obici prenda posizione davanti a casa e spari sul nemico a diciassette chilometri di distanza. Un'altra è che le dicano, se hanno la compiacenza di farlo: "Vada via, perché dobbiamo piazzare una mina nucleare e se tutto va bene tra una cinquantina d'anni potrà tornare a vedere cosa è rimasto".»

Ed ecco perché il Vallo Alpino Littorio, la fortificazione permanente costruita da Mussolini tra le due guerre, non fu dismesso fino al 1991. «Tutti i bunker nelle valli qui e in Val Pusteria erano attivi. Non erano presidiati in permanenza, ma l'armamento era disponibile, venivano munizionati e controllati» spiega il generale. «Il personale sarebbe stato mobilitato in caso di attacco. Per ogni battaglione destinato ad attivare un settore della difesa, era tenuta in vita una compagnia che si occupava della manutenzione, della verifica e dell'efficienza dei sistemi di filtraggio dell'aria e dell'acqua. La sorgente dell'Adige si trova dentro uno dei bunker della fortificazione permanente. È visitabile.»

Un segreto alla portata di tutti, insomma. «Era chiaro che non si trattava di una normale polveriera» specifica. «Le autorità sapevano che sul territorio comunale c'era un sito destinato allo stoccaggio di munizionamento particolare. Però non avevano potuto negoziare in alcun modo né discuterne la presenza. Superiore interesse nazionale.» Le munizioni, dice, arrivavano dall'America ad Aviano, poi venivano trasportate a Natz-Schabs con un convoglio speciale scortato dai carabinieri. «Qualcosa di assimilabile ai trasporti speciali di materiali radioattivi di oggi, ma con meno visibilità.»

La distribuzione dei reparti con capacità nucleare rifletteva la gerarchia di importanza delle frontiere italiane della Guerra fredda: su quella nordorientale, la più strategica, erano schierati i due terzi abbondanti dell'esercito fino all'inizio degli anni Novanta. «La situazione su quel confine ha cominciato a stabilizzarsi solo dopo la rottura di Tito con Stalin. All'inizio, come diceva Churchill, la Cortina di ferro era scesa dal Baltico a Trieste» illustra il generale Sulig. «Dopo la rottura si è cominciato a tirare un sospiro di sollievo all'idea che quantomeno non ci sarebbero state unità sovietiche stanziate in quelle che adesso sono la Slovenia o la Croazia.»

Il Sudtirolo, dal punto di vista degli americani, aveva un altro vantaggio, osserva: la scarsità di comunisti. «Potevano esserci attriti tra l'elemento italiano e l'elemento locale, ma si riteneva ci fossero pochissimi fiancheggiatori del Patto di Varsavia.» Mentre sul piano strategico, i «combattenti per la libertà», come abbiamo visto, erano addirittura un vantaggio. Con i loro attentati, avevano fornito un ottimo motivo per far affluire ingenti forze militari nella zona.

«Tra Friuli-Venezia Giulia, Veneto e Trentino erano stanziate quindici brigate, e nella sola provincia di Bolzano ce n'erano due» ricorda il generale. «Su una popolazione all'epoca di meno di quattrocentomila anime, sono tanti. Se poi aggiungiamo i carabinieri, la Guardia di finanza...» Nel giro di pochi anni i sudtirolesi erano più che assuefatti alle manovre e alle esercitazioni, e anche un trasporto speciale di munizioni nucleari destava meno curiosità. «Ci si abitua a tutto, e all'epoca anche per la popolazione civile osservare consistenti movimenti di truppe era normale» conferma Maurizio Sulig. «Vedere duecento alpini con i muli e gli obici smontati e caricati era la quotidianità.» Così, il brulicare di truppe sottolineava la presenza del governo di Roma, e intanto aiutava a dissimulare quella di Washington.

Ma davvero non esisteva un allarme terrorismo? In fondo molte caserme furono attaccate, nel corso degli anni Sessanta, e avrebbero potuto esserlo anche siti con dotazione nucleare. Molti ne conoscevano, o ne sospettavano, i contenuti. A chi non esitava a usare esplosivo e armi contro «l'invasore» italiano non avrebbe potuto far gola una preda come la base di Natz-Schabs?

«Un aspetto interessante è che la vigilanza di quel sito non è mai stata affidata a truppe alpine» osserva il generale. «In zona, infatti, ci sarebbero stati gli alpini della Brigata Tridentina, quella dove a partire dagli anni Settanta prestavano servizio i ragazzi di leva sudtirolesi. La vigilanza al sito di stoccaggio delle testate nucleari era affidata a reparti composti da soldati strettamente italiani selezionati, stanziati alla caserma Ruazzi, ma tenuti separati dalla realtà sociale circostante.»

Meglio non mettere i giovani locali a guardia delle testate nucleari, insomma: non si poteva accusarli di simpatie comuniste, ma nemmeno fidarsi fino in fondo. «In realtà, però, sono accorgimenti che lasciano il tempo che trovano, dato che erano pur sempre del posto i fornitori di viveri freschi... Se qualcuno avesse voluto causare problemi, avrebbe potuto farlo» conclude Maurizio Sulig.

23

Scheletri nell'armadio

Innsbruck, Bolzano e Pinzon, autunno-inverno 1962

È stata Klara a telefonare. Ha chiamato Konrad, e lui le ha detto che sarebbe venuto nell'ultimo fine settimana di settembre.

«Hai chiuso con il tuo amico Peter?» ha chiesto.

«Devo concentrarmi sullo studio.»

Lui non ha ribattuto subito e quando lo ha fatto le è sembrato di cogliere una nota di tristezza: «Bugiarda».

Ma è senza dubbio un'impressione, Konrad è troppo arrogante per soffrire. Nella vivacità della capitale, con il prestigio che deriva dall'essere un membro dello staff di Kreisky, chissà quante donne ha intorno. Klara pensa a come sarebbe, muoversi in quegli ambienti, toccare con mano il potere. Prova invidia per la carriera del suo ex amante, che non è né più intelligente né più determinato di lei. Poi si dice: ogni cosa a suo tempo.

Il cielo su Innsbruck è grigio e il selciato della Lieberstrasse è lucido per l'umidità. Klara ha deciso di non vivere nella grande casa di famiglia, i rapporti con suo padre sono piuttosto freddi ormai da un anno. A lui non piace Peter, a lei non piace il cinismo con cui Franz osserva i tormenti del Sudtirolo. I soldi per l'affitto del grazioso appartamento a due passi dall'università, però, sono quelli del papà. In cambio, lei frequenta con profitto l'ateneo e, la sera, i caffè, le birrerie, i ristoranti. In alcuni di essi, come il Wilder Mann, si ritrovano d'abitudine gli attivisti che appoggiano il movimento sudtirolese e altri figuri più loschi. Franz le ha segnalato alcuni nomi, tra cui quello di Christian Kerbler e quello di Fred Borth. Le ha intimato di tenersene lontana ma di avvertirlo, se notasse qualcosa di insolito o un intensificarsi delle riunioni. È stato un piccolo segno di disgelo.

Non ha tanta voglia di vedere Konrad, ma è la strada più diretta verso la meta. Lui sa cose che lei non sa. Lo aspetta, ascoltando in sottofondo l'ultimo successo di Ray Charles, *I Can't Stop Loving You*. Poi sente il rumore di un motore e si affaccia alla finestra, in tempo per vedere il giovane austriaco parcheggiare la sua Mercedes 300 SL decappottabile dalla carrozzeria verde oliva.

«Ma vola, quel tuo trabiccolo?» chiede aprendogli la porta.

«Ho divorato la strada per rivederti prima.»

Klara fissa il viso chino su di lei. Non lo vede da molto tempo e ora, con gli occhi accesi dalla corsa, si accorge di trovarlo ancora attraente. Ha sempre quel modo fiero di tenere la schiena dritta, la testa alta. Non le ha portato fiori né cioccolatini e Klara si dice: meglio così. Cambia disco, mette un album di Art Blakey, per alleggerire l'atmosfera.

Ma la vecchia magia non c'è più, resta l'eccitazione per un gioco nuovo, con altre regole.

«È passato un bel pezzo...» mormora lui.

«Non dirmi che ti sono mancata?» chiede lei, spalancando gli occhi con finta innocenza. Konrad ride.

«No, avevo troppo da fare. Io a te?»

«Avevo troppo da fare» gli fa il verso Klara, e si allontana. «Dai, ti faccio fare il giro della casa. Ci vorrà poco.»

«Mi interessa soprattutto la camera da letto...»

«Non sperarci!»

«Se non ci sperassi non sarei venuto fin qui da Vienna, cosa credi?»

Klara non può fare a meno di ridere. Konrad ha un sacco di difetti, di sicuro non può fidarsi di lui, ma è intelligente. È ciò che le serve e sa come fare perché si renda utile. Gli mostra le stanze dai soffitti alti, gli spazi eleganti del salotto, del soggiorno, della cucina. E della camera da letto. Dove lui la prende tra le braccia.

«Non scherzavo, Klara» dice, e la bacia, con avidità, quasi con violenza. Lei si abbandona, risponde, si lascia toccare, spogliare. Lo respinge mentre la sta già portando verso il letto, impaziente.

«Andiamo, quand'è che sei diventata così difficile?» chiede lui con rabbia. «Non dirmi che il problema è davvero il contadinotto sudtirolese.»

«Peter non è un contadinotto!» protesta lei. «Non è colpa sua se non ha potuto studiare.» Si riallaccia la camicetta con gesti rapidi. «Andiamo a cena.»

«Perché mi hai chiamato?»

«Per rivederti.»

«E pensi davvero che sia una visita di cortesia?»

Lei gli fa un sorriso. Non le è utile arrabbiato. Ma nemmeno appagato. Una punta di frustrazione è il condimento indispensabile per questa serata.

«No, non lo penso» ammette. «Ma adesso andiamo a cena.»

Più tardi, nel ristorante rivestito di legno scuro, con i trofei di caccia alle pareti, dopo una cena di selvaggina e una bottiglia di buon vino rosso, lui è di umore molto più malleabile. Hanno riso insieme, rievocato vecchi ricordi. Klara si rende conto che quasi rischia di crederci, alla nostalgia che aleggia sul tavolo.

«Allora, che cosa ti serve?» concede lui finalmente.

Lei sfrutta l'apertura e dà una risposta secca: «Hermann».

«Il monco?» Konrad non se lo aspettava.

«Sì. Devo vedere Hermann.»

«Non lo so dove si nasconde.»

«Ma puoi scoprirlo.»

«Non faresti prima a chiedere a tuo padre?»

«Non andiamo più molto d'accordo. Non voglio… che si immischi.»

Lui aggrotta le sopracciglia.

«Hai intenzione di ficcarti nei guai? Contro gli amici di Franz non c'è partita, lo sai.»

«Lo so» annuisce lei. «Non ho intenzione di mettermi contro di loro. Ma neanche di lasciare che Peter sia ucciso da un pugno di fanatici.»

«Guarda che agli amici di tuo padre i fanatici non dispiacciono. Li trovano utili.»

«La musica è cambiata da quando c'è Kennedy. Dulles, Wisner e compagnia hanno già avuto il benservito» gli ricorda Klara. «C'è spazio per muoversi, ma ho bisogno di un… aiuto professionale.»

Konrad pensa che la ragazzina che ha incontrato nel giardino della villa di Franz a Innsbruck sia cresciuta molto in fretta. Troppo, in effetti. Ma così sveglia e informata è ancora più affascinante. Si china in avanti, le prende una mano, le bacia il palmo.

«L'aiuto professionale costa» sussurra.

Lei lo fissa negli occhi e ci scopre riflesso dentro il proprio desiderio.

«Posso pagare.»

Piazza Walther è coperta di neve, i tram circolano a fatica. La luce del loro unico fanale fende il buio. Max siede sullo sgabello rosso ai piedi di zia Sissi, nel solito angolo accanto alla finestra. La tormenta fuori sembra inghiottire ogni cosa, tranne purtroppo il passato.

«Rimetti a posto quella foto, falla sparire! Non serve a nulla tormentarsi così... Che importa chi è l'uomo con tuo padre? Quel che è stato non si può cambiare...»

«Ma tu allora sai chi è!»

«No! Ti ho detto di no. Non lo so... quante volte te lo devo ripetere?»

«Perché mi racconti delle balle? Non è da te. Stai mentendo per difenderlo...»

«No che non sto mentendo!»

«... anche se lo detesti...»

«Zitto! Non lo detesto, non potrei mai odiare mio fratello!» Sissi scuote il capo con violenza.

«Anche se saranno mesi che non viene a trovarti?» Max incalza con durezza. Vede che lei soffre, ma non gli interessa. «Anche se non è lui a sollevarti tra le braccia e portarti su per le scale? Anche se non sa che hai paura della notte, e non cerca di salvarti dai tuoi incubi?»

«Taci!»

«Chi è che invece fa tutto questo? Eh? Chi c'è accanto a te? Me lo vuoi dire?»

«Max...» zia Sissi quasi non riconosce il viso bellissimo del nipote, acceso dalla collera. «Certo che sei tu, ragazzo mio. Ma ora perché mi torturi?»

«Ti torturi da sola» ribatte lui. «Con questa storia dell'affetto famigliare, del legame di sangue. Il sangue non fa che mentire. E mio padre pensa solo a se stesso e non ti può soffrire!»

«Questo non è vero, andiamo! È mio fratello...»

«E tu lo sai perché ti detesta?»

«Ti ho detto che non è vero.»

«Ti detesta perché la tua esistenza gli ricorda ogni giorno che è un vigliacco! La notte del bombardamento tu sei corsa verso l'ospedale per portare aiuto. Lui non si è mosso.»

«Sciocchezze, non sai di cosa parli» si difende lei. «È

troppo facile fare gli eroi quando tutto è finito. Dirsi che si sarebbe stati dalla parte giusta.»

Max sente il tono della zia mutare, farsi quieto mentre si ritira nel passato, un luogo crudele ma in cui tutto era ancora intero. Cambia strategia, le prende la mano.

«Lo so» dice piano. «So che non è stato facile, non mi sogno di giudicare nemmeno mio padre. Ma ho bisogno di sapere... Ne ho bisogno, zia Sissi.»

Lei lo guarda colpita.

«Vuoi proprio conoscere la verità?»

Pensa che forse ha ragione lui. Da un pezzo non è più il tempo del coraggio, della speranza. Quell'epoca è fuggita via con un boato assordante, è successo tutto così in fretta. Per un attimo le è parso di volare, e l'istante successivo le sue ali si fracassavano sul selciato grigio bagnato di sangue. Ed è arrivato il tempo dei segreti.

«La verità è sempre triste» comincia con voce stanca. «Io non lo so se mio fratello è un vigliacco. So che questa casa me l'ha data lui, che se non fosse per i suoi soldi sarei solo un'invalida ridotta a chiedere la carità. E lo stesso vale per te: non avresti la vita che hai, senza di lui.»

Il figlio che non ha mai avuto annuisce, tace per lasciarle lo spazio delle parole.

«Tutto si compra e si vende. Perfino il dolore e la memoria di una vecchia signora. O l'innocenza di un figlio. Tuo padre ha fatto esattamente questo: sei al sicuro, ragazzo mio, non dimenticarlo mai. Sei protetto, come lo sono io. E il prezzo da pagare è il silenzio.»

«E questa sarebbe la verità?» Max si alza di scatto.

«Perciò è triste» risponde zia Sissi. «La verità è una scatola vuota.»

«Sei una povera storpia fuori dal tempo.» Il ragazzo la guarda con disprezzo. «Ma almeno credevo mi volessi bene.»

Gira i tacchi ed esce dalla stanza, senza nemmeno sbattere la porta.

Va in camera sua e si siede alla scrivania. Prende la Leica e raccoglie le foto sparse per la stanza. Non intende portare via altro da quella casa, nemmeno un cambio d'abiti. È vero, anche lui è stato comprato. Vestito, curato, al sicuro. Bene, ora non più.

Dal fascio di istantanee ne sfugge una che scivola sul pavimento e vola fin sotto la finestra, come se volesse scappare. Max va a raccoglierla. La grana della stampa è perfetta. L'uomo al volante del furgone. Gli stessi occhi, lo stesso sguardo. Il mento squadrato sotto la barba che si è fatto crescere. Vent'anni di più e qualche ruga in fronte. Già, pensa, se la prende con i segreti degli altri ma nemmeno lui è innocente. Da quanti mesi è complice di quell'inganno?

Ma Peter morirebbe di crepacuore, se sapesse. Gli ha mentito per il suo bene, pensa rimettendo la foto tra le altre.

Peter è stremato. Nei mesi invernali c'è sempre molto da fare alla Gasthaus. Un tubo rotto dal gelo, un tetto danneggiato dalla neve, gli animali da accudire, la legna da spaccare. Fino a poco tempo prima, la bassa stagione era anche un modo per guadagnare qualche soldo in più, con i lavoretti nelle proprietà dei dintorni. Ma i vicini preferiscono altre braccia, ormai da tempo: da quando Peter è uscito dalla caserma, nell'estate dell'anno prima. Sua madre avrebbe dovuto lasciarlo là dentro. Meglio farsi ammazzare di botte che continuare a vivere in questa palude di disonore, segreti, solitudine. Klara viene a trovarlo abbastanza spesso, ma solo per il fine settimana, e quando la accompagna al treno che la riporta a Innsbruck darebbe tutto per poter andare via con lei. Ma non può lasciare la madre, anche se è ormai quasi un'estranea.

«Versami un altro bicchiere!» ordina a Clothilde. La ragazza è tornata l'agosto precedente, ovviamente con uno stipendio molto più basso. Nessuno dà volentieri lavoro a una spia, e Peter si è trovato stranamente accomunato alla sua traditrice. È stato lui a riprenderla, Katharina non ne voleva sapere. Strane alleanze, e strani compagni di letto. Le notti sono lunghe, senza Klara.

«Non ti sembra di avere già bevuto abbastanza?» domanda Clothilde.

«Versa, ti ho detto!» ripete lui. Certo che ha bevuto fin troppo, come tutte le sere, ma non vuole rinunciare al lento intorpidirsi della mente, alla foschia che gli ammanta il cuore e lo fa tacere.

Più tardi, mentre sale le scale sorretto da Clothilde, sua madre gli si para davanti. Lo guarda dal pianerottolo con un misto di pietà, insofferenza, disgusto.

«Peter, di nuovo?» chiede. Lui alza gli occhi.

«Oh, buonasera mamma» mastica piano. «Non ti ho vista, in sala, stasera. Eri in camera a telefonare al fidanzato?»

«Non dire sciocchezze» ribatte lei, secca.

«Scusa, scusa» il giovane alza il braccio in un ironico gesto sportivo. «Non al fidanzato. Alla vecchia amica dell'ospizio di Trento. Così malata, così immortale.»

«Stavo controllando i conti» dice lei con voce quieta.

«I conti! Già, tu sei bravissima, a farli. Tanto brava che i soldi per farmi studiare all'università sono spariti... chissà dove, chissà quando.» Le legge sul viso che l'ha ferita e incalza. «Ma già, se fossi bravo, se fossi un giovane brillante me li guadagnerei da solo, i soldi per studiare, vero? Peccato che non ci sia il tempo di fare altro che mandare avanti questa dannata baracca!»

Sente la mano di Clothilde che gli stringe il braccio e

se ne libera con tale violenza che la ragazza quasi cade. Poi sale in tre balzi i gradini che lo separano dalla madre. Sul suo viso, lei vede per la prima volta una furia cieca. E all'improvviso ha paura.

«E intanto che io mando avanti la baracca, mammina se la spassa a Trento, o a Bolzano, o chissà dove» sputa Peter. «Con chi, eh? Un amante? O magari ce n'è più di uno, visto che questa storia dura da anni? Le telefonate, i sussurri, i viaggi...» La prende per le spalle. Un angolo del suo cervello nota che è molto più piccola di lui: più di prima, gli sembra. Perché dopo una certa età le mamme rimpiccioliscono? Ma il pensiero viene annegato dalla rabbia che lo inonda, e affonda il colpo finale. «Perché non ti fai pagare, a questo punto? Almeno così non avresti più bisogno di me! E potrei andarmene da questa galera!»

A quelle parole, anche gli occhi di Katharina fiammeggiano. Non ne può più. Ha guardato il suo unico figlio devastarsi, sera dopo sera. Lo fissa ora, con la barba lunga, la bava alla bocca, il naso arrossato dall'alcol. Prova uno schifo immenso per lui, per se stessa, per quel posto. E va bene, pensa: basta. Si strappa dalla stretta delle sue mani, fa un passo indietro.

«Tu non sai neanche cosa sia, la galera» dice con una freddezza che è come una secchiata d'acqua. «Ma se vuoi la libertà, perdio, prenditela. Quella è la porta!» punta l'indice, severa, e le sembra di morire.

«Guarda che se hai qualcuno me lo puoi anche dire» insiste Peter. «Papà è morto da diciassette anni, ormai. Perché mi menti? Perché ti vergogni? Sei l'amante di un uomo sposato, forse? O magari è lo sbirro? Ci sei andata a letto per farmi liberare e poi ci hai preso gusto?»

Katharina non si accorge nemmeno di aver mosso il braccio. Sente lo schiocco dello schiaffo, vede l'espressione incredula di suo figlio, lo osserva sbilanciarsi all'indietro. È come paralizzata mentre un pensiero le attraversa la mente: ora cade e si spezza la schiena. E io mi ammazzo.

È Clothilde a slanciarsi in avanti, sorreggere Peter appena in tempo perché si aggrappi al corrimano.

«Ora basta, andiamo tutti a letto» cerca di riportare la ragione. «Domani... Domani parleremo.»

Ma nessuno ha più voglia di parlare, ormai. Peter sente una botta di lucidità che gli fa girare la testa. Si volta, scende le scale sentendo montare la nausea. Torna a guardare sua madre, sempre immobile sul pianerottolo, solo quando è già sulla porta.

«A gennaio mi aspettavano per strada con un manico di piccone» dice con distacco. Clothilde annaspa incredula, Katharina rimane impassibile. «Stavolta, porteranno i fucili. Ma sempre meglio che restarsene rintanato qui come un sorcio!»

Si avvia lungo la discesa coperta di ghiaccio, ma è agile come un funambolo, nonostante l'alcol. È Clothilde, che gli corre dietro, a rischiare di cadere.

«Peter, che cosa intendi? Sei in pericolo?»

Lui si degna di rispondere: «Lo sbirro ha sparso la voce che avevo denunciato Hermann. Da quando il "monco" è latitante, se mi faccio vedere in giro sono un bersaglio che cammina».

La strada si perde nel buio e pensa che non ha preso niente con sé. Si nasce nudi, d'altronde, né giacca né soldi. «Ne ho abbastanza di nascondermi» mormora. «Sono stufo di tutte queste bugie.»

24

I nazisti e i bambini *diversi*

Innsbruck, febbraio 1963

Klara ha chiesto di vedere il direttore dell'ospedale psichiatrico di Hall. Un'infermiera all'ingresso le ha domandato il motivo della visita. Cercava informazioni su un paziente ricoverato in tempo di guerra, ha risposto lei. Suo fratello.

Da quella visita a Hall è passato qualche giorno, ha dovuto svolgere un po' di indagini riservate. Ma finalmente eccola di fronte a un piccolo edificio vetusto alla periferia di Innsbruck. Non è stato così facile trovare l'indirizzo del dottore in pensione Heinz Leitner.

«Buongiorno» la saluta sorpreso l'anziano signore, dritto e severo nel suo gilet fuori moda. Klara è lieta che sia venuto di persona ad aprire la porta. «Desidera qualcosa?»

«Mi chiamo Klara Bauer» tende la mano, cortese. Si aspetta che il suo nome non gli dica nulla: uno fra i tanti, di sicuro, e perso in un passato lontano. Ma i vecchi sono presbiti, vedono bene nella distanza, e lui esita appena un momento.

«Ah! Bauer. Ma certo. Bauer. Entri» si fa da parte per lasciarla passare e richiude la porta, mentre Klara muove due passi nella piccola soffitta. Un letto di ghisa con la coperta perfettamente tirata. Un tavolo tondo, due sedie, una poltrona e, dietro una tenda scorrevole, una bacinella e un fornello a gas. L'unica abbondanza è rappresentata dai libri: centinaia, sugli scaffali, sulla poltrona, sul pavimento. Fa un freddo glaciale. Klara tiene addosso il cappotto.

«Posso offrirle qualcosa? Tè? Caffè?» domanda lui, sollecito.

«Un tè, la ringrazio» risponde lei prendendo posto sul bordo di una sedia. Il tavolo è cosparso di fogli, il dottor Leitner scrive ancora in gotico, nota.

«Lo so, non è un posto molto accogliente» commenta lui. «Ma quando sono uscito dal carcere non mi restava altro.»

«Le restavano certi fascicoli» Klara sceglie di andare dritta al punto. Anche perché se resta qui a lungo rischia di congelare. «Quelli li ha ancora, vero?»

Lui le posa davanti una tazza.

«Se li avessi, li avrebbero trovati» risponde, e avvita con cura il cappuccio della penna che aveva lasciato aperta. «L'ho già ripetuto tante volte, quei fascicoli sono scomparsi insieme ai ragazzini.»

«Insieme a mio fratello» puntualizza lei. «Si chiamava Michael.»

«Sì, lo so... Conosco i suoi genitori» le si siede di fronte. «Non vi eravate trasferiti a Bolzano? Mi pare che sua madre avesse detto così.»

«Mia madre è stata qui?» Klara si guarda intorno incredula. «E perché?»

«Perché ero l'unico con cui poteva parlare di Michael.»

«Dottore...» Klara si sporge verso di lui. «Come sono andate davvero le cose?»

«Non dovrebbe chiederlo ai suoi genitori, Fräulein Bauer?»

«Come ha detto lei, non è un argomento di cui parlino volentieri. E io... Non l'ho mai conosciuto.»

Quelle parole le restituiscono il senso dell'assurdità

della sua impresa. Che ci fa, in una soffitta squallida, con un vecchio estraneo? Davvero quel passato le appartiene? E perché? Il sangue non è poi così importante, c'è tutta la Storia a dimostrarlo.

«Che cosa sa di questa vicenda, Fräulein Bauer?» la voce del dottore è gentile e profonda. Dev'essere stato un buon medico.

«So che Michael è entrato da voi a Hall quando aveva tre anni. E che per la sua condizione... non c'era cura. Era ritardato.»

«Era trisomico» la corregge lui. «A Hall avevamo un programma di accompagnamento per i piccoli pazienti come lui. Cercare di farli vivere meglio possibile era il mio compito.»

«So che mio fratello è morto in ospedale, poco prima che i miei partissero per la Svizzera» aggiunge Klara, fissando il suo interlocutore.

«La storia, quindi, sembrerebbe finita» dice il dottor Leitner. «Molti bambini come lui non sono vissuti a lungo.» È rimasto impassibile, se non fosse per quell'unico piccolo muscolo della mascella. Che si è contratto. E lo ha tradito.

C'è qualcosa di più.

«Non sono vissuti a lungo, ma non per tutti è stata... una fine naturale» incalza lei. La storia l'ha studiata. «Dopo l'Anschluss, i nazisti hanno preso il potere anche negli ospedali» aggiunge. «In Germania si parlava da tempo di sopprimere i malati mentali, c'erano state perfino campagne di propaganda sui costi sociali delle cure ai pazzi.»

Il dottore scuote il capo.

«Io non credevo in quelle cose. Un medico non può ragionare così. E poi dei bambini, non si toccano i bambini...»

«E allora cos'è successo?»

Lui sembra condurre un'ultima breve lotta con se stesso. Forse si chiede se la giovane donna che ha di fronte può sopportare la verità, o magari è lui che non può più sopportarla. Poi alza appena le spalle in un gesto di resa.

«Suo padre è venuto a trovarmi. Era il maggio del 1940» comincia a raccontare. Klara raddrizza la schiena e chiude gli occhi, come se entrasse nella parte di spettatrice. Come se nascosta dietro una tenda nell'ospedale di Hall, vent'anni prima, assistesse ora al dramma che ha dilaniato la sua famiglia.

«Mi ha detto: "Devo portare mia moglie al sicuro, parto per la Svizzera" e io gli ho risposto: "Non preoccuparti, a Michael penso io". Ha promesso di tornare nel giro di una settimana, massimo due. Ma le cose non sono andate come prevedeva.»

Il dottore ricorda senza sforzo. Probabilmente convive ogni giorno con le memorie di quel terribile passato. E il suo unico confidente sono le pagine sparse sul tavolo della stanzetta.

«Con l'invasione della Francia la situazione è precipitata. Suo padre ha dovuto procurarsi dei documenti falsi, altrimenti sarebbe stato arrestato come disertore... è riuscito a tornare a Hall solo in settembre. Era già troppo tardi. Michael e altri duecento bambini erano stati trasferiti. Erano arrivati gli autobus, con le infermiere» l'anziano medico storce le labbra, come se chiamarle con quel termine gli fosse insopportabile. «Li avevano trasportati in un centro apposito, organizzato nel castello di Hartheim...»

Klara riapre gli occhi. Sa di che cosa si tratta.

«Un centro di che genere?»

Ma lui continua a raccontare.

«Suo padre ha insistito per andarci e io l'ho accompagnato. Non ci hanno neppure lasciati avvicinare, si capisce. Il castello era piantonato da sezioni speciali delle SS. Siamo rimasti per giorni nel villaggio vicino, Alkoven. C'erano anche degli altri genitori. Volevano sapere che cosa ne era stato dei loro piccoli. Sono intervenute le SS. Hanno arrestato varie coppie. Nessuno le ha più riviste. Gli altri se ne sono andati, e noi con loro. Non siamo più tornati a Hall. Le notizie dalla Svizzera non erano buone. Sua madre era disperata e suo padre ha deciso di partire. Non mi ha detto niente, non un rimprovero, ma avrebbe potuto urlare, sarebbe stato lo stesso. Aveva ragione. Non avevo mantenuto la mia promessa. Non avevo saputo proteggere Michael. Da quel giorno non l'ho più rivisto.»

«Ma ha rivisto mia madre...» sussurra Klara. Lui si limita ad annuire. «E dopo la guerra l'hanno... accusata di ciò che è accaduto? Per questo è andato in prigione?»

«Sono stato arrestato nel 1945 insieme ad altri medici, insieme ai nazisti, come il dottor Karl Brandt e il dottor Viktor Brack. Ci sono stati vari processi: molti sono stati condannati a morte, altri si sono tolti la vita. A me hanno dato dieci anni per complicità» lo dice in tono piatto, come se fosse capitato a un altro. «Avrei dovuto capire, dicevano gli americani, avrei dovuto sapere, avrei dovuto salvare i ragazzini...»

Si alza con un'agilità superiore ai suoi anni. Le volta le spalle per avvicinarsi alla libreria piena di volumi e fascicoli.

«Li sopprimevano con il gas. Ne hanno uccisi così a migliaia, i nazisti. A Hartheim, ma non solo. Bambini e adolescenti *diversi*. E poi hanno bruciato i corpi. Era il programma T4. Difesa della purezza della razza.»

Anche Klara si è alzata. Voleva sapere la verità e ora la sa. Aveva sempre sospettato che sulla morte del fratello pesasse l'ombra di un terribile segreto. Immagina suo padre, più giovane, dritto davanti alle mura impenetrabili del castello che ha inghiottito suo figlio. Sua madre, che aspetta invano in una città straniera temendo per la vita di tutti i suoi cari. Franz che entra nell'ospedale di Hall, impaziente di riabbracciare il suo bambino. Rosa che lo vede tornare a mani vuote.

«Il dossier non ce l'ho più, ma mi rimane questo» Leitner intanto si è messo a sfogliare un incartamento ingiallito. «Sono le carte che i nazisti mandavano alle famiglie. Un certificato di decesso. "Michael Bauer. Data di nascita: 19 gennaio 1936. Data di morte: 15 ottobre 1940. Causa del decesso: polmonite."»

Klara vorrebbe poter abbracciare i genitori, promettere che non li giudicherà più. Vorrebbe anche far loro un'unica, ultima domanda. Ma la fa al dottore.

«Perché se ne sono andati? Perché sono dovuti andare in Svizzera?»

Lui piega la testa da un lato, con uno stupore cortese, da accademico.

«Ma come, non lo sa? Sua madre è ebrea.»

25

L'agguato nella notte

Pinzon, Bolzano e Innsbruck, estate-autunno 1963

Umberto dà nell'occhio, nella piccola folla di escursionisti che hanno fatto sosta a Pinzon per poi proseguire fino alla Gasthaus Staffler. Il paesino è una tappa fissa, con la piazzetta, il campanile e sui muri gli strani affreschi di Johann Tiefenthaler, il vecchio proprietario della grande casa dei Rizzolli.

Umberto, seduto con le spalle contro al muro a uno dei pochi tavolini esterni, non sembra affatto un turista.

«Prende qualcosa?» Katharina si avvicina con il cuore stretto.

«Un caffè.»

«Peter non c'è» lo avverte lei in tono nervoso.

«Lo so, lo so. So dov'è Peter.»

Beato lui, pensa Katharina. Da quando suo figlio se ne è andato rabbioso in quella sera d'inverno non lo ha più rivisto. Ha ricevuto poche, fredde telefonate, perfino Max giura di non saperne niente. Lei spera che menta, spera che siano insieme.

«Non ha fatto nulla» dice quando esce con il caffè.

«Ma certo, figuriamoci» annuisce Umberto. Poi butta lì: «Mica facile, eh?».

«Che cosa?»

«Vivere senza un uomo in casa.»

Eppure non sembrava il tipo da galanterie, si dice la

donna. Così goffe, poi. È venuto fin lì per quello? Impossibile...

Come in risposta ai suoi pensieri, Umberto si alza e le prende una mano, con una foga del tutto inaspettata.

«Venga con me» dice, e la conduce nella Stube. Lei sente gli occhi dei clienti e di Clothilde su di loro e prega di non arrossire mentre il poliziotto si piazza davanti alla foto del marito, appesa alla parete. È tutto sempre più strano.

«Perché non è mai tornato?» chiede Umberto.

«Lo sa benissimo. È morto in guerra...»

«Eccome, se lo so. Ci sono stato. Sono morti in tanti. Ma perché proprio lui?»

«Non capisco...» balbetta Katharina. È una domanda inutilmente crudele, se lui non sa. E se sa... ma come potrebbe?

«Perché non il vecchio Hermann, poniamo? La conosco, la storia. Hermann ferito. Il più giovane che aiuta il più anziano. Attraversano il fiume insieme. Hermann se la cava, Günther rimane ucciso. È sciocco.»

«Che cosa sarebbe sciocco?» Katharina fa un passo indietro e si lascia cadere su una sedia. Se solo quello sbirro la piantasse con le domande e smettesse di fissarla con quegli occhi neri che le spogliano il cuore.

«Erano quasi al sicuro. Il peggio era passato. Berlino. La ritirata. L'Elba. Quello che ha perso un braccio si salva. Quello sano, invece... è una storia assurda, non sembra anche a lei?»

«Se vuole dirmi che la guerra è una faccenda irragionevole...» comincia amara Katharina, poi si interrompe. Lui ha afferrato la cornice con due mani, la stacca dal muro. «Ma cosa fa?»

«Me la presta, questa fotografia?» Non è davvero una domanda. «Gliela faccio riportare domani. Non si preoccupi!»

«Ma perché?»

«Perché cosa?»

«Che cosa intende farne?»

«Un semplice controllo. Noi della polizia, lo sa, siamo gente molto minuziosa. Gente pazientissima. E lei, invece, perché?»

«Perché cosa?»

«Lei è una bella donna. Gli anni passano. Sempre sola? Nessun uomo? Avrebbe potuto risposarsi...»

«La vita è mia...»

«Lui è stato il primo, eh?» Umberto studia i dettagli del viso nella foto, ma li conosce già.

«Sì, ed è il padre di mio figlio. Se non ha figli non può capire.»

«Forse... O forse lei ha semplicemente paura degli uomini.»

Katharina si alza.

«Non mi fanno paura» dice calma. «La maggior parte sono dei vigliacchi.»

«Come Günther?»

Lei non risponde, ma gli occhi verdi si riempiono di lacrime.

«Non era un vigliacco, Günther?» incalza Umberto. Ma conosce già la risposta e sa di appartenere alla categoria. Chi è per giudicare, lui che non ha avuto il coraggio di mantenere la sua promessa? «Devo andare. Domani le faccio riportare la foto» taglia corto. «Se lo ricorda, che stiamo tutti cercando Hermann, vero? Se venisse catturato avremmo risolto il problema. Soprattutto per Peter.»

«Non so dove si nasconde...» dice Katharina in un singhiozzo.

«Non voglio farla soffrire» Umberto si china su di lei. «Sul serio, non voglio. Però mi deve aiutare. Lo capisce?» Parla con l'urgenza di chi non può dire quasi nulla. «Succederanno delle cose… Ci sono forze che si stanno muovendo.»

«Peter è in pericolo?» non le interessa altro. L'unica volta che le è importato di qualcosa di diverso da suo figlio, ha rovinato tutto.

«Peter lo teniamo d'occhio noi» il poliziotto le concede un brandello di conforto e viene ricompensato da un sorriso caldo come un abbraccio. Non aggiunge che è la protezione dello Stato, non quella del suo prezioso ragazzo, lo scopo della sorveglianza.

«Dov'è? Posso vederlo?» Katharina lo afferra per la manica. «Anche da lontano, senza che lui lo sappia…» implora. Umberto si trova in mano un'arma a cui non aveva pensato.

«Forse, perché no?» dice, liberandosi con dolcezza dalla stretta. «Trovi Hermann, e vedremo.»

Fuori l'aria estiva è tiepida e profumata. Umberto cammina fino alla piazzetta di Pinzon, immerso nel pensiero degli occhi verdi di Katharina, nella quiete del pomeriggio che somiglia quasi alla felicità. Una radio, attraverso una finestra aperta, porta la voce di un uomo: «*Ich bin ein Berliner*», io sono un berlinese. Lo ha detto il presidente americano Kennedy, venuto a rassicurare i tedeschi spaventati dal pericolo sovietico.

Umberto si incupisce. Lui non è nulla, invece. Non appartiene a nessuno, men che meno a queste montagne, a una donna coraggiosa e sfortunata. Questa non è la sua terra, ed è pericoloso dimenticarsene.

Sono le cinque, il sole sta spuntando. Peter firma il foglio di presenza, lancia un rapido «Ciao!» al guardiano e rivolge un cenno ai suoi compagni del turno di notte. È esausto, la schiena gli fa male, le braccia pesano quintali. Ripone i guanti nella sacca e se la getta sulla spalla. Esce diretto alla rotonda, a un centinaio di metri dai cancelli dei magazzini, dove come i colleghi parcheggia la bicicletta. Da quando ha lasciato casa lavora come facchino al Mercato generale di Bolzano, dietro la stazione. Carica i vagoni diretti a sud. Merci di ogni sorta: frutta, verdura, botti di vino, assi di legno. Per lui non fa differenza: vuole solo costringersi a non pensare, e mettere da parte abbastanza soldi per andarsene a Innsbruck, da Klara. All'inizio lavorava perfino senza guanti, ma i suoi colleghi lo hanno messo in guardia: di quel passo si sarebbe ritrovato le mani scorticate.

Ai magazzini si passa da una lingua all'altra: italiano, tedesco, nessuno ci fa caso. Quando le ore diventano lunghe, o durante la pausa, gli uomini parlano delle loro famiglie. Peter ha provato a intavolare discussioni sulla politica, a condividere la sua indignazione per l'esito del processo di Trento ai carabinieri accusati di torture. Innocenti, come no. Ma quasi tutti i suoi compagni si sono guardati intorno nervosi e hanno cambiato argomento. Un camion da scaricare, un altro da riempire: è tutta qui la vita. Il resto è solo morte e concetti astratti. E Peter, aderendo a questa filosofia minima, intrisa di sudore, ha trovato una sorta di pace.

Dorme da Max, che dopo un periodo di ribellione in un appartamento in affitto è tornato da zia Sissi, con la coda tra le gambe. Non è in grado di affrontare l'indigenza, il suo amico, non è mai stato il tipo da sacrifici. In ogni caso, il domicilio gli è indifferente, dato che passa molto tempo da Federico, o fuori a divertirsi. Peter gli ha fatto promettere di non dire nulla a sua madre e Max ha mantenuto la promessa, almeno così crede. Lo sente lontano, perso in un mondo più semplice. Peter è sempre stanco. Si sono allontanati, in direzioni diverse, dai sogni di ragazzi, dall'idea dell'azione, da quella notte d'estate del 1961. Qualche volta sono usciti a bere una birra e hanno finito con il passare la serata in chiacchiere serene ma vuote, come una vecchia coppia rassegnata a stare insieme.

Stranamente, le ore di vita più intensa sono quelle passate al negozio, con Karl. Qualche volta, dopo l'orario di chiusura, l'uomo accetta di raccontare. Spezzoni di passato, che sembrano più veri della loro realtà: più vividi ed eroici, fino a far pensare di essere nati nell'epoca sbagliata. Passi di stivali nella notte. Fughe su treni che tagliano l'Europa. Sotterranei pieni di banconote false. I sentieri della libertà nei boschi innevati. E incontri fatali, amori traditi, crudeltà indicibili. Il ricamo devastante dei tracciati delle bombe nel cielo nero di una città in guerra. Le macerie, quelle degli edifici e quelle delle illusioni...

Il colpo, secco, è poco lontano dal suo orecchio. Peter si getta a terra mentre sente fischiare la seconda pallottola. Rotola, cade male battendo forte la spalla contro lo spigolo di un muro, fa una smorfia di dolore. Si mette al riparo. La bicicletta è a pochi passi, parcheggiata sulla rotonda. Ma prima che lui possa raggiungerla e filarsela via, chiunque lo stia tenendo sotto tiro avrà il tempo di ucciderlo. Deve correre. Il dolore gli paralizza la spalla. Sarà rotta?

Nei pochi secondi di incertezza pensa a Klara. Andandosene da casa, ha tagliato i ponti anche con lei. Da mesi non la vede e non la sente, ma non c'è parte di lui che non la rimpianga. Quante sere ha desiderato morire purché la nostalgia finisse. Ora potrebbe morire davvero.

Una seconda pallottola fa saltare un pezzo di intonaco all'altezza della sua testa. Il cecchino fa sul serio. Questa volta Peter ha visto il lampo dell'esplosione. L'uomo è appostato dietro una finestra al primo piano di un magazzino abbandonato dirimpetto alla rotonda. Ha riconosciuto la detonazione rauca di un Mauser: questo significa che il tiratore ha ancora tre colpi nel fucile. Inutile sperare che resti lì a sprecarli tutti, presto o tardi uno andrà a segno. L'unica soluzione è correre sotto le finestre dell'hangar, raggiungere via del Macello, attraversarla ed entrare nel perimetro della stazione merci. Meno di un minuto. La differenza tra la vita e la morte è meno di un minuto.

L'assassino non spara più. Forse esita: rimanere in agguato o venire a cercare la sua preda? Peter balza in piedi e scatta. Non prova più nulla, né il dolore alla spalla, né il bruciore in fondo al cuore. In quel momento si sente una sirena, vicinissima. La polizia? Per una volta, a Peter il suono sembra rassicurante: la terza pallottola sibila accanto al suo orecchio, ma lo manca. L'uomo si è distratto.

Ma non abbastanza. La quarta pallottola prende Peter alla gamba destra, un impatto che lo getta a terra. Sente il muscolo spaccarsi, il sangue che scorre. Non può finire così, abbattuto come una bestia da uno sconosciuto nella luce grigia dell'alba... La sirena si avvicina. Peter si alza sui gomiti, si dà la spinta, rotola verso la barriera dietro la quale sarà al sicuro. La quinta pallottola colpisce il muro della stazione merci.

Si sentono delle grida, non ce l'hanno con lui. Peter dubita fortemente che prenderanno il cecchino, ma intanto gli hanno regalato tempo prezioso. Benedice, per una volta, la militarizzazione di cui si lamenta da anni.

La pallottola gli ha perforato la coscia destra e la ferita è molto profonda. Si strappa la camicia, ne fa una palla compatta, si sfila la cintura e improvvisa una fasciatura per contenere l'emorragia. Ha un solo pensiero. Rientrare da Max.

Al posto di guardia i sorveglianti del Mercato si affacciano timidamente alla finestra. «Chi va là?» urlano.

Non ci pensano neppure, a uscire. Sono tempi violenti e hanno sentito le sirene, non vogliono guai. Non c'è una parte giusta da cui stare, di questi tempi.

Peter si rialza, intriso di sudore freddo. Sposta tutto il peso sulla gamba sinistra e mette alla prova la destra. Trascinandola senza piegarla e premendo forte la ferita con le mani, dovrebbe riuscire a camminare. Passa tra le rotaie lucenti, le colonne di vagoni, le banchine deserte. In lontananza, le luci della stazione. Piange come un bambino. Pensa a Klara, pensa che forse ha voluto vivere solo per rivederla.

Quando arriva a casa ha appena la forza per girare la chiave nella toppa, poi si accascia a terra e vomita anche l'anima. Max accorre dal salotto, per fortuna non è uscito stasera.

«Ma ti pare il caso di tornare in queste condizio...» comincia scherzoso, poi si interrompe. «Peter! Oddio, Peter, cosa è successo?»

Si butta in ginocchio accanto a lui, mette una mano sulla stoffa sporca di sangue. L'odore metallico è fortissimo.

«Sto bene... Le scale. Ho lasciato... sangue in giro.»

«Ma chi se ne frega.»

«I vicini... la polizia» ansima Peter.

«Pulisco dopo. Prima, ti aiuto.»

Mentre barcollano verso il salotto, Peter pensa che non sono così vicini da anni. Gli viene di nuovo da piangere.

«Grazie» dice lasciandosi cadere in poltrona. «Credo... ho perso molto sangue.»

«Direi anch'io» Max guarda impressionato la fasciatura inzuppata.

«Mi serve un medico.»

«Cominciamo con la medicina» l'amico gli mette in mano un bicchiere di bourbon. «Chiamo Federico.»

Peter non ha neanche la forza di protestare, ma lo sgomento gli si legge in faccia.

«Conosce un sacco di gente ed è *fidato*» sottolinea Max. «O vuoi che domani ti convochino in caserma per qualche domandina?»

Federico, infatti, trova subito la persona giusta: accorre in tutta fretta e li accompagna da un medico molto discreto, con l'ambulatorio nel quartiere popolare di Neugries.

«Ma è italiano» protesta Max guardando il nome sul campanello.

«Non preoccuparti. So delle cose di lui... Lavoretti andati male, operazioni non troppo legali su ragazze... che sono state poco prudenti.»

«Insomma, una bravissima persona» storce il naso Peter.

«Deve ricucirti la gamba, non fidanzarsi con tua sorella» ribatte Federico. «Tanto più che preferirebbe un fratello» aggiunge scambiandosi uno sguardo d'intesa con Max. L'altro gli sorride, gli stringe la mano grato. Peter prova un'inattesa stilettata di gelosia.

«Anche quando l'avrà ricucito, Peter è in pericolo. Dovrà nascondersi» dice Max.

«Può restare da queste parti. Da amici. Qui non rischia nulla» offre Federico.

Max ci pensa un momento, poi coglie lo sguardo inorridito dell'amico.

«No, ti ringrazio» scuote il capo, mentre il dottore li fa entrare. «Sei gentile, ma è meglio che lui stia con me.»

Nella camera con le tende azzurre Klara sente il respiro di Konrad rallentare. Il corpo dell'uomo è rilassato, al suo fianco. Se chiude gli occhi e inspira il suo profumo familiare, le sembra di tornare indietro nel tempo.

«Perché mi hai insegnato a costruire le bombe, quel giorno?» chiede a bruciapelo. Lui si volta stupito.

«Hai nostalgia delle cose sbagliate» dice.

«Perché? Sapevi che non sarei mai entrata nel movimento clandestino.»

«Volevo solo fare colpo» risponde lui, disinvolto.

«E ci sei riuscito. Ma non era quella la ragione.»

«Le ragioni» sospira Konrad «sono complicate.»

«Spiegamele lo stesso.»

Lui si alza a sedere sul letto e la guarda con esasperazione mista ad ammirazione.

«Tu non demordi mai, vero?»

Klara scuote il capo. Lo sguardo dell'uomo si posa sui giornali accatastati ai piedi del letto. «Prendi Ebensee, per esempio.»

Da giorni non si parla che degli attentati di Ebensee, in Alta Austria. Tre bombe, una delle quali grazie al cielo non è scoppiata, evitando una strage in una funivia carica di bambini. È rimasto ucciso un poliziotto di nome Kurt Gruber, a cui è esploso in mano un altro degli ordigni, e due suoi colleghi sono stati feriti gravemente. Sul posto, è stato trovato un messaggio molto chiaro: «Giù le mani dai carabinieri!». Un'allusione al processo di Trento per le accuse di tortura e omicidio.

«Cosa c'è da dire? Gli italiani rispondono colpo su colpo, sembra» commenta Klara.

«Già. Ma *quali* italiani?» chiede lui.

«Si parla di un gruppo neofascista. Non mancano di certo, in Italia.»

«Né in Germania, né in Austria» puntualizza Konrad. «Ma si dà il caso che molti esponenti di questi gruppi lavorino a stretto contatto con i servizi segreti.»

«Quindi non è una vendetta ma solo... un modo per soffiare sul fuoco?»

«E per fare un po' di pulizia» conclude Konrad. «Chi credi che verrà arrestato?»

Klara sta per rispondere che ci andrà di mezzo qualche italiano che non c'entra niente, poi riflette meglio.

«Gli austriaci. E i sudtirolesi. È un giro di vite: la violenza aumenta, i terroristi vanno eliminati.»

«Già. E i terroristi lo sanno tutti chi sono, vero?» Lui si alza dal letto. «Sei brava, se ti applichi, vedi?»

Mentre lui si riveste, lei riflette. I negoziati tra Italia e Austria per arrivare a un accordo sull'autonomia del Sudtirolo sono in corso da tempo. Una volta raggiunta l'intesa, lo stato di emergenza sarà difficile da giustificare. Da questo punto di vista, aumentare la tensione fra i due Paesi è una buona strategia. E se un attentato serve anche a gettare la colpa sui soliti noti, tanto meglio: hanno ormai fatto il loro tempo. Gli idealisti ingenui non servono più, la partita ora è in mano ai professionisti.

«E i negoziati?» chiede a Konrad.

«Al diavolo i negoziati. Al diavolo gli italiani e gli austriaci. Comanda chi ha la forza e non teme di usarla.»

«Eppure la forza da sola non basta.»

«Vero.» Lui si annoda la cravatta davanti allo specchio. «Serve anche l'astuzia. Ma chi è costretto a nascondersi in genere la impara bene, l'astuzia.»

«E chi sarebbe?»

Si volta, la guarda nel letto disfatto. È bellissima e non è ancora pericolosa, ma presto lo sarà. Forse per questo non riesce a staccarsene: sa quanto siano preziosi quegli ultimi mesi di innocenza.

«In Europa» dice lentamente «c'è chi è convinto che la storia abbia sbagliato finale.»

«E c'è anche chi vorrebbe evitare che il nuovo finale lo scrivano i comunisti?» suggerisce lei.

Konrad si passa una mano tra i capelli.

«Posso chiederti una cosa io, ora?»

«Certo.»

«Perché sei tornata con me?»

Perché Peter è sparito, vorrebbe rispondergli. Alla prima cena con Konrad ne erano seguite altre, incontri carichi di tensione erotica. Ma è solo dopo che Peter se n'è andato di casa che il giovane diplomatico austriaco si è infilato di nuovo nel letto della sua ex. Klara non si capacita di essere stata lasciata.

«Stiamo bene insieme» dice, sostenendo il suo sguardo.

«Bugiarda» ribatte lui. Prende la giacca con una specie di sospiro, tira fuori di tasca un foglietto piegato e lo appoggia sulla scrivania.

«Hermann sarà a Innsbruck tra un mese esatto. Lo puoi incontrare qui… è stato avvertito.» Lei balza giù dal letto e per un attimo l'uomo pensa che voglia abbracciarlo, ma Klara si precipita ad aprire il biglietto, a memorizzare l'indirizzo. Konrad guadagna la porta in due passi.

«Abbi cura di te» dice piano, ma lei non lo sente nemmeno uscire.

26

Per amore di Peter

Innsbruck e Taisten, novembre 1963

La telefonata è stata breve. Hermann ha dato istruzioni a Klara. Maria-Theresien-Strasse, un piccolo caffè all'altezza della colonna di Sant'Anna. «Facilissimo da trovare» ha detto. «Alle nove in punto. Io non aspetto.»

Klara si è presentata in anticipo e si è appostata in un androne. Studia i passanti che camminano sui marciapiedi della grande via di negozi. Niente di strano in quella folla mattutina in cappotto di loden, qualche rara pelliccia. «Come avrà fatto?» si domanda Klara. Braccato dalla polizia italiana al gran completo, va e viene a proprio piacimento a quaranta chilometri dal confine. Poi vede stagliarsi un'alta sagoma con un cappello di feltro nero. La manica sinistra, vuota, è infilata nella tasca per evitare che svolazzi. Klara gli si precipita incontro, e arrivano insieme alla porta del piccolo bar.

«Bene» commenta «vedo che sei stata puntuale.»

Si siedono in fondo, Hermann con le spalle contro al muro e gli occhi ben fissi sulla porta.

«Lo so perché hai chiesto di vedermi» dice subito l'uomo. «Me l'ha spiegato Konrad. E lo so bene che Peter non ha parlato. Anche perché non aveva niente da dire: di me non sa nulla.»

«Avete fatto un incontro alla Gasthaus...» gli ricorda Klara.

«Quello» Hermann fa un gesto noncurante «era una piccola emergenza, serviva un nascondiglio per l'esplosivo e ci era saltato il posto sicuro. E poi volevo vedere se Peter e quel suo... amichetto avevano più stoffa di quel che sembrasse.»

«E non l'avevano» è Klara a completare la frase.

«Hanno troppo da perdere... O almeno così pensano.»

«E la Notte dei Fuochi?»

«Un altro errore» commenta Hermann. «Ma quello è stato soprattutto tuo. Senza di te, in realtà, ne sarebbero rimasti fuori. Te l'ho detto, a noi non servivano.»

«Vuoi dire che è colpa mia se Peter è nei guai?»

«Perché, pensavi di essere innocente?»

Klara sente che le gira la testa, poi con determinazione torna all'argomento che le sta a cuore.

«Dopo che l'hanno rilasciato, sono tutti convinti che abbia fatto i nomi...»

«Lo so» interrompe lui, e qualcosa nel tono della sua voce la colpisce. Guarda il viso magro, duro.

«Sei stato tu» dice piano. «Tu hai fatto i nomi. E continui a farli.»

Per un attimo sembra che lui voglia negare, poi invece annuisce.

«Non capisco: tu odi gli italiani, li odi davvero. Non ha senso!» protesta lei. Poi, sotto lo sguardo fermo del «monco», si dà di nuovo una risposta da sola. «Non lavori per gli italiani.»

«Non per i carabinieri, di sicuro.» Lui quasi sorride. «Ha ragione chi dice che sei una ragazza sveglia. Sarai molto utile».

Utile a cosa? A chi? A Klara non piace sentirsi una pedina. Sta per chiedere spiegazioni, poi ci ripensa. Sa che quell'incontro ha i minuti contati.

«Non si tratta di me, ora» taglia corto, brusca. «Devi far sapere che Peter non ha tradito. Non mi interessa come, troverai il modo.»

«Potrei anche trovarlo, ma non servirebbe» risponde lui. «Sono passati anni e le convinzioni non si cancellano in fretta. In più, ora il gioco si è fatto complicato. C'è bisogno di eroi, e di capri espiatori.» Scuote il capo. «Peter è un morto che cammina. Cammina anche maluccio, da quando gli hanno sparato.»

La tazza scivola dalle dita di Klara, cadendo sul piattino con uno schianto secco. Qualcuno, nel locale, si gira. Lei abbozza un sorriso di scuse, poi torna a concentrarsi su Hermann.

«Come sarebbe, gli hanno sparato?»

«Qualche settimana fa. Un cecchino.» Le spiega a grandi linee l'accaduto, senza emozione. Klara sente montare la nausea.

«Come puoi essere così indifferente? Peter è il figlio del tuo amico!»

Lui fa una smorfia. «Non puoi capire.»

«Dite tutti così!» Klara batte una mano sul tavolo, senza più curarsi di chi la guarda. «E invece ti dirò una cosa molto semplice da capire: fuori da questo locale c'è un mio amico, un carissimo amico. Lavora in questura, a Bolzano, ma l'ho invitato a Innsbruck per il fine settimana. Crede che io abbia un appuntamento... un po' difficile, con un corteggiatore di cui sbarazzarmi. Devo solo lanciare un urlo, ed entrerà a salvarmi. Sarà entusiasta di scoprire che il fantomatico corteggiatore è l'uomo più ricercato d'Italia...»

«Capisco.» Hermann sembra riflettere. «E se ti dicessi che aiuterò Peter, tu ti fideresti?»

«Sì» dice lei. «Conosco un po' gli ex soldati... di una certa generazione.»

«La manterrei.» L'uomo appare quasi lusingato. «Peccato, però» e si alza.

«Peccato cosa?» Klara è confusa.

«Peccato che il tuo amico sia stato richiamato d'urgenza a Bolzano... Un'indagine urgente, un attentato da sventare.» Hermann le passa accanto con un'occhiata ironica. «Non è riuscito ad avvertirti.»

Ed esce, lasciandola sola e umiliata. *Peter, un morto che cammina... non lavoro per gli italiani... non puoi capire...* Le frasi di Hermann le vorticano in testa come un rompicapo impossibile, la cui soluzione è la salvezza di Peter. Deve tornare a Bolzano, trovarlo. Riprendere in mano le redini della situazione.

Alle sue spalle la gente continua a chiacchierare. Sul tavolo vicino, dove Hermann aveva posato il cappello, c'è una copia del quotidiano «Die Presse». Un titolo enorme riempie la prima pagina: *KENNEDY ASSASSINATO*.

«Günther, dobbiamo vederci.» Katharina ha un tono urgente.

«Dove sei?» domanda Günther seccato. Le regole sono chiare, è lui a decidere quando incontrarsi.

«Alla stazione.»

«Come, che stazione? Oggi non sono a Bolzano!»

«Sono qui» dice Katharina. Il suo sguardo percorre l'atrio deserto, la sala d'attesa vuota, le montagne innevate oltre i vetri. È a qualche decina di chilometri da casa, ma si sente in un paese straniero.

«Vuoi dire a Taisten?»

«Sì.»

«Ma sei impazzita? Ti avevo detto di non metterci mai piede, qui!»

«Hanno sparato a Peter.»

Katharina ascolta il silenzio allungarsi all'altro capo del filo. Si sente sola, senza appoggi. Un agguato a suo figlio, e lei lo ha saputo solo settimane dopo. Il mondo sembra impazzito e ha bisogno di qualcuno a cui appoggiarsi.

«Aspettami lì. Non uscire. Arrivo tra cinque minuti» dice infine Günther, agitato. «Quando vedi il furgone esci e sali in fretta.»

Riattacca e Katharina si mette in attesa dietro la porta a vetri dell'ingresso. Tanto lei è brava ad aspettare. Ha aspettato in tempo di guerra con un bambino in braccio. Poi nel dopoguerra, con Peter, così somigliante al padre, come unica consolazione. Infine, un giorno, l'immagine di un uomo è comparsa in una vetrina di via dei Portici, a Bolzano, dove lei non va quasi mai. Un miraggio alto, robusto, le spalle larghe sotto una camicia a quadri. Occhi azzurri e una barba folta, un berretto di tela. Si è girata a guardarsi alle spalle, dall'altra parte della strada, ma non c'era più nessuno. È tornata a fissare la vetrina, ma le rimandava solo l'immagine di un elegante abito blu con le scarpe abbinate. Poi, ha sentito dietro di sé una presenza, un calore familiare, mai dimenticato. Günther, l'unico uomo fatto apposta per lei. Sapeva che un giorno sarebbe tornato. E ora era lì. Ma le cose erano ben diverse da come aveva sognato. C'erano di mezzo alcuni imprevisti. Una moglie e due figlie, per esempio.

«Lo sai che non ci puoi venire, qui, è troppo rischioso» la apostrofa Günther appena gli si siede accanto. Ha paura, pensa lei, stupita del proprio potere. Non è abituata ad averne. Forse doveva venire prima.

«Hanno cercato di ammazzare Peter» ripete.

«Che cosa è successo?» domanda lui con le mani sul volante, senza guardarla.

«Lo aspettava un cecchino, probabilmente uno dei vostri. All'alba, all'uscita dei magazzini dove lavora. Lo ha colpito solo alla gamba, per fortuna» le parole escono a fatica. È ossessionata da quella scena: il suo bambino abbattuto come un cane in una strada senza luce, da un assassino senza volto.

«E adesso è da te?»

«No, non vuole più vedermi. Per via dei soldi» puntualizza fissandolo. Lui abbassa lo sguardo, ha il buongusto di vergognarsi. O forse è solo seccato di sentirsi ricordare che il denaro messo da parte per far studiare il figlio è servito a salvare la sua segheria dal fallimento.

«Ti ho detto che te li ridarò» borbotta. «Non mi sembra una tragedia cominciare a studiare con un paio d'anni di ritardo, vedrai che ora la fortuna girerà e Peter li riavrà con gli interessi.»

«L'hai detto già tre anni fa» commenta lei. «Ma adesso non è questo il problema. Devi aiutare tuo figlio, fermare quella gente.»

«Ma non ho idea di chi sia stato!»

«Non mi importa. Vi conoscete tutti. Se fai passare parola, arriverà a chi gli dà la caccia. Peter non ha fatto niente di male, non ha denunciato nessuno, né Hermann né altri.»

Katharina lo osserva con una lucidità inconsueta. Non porta il suo anello, ma Günther è l'uomo che ha scelto per la vita, a dispetto di tutto. In questo momento il suo viso è quello di un fallito. Che non ha saputo essere fedele a nulla, nemmeno a se stesso. Che non sa dire nemmeno una parola di affetto e preoccupazione per il figlio nato dal loro amore. Un uomo che pensa solo a cavarsela: non ha mai pensato ad altro.

«Ci provo. Ma tu promettimi di non venire mai più» dice ora, e lei si sente invadere dal disgusto.

«Günther, ho accettato tutto. Tua moglie. Le tue figlie. Il tuo tradimento. Quella che chiami la tua nuova vita» protesta. «Però la mia, di vita, è Peter. Non ho nient'altro.»

«Hai me.»

«No, tu non ci sei! Mi cerchi quando ne hai voglia perché tua moglie ti annoia. Perché ti ricordi com'ero a sedici anni. Perché ti piace quando ti dico che sei l'unico con cui io abbia mai fatto l'amore.»

«Non dire così. Io ti amo!»

Nonostante tutto, quella dichiarazione appassionata le scalda il cuore. Lascia che lui le prenda la mano.

«Ti amo anch'io» dice. «E per sempre. Ma adesso dobbiamo salvare Peter. Non basta dire che non è stato lui a tradire. Devi consegnare chi lo ha fatto davvero» la voce di Katharina è una staffilata. «Sai benissimo chi è.»

La paura sul volto di Günther diventa terrore.

«Non ho idea di dove sia!» esclama.

«Balle!»

«Te lo giuro!»

«Non mi importa. Datti da fare!» Katharina non vuole sentire ragioni. «Il poliziotto che ha messo in giro quella voce su Peter: è lui che adesso lo protegge. Ma solo se gli diamo ciò che chiede.»

«E chi sarebbe questo italiano?»

«Uno che lavora per l'antiterrorismo. Si chiama Umberto. Un tipo che non si ferma davanti a nulla.» Katharina si scopre a pensare che l'italiano non lascerebbe suo figlio nei guai. Che non avrebbe paura per sé, e saprebbe prendere in mano la situazione. Ma senza di lui, Peter non sarebbe nei guai. O sì? Non ha nemmeno mai detto a Günther che il poliziotto ha portato via la sua vecchia fotografia in uniforme, e gliel'ha fatta restituire il giorno dopo. Che cosa sa?

«Farò quel che posso, te lo prometto.» Günther guarda rapidamente fuori dal finestrino del furgone, il piazzale è deserto. Le appoggia una mano sulla coscia, si china verso di lei per baciarla. L'amore dei suoi vent'anni, pensa. Quand'è che tutto è diventato così faticoso? Problemi economici con i conti della segheria che non tornano, la moglie a cui non va mai bene niente, ora anche quel figlio che non ha mai visto. Katharina era l'unica a non avergliene mai dati di problemi, finora.

Lei respinge la sua mano e apre la portiera.

«Trova Hermann in fretta, altrimenti dirò tutto a tua moglie, e anche al poliziotto. È il momento di scegliere: puoi salvare Peter, oppure Hermann» conclude, poi si corregge. «O meglio: puoi salvare Hermann, oppure te stesso.»

Balza giù dal furgone e corre dentro la stazione.

Nell'atrio anche adesso non c'è nessuno, solo un uomo che cerca un po' di calore nella cabina telefonica. O forse sta chiamando? Poco importa. Katharina si chiede se sia di Taisten, se l'abbia vista insieme a Günther, se venire lì sia stata una buona idea. Ma lei ha già fatto tutto ciò che poteva, gli ha dato tutto ciò che aveva. Ora è il momento di chiedere.

27

Stato d'emergenza

Il 1962 è l'anno in cui si intensifica l'attività in Sudtirolo dei gruppi dell'estrema destra internazionale. Nel vicino Veneto è molto attiva la formazione neofascista Ordine nuovo, dalla Germania e dall'Austria arrivano in forze Norbert Burger e i suoi, e si parla di un coinvolgimento dell'OAS francese (Organisation de l'Armée Secrète, l'organizzazione paramilitare francese nata per contrastare la rivendicazione d'indipendenza dell'Algeria). Non c'è quindi da stupirsi che, alla fine di quell'anno, i movimenti dei sudtirolesi e dei loro fiancheggiatori oltreconfine siano seguiti molto da vicino. Dopo aver ascoltato dalle voci dei testimoni il racconto del modo in cui lo Stato si organizzò per sventare gli attentati, cerco tracce di questo aspetto della vicenda negli archivi storici dei carabinieri e della Guardia di finanza. Ne emerge un quadro interessante di cinque anni in cui la tensione non fece che crescere, allargandosi anche fuori dal Sudtirolo.

Il 27 ottobre 1962 la questura di Bolzano comunica ad altre del Nord Italia che «le note associazioni antitaliane, aventi sede in Austria, "Bergisel Bund", "Befreiungsausschuss Südtirol" e "Notring für Südtirol", da alcuni mesi, hanno ricominciato il reclutamento di giovani "guastatori", destinati ad operare in territorio italiano, a gruppi isolati di tre o di cinque elementi» e che «in varie città austriache della Stiria, della Carinzia e del Tirolo, da qualche tempo vengono organizzati, sotto apparente scopo didattico, appositi corsi di insegnamento e perfezionamento sulla manipolazione e l'impiego di materie esplodenti». Una conferma che il movimento è infiltrato. Le «soffiate» sono precisissime, indicano quali auto devono transitare per la frontiera e quando lo faranno, riportando numero di targa, identità degli occupanti, percorsi che seguiranno, strutture in cui alloggeranno (perlopiù campeggi e ostelli, per schivare la curiosità delle forze dell'ordine).

«Attentati sono in programma tra il 16 ed il 23 giugno in coincidenza con la ricorrenza della festa del "Sacro Cuore", per ricordare la "notte di fuoco" del 12 giugno 1961» avverte un messaggio del 13 maggio 1963. Bisogna tenere d'occhio «elementi pangermanisti austriaci» che entreranno in Italia «in compagnia di giovani donne, muniti di falsi documenti, su autovetture di fabbricazione austriaca o germanica munite di targhe italiane recanti la sigla "BZ" o di targhe austriache con le sigle "G" o "T", o "W", o di targhe germaniche recanti le seguenti sigle: "DAH", o "FFB", o "GAP" o "M" o "PA" o "RID"». Sembra un rebus ma è un vademecum prezioso. In realtà, è ad agosto del 1963 che scoppiano le bombe, circa una dozzina: colpiscono tralicci e case abitate da italiani nella zona di Bolzano, ma senza causare vittime.

L'11 marzo 1963 il questore di Milano avverte i comandi dei carabinieri di Milano est, Como, Pavia e Varese: «Fonte fiduciaria attendibile segnala che, nonostante in questi ultimi giorni ci sia stata una battuta di arresto dovuta probabilmente al fermo, alla frontiera del Brennero, di una macchina carica di dinamite, è prevista per i prossimi mesi una ripresa di azioni terroristiche da parte di elementi oltranzisti altoatesini. Sarebbe, fra l'altro, previsto nella prossima primavera un attentato dinamitardo al maggior deposito di carburanti della Liguria, nei pressi di Genova». Il 27 e il 28 aprile di quell'anno, due bombe esplodono a Genova e a Milano, però nei depositi bagagli delle stazioni ferroviarie. Nessuna vittima nella prima città, mentre nella capitale lombarda si contano sei feriti.

La violenza si allarga. Non si tratta più dei disordini interni causati da una minoranza secessionista di una piccola provincia sui monti. È un vero e proprio allarme terrorismo che rimbalza da una questura all'altra in tutto il Nord Italia. E passa oltrefrontiera, dato che a settembre ai colpi anti-italiani di agosto «risponderà» l'attentato di matrice neofascista di Ebensee, nel salisburghese, che come abbiamo visto causa un morto, l'ispettore della gendarmeria austriaca Kurt Gruber, e undici feriti. Su questo attentato ricorderà Silvano Russomanno, nell'intervista a Sergio Zavoli: «Fu l'unica occasione che io possa ricordare in cui qualcuno – un mio superiore, evidentemente – mi pregò di aspettare, di soprassedere... e giustamente, devo dire, perché l'avere scoperto i neofascisti che avevano fatto attentati in Austria ci servì come meravigliosa merce di scambio con la polizia austriaca».

La sorveglianza viene rafforzata di pari passo. Il 28 luglio 1963 un messaggio raccomanda di «rivolgere massima attenzione, procedendo con ogni impegno, nei confronti di elementi sospetti da ricercarsi prevalentemente tra elementi giovani, ambo sessi, di lingua tedesca sia nazionali che stranieri». Nel novembre 1963 i comandi dei carabinieri sono avvertiti di intensificare la vigilanza «mediante pattugliamenti saltuari nell'interno e nelle immediate adiacenze all'esterno delle caserme, specialmente nelle ore notturne». Non dimentichiamo che è un anno elettorale: il 4 dicembre 1963 si forma il primo governo Moro, che coinvolge per la prima volta i socialisti. Tre giorni dopo comincia, a Milano, il maxi-processo ai responsabili della Notte dei Fuochi.

Nel maggio 1964 si tiene a Ginevra un incontro tra il ministro degli Esteri austriaco Bruno Kreisky e quello italiano Giovanni Saragat, per cercare un'intesa. Per chi ha interesse a mantenere alta la tensione e il livello del caos, è un accordo che non s'ha da fare.

Nelle caserme delle forze italiane in Sudtirolo e sui tavoli degli inquirenti arriva un po' di tutto: delazioni, informazioni genuine, depistaggi. Come discernere tra il materiale utile e quello inutile o che, peggio, rischia di inquinare le indagini? Alla conoscenza imperfetta del luogo, delle sue tradizioni e della sua geografia si unisce il problema della lingua.

Un metodo usato con successo è la presenza sul campo: andare nei bar, negli alberghi, nelle chiese, parlare con il sindaco, studiare la socialità locale. Conoscere il territorio in modo quanto più possibile capillare. Lo testimonia un documento del 1968 del comando della Guardia di finanza, sottosezione «Aurina», che fa onore all'impegno di chi lo compilò. Il rapporto, marcato RISERVATO, mappa con estrema precisione tutti i paesi della zona, descrivendo luoghi, attività, personalità di interesse. Ci sono notizie sulle tendenze anti-italiane o meno dei maggiorenti locali, dai sindaci ai parroci ai grandi possidenti; informazioni dettagliate sulle aziende, compresi i macchinari e il numero dei dipendenti oppure gli ettari coltivati, i boschi, i capi di bestiame. Ci sono dati precisi sulle finanze degli abitanti più in vista e sulla loro appartenenza politica, per seguire le tracce dei finanziamenti ai terroristi.

Nella voce «Attualità» compare una ricognizione delle «istituzioni locali», dagli Schützen ai pompieri ai capi di partito. Scrive in particolare il relatore:

Fermenti politici
Delle quattro valli prese in esame, la Valle di Tures è la più interessata da fermenti politici anti-italiani. Psicologicamente una parte della popolazione approva i quattro «bravi ragazzi» [i *Puschtra Buabm*, N.d.R.] ed anche il gruppo di terroristi che hanno compiuto attentati nella conca di Brunico, che del resto appartengono a questa valle. Il centro in cui è più intensa la propaganda anti-italiana è il bar Steger di Molini. [...]

Capi frazione
I capi frazione sono fedelissimi e rigidi esecutori delle direttive della SVP. Sono quasi tutti dell'ala estremista del partito. Nel loro passato non è raro scoprire che si tratta di militari della «SS» o della «Wehrmacht», spesso con incarichi speciali.

Non mancano misure tipiche di una situazione d'emergenza, in cui il normale andamento della vita civile viene scardinato. Il 10 marzo 1965, il ministero delle Poste e Telecomunicazioni stabilisce le modalità per «l'eventuale ripristino del servizio dei pacchi postali dall'Austria all'Italia», dunque il servizio era stato sospeso. Viene richiesta l'apertura di tutti i pacchi, alla frontiera, da parte degli organi doganali austriaci. Poi vanno richiusi e sigillati, con l'indicazione «*Vérifié*» e sorvegliati a vista fino a che non ripartono. Questo vale anche per i pacchi destinati ad altri Paesi, ma che transitano per l'Italia. È una procedura da tempo di guerra.

Un documento del 10 ottobre 1966 del comando generale dell'Arma dei carabinieri dà notizia ufficiale dell'istituzione di un «reparto speciale di rinforzo per l'Alto Adige» presso il Settimo Battaglione CC di Bolzano. Include «elementi scelti dell'esercito (carabinieri, alpini, paracadutisti sabotatori), della Guardia di finanza e della Polizia di Stato». Siamo all'indomani della strage di Malga Sasso del 9 settembre 1966, che ha distrutto una caserma della Guardia di finanza: hanno perso la vita tre militari e quattro sono stati feriti. L'anno, come il precedente, è stato martoriato da esplosioni e scontri a fuoco. «Vari sintomi (nessuna sospensione dell'attività terroristica durante l'inverno, intensificazione della propaganda "irredentistica", azione svolta all'interno della SVP dall'ala estremista) fanno ritenere che a primavera ed anche prima si verificherà una massiccia ripresa dell'azione di gruppi antinazionali.» In un'intervista alla televisione tedesca ARD, a luglio, Norbert Burger ha d'altra parte annunciato nuovi attentati. Le sue dichiarazioni hanno provocato una reazione ai massimi livelli: il ministro degli Esteri tedesco Gerhard Schröder ha condannato ufficialmente la trasmissione in quanto nociva per le relazioni estere della Repubblica Federale.

I compiti del nuovo reparto speciale sono: «Controllare, con pattugliamenti e appostamenti, le zone più impervie della fascia di frontiera con l'Austria, ad integrazione dei distaccamenti di confine. [...] Estendere e potenziare l'azione delle forze mobili operanti nella predetta fascia di frontiera». L'allegato 1 è marcato SEGRETISSIMO ed è un organigramma che non contiene nomi, ma descrive la composizione del corpo scelto: oltre al comando compaiono otto «nuclei», ciascuno composto da tre squadre di sei uomini, più un comandante. È prevista «l'attivazione di 65 distaccamenti». Fra le varie misure si legge: «intensificazione dei servizi di controllo stradale, con la corrispondente istituzione di schedari delle persone e degli automezzi controllati; approvvigionamento (ancora in corso) di 100 mine W1 italiane a strappo, cedute dal IV C.A. [Corpo d'Armata, N.d.R.] da usare – senza pericolo per le persone – come trappole di allarme notturno per la difesa passiva delle caserme più esposte». Si chiedono rinforzi: «50 sottufficiali e 250 militari di truppa; [...] impiego di 65 sottufficiali e 250 militari di truppa nei PP.VV. [passi e valichi, N.d.R.] [...]; costituzione di altre 9 squadriglie [...]; vigilanza lungo la linea ferroviaria (militari impiegati: 72)». Oltre agli uomini e alle armi vengono richieste le unità cinofile. Si bloccano i trasferimenti del personale in servizio al gruppo di Bolzano, fino al 1° dicembre 1967. «Le misure descritte dovrebbero consentire all'Arma di ben fronteggiare il fenomeno del terrorismo, anche se tale attività potrà essere stroncata soltanto con adeguati provvedimenti, anche legislativi, di carattere speciale.»

Grandi manovre, giustificate da un clima di allerta permanente. Risulta con chiarezza da un piccolo plico di «appunti», che riportano ritrovamenti di armi nei boschi, avvistamenti di persone sospette, in due casi la scoperta di un ordigno inesploso. Sono dell'estate del 1967 e la maggior parte riguarda perlustrazioni nei dintorni di Cima Vallona, nel bellunese. Alla fine di luglio gli allarmi sono quasi quotidiani, e seguono tutti lo stesso copione: per esempio il 25 luglio 1967, «alcune persone» sorprese vicino al confine avrebbero aperto il fuoco sentendo intimare l'alt. «Nello scontro un finanziere rimaneva ferito. I predetti riparavano in territorio austriaco» dice il rapporto. Pochi giorni dopo, nella notte del 28 luglio, «alpini del posto di vigilanza di Forcella Dignas, sito nel comune di San Pietro in Cadore, hanno notato le ombre di tre persone provenienti dal territorio austriaco». Hanno sparato, ma a causa della foschia i colpi sono andati a vuoto, e quando sono tornati sul posto al mattino, per controllare assieme ai colleghi austriaci, hanno trovato «presso la linea di confine, dalla parte del territorio italiano, le impronte recenti di due persone». La notte del 30 luglio, di nuovo lo stesso copione, a Forcella Dignas e a Cima Frugoni. Eppure, un attentato a

Cima Vallona c'è già stato, esattamente un mese prima: perché insistere su quel passo?

Nelle caserme, probabilmente, ci si sente sotto assedio. Spari nella notte, la minaccia incombente di uomini che si muovono nei boschi come a casa loro, esplosioni che sembrano farsi sempre più vicine, sempre più frequenti.

Nell'Ufficio storico del comando dell'Arma dei carabinieri, un fascicolo intitolato *Attività terroristica in Alto Adige*, che riguarda il solo trimestre ottobre-dicembre 1967, contiene una trentina di brevi note relative ad altrettanti attentati, molti dei quali sventati. Uno è purtroppo il caso, grave e ben noto, della valigia imbottita di esplosivo rinvenuta il 30 settembre alla stazione di Trento, sul treno Monaco-Roma, che costa la vita al brigadiere di polizia Filippo Foti e alla guardia Edoardo Martini, mentre cercano di disinnescarlo in una zona isolata dello scalo merci. Un altro è la notizia di uno strano contrattacco: il 7 ottobre 1967, sulle scale del consolato austriaco a Roma, viene ritrovato «un involucro dall'aspetto di ordigno a orologeria con all'interno blocchetti in cemento, rivestito con la copertina di un vocabolario italiano; volantini a stampa, a firma "gioventù italiana caravella", con scritte di protesta contro gli attentati terroristici in Alto Adige». Altri volantini con la scritta PORCI TERRORISTI, PRESTO CREPERETE TUTTI vengono distribuiti a Bressanone il 22 ottobre.

Il ritratto che emerge dai documenti delle forze dell'ordine italiane, soprattutto per il biennio 1966-1967, è insomma quello di una guerra a bassa intensità. Nel luglio 1967, in un'altra intervista stavolta allo «Spiegel», Norbert Burger, lo afferma chiaramente: «pensa sempre che gli attentati in Sudtirolo siano utili?» chiede il giornalista. E il neonazista: «Oggi sono più necessari di prima». Devono esplodere abbastanza bombe, dice, da far convergere su quella provincia l'attenzione dell'Europa intera. I mezzi non mancano: il 28 ottobre 1967 viene scoperto dalla Guardia di finanza, a Clusio di Malles Venosta, un arsenale segreto in un anfratto roccioso: quattro chili di donarite, un chilo di gelatina, sessantadue metri di miccia, trentacinque detonatori, novantadue cartucce per fucile Mauser. È solo uno dei tanti.

Si ha notizia di fermi cautelari e arresti, in un caso l'ordine di cattura di una cameriera ventiduenne, «Maria», accusata di cospirazione politica mediante associazione. Un agricoltore venticinquenne, «Adolfo», nella cui casa vengono trovati una mina antiuomo a strappo e un candelotto nebbiogeno, proprietà dell'esercito italiano. Due fratelli di Appiano, invece, probabilmente più che al terrorismo si dedicavano al bracconaggio dato che la nota enumera tra i materiali confiscati, oltre ad armi e munizioni, «9 kg di carne di capriolo». A fine novembre, in un pomeriggio da lupi («avverse condizioni atmosferiche» dice il rapporto) una pattuglia in elicottero individua sul confine un aereo leggero con accanto due persone: cosa porta? Dove è diretto? Di questi tempi, nessuno pensa possa trattarsi di turismo.

Non mancano le stranezze: per esempio una lettera di richiesta di denaro, che due farmacisti di Laives e di Ora consegnano ai carabinieri del loro paese, in cui un misterioso (anche ortograficamente) «Komitato per la liberazione del Sudtiroler-BAS-Linz» chiede sostanzialmente soldi in «prestito», promettendone la restituzione oltre a oscure protezioni, in un italiano a dir poco singolare. Così comincia la missiva:

Herr Direktor!
Siete pregato di versare una somma per prestito ai patrioti del Sudtirolo, ke vi sarà restituita entro 10 anni, raddoppiata.

Portate intanto il denaro in biglietti da 100 mila avvolti in carta impermeabile entro busta grigia nel posto sottoindikato.

Seguono undici «regole» per la consegna, dal tono altrettanto caricaturale. L'ultima recita: «State lontano dagli uffici pubblici e dalle kaserme. Voi siete nostro amico e non vogliamo che vi sia fatto del male. Nascondete kestya lettera che vi servirà fra 10 anni per essere dei nostri».

L'anno, qui, è già il 1968 e questo documento appare come uno scherzo o, al massimo, un tentativo di truffa organizzato contando sull'ingenuità dei sudtirolesi amici dei «combattenti». Ma è un interessante indicatore della psicosi che circolava nella provincia. E nella penisola intera, a giudicare dai servizi e dai reportage che quotidiani e periodici dedicano alla questione sudtirolese, in concomitanza con i fatti di sangue più eclatanti del biennio 1966-1967 che culminerà, come vedremo, con la strage di Cima Vallona.

Il 28 luglio 1966, il quotidiano «Roma» manda un inviato ai funerali di Salvatore Cabitta, finanziere ucciso in un attentato a San Martino in Val Casies. «Sono continuate per tutta la giornata le azioni di rastrellamento e di pattugliamento sempre, purtroppo, senza risultato. Centinaia di uomini sono impegnati in queste operazioni. Si è calcolato che la sola azione di vigilanza lungo il confine venga a costare all'erario italiano oltre un miliardo di lire all'anno» riporta il cronista.

«C'è qualcuno oltreconfine che tiene in mano i fili dell'organizzazione criminale e che manovra con fredda determinazione le pedine sulla scacchiera altoatesina» scrive «Il Tempo» del 6 agosto 1966, dando notizia anche della mozione presentata dall'onorevole Giorgio Almirante, deputato del MSI, il giorno prima in Parlamento, in cui si invita a «troncare ogni e qualsiasi trattativa internazionale che abbia come oggetto l'assetto interno della provincia di Bolzano, questione di stretto carattere interno e di pertinenza esclusiva dello Stato italiano». E annuncia che Aldo Moro è arrivato in Trentino con la famiglia per trascorrere «un periodo di riposo» a Predazzo. Dato il clima, più che il riposo sembra probabile che il primo ministro avesse in mente di dare un segno di presenza delle istituzioni, e di fiducia nelle forze impegnate sul territorio. Ma non basterà, e l'autunno non porterà la pace.

Il 10 settembre 1966, all'indomani della strage di Malga Sasso, «Paese Sera» titola: «Il problema altoatesino lunedì alla Camera. Presentate numerose interrogazioni ed interpellanze. Sottolineate le responsabilità del revanscismo tedesco. Cordoglio e riprovazione anche in Alto Adige». Il ministro dell'Interno Paolo Emilio Taviani, dice l'articolo, si è recato di persona sul posto per indagare. «Appena venuti a conoscenza della tragica fine di due guardie di finanza al confine, Moro e Nenni si sono subito incontrati a Palazzo Chigi ed hanno discusso la situazione creatasi per un'ora e mezza. Oltre a consultarsi con Nenni, il presidente del Consiglio si è tenuto in costante contatto con la Presidenza della Repubblica, con il ministero delle Finanze e con quello dell'Interno. [...] Sempre ieri il Papa [Paolo VI, N.d.R.], con un telegramma al vescovo di Bolzano tramite il segretario di Stato Cicognani, aveva espresso il cordoglio per le vittime elevando un'accorata riprovazione del nuovo atto di violenza.» Tutti, in primo luogo gli esponenti della sinistra italiana, ma anche il Consiglio comunale di Bolzano, parlano di matrice neonazista degli attentati.

Il settimanale «Epoca» dedica al Sudtirolo la copertina del numero del 18 settembre 1966, con il titolo *Il de-*

litto e il disordine. Si sottolinea qui anche una preoccupazione di tipo economico: «Entro dicembre, dal passo del Brennero saranno entrati in Italia dieci milioni di turisti». Bloccare la frontiera, attraverso cui passano, nei due sensi, fino a ventimila auto al giorno, è impensabile, sostiene l'articolo. Non mancano i dettagli di costume sulla visita del ministro Taviani: «C'erano alti funzionari, nei giorni scorsi, che si preoccupavano soprattutto di fargli arrivare con impeccabile tempestività la colazione in camera. Fra Bolzano e il Brennero si incrociavano febbrili consultazioni telefoniche al culmine delle quali un funzionario gridava con energia: "Lo yogurt, mi raccomando, non dimenticate lo yogurt"».

Il 2 ottobre 1966 la «Domenica del Corriere» pubblica le foto di otto ricercati «esposte in tutte le caserme delle forze dell'ordine italiane». Sono: «Norbert Burger, Georg Klotz, Sigfrido Steger, Giuseppe Forer, Enrico Oberlechner, Heinrich Oberleiter, Luigi Larch, Carlo Ausserer». Chissà perché solo alcuni nomi sudtirolesi vengono italianizzati. «Questi otto uomini sono tra gli esponenti più pericolosi del terrorismo neonazista» dichiara senza appello il giornale.

Questa dunque è la situazione alla metà degli anni Sessanta. Le forze dell'ordine si sentono in guerra contro un nemico di cui capiscono a malapena l'identità, ma che percepiscono come ubiquo e spietato. Le facce dei «nemici pubblici» della nazione campeggiano sul supplemento domenicale del principale quotidiano italiano. Le massime cariche dello Stato ordinano di serrare i ranghi, intensificare le indagini, battere i confini. Eppure ormai tutto, o quasi, è già successo.

Per addentrarci negli ultimi fuochi degli anni Sessanta, e negli inganni che li alimentarono, dobbiamo ora tornare indietro a un anno cruciale per la nostra storia: il 1964.

28

Gli arsenali della CIA

Bolzano, inverno 1964

Klara ha lasciato passare Natale e Capodanno senza tornare a casa. Non si sentiva in vena di celebrazioni e le feste in Sudtirolo sono così dolci, con le luci magiche, il ghiaccio che scintilla, il bicchiere caldo di *Glühwein* stretto tra le mani guantate. Così ingannevoli. Nell'anno appena cominciato non ci sarà posto per queste distrazioni. La caligine dei buoni sentimenti, il pensiero della famiglia e dei bambini, la tentazione di una vita confortevole sono nemici da evitare.

Esce dall'appartamentino in via della Mostra che suo padre le ha affittato quando gli ha detto che voleva tornare a Bolzano, subito dopo aver visto Hermann. È stato un sollievo, per Franz: non ha fatto domande. Nemmeno Peter ne ha fatte, quando si sono rivisti: zoppica ancora, ma l'ha stretta senza esitare tra le braccia forti che non è mai riuscita a dimenticare. Si sono perdonati silenziosamente le distanze, i tradimenti, e si sono promessi di proteggersi a vicenda. Di proteggere ciò che c'è fra loro.

Klara entra senza bussare nell'ufficio del padre. Franz sorride alzando il naso dai suoi fascicoli.

«Toh, guarda guarda!» dice, poi le va incontro. «Un piacere inaspettato! Sei tornata da settimane, e vieni a trovare solo ora il tuo vecchio papà?»

«Non sei vecchio» Klara lo abbraccia forte, sente la sua sorpresa. «E poi ci siamo sentiti spessissimo.»

«Sì, ma per telefono non è la stessa cosa...» Franz la stacca da sé per guardarla. «Sembri... più adulta.»

«È un modo per dirmi che ho le rughe?»

«Le rughe no, dei dispiaceri sì.» Il padre non si lascia distrarre dal tono scherzoso. «Eppure non mi sembra che sia successo niente.»

«Mi tieni sempre d'occhio, eh?»

«Soprattutto ora che sei tornata a vedere quel Peter... Sono in parecchi a tenere d'occhio il tuo fidanzato, a Bolzano.»

«Eppure non basta» si incupisce lei. «Papà... Ho qualcosa da dirti.»

Lui pensa subito: è incinta. Rosa ne sarebbe così felice, sogna un nipotino, la normalità. Ma no, non è quello. Klara è troppo simile a lui.

«Dai, siediti. Beviamo un caffè» le indica l'angolo con il divano, la poltroncina e il tavolo basso ed esce per dare istruzioni alla segretaria. Quando rientra, Klara è in piedi davanti alla grande cartina del Sudtirolo. Le si avvicina.

«Mi è sempre sembrata grandissima, questa cartina» dice lei senza voltarsi. «Ma è molto piccola, vero?»

Il padre le posa una mano sulla spalla.

«Non è la cartina che è piccola» dice. «È il gioco, che è molto più grande.»

«Gli idealisti della prima ora non servono più, se non come martiri della causa. Ora è il momento dei professionisti» azzarda Klara. «Come Kerbler. Come Borth. Per questo mi avevi fatto i loro nomi. Non perché li tenessi d'occhio, non ti servivo certo io per questo. Ma perché capissi.»

Per un momento, lui non dice una parola. Poi con un gesto impulsivo abbraccia forte sua figlia.

«E hai capito... Sono fiero di te» le sussurra nei capelli. Poi la segretaria entra con i caffè. «Ora siediti, dai» aggiunge, quasi con il tono di un capo.

Il loro colloquio dura un'ora. Franz le spiega l'escalation in corso, la rete dell'eversione nera che in tutta Europa si va riformando, la crisi nella politica americana dopo l'assassinio di John Kennedy, la necessità di usare ogni mezzo, anche i neofascisti come i quattro attentatori di Ebensee, anche i neonazisti come Borth e i doppiogiochisti come Kerbler, per contrastare l'avanzata del comunismo in Occidente. L'Italia è a rischio, le spiega. Le elezioni politiche dell'anno precedente hanno portato al primo governo di centro-sinistra guidato da Aldo Moro, che sta aprendo al Partito socialista guidato da Nenni. Inoltre quest'anno tutti si aspettano una netta avanzata dei comunisti, alle elezioni amministrative. L'impressione è che il presidente della Repubblica, Antonio Segni, non abbia più la forza di mantenere gli equilibri. Gli americani temono che nel fronte anticomunista così faticosamente costruito possa aprirsi una breccia proprio in Italia. Il Sudtirolo e il confine del Brennero sono ancora importanti, ma ora devono inserirsi in una strategia più ampia.

«Il medico italiano che ha ricucito Peter è comunista» osserva Klara. «Vuoi dirmi che il pericolo ora sono quelli come lui, e non quelli che mettono le bombe?»

«Non ancora, ma potrebbero diventarlo. Perfino qui.» Il padre si alza. «Hai un paio d'ore per me?»

«Per te, sempre» risponde lei seguendolo fuori.

Pochi minuti dopo sono in auto diretti verso sud, al Kalterersee.

«C'è una cosa che non ti ho ancora detto... Sono stata a Hall» confessa Klara a bruciapelo. Lo vede irrigidirsi, sorpreso. Almeno per una volta, evidentemente, è stata abile a eludere la sorveglianza dei suoi «angeli custodi» a Innsbruck. «Ho... ritrovato il dottor Leitner. Mi ha parlato di Michael.»

Franz continua a tacere.

«Non avresti potuto fare nulla, e neanche lui» aggiunge Klara con foga. «Non è colpa tua.»

Lui fissa la strada, deglutisce con fatica come se un boccone amaro gli impedisse di parlare. Poi dice: «Sei stata coraggiosa. Molto più di me».

Lei ha l'impressione che stia per piangere. Si gira a guardare fuori dal finestrino, per rispettare il suo dolore. In lontananza scintillano le acque del lago.

«Heinz Leitner era un amico e sono sicuro che ha fatto ciò che poteva» continua Franz. «Non c'è nulla da rimproverare, nulla da perdonare. Per me, invece, è un altro discorso. Io ho fatto un errore: non ho capito. Non sono partito in tempo. Con Rosa, con Michael. Quando i nazisti sono andati al potere mi sono detto che non sarebbe durata, che la democrazia avrebbe prevalso. Che si sarebbero normalizzati, una volta al governo. Che i loro slogan incendiari erano solo parole per conquistare voti, e le esigenze della politica li avrebbero fatti ragionare. Siamo stati in tanti a pensarla così. A chiudere occhi e orecchie. Eravamo terribilmente arroganti.» Batte la mano aperta sul volante e Klara si gira e lo scruta. «Ho capito troppo tardi che la violenza va combattuta con una violenza ancora più terribile. In questo mondo non c'è posto per la tirannia, e i tiranni si rovesciano con le armi.»

Franz rallenta, sono arrivati. Ma dove? L'ultimo tratto di strada che hanno percorso è uno sterrato, intorno c'è solo bosco.

«Così sono rientrato a Berna senza Michael, e tua madre ha smesso di amarmi» conclude.

«Non è vero!» protesta Klara. «Mamma ti ama moltissimo, ho sempre pensato che foste la coppia perfetta.»

«Anche questo» sospira suo padre «fa parte del gioco. Una sola cosa, nella nostra vita dopo Michael, non ne è stata parte. Una sola cosa era vera.»

«Quale?»

«Tu.»

Spegne il motore. L'aria si riempie del cinguettio degli uccellini. Klara mette la mano sulla sua, la porta alle labbra.

«Ora faccio parte del gioco anch'io» gli dice. «Il dottor Leitner mi ha dato il certificato... quello di Michael. Alla mamma non dirò nulla. Lo tengo io.» Sarà il suo promemoria, si promette ferocemente. Per ricordarsi di ciò che un regime criminale ha tolto alla sua famiglia. La dittatura che preme da Est non passerà.

Suo padre le stringe forte la mano.

Scendono dall'auto in silenzio e si dirigono verso una baita in fondo a un sentiero. Sembra abbandonata, minuscola con la parete della montagna di Leuchtenburg che si alza subito dietro. A destra, non lontano, un'alta recinzione protetta dal filo spinato rivela la presenza di una base militare. Su una torretta alcuni soldati montano la guardia.

«Vieni» dice Franz.

«E quelli lassù?» domanda lei indicando con il mento le sentinelle.

«Basta non avvicinarsi al loro perimetro.»

Il padre socchiude la porta della catapecchia. L'interno puzza di chiuso. Non ci abita nessuno. Va deciso verso la parete di fondo, esce dalla porticina sul retro. Bastano pochi passi per arrivare alla roccia, coperta di vegetazione. La luce è scarsissima. Accende una torcia elettrica prima di scostare i rovi e i ramoscelli. Dietro, c'è una porta blindata con una serratura a combinazione.

«Reggi la torcia» chiede mentre fa girare le cifre. La porta si apre con uno scatto e Franz fa cenno di entrare. Lei si inoltra cauta nello spazio buio, con il cuore che batte forte. Non riesce a vedere niente. Poi il *clic* di un interruttore. E una luce al neon, forte, che dissolve ogni ombra.

«Ecco. Adesso capirai meglio» dice Franz.

La sala scavata nella roccia contiene un intero arsenale: fucili d'assalto, armi di precisione, mitra, rivoltelle. Ci sono casse di munizioni impilate, esplosivi e mine anticarro. In un angolo si notano vari mortai di piccolo calibro.

«Un deposito di armi» Klara è impressionata e allo stesso tempo non è stupita. Non poteva che essere così. «Non è l'unico deposito» indovina. «Solo uno dei tanti pronti per la prossima guerra...»

«Quella che non possiamo perdere» sentenzia lui. «Hanno cominciato gli inglesi e gli americani, subito, nel 1945» spiega poi. «Gente come Dulles, Wisner, Angleton... soprattutto Angleton. Eravamo tutti a Berna, poi a Vienna. Sono stati loro a mettere in piedi queste reti clandestine: si chiamano "stay-behind". Per essere pronti quando i sovietici avessero occupato l'Europa. All'inizio era sembrata una buona idea.»

«E oggi?» lei non è abituata a sentirgli l'incertezza nella voce.

«Oggi c'è chi dice che stiamo perdendo il controllo. Che nell'ansia di contrastare i comunisti stiamo dando troppo potere a chi vuole solo il caos» risponde il padre. «E in America i pacifisti chissà cosa direbbero, se vedessero una scena come questa... ma quelli non capiscono. Vivono in un mondo tutto loro, e hanno dimenticato che il pericolo è reale.»

«Posso?» Klara si è impadronita di una pistola. L'ha presa da una cassa verde oliva. Lui esita, osserva il modo in cui sua figlia regge l'arma. Senza paura, ma con rispetto.

«Prendila pure» dice. «Mi fido di te. Ma stai attenta.»

29

Non è più tempo di eroi

Bolzano e Roma, aprile-giugno 1964

Tutte le domeniche di Sissi obbediscono allo stesso copione. Max spinge la sedia a rotelle in prima fila per la messa delle 10.30. La zia prega per le persone che ama, perfino per Kurt, che in fondo cerca anche lui la via della salvezza. Prega per i caduti della guerra che non dimentica mai. A volte piange sotto la veletta. Che cosa avrebbe potuto fare di più? Era in suo potere cambiare le cose? Sente in cuor suo che Dio non l'ascolta più. Si è allontanato. Ha smesso di parlarle. Neanche lui ha più bisogno di lei.

Poi vengono i giovani a pranzo. Max in compagnia di Federico, Peter con Klara. La governante Helga spadella per tutta la mattina e poi porta via soddisfatta i piatti vuoti. Sissi ama la compagnia di quei ragazzi, vorrebbe poter ritornare giovane, anche solo per un momento. Li interroga sulla politica, su cosa pensano della situazione. Due giorni prima la Commissione dei Diciannove, incaricata di redigere le proposte per uno statuto autonomo del Sudtirolo, ha presentato le proprie conclusioni al presidente del Consiglio, Aldo Moro. La fine di un incubo?

«Hanno firmato un pezzo di carta! Tre anni di negoziati per un pezzo di carta! E per noialtri niente autonomia, e niente Austria.» Peter è il più negativo. Dopo Sissi, ovviamente.

«Ancora ci credevi?» sorride Klara.

«Non è questione di crederci o meno, ma di darsi da fare» ribadisce lui. «Abbiamo fatto male a fidarci della politica... Ha ragione chi continua la lotta.» Lui non l'ha continuata, pensa con amarezza. Non ne ha avuto il coraggio. Ora forse ha ragione Klara, a dire che è troppo tardi. Quella stagione gli è scivolata tra le dita, un'occasione che non ha saputo cogliere.

«Può darsi, ma le decisioni sono già state prese da un pezzo, e da pesci molto più grossi di voi» ribatte ora la sua fidanzata. «Gente molto più potente. Quella frontiera non la spostano più...»

«La conosco, la musica. È quella di tuo padre. Gli americani che decidono tutto... ma noi non abbiamo ancora detto la nostra ultima parola.»

«Ha ragione Peter» interviene Max. «Vale la pena lottare quando la battaglia si può vincere.»

«Ma quale battaglia? Non è mai stata che un pretesto...» Klara sbuffa e assume un'espressione da saputella. «Il destino dell'Europa è deciso da russi e americani. Non montatevi la testa e accontentatevi di quello che avete ottenuto.»

«Ma sentila, la statista!» interviene Federico. Klara non gli piace, sa sempre tutto lei. Peter sembra pronto a inalberarsi per il tono del giovane e Max interviene per placare gli animi. Da quando sta con un italiano, è diventato un esperto in questo tipo di diplomazia.

«Va bene, staremo a vedere» leva il calice, e appoggia l'altra mano sul braccio di Federico. «Brindiamo all'amore... almeno su quello saremo tutti d'accordo!» propone, con un'occhiata intensa al bel ragazzo al suo fianco.

Quando se ne vanno, zia Sissi spinge la sedia a rotelle accanto alla finestra. Una volta avrebbe partecipato alla conversazione, fatto valere le sue ragioni. Avrebbe risposto punto per punto a quella ragazzina arrogante. Ma non ne ha nemmeno avuto voglia, è rimasta ad ascoltare le chiacchiere sempre più oziose dei nuovi, frivoli padroni del mondo, mentre il vino nella bottiglia diminuiva.

«Certo che ci sono delle buone ragioni per combattere» sussurra. «Ce n'erano ai miei tempi e ci sono ancora. Solo che si muore.»

Ma morire non è poi questo gran sacrificio.

All'inizio, a Roma, si perdeva. Era arrivato nella capitale alla fine di giugno del 1945, senza averci mai messo piede prima. Un uomo libero. Un ex soldato come tanti altri, una storia che nessuno aveva voglia di ascoltare. I vincitori si pavoneggiavano sulle jeep, una sigaretta all'angolo della bocca, sorridendo alle ragazze e portandosi a letto le più belle per qualche regalino. Un eroe italiano? Se anche fosse stato vero, a chi importava?

Nel quartiere attorno alla stazione, erano stati organizzati centri di accoglienza per quelli che rientravano dai campi di prigionia tedeschi. Da lì sarebbe potuto tornare a casa, ma da chi? Suo fratello era caduto sul fronte russo con l'Ottava armata. Sua madre era morta, forse di crepacuore, e suo padre era sepolto da un pezzo nel cimitero di Trapani, roso dal sale delle saline. In compenso, per un ex soldato la carriera nelle forze dell'ordine era aperta, in tempi che si annunciavano incerti ce ne sarebbe stato bisogno. E tra i mille volti sconosciuti della stazione, un giorno, ne aveva incrociato uno noto: il capitano Giovanni. Uno di quelli che a Cefalonia non si erano arresi ed erano sfuggiti alle esecuzioni sommarie, al sabotaggio delle navi cariche di prigionieri italiani e poi ai mesi di lavori forzati in Germania.

Umberto, invece, era stato tra i soldati italiani che

dopo l'annuncio dell'armistizio di Badoglio, nel 1943, avevano scelto la parte giusta e si erano trovati massacrati dai loro stessi ex compagni d'armi. Cefalonia con i suoi inutili eroi, però, era già lontana. Avrebbe fatto meglio ad andarsene via subito. Trovare una barca, veleggiare verso Drapano, gettarsi tra le braccia di Moira nella caletta greca protetta dai venti. La ragazza il cui nome significava «destino», ma poi il destino era stato tutto diverso e lui aveva finito per abbandonarla.

La giornata del 2 giugno è quasi finita, ma Umberto non ha lasciato Roma. Sa che a Bolzano ci sta pensando Ettore, che lo aggiorna per telefono: chiedergli di pedinare Katharina è stata l'idea giusta. Da qui, però, la piccola provincia nascosta tra i monti appare insignificante. Bolle in pentola roba grossa, nientemeno che la caduta del governo Moro. La parata per la festa della Repubblica sembrava un'esercitazione militare, con uno spiegamento di mezzi, uomini e forze speciali che non si vedeva dai tempi della guerra. Il generale dei carabinieri, Giovanni De Lorenzo, ha fatto affluire una quantità di uomini spropositata. Per celebrare il centocinquantesimo dell'Arma, ha detto. Ma dopo la parata, impressionante anche quella, le truppe sono rimaste in città. Tira aria di colpo di Stato, ma c'è chi pensa che a cadere sarà solo Moro, con le sue aperture ai socialisti, cioè comunque ai rossi.

E c'è chi pensa di aver fatto la guerra perché si potesse governare senza i militari... si dice stancamente Umberto. Lui ha sempre saputo che non era così. Sono anni che uniformi e armi non fanno che moltiplicarsi, tutt'intorno a lui. E la natura della sua missione a Bolzano è cambiata in modo radicale. Le istruzioni dall'alto sono di «continuare il buon lavoro che sta svolgendo... senza strafare». Lasciar passare qualche chilo di esplosivo è una disattenzione perdonabile. La gente del posto in fondo deve sapere che il pericolo non è cessato, e che le forze armate restano sul terreno per proteggerli. Ma Umberto si ribella al pensiero: il suo lavoro è evitare che la gente muoia, non il contrario.

Giovanni lo aspetta a un tavolino del bar Bernini, il solito. Capitano, generale... Da un pezzo nel suo mestiere non contano i gradi, solo il potere.

«Che cosa sta succedendo?» Umberto evita i preamboli.

«Niente. Insomma, niente di grave. Le acque si calmeranno nel giro di qualche giorno. De Lorenzo farà un giretto al Quirinale, Moro metterà in piedi un altro governo... uno che possa fornire delle garanzie. Molto rumore per nulla.»

«Mi sembra una buona notizia» commenta l'altro.

«E sulle tue montagne? Come ti trovi?»

«Lo stesso: molto rumore per nulla. Botti, esplosioni, anche morti, e poi in realtà è come se non fosse successo niente. Ma ora...»

«Ora è il caso di fare un po' di pulizia» annuisce Giovanni. «È un bel po' che dai la caccia a quel nazista, il "monco", vero? Può darsi che sia il momento buono.»

«Credo anch'io. Ma mi serve la certezza» dice Umberto. «Mi sembra che quelli come lui piacciano molto a quelli come te, ultimamente.»

Giovanni fa un gesto di fastidio. «Parli come un messaggio cifrato... Diciamo pure le cose come stanno. John Kennedy è morto, e le cose sono cambiate. Nonostante le apparenze, era troppo tenero con i russi, ma con Johnson alla Casa Bianca è tutta un'altra musica. Potrebbe scoppiare la guerra, e noi abbiamo bisogno di armi, strategie e uomini pronti. Ecco perché ci servono *quelli*.»

«E fin qui c'ero arrivato. Ma quindi perché dovrei prendermi la briga di catturare Hermann?»

«Lui, e tutti gli altri. La questione va chiusa, lassù, prima che sfugga di mano. I martiri moriranno, gli irriducibili resteranno in esilio, gli uomini abili verranno arruolati. Tu tira in secca la rete, e a cosa fare con i pesci penseremo noi.»

Umberto guarda la testa quasi calva, il viso grassoccio. Lo conosce da anni, eppure farebbe fatica a descriverne i lineamenti. Forse non ne ha più.

«Non ti fa impressione?» gli chiede.

«Cosa? Usare i nazisti contro i comunisti? No, mi sembra sensato. È usando i comunisti contro i nazisti che abbiamo vinto la guerra.»

«Abbiamo?»

«Non sottilizzare!» Giovanni gli batte una mano scherzosa sulla spalla. «Non è che a stare solo tra quelle montagne mi diventi troppo filosofico? Sei sempre stato un uomo di azione.»

«Fermare i comunisti è una cosa, trasformare l'Italia in una dittatura è un'altra...»

«Tu preoccupati di mettere ordine fra i tuoi montanari, che all'Italia ci penso io.» Giovanni si alza e prende il bastone da passeggio con il pomolo d'argento. «Dimenticavo: mi è giunta voce che hai trovato anche una donna, lassù... Una bella locandiera, vero? Allora di questa non te ne farai niente...» si toglie di tasca una busta e gliela mette davanti. «Ma te la do lo stesso, perché a me serve ancor meno. Un amico me l'ha spedita dalla Grecia. Quanto tempo... E vedi, dopo tutti questi anni essersi comportati da eroi non conta più. Se sei saggio, bruciala. E lascia il passato dove sta.»

Umberto resta seduto a fissare la foto in bianco e nero per ore. La ragazza avrà una ventina d'anni, ed è accanto a una donna più matura, il cui viso gli ha dato un colpo al cuore. È lei, non c'è dubbio. Moira. Umberto scruta il volto della ragazza, l'età sembrerebbe giusta. Gli assomiglia, non c'è dubbio. No, forse è solo un'impressione. Un desiderio malato.

Sulle due donne si stende un'ombra, quella che getta il fotografo con il sole alle spalle. Un uomo che indossa un cappello. Un marito? Un parente? Un amante? Il vero padre? Vent'anni sono tanti per aspettare un uomo che ha promesso di tornare.

Katharina ha aspettato, pensa. E infatti, il suo uomo è tornato.

30

Fantasmi che tornano

Bolzano, estate 1964

Sissi sente sbattere la porta d'ingresso. Poi la voce di Helga, la governante.

«Herr Kurt, la prego. La signora sta riposando.»

Kurt spalanca la porta della sua stanza con un gesto brutale. Sissi è sul letto, seduta contro i cuscini, le mani conserte in grembo. I piedi calzati di bianco sbucano dalla trapunta, con un effetto involontariamente comico. Tutt'intorno regna un incredibile disordine, ci sono vestiti buttati ovunque, come per una partenza: abiti, cappotti, gonne di foggia antiquata. Quella dei bei tempi, gli anni della loro gioventù. Cappelli, sciarpe, intere collezioni di guanti, tutta una vita di spensieratezza ed eleganza, ai tempi in cui Sissi frequentava i salotti di Vienna e Berlino. Sul letto invece sono sparse le foto, alcune di giovani uomini e donne, altre dei genitori e dei fratelli che non l'hanno mai approvata: troppo libera, troppo sincera anche negli errori, per i gusti di quella sobria alta borghesia. E per quelli di Kurt, che ora la guarda interdetto.

«Stai traslocando?» chiede ironico. «O finalmente dai via tutta questa roba ai poveri? Non credo che andrai più a ballare il valzer» puntualizza prendendo nella grossa mano il merletto delicato di un abito da sera.

«Non toccare» intima lei. «Questa non è roba tua. Almeno questa.»

«No, infatti.» L'uomo lascia la stoffa, con disprezzo. «L'hanno pagata i tuoi amanti, no?»

«Che cosa vuoi?»

Lui si avvicina al letto, la sovrasta.

«Voglio che tu cacci da questa casa quel terrorista amico di mio figlio.»

«Ma quale terrorista, gli hanno pure sparato addosso...»

«Non me ne importa niente. Traditore o martire, me ne frego... è un imbecille e una testa calda, e questa storia è già andata avanti per troppo tempo. Deve lasciare in pace mio figlio, prima di metterlo nei guai.»

«Quali guai?»

«Cosa vuoi saperne tu, sei fuori dal mondo» sputa Kurt. «Ma non è più il tempo degli eroi e non voglio che Max si trovi dalla parte sbagliata, alla resa dei conti.»

«Max e Peter sono amici da sempre... Non lo lascerà andar via.»

«Max farà quel che deve, per non perdere la vita comoda che ha» ribatte lui. «È solo un ragazzino viziato che gioca a fare il grande fotografo. A un certo punto tornerà a casa. Sempre che io glielo permetta.»

«È pur sempre tuo figlio...»

«A volte ne dubito, te lo assicuro. Allora, ti sbarazzerai del figlio della locandiera?»

«Almeno lui ha avuto il coraggio di provare a fare qualcosa... Ha anche pagato. Con la prigione, mettendosi in pericolo.»

«Risparmiami la storia dei combattenti per la libertà» ringhia il fratello. «Una manica di fantocci che si manipolano l'uno con l'altro, secondo l'aria che tira in politica.»

«Le battaglie non sono più così semplici» concede Sissi «ma almeno lui e Max non si sono tirati indietro. In guerra, loro, ci sarebbero andati» aggiunge sapendo di ferirlo.

«Taci. Sarebbe tornato con le pive nel sacco. Sconfitto, come gli altri, come te. Come il Paese intero, se non ci fossero quelli come me a mandare avanti gli affari.»

«Già, gli affari. Ne vai così fiero, però su quella foto hai fatto una bella censura, vero?»

«Una sciocchezza di mia moglie» il tono di Kurt è rabbioso. «Una doppia sciocchezza: manometterla, e tenerla. Io l'avrei bruciata. Lei ha insistito che poteva tornare utile, per dimostrare la nostra fedeltà se le cose fossero cambiate. Utile come, ridotta in quel modo, dico io?»

«La classica soluzione a metà di tua moglie.» Sissi ha sempre odiato la cognata. Una donna senza ideali, volgare e calcolatrice: l'unica cosa che abbia mai fatto di buono è Max.

«Con il bel risultato che l'ha trovata Max.»

«Non ci ha capito niente. E io non gli ho detto niente.»

«Vorrei anche vedere.»

Il tono noncurante irrita la donna. Davvero la crede così innocua? Lei non è mai stata innocua: mai.

«Finché Max non trova il duplicato, sei al sicuro» aggiunge maligna. Lo sguardo incredulo del fratello le dà una momentanea sensazione di potere. Che si trasforma subito in paura.

«Quale duplicato?» si china, le affonda le dita in un braccio. Sissi si rende conto di quanto sia fragile, chiusa tra i cuscini con lui che incombe su di lei.

«Quello che ho io...» risponde debolmente.

«Dove? Dov'è?»

«Non lo troverai mai.»

«Lo troverò, invece. Ma che ti è venuto in mente?» passa le mani tra le fotografie sparse sul letto. «Questa tua mania di tenere traccia del passato!» Prende due foto a caso e le straccia. Sissi lancia un grido straziante.

«No! Sono tutti i miei ricordi!»

«Le brucerò tutte, una dopo l'altra! Dimmi dov'è quella foto!»

Lei boccheggia terrorizzata, ma all'improvviso si sentono passi affrettati nel corridoio e irrompe Helga. Ha sentito urlare ed è corsa a prendere la vanga che usa l'uomo di fatica del condominio per spalare la neve fuori dal portone. Ha un'aria determinata.

«Cosa sta facendo alla signora?»

«Helga...» Sissi guarda quasi commossa l'improbabile soldatessa accorsa a difenderla. «Non è niente... una discussione. Kurt se ne stava andando.»

«Meglio così perché ho già chiamato la polizia» ribatte la governante senza abbassare la sua arma.

Kurt vorrebbe spaccargliela in testa, ma è interdetto.

«Stavo andando» conferma. «Ma se fossi in te, sorellina, già che hai tirato fuori tutti i tuoi bei vestiti ne approfitterei per fare le valigie. Ho bisogno di contanti e me li procurerò vendendo questo appartamento. Per quelle come te c'è fior fiore di ospizi accoglienti.»

Umberto blocca la cornetta del telefono contro la spalla e si accende l'ennesima sigaretta. Una voce crepita all'altro capo della linea. Quella del suo amico Giovanni, che lo chiama da Roma. I giornali e le radio stanno facendo il diavolo a quattro, e nei bar è un fiorire di conversazioni animate, che cessano appena compare una divisa. La politica ha fallito e chi ha a cuore veramente il Sudtirolo si sta facendo sentire. Gli italiani non sanno più difendersi. Presto scapperanno con la coda tra le gambe.

«Sì, va bene, Giovanni, non mi piace sottolinearlo ma io te lo avevo detto. Pensavi che la situazione fosse sotto controllo? Non lo è.»

«E tu controllala!»

«Sarebbe più semplice se non aveste complicato tutto

con i vostri intrighi» ribatte Umberto. «Comunque, tu cerca di calmare i politici di Roma, quassù ci penso io.»

Riattacca e strappa dal calendario il foglietto che dice 3 settembre 1964. Era ieri. Un attacco contro la caserma dei carabinieri di Selva dei Molini, in Val Pusteria, verso le 21.30. Primo bilancio: un carabiniere ferito. Morto nella notte. Vittorio Tiralongo. «Neanche ventiquattro anni» sospira Umberto. Alcuni bossoli di cartucce calibro 7,62 esplose da una carabina Mauser sono stati ritrovati nella vegetazione all'altro lato della strada.

All'alba, la macchina investigativa si è messa in moto. Hanno battuto i boschi a tappeto, organizzato posti di blocco, fatto rombare gli elicotteri, più per spaventare eventuali complici che nell'illusione di individuare davvero il rifugio dei colpevoli.

«Tanto non caveremo un ragno dal buco» sospira Umberto. Lui per primo non riesce a capire, gli sembra così strano. Un attentato contro un uomo solo, così mirato da sembrare una vendetta privata. Ma perché proprio contro quel giovane carabiniere? Quel che è certo è che ora tutti i suoi uomini si sentono più vulnerabili. Sanno che potrebbero essere attaccati nelle caserme, nelle questure. Non è vero che l'Italia mediti di ritirare le truppe dal Sudtirolo, ma da oggi i loro ragazzi ci resteranno ancor meno volentieri.

«A quest'ora sono già in Austria. A piedi, saranno tre o quattro ore...» commenta Ettore che sta studiando sconsolato una cartina.

«Macché, non hanno nessun bisogno di andare in Austria, quelli. Dei banditi che vengono a fare casino in Italia, tu ci credi?»

«E quindi?»

«Quindi mi domando chi siano davvero i banditi e dove si nascondano.»

«E hai la risposta?» Ettore, è evidente, si aspetta una rivelazione, e a Umberto spiace deluderlo. Le rivelazioni non sono per quelli come lui.

«No, per ora no» dice secco. Recupera la giacca nera. «Io esco per qualche ora. Se ti serve, chiamami in auto.»

Sulla strada per Taisten ascolta le comunicazioni radio. Sono in arrivo i rinforzi, la cooperazione tra i servizi di sicurezza italiani e austriaci verrà potenziata, lo Stato non cederà di fronte ai terroristi... Le solite cose.

Arrivato in paese, trova senza difficoltà la segheria Pichler, e dopo un breve giro tra i capannoni vede sbucare da una porta proprio Hans. L'aria è calda e sa di resina, il profumo degli alberi abbattuti. L'uomo si ferma interdetto, sembra cercare di ricordarsi dove ha visto quel tizio. Ma certo, pensa, quella bomba alla stazione, due anni fa. Si guarda attorno, non vuole che lo vedano parlare con un poliziotto. Gli fa cenno di seguirlo in una delle costruzioni, dietro una catasta di legno.

«Cosa vuole?»

«Solo rinnovare la nostra conoscenza, Hans... O dovrei chiamarti Günther?»

Lui impallidisce.

«Ho visto la tua foto nella Gasthaus di Katharina» spiega Umberto. «Sono fisionomista.»

Günther prova una inattesa tenerezza, al pensiero della sua foto incorniciata appesa nella Stube, come quella dell'eroe che non è mai stato. Gelosia, al pensiero che quell'italiano dagli occhi neri parli di Katharina con tanta familiarità. Rabbia per essere stato scoperto. E alla fine, come sempre, prevale la paura.

«Cosa vuole?»

«Katharina ti ha chiesto di trovare Hermann» dice Umberto. «Forse non pensavi di farlo, ma adesso le cose sono cambiate e il tempo stringe. Voglio quell'uomo e voglio che lo consegni a me, direttamente.»

«Non lo vedo dai tempi della guerra, il "monco". Non so dove si nasconde.» Una cosa è mettere il suo ex commilitone nelle mani di una donna, per quanto arrabbiata, e un'altra è consegnarlo agli sbirri. «Se lo sapessi glielo direi… Le sembro il tipo che va in cerca di guai?»

«No, e proprio per questo è meglio che tu faccia come dico, Günther.»

«Hans» lo corregge l'altro. «Qui è meglio che mi chiami così.»

«I nomi non hanno importanza.» Umberto si volta per andarsene, poi ci ripensa. «Io, al posto tuo, me la sarei tenuta stretta una donna come Katharina. Anzi, avrei fatto un altro figlio con lei. Trova Hermann. E digli che può ancora salvare la pellaccia. Se si sbriga.»

31

La trappola mortale

Quattordici volumi rilegati in rosso raccontano la storia di una vera e propria missione: quella di Cuno Tarfusser. All'inizio degli anni Novanta, l'allora sostituto procuratore di Bolzano decide infatti di riaprire quello che definiremmo un «*cold case*»: la morte di Luis Amplatz, avvenuta quasi trent'anni prima. E riscrive la storia di una notte che segna un punto di svolta negli anni delle bombe. Nel 1994, poi, il giovane magistrato sposerà la prima figlia di Amplatz, Gerda, con una vera e propria svolta del destino.

Quando incontro Cuno, che conosco dai miei anni di giovane cronista giudiziaria a Bolzano, gli chiedo solo di raccontarmi come andarono esattamente i fatti. Invece, lui ha in serbo una sorpresa. Il frutto delle sue indagini, gli atti, gli articoli di giornale, le corrispondenze: ogni informazione è raccolta in quattordici volumi di grande formato, che riposano in un angolo del garage.

«Qui c'è tutta la storia» mi dice semplicemente. «Li ho messi insieme per regalarli a mia moglie, ma lei non ha voglia di riaprire quel passato.»

Posso capirla: la morte di un padre che fa discutere, a più riprese, l'Europa intera è un trauma difficile da elaborare. Quella di Cuno, però, mi sembra una grande prova d'amore.

Jacques e io carichiamo in auto i volumi e ripartiamo grati, curiosi di aprirli. Grazie a queste pagine, ripercorriamo gli eventi di quei giorni di settembre, e la ricerca di una verità difficile, che forse per intero non sarà mai raccontata.

All'inizio del 1964, l'allerta in Sudtirolo è massima. Ad aprile, il SIFAR invia a tutte le sedi del controspionaggio italiano un riassunto dello scenario che sintetizza così la situazione:

> Il BAS (Befreiungsausschuss Südtirol), fallita la prospettiva di un'insurrezione del gruppo etnico di lingua tedesca, dal '63/'64 mira a un obiettivo di lunga scadenza. Al suo interno, vi sono diverse anime che esprimono differenti estremismi:
>
> – Regionalismo, interessato alla costituzione di una regione a larghissima autonomia gravitante nell'orbita germanica.
> – Nazionalismo austriaco che mira annessione Sudtirolo.
> – Pangermanesimo e neonazismo.

Secondo gli italiani, lo scopo degli attentati è triplice: disturbare le relazioni politico-economiche tra l'Italia e il mondo tedesco; seminare zizzania tra i due gruppi etnici in Sudtirolo; spingere le autorità a reagire in modo sproporzionato per rinfocolare l'odio anti-italiano nella popolazione.

È in questo clima di allarme che, nel marzo del 1964, esce una lunga intervista allo «Spiegel» di Luis Amplatz, latitante in Austria. La rivista tedesca in quegli anni si occupa a più riprese della situazione sudtirolese e dei suoi protagonisti ma queste pagine, che ho ritrovato anche, tradotte in un italiano assai datato, in un fascicolo del ministero dell'Interno, sono destinate a restare negli annali. Un dialogo così lungo e dettagliato con un appartenente a un gruppo armato clandestino è un vero scoop. E soprattutto, Amplatz rivela con disinvoltura informazioni assai utili alle forze dell'ordine «nemiche», che infatti faranno tesoro del documento. Parla della sua fuga dall'Italia nel 1961, di altre azioni condotte in seguito, dell'approvvigionamento di armi ed esplosivi e di come gli attentatori si facciano sempre accompagnare da qualche ragazza per distrarre le guardie alle frontiere e ai posti di blocco. È netto nel denunciare le responsabilità degli italiani che trattano il Sudtirolo «come una colonia», con cui «non si possono fare accordi bilaterali». È perentorio nell'invocare l'autodeterminazione. Ma perché, se ha intenzione di restare ancora a lungo in clandestinità, fornisce così tante informazioni al nemico?

Amplatz ricusa con foga la definizione di «tedeschi di estrema destra» che gli italiani danno di lui e degli altri latitanti, definendola «una comoda calunnia»: non solo Mussolini, ricorda, ha oppresso la sua terra e Hitler l'ha venduta, ma suo padre era stato deportato dai nazisti. Certo, gli appoggi da ambienti di estrema destra ai «combattenti per la libertà» sono innegabili, ma non cercati né voluti. «Abbiamo una cosa in comune: siamo tutti cattolici» taglia corto.

Racconta nel dettaglio l'attentato all'«Alluminium Duce», il monumento a Mussolini vicino a Ponte Gardena del gennaio 1961, e la preparazione della Notte dei Fuochi. La scelta dei tralicci, dice, non era solo simbolica: si trattava di mettere fuori uso in modo permanente gli impianti della zona industriale di Bolzano. «Quando gli altiforni smettono di funzionare all'improvviso, la massa fusa si solidifica, per cui rimangono gravemente danneggiati o inservibili» spiega. Purtroppo, aggiunge, non sono riusciti nello scopo perché alcuni dei pali dell'alta tensione, fondamentali per far mancare del tutto l'elettricità, non sono saltati.

Alla domanda su come abbia acquisito le sue competenze in fatto di esplosivi dà una risposta singolare: sui libri. Non c'è molta letteratura in materia di sabotaggio, lamenta, ma alcuni testi sull'uso degli esplosivi si possono comprare a buon prezzo. «Noi abbiamo quello per i sottufficiali svizzeri intitolato *La resistenza totale* e posso dirle che è molto istruttivo!» Aggiunge che ormai passare la frontiera con il materiale bellico non è più un problema, perché lo si compra perlopiù in Italia. «Nel deposito del porto della base NATO di Livorno?» chiede il giornalista, informatissimo, e Amplatz: «Be', non vorrei dirlo con esattezza. Lei sa che nella Seconda guerra mondiale vi sono stati spesso artificieri italiani che, per molto denaro, hanno procurato materiale ai partigiani italiani e jugoslavi. Grazie a Dio ne esistono ancora oggi». Un chilo di dinamite, racconta, costa circa 800 lire. E tutto questo denaro da dove viene? Soprattutto da privati, sostiene Amplatz, «sia dal Sudtirolo, sia dalla Germania, dalla Svizzera, dall'Austria e dagli USA, nonché da parte di emigrati sudtirolesi. [...] Le persone povere offrono spesso più di quelle ricche. Perlopiù, il denaro proviene dal Sudtirolo. E chi intende offrire qualche cosa, trova senz'altro una via per giungere fino a noi».

Per quanto ha intenzione di continuare? Dipende dall'Italia, risponde Amplatz. «Sappiamo che alcuni detenuti che si trovano in carcere preventivo sono stati maltrattati, però non vogliamo affermare né che questo mese non faremo nulla, né che le nostre azioni dipendono dall'esito del processo di Milano. [...] Allo stato attuale non ci rimane altro da fare che continuare a lottare per la nostra terra» dichiara.

Luis Amplatz ha quasi trentotto anni ed è latitante da tre. Come ricorda lo «Spiegel», è accusato di 77 attentati a tralicci dell'alta tensione, 14 a linee ferroviarie, 8 ad abitazioni private, di omicidio e di 2 tentati omicidi.

Sul suo capo c'è una taglia di 8 milioni di lire. È stato interrogato dalla polizia italiana trenta volte, arrestato tre volte. Sempre rilasciato: strano, considerata la foga con cui poi verrà ricercato. Così come suona incredibile il racconto della sua fuga dall'Italia, avvenuta quasi un mese prima della Notte dei Fuochi. «Il 20 maggio 1961, come molte altre volte in precedenza, un funzionario di polizia è venuto al mio maso e mi ha chiesto di seguirlo in questura. Io gli ho detto che non potevo venire via con lui in maniche di camicia e stivaloni di gomma, e che quindi sarei andato in camera a cambiarmi.» Amplatz avverte la moglie e salta dalla finestra, piombando quasi addosso al poliziotto che sorvegliava la casa. Ma che non si accorge di lui. «L'ho visto a una distanza di appena cinque metri e allora sono saltato nell'Isarco» racconta il fuggitivo. «Mia moglie è uscita di casa mezz'ora dopo e ha chiesto al poliziotto chi attendesse. Allora gli italiani hanno capito cos'era successo. Ed è cominciata la caccia.»

Possibile, una simile distrazione? È evidente che c'era stata una soffiata su ciò che si stava preparando. I gendarmi vanno a catturare uno dei capi più pericolosi del movimento. E se lo lasciano sfuggire così? Per poi restare a guardare mentre lui e altri attraversano ripetutamente la frontiera, mettono a segno il più grande attentato della storia repubblicana fino ad allora, e scappano di nuovo? Perché, tre anni dopo, Amplatz rilascia un'intervista che sembra l'inizio di un libro di memorie? E perché sei mesi dopo muore? Come sempre quando parlano i testimoni di quel tempo ingannevole, le domande sono più delle risposte.

Fin dall'inizio del 1964, nelle informative che il controspionaggio invia da Verona all'Ufficio D, divisione difesa, del SIFAR, compaiono riferimenti a un certo Christian Kerbler, un informatore dei servizi che si è offerto di consegnare Georg Klotz agli italiani. Kerbler è stato arruolato nell'ottobre dell'anno precedente e nelle carte viene menzionato per nome e cognome, invece che con un nome «di battaglia» come gli altri agenti. Non c'è il timore di bruciarlo o forse non viene considerato del tutto affidabile.

Grazie anche ad alcuni dei dispacci ufficiali, possiamo ricostruire il suo ruolo nella vicenda, il lavoro dell'intelligence nei primi mesi del 1964 e gli eventi di tre giorni fatidici che lo videro protagonista. 5, 6 e 7 settembre.

Il dispaccio del 16 gennaio 1964 riferisce: «Stamane, incontro con il noto Kerbler», secondo il quale «l'organizzazione, per portare in Italia armi e materiali, si serve normalmente dai valichi in corrispondenza del rifugio Plan, dal monte Re (in Val Passiria) e dal Sasso Nero (in Val Aurina)». Kerbler insiste perché Georg Klotz venga catturato al più presto, per evitare altri attentati. Racconta che l'uomo ha rapporti con ex o neonazisti anche stranieri (si parla di complicità dell'OAS francese). Ma interrogare Klotz potrebbe portare alla luce complicità eccellenti, e il controspionaggio non esclude che l'uomo arrivi in territorio italiano già cadavere. Con il risultato di creare alle autorità molti più fastidi di quanti ne procuri ora. Insomma, non si vuole farne un martire, ma dall'altro lato si pensa che anche lo stesso BAS e gli ambienti governativi austriaci potrebbero vedere con favore l'eliminazione di un uomo che sa troppo e agisce troppo. Certo, per gli austriaci è facile, molto meno per gli italiani: se Klotz viene ucciso diventerà un eroe, vittima della repressione di Roma. Le ripercussioni sull'opinione pubblica sudtirolese sarebbero devastanti, e potrebbero esserci disordini.

Il 16 marzo 1964, il controspionaggio elenca le proposte di Kerbler per consegnare Klotz: dargli da bere una bevanda drogata; addormentarlo e trasferirlo in una zona prossima alla frontiera italiana; lì un funzionario di polizia provvederebbe a farlo passare in Italia.

Il 4 aprile, uno stop ai piani di Kerbler: Klotz, in Austria, viene arrestato. Sarà rilasciato poco tempo dopo.

Nel messaggio del 12 giugno leggiamo che, secondo Kerbler, «Klotz si trova a Vienna alloggiato nell'hotel Nagler, Rennweg 59, a spese del governo austriaco. È in ottimi rapporti con il noto Peter Lunger, capo della polizia di Vienna il quale gli avrebbe detto che la polizia non intende ostacolare l'attività sudtirolese, ma non intende transigere su episodi come quello di Ebensee. Il Klotz, in questi ultimi tempi è sofferente di fegato; non può trasferirsi nel Tirolo prima che trascorrano tre mesi dalla sua scarcerazione e comunque non intende compiere in questo tempo attentati. Kerbler parla anche di un diario di Klotz che "riporta avvenimenti a partire dal 1957"». Sarebbe in mano al compagno attivista austriaco Wolfgang Pfaundler, uno dei fondatori del BAS, con l'ordine di consegnarlo alle forze dell'ordine «solo se lo avessero incriminato e fosse stato quindi abbandonato dai suoi amici tirolesi. In tal modo sarebbe scoppiata una bomba che avrebbe coinvolto personalità politiche tirolesi di rilievo».

Il 28 luglio: «Dall'esame delle notizie fornite dal Kerbler, certamente manovrato dalla polizia austriaca, si desume l'interesse degli ambienti ufficiali viennesi di prevenire e ostacolare ogni ulteriore intervento nella questione altoatesina degli elementi estremisti in collegamento con i circoli tedeschi, in quanto la loro attività in funzione sempre più apertamente pangermanista e l'ideologia neonazista che li ispira potrebbe costituire un grave ostacolo alla risoluzione in chiave esclusivamente austriaca della vertenza». In questa chiave lo stesso Klotz e Luis Amplatz sono ritenuti idealisti pericolosi, di tendenze estremiste, più dannosi che utili.

Per tutta l'estate, Kerbler informa le autorità italiane sui loro spostamenti fino a che, in agosto, riferisce che entrambi i terroristi decidono di rientrare in Italia per studiare nuove azioni. Si fanno accompagnare proprio da Kerbler. È su segnalazione di quest'ultimo che, il 30 agosto, vengono intercettati da una pattuglia della Guardia di finanza al rifugio Pian di Moso in Val Passiria: nello scontro a fuoco rimane ferito da un colpo di pistola un vicebrigadiere. Abbandonati due zaini con munizioni e detonatori, Amplatz e Klotz si rifugiano in una baita sopra Saltusio.

Il 4 settembre Klotz, che era andato a cercare viveri, viene nuovamente fermato dalle forze dell'ordine e riesce a fuggire, tornando alla malga dove lo attendono Amplatz e Kerbler. Quest'ultimo nel pomeriggio del giorno dopo, il 5, scende a Saltusio a comperare da mangiare, ma torna solo verso le sei della mattina dopo. Si scusa, ha fatto tardi e non ha voluto rientrare di notte. È una domenica e la sera Klotz e Amplatz, armati di un fucile semiautomatico Winchester e di un mitra tedesco, vanno assieme a Kerbler a passare qualche ora da un contadino che abita a qualche centinaio di metri. Poi vanno a dormire.

Verso le 3.00 della mattina del 7 settembre, nella baita rimbombano degli spari. Amplatz viene ucciso da tre colpi di pistola e Klotz viene trapassato a una spalla e ferito di striscio a un labbro da altri due. Racconterà che al suo brusco risveglio vede Kerbler inginocchiato nel fieno tra lui e Amplatz e che gli punta contro una torcia elettrica, spaventato; convinto che siano stati assaliti dai carabinieri, fugge nel bosco. È una notte nuvolosa, buio pesto, non albeggerà fin verso le 4.00. Klotz dichiarerà in seguito che in quel momento non aveva ancora capito cosa fosse successo, né nutriva alcun sospetto verso Kerbler.

Poco più di un'ora dopo, alle 4.30, Kerbler giunge sporco di terra, con le braccia graffiate e sanguinanti, stravolto, a un distaccamento degli alpini di Saltusio e chiede di telefonare a Bolzano, dicendo che ci sono morti e feriti, che i terroristi hanno sparato. Ha in mano una borsa nera. L'alpino di guardia lo manda all'osteria, perché l'apparecchio della caserma può essere usato solo per servizio, e alla Gasthaus, visto quanto è agitato lo sconosciuto, il figlio dell'oste torna di corsa dagli alpini a chiedere aiuto. Poco dopo le 5.00 un sergente e un caporale si recano all'osteria, si rendono conto della situazione e chiamano i carabinieri di Merano. Questi arrivano, perquisiscono Kerbler e gli trovano in tasca una pistola Beretta calibro 9 modello 34, ancora con l'otturatore aperto, come avviene quando si scaricano tutti i colpi.

Kerbler dà ai carabinieri un nome falso, quello che usa quando è sotto copertura. Viene portato a Merano e consegnato a funzionari della questura che lo devono condurre a Bolzano. Ma lungo la strada, riesce incredibilmente a fuggire. Se ne perdono le tracce fino al 1976, anno in cui sarà arrestato (e rilasciato subito dopo) a Londra, con l'accusa di taccheggio. Non si hanno più sue notizie, si pensa che abbia poi trovato rifugio in Sudafrica o Sudamerica.

L'8 settembre, la prima pagina dell'«Alto Adige» titola: *Ucciso Luis Amplatz*, e, di fianco, *Prime intese a Ginevra*: l'uccisione del ricercato internazionale è avvenuta proprio in coincidenza dell'incontro tra i due ministri degli Esteri austriaco e italiano. Il 9 settembre il quotidiano apre di nuovo sulle stesse notizie: *Luis Amplatz ucciso nel sonno* e subito di fianco un trafiletto annuncia *Concluso a Ginevra l'incontro Kreisky-Saragat*. L'agguato ad Amplatz sarà servito a rafforzare la posizione italiana nelle trattative o a intralciarle, rinfocolando il senso di oltraggio sudtirolese con un martirio? Di certo, questo secondo effetto viene ottenuto.

Il 12 settembre 1964, i giornali danno notizia del funerale del «combattente per la libertà». «Oltre 10.000 uomini in lacrime si sono radunati giovedì pomeriggio al camposanto di Bolzano» riporta la «Süddeutsche Zeitung», di Monaco. Il quotidiano locale, il «Dolomiten», è più cauto con i numeri: tra le 4000 e le 5000 persone, tutte colpite dal dolore dei quattro figlioletti e della moglie di Amplatz: «Si sono viste piangere non solo molte donne, ma anche degli uomini». Chiosa «Die Presse», quotidiano di Vienna: «Per i sudtirolesi non ha importanza quale legge possa aver violato Amplatz, cominciano a vedere in lui un nuovo eroe. Quasi un secondo Andreas Hofer».

32

Nel nome dei padri

«Sono stata la prima ragazzina, nel mio paese, ad avere gli sci. L'esercito italiano veniva a fare le gare, e dopo abbandonavano quelli troppo vecchi e malandati in un angolo, vicino alla chiesa. È stato mio padre ad accorciarli per portarli alla mia misura. Mi aveva anche costruito la prima slitta di legno: era la più veloce di tutta la zona, perché l'aveva fatta più aerodinamica. Desideravo partecipare alle gare di Merano a cui correvano però solo maschi, e più grandi di me... Andai a chiedere consiglio a mio padre: potevo farlo? Ricordo il suo sguardo abbassato su di me, era molto alto, e la sua risata. "Certo che sì. Non devi vincere per forza, ma partecipare è importante" rispose. Io, euforica, mi iscrissi. Uscii di strada dopo la seconda curva, ma la sensazione era stata fantastica. In tutta la mia vita, non ho mai sentito i miei genitori dire: "Questo una ragazza non può farlo". Mai. Non avevamo niente, ma avevamo la libertà.»

Eva Klotz, politica dalla lunga treccia e dalla trentennale carriera in consiglio provinciale, fondatrice del partito Süd-Tiroler Freiheit, spalanca gli occhi azzurri e mi regala il suo ampio sorriso, che nulla sembra poter scalfire. Proprio il sorriso mi rivela che non mente quando dice di aver avuto un'infanzia felice e un rapporto speciale con il padre. Solo da lì possono venire questo tipo di fiducia in se stesse, questo piglio deciso. Però, il genitore affettuoso di cui racconta non era un montanaro tra i tanti. Era Georg Klotz, che divenne noto alle cronache come «il martellatore della Val Passiria».

Dal 1961 latitante in Austria, Klotz è stato per tutti gli anni Sessanta il nemico numero 1 in Sudtirolo dello Stato italiano. Al processo di Milano per la Notte dei Fuochi, è condannato in contumacia a diciotto anni e due mesi di carcere. Viene poi processato per l'attentato di Malga Sasso del 1966 e per altri del biennio 1962-1964, e condannato a ventitré anni, ma morirà il 12 febbraio 1976, poco prima che si concluda il processo di secondo grado. Una figura complicata da inquadrare, di sicuro centrale. E che oggi, nel salotto dell'appartamento della figlia a Bolzano, con vista sulle montagne innevate, si sovrappone a quella del papà fabbro che costruiva giochi e attrezzature sportive.

La storia di Georg Klotz, della sua guerra contro lo Stato, della sua amicizia con Luis Amplatz e della notte in cui uno di loro morì è stata raccontata molte volte e in molti modi. Erano entrambi padri di famiglia: cinque figli Klotz, quattro Amplatz. Perciò ho chiesto di incontrare Eva Klotz e Walli Amplatz. Due figlie, più o meno della mia età, che come me, come tutte noi, hanno dovuto fare i conti con il padre. Nel loro caso, parliamo di figure molto ingombranti.

Così, assieme a Eva, torno indietro nel tempo, all'inizio degli anni Cinquanta a Walten, un paesino della Val Passiria a 1260 metri di altitudine, poco più di trecento anime. Nella sua casa «in cui tirava vento», bisognosa di infinite riparazioni, Georg Klotz torna dalla guerra. È sopravvissuto alla sanguinosa campagna di Russia, ha addestrato soldati della Wehrmacht e italiani per combattere contro i partigiani sulle montagne, ed è stato fatto prigioniero dagli americani in Liguria. Come tanti reduci, scopre presto che i racconti di ciò che ha passato non interessano a nessuno, tutti vogliono dimenticare. «Leggeva tantissimi romanzi di guerra, non so dove li prendesse, a volte lo tenevano sveglio fino al mattino. Era evidente che ne aveva bisogno» racconta Eva. «Siamo stati una delle prime famiglie ad avere la radio, si prendevano anche le stazioni tedesche. Mio padre saliva ogni ora dall'officina nella Stube, apposta per sentire le notizie, i servizi sulle crisi internazionali. Era molto ben informato sulla politica mondiale, anche se non aveva studiato.»

L'esperienza terribile del campo di battaglia cambia le persone e il Georg Klotz rientrato a Walten, con una formazione militare completa e una nuova competenza strategica, non è più il fabbro del paese partito pochi anni prima. E presto trova una nuova campagna in cui gettarsi. Quella contro gli «invasori» italiani.

Ma davvero, nella profonda Val Passiria degli anni Cinquanta, una famiglia di etnia tedesca poteva sentirsi discriminata?

Eva ne fa innanzitutto una questione di principio. «Tornando dalla prigionia, mio padre era rimasto molto amareggiato nel ritrovare tutti i fascisti ancora in carica, in ogni ufficio: erano sempre gli stessi, solo che in una notte avevano cambiato casacca» spiega. «Capiva di andare verso un futuro in cui non ci si sarebbe potuti difendere, come dopo la Prima guerra mondiale, quando nessuno era preparato all'occupazione italiana ed erano stati travolti. Era deciso a evitare che, per la seconda volta, non ci fosse più nessuno a proteggere la sua famiglia e il suo popolo. Ed era un bravo soldato. Si attivò tra i primi nella rifondazione dei gruppi degli Schützen, a Walten è stata nel 1950, anche se erano vietate le cerimonie ufficiali.»

Gli Schützen, un gruppo tradizionale che si rifà a un corpo scelto dell'esercito austroungarico, sono sempre stati guardati con ostilità dalle autorità italiane. Nel dopoguerra non possono certo portare armi, ma quello di Georg Klotz è fin dall'inizio un pensiero strategico: organizzare dal basso un gruppo che in caso di bisogno possa agire quasi come una formazione militare. E non ci sarà da aspettare molto, dato che il malcontento verso lo Stato non fa che montare. «Ogni domenica dopo la messa gli uomini si incontravano nell'albergo Alpenrosen, il più vecchio del paese, e parlavano di politica» racconta Eva.

Ma Klotz non è un idealista sprovveduto. Non partecipa agli incontri in cui si progetta la Notte dei Fuochi, né a quegli attentati: «Erano molto intimi con Kerschbaumer, ma avevano opinioni diverse. Kerschbaumer voleva compiere atti dimostrativi per svegliare la gente, mio padre riteneva che occorresse un piano a lungo termine. Lui e Pfaundler stavano organizzando un'altra forma di resistenza: la parola "guerriglia" non mi piace tanto, perché non corrisponde, ma l'idea era quella di azioni continue per fiaccare la resistenza degli italiani, spaventarli al punto da non farli più uscire dalle caserme. A quel punto i militari avrebbero lasciato il Sudtirolo e la politica avrebbe dovuto trarre le conseguenze».

Per la verità, la parola «guerriglia» sembra corrispondere. Tranne che per un aspetto: secondo quanto racconta Eva, suo padre sosteneva che non sarebbe stato necessario uccidere nessuno. Peccato che non esista alcun esempio di guerriglia in cui un movimento di liberazione abbia ottenuto qualcosa senza spargimento di sangue. A cominciare dai casi che spesso i sudtirolesi citavano come esempio: Cipro e Algeria. Come si poteva immaginare di riuscire, solo sparando in aria, a far capitolare uno Stato come quello italiano, che era sul territorio ormai da quarant'anni? Eva però insiste: «Non uccidere era il principio più alto. Se sei circondato e devi liberarti è un'altra cosa, è chiaro. Io non conosco tutte le situazioni, ma mio padre in Sudtirolo non ha ucciso nessuno. Faceva comodo attribuire tutto ai terroristi, anche se si trattava di un incidente».

Chiedo a Eva di tornare a quel 1961 in cui saltano in aria i tralicci, e lo Stato si rende conto di avere a che fare con un avversario più pericoloso del previsto. Da tempo tengono d'occhio il fabbro di Walten, perquisendo di tanto in tanto casa e officina. Vanno a cercarlo appena il giornalista Benno Steiner fa il suo nome. Ma il carabiniere che arriva per arrestarlo viene avvistato e Wolfram, uno dei figli di Klotz, corre ad avvertire il padre, che si trova all'albergo Alpenrosen. Klotz si dilegua nel bosco, fermandosi solo a dare un ordine: «Di' alla mamma di prepararmi subito lo zaino e di portarmelo». Lo zaino, ricorda Eva, era sempre pronto con un cambio di vestiti, un po' di speck e le mappe necessarie, e il pepe per confondere i cani lanciati all'inseguimento. Poi il binocolo, i documenti, i soldi e via, in esilio. «Aveva almeno tre nascondigli, in ognuno c'era l'occorrente per sopravvivere qualche giorno, e in alcuni le armi per difendersi.»

Eva, al momento della fuga di suo padre, ha dieci anni, sua sorella più piccola ha appena sei mesi. Dalla latitanza lui non tornerà mai più, morirà di malattia in Tirolo. Dall'estate del 1961 però farà numerosi viaggi nella sua terra, per portare avanti la sua strategia: seminare il terrore tra le truppe inviate a presidiare la provincia.

«Volevano fare paura, e ci riuscirono. Una volta videro i carabinieri sparare dall'elicottero a un uomo che si trovava sulla funivia che usavano per trasportare il legname: credevano fosse mio padre, che era appostato lì vicino. Ma era una guardia forestale, e ci rimise la vita. Con la sua conoscenza del territorio, e sapendo bene dove stavano i mezzi e le armi, mio padre avrebbe potuto fare una strage al giorno, ma non voleva uccidere.»

Altri erano di opinione diversa, ammette, soprattutto dopo gli arresti del 1961 e le voci sulle torture: ufficialmente, i morti in carcere furono due, secondo lei molti di più. «Non è stato mai ammesso, si è detto "arresto cardiaco", ma anche Sepp Kerschbaumer è stato vittima delle torture, o comunque delle sofferenze in carcere: il cuore non si spegne senza motivo. E tanti sono deceduti poco dopo essere usciti di prigione.»

Secondo la sua ricostruzione, i sudtirolesi sono senza eccezione vittime, non certo carnefici, e meno che mai lo fu Georg Klotz. Eppure, «l'uomo che non voleva uccidere» venne designato, comprensibilmente, come il nemico da uccidere. O almeno da catturare, perché accusato di omicidio. Secondo sua figlia, inutile dirlo, le ragioni erano soprattutto politiche: «Con le prime azioni, lui divenne leggenda: era un tiratore scelto. Aveva fatto cinque anni di guerra nella Wehrmacht, conosceva le strategie, sapeva usare le armi. Spegneva i fari delle jeep con un colpo di fucile, da lontano, e chi si nascondeva sotto o dietro le auto sapeva di poter essere colpito» dice. «Ma era anche una questione di potere, più ampia di quanto si possa pensare: De Gasperi senza l'America non sarebbe stato ministro, e a Roma avevano di sicuro capito che mio padre non era un semplice fabbro. Aveva contatti con l'uomo che portava avanti i piani dei servizi segreti statunitensi, i quali, specialmente nei primi anni, si erano interessati anche alla rinascita dei gruppi tradizionali come gli Schützen, a cui tenevano molto, in funzione anticomunista.»

E qui nella storia si inserisce un altro nome, quello di un ufficiale dell'esercito italiano che, durante la Seconda guerra mondiale, aveva fatto da tramite nel Nord Italia tra i liberatori americani e i gruppi della Resistenza.

«Non è un segreto che Cristoforo de Hartungen avesse preso contatto con mio padre» dice Eva. «Tirava le fila tra militari, politici, servizi americani e italiani. Abitava a Bolzano, era discendente di una nobile famiglia tirolese – i von Hartungen esistono ancora – ma si era cambiato leggermente il nome: troppo «tedesco» per permettergli di fare carriera nell'esercito e nei corpi speciali. Mio padre sapeva che il Sudtirolo era un'area di interesse anche per i servizi russi: il Brennero era la barriera occidentale anticomunista.»

La questione si fa complicata. Cristoph von Hartungen, o Cristoforo de Hartungen, o il «capitano Sandro» se vogliamo chiamarlo con il suo nome di battaglia, aveva militato nella Resistenza, a stretto contatto con gli americani, contro i tedeschi tra le cui fila prestava servizio invece Klotz. Dove si incontrano, nel dopoguerra, gli interessi di questi due uomini? In un punto solo: l'anticomunismo. La lotta sul terreno sudtirolese non è quella per l'indipendenza di un pezzetto di terra. È quella per il controllo dell'Europa. «I servizi statunitensi sono stati tra i primi a venire a disegnare mappe della zona. C'erano anche i russi e i cecoslovacchi, ma si tenevano più fuori» racconta Eva Klotz. Ma quando le chiedo più dettagli sui rapporti di suo padre con i servizi stranieri non sa o non vuole aggiungere altro: «Non c'è chiarezza su questi intrecci».

E una delle vicende più oscure di tutte è proprio quella della notte del 7 settembre 1964, in cui Amplatz viene ucciso e Klotz ferito. Eva non sa «chi sia stato a sparare quella notte, se ci fosse solo Kerbler o anche altri. Mio padre ha sempre sostenuto di aver udito voci italiane. Diceva che si era svegliato di soprassalto ma che sentiva una stanchezza di piombo, forse Kerbler gli aveva messo un sonnifero nella minestra». Nella concitazione, Klotz non ha capito che a sparare è stato il suo presunto amico, sa solo di dover scappare. «Si rifugiò in un piccolo fienile, accese una sigaretta per vedere se la pallottola aveva centrato i polmoni, se usciva il fumo, come aveva imparato in guerra. Poi continuò la fuga, scalzo e in camicia e pantaloni, dato che per coricarsi si era tolto solo le scarpe. Non dormiva mai nel sacco a pelo, usava solo una coperta, per essere più veloce.»

È un'altra scena da film, sulla quale in realtà abbiamo una sola certezza: Klotz e Kerbler fuggono, mentre Amplatz muore, diventando un «martire». Dopo quell'agguato, l'escalation di violenza è rapidissima. La strategia del «non uccidere» non vale più, se mai c'è stata: le azioni si fanno efferate, bombe sui treni, spari su carabinieri e finanzieri. Se davvero Amplatz è stato ucciso per dare una dimostrazione della forza dello Stato, e mettere un freno agli attentati, l'obiettivo è stato mancato in modo clamoroso. In compenso sono aumentati il livello di caos, le scorte di armi e la militarizzazione del territorio: un risultato funzionale, come osserva Eva, a interessi più vasti di quelli nazionali. «Se il campo di battaglia si allarga alle due potenze più grandi del mondo, USA e URSS, è chiaro che il Sudtirolo diventa un terreno di addestramento: una sparatoria in più o in meno, un'esplosione o un'azione violenta, non si notava nemmeno. In seguito qui si svolgeranno esercitazioni di Gladio.»

Lei, infatti, è d'accordo con chi sostiene che il Sudtirolo fosse diventato a un certo punto un laboratorio per la strategia della tensione. La domanda, però, è se suo padre sapesse a quale gioco complicato stava partecipando, o se fosse solo una pedina. Secondo lei, Georg Klotz e gli altri furono in parte travolti dalle circostanze, perché privi dei mezzi, dei rapporti e delle risorse economiche per contrastarle. «Non erano più padroni della situazione, che a un certo punto è diventata più grande di loro. Di certo non avevano pensato, all'inizio, che si trattasse di una battaglia importante anche per i due blocchi avversari.»

Nel 1964 si intrecciano, quindi, due dinamiche: da una parte la lotta armata per l'autodeterminazione del Sudtirolo, e dall'altra il duello della Guerra fredda. È un momento cardine: alla fine del 1963 l'America ha visto morire il suo presidente John Kennedy. Il controllo sulle reti «stay-behind» che sono state create in Europa nel dopoguerra comincia a indebolirsi. Anche chi le ha messe in azione non sa più come gestirle. Una zona come il Sudtirolo, piena di armi, di esplosivi, di spie, è utile a troppi e in troppi modi diversi.

In questo scenario, Eva Klotz fa muovere un padre leggendario, ma allo stesso tempo impotente di fronte alle trame internazionali che ormai hanno soffocato ogni possibile utopia: «Se su tre persone uno è non solo un traditore, ma un killer, allora è tutto finito. La morte di Amplatz segna una rottura interna. E forse mio padre aveva capito di essere stato anche abbandonato. Perché c'entravano troppi interessi altri, il gioco era cambiato».

La famiglia ha cominciato molto presto a pagare care quelle scelte. A cominciare dalla moglie Rosa, maestra: «Mio padre diceva sempre: "Se non avessi avuto lei, non avrei neanche potuto cominciare". Era una donna eccezionale, senza angoscia, senza paura». Eva racconta che nell'ottobre del 1966 vengono catturate entrambe: la madre sull'autobus mentre torna da scuola e lei, la figlia, prelevata in classe durante l'ora di italiano, all'istituto delle dame inglesi di Merano. Le conducono in questura, a Bolzano, per un interrogatorio incrociato. «Erano convinti che passassi messaggi di mio padre a mia madre. Dopo dodici ore, quando ormai ero sfinita, mi accompagnarono fuori e vidi la mamma, la stavano portando al piano di sopra: non sapevo nemmeno che fosse lì. Era notte, avevo quindici anni e tutte e due piangevamo, non l'avevo mai vista così provata. Mi riportarono dentro per ricominciare. In seguito si temette che mia madre perdesse la vista, perché l'avevano costretta a guardare per ore in una lampada: ha sempre avuto problemi con gli occhi, dopo.» Rosa viene accusata di formazione di banda armata, le forze dell'ordine ritengono che sia lei a portare avanti l'attività del marito, in Val Passiria. «È stata in carcere quattordici mesi e quattordici giorni, da quell'ottobre del 1966 al 23 dicembre 1967» precisa Eva. In tutto questo tempo, Georg Klotz non torna a casa. «Ha sempre detto che sapeva di che pasta era fatta sua moglie. Incarcerarla era un metodo per farlo rientrare, ma anche se lo avesse fatto, se lo avessero preso, non per questo avrebbero lasciato in pace noi. E lui non ne sarebbe uscito vivo.»

Con la madre in carcere e il padre latitante, i fratelli Klotz vengono affidati a parenti e amici. «Io ero la più vecchia e lo smembramento della famiglia mi faceva ovviamente soffrire» ammette Eva, ma il suo sorriso non ha un attimo di cedimento, né la sua voce vacilla mentre racconta quanto sono costate a tutti loro le scelte scellerate del capofamiglia: «L'ho visto l'ultima volta nell'estate del 1963, in uno dei suoi viaggi clandestini in Sudtirolo. È entrato di soppiatto e si è fermato dieci minuti. Non ha neanche potuto mangiare con noi, soltanto salutarci, ci aveva portato cioccolato e destrosio, che portava con sé per darsi energia. Lo abbiamo abbracciato, eravamo curiosi del suo zaino così pesante, con sopra agganciata la pistola automatica. Eravamo felici, sorpresi: nostra madre non aveva potuto dirci niente perché non rischiassimo di tradirci con chi veniva a cercarlo. Arrivavano spesso a casa degli uomini, molto gentili con noi, con le calze troppo rosse o troppo verdi per essere turisti o escursionisti veri. Con la scusa di chiedere come stavamo, cercavano di scoprire se papà era stato da noi. Io avevo già capito che eravamo del tutto impotenti. *Quelli* potevano fare qualsiasi cosa».

Le faccio notare che uno Stato normalmente reagisce, quando si sente minacciato, e capita che lo faccia con mezzi estremi, ma lei ribatte: «Sono loro i terroristi che hanno occupato il Sudtirolo: la nostra era la risposta a queste azioni fasciste. Hanno usufruito di tutta la potenzialità giuridica senza rispetto dei diritti umani, e mio padre lo aveva capito di sicuro dall'inizio, se no non sarebbe fuggito».

Eva è determinata a non cedere di un millimetro: è la memoria a fare la Storia. E la memoria di un padre la cui figura domina incontrastata tutta la sua vita non può essere quella di un manipolatore, di un giocatore abile e spregiudicato nella grande partita della Guerra fredda. Perché questo significherebbe rileggere un'esistenza intera in una chiave ben diversa.

Le chiedo se ha sentito, crescendo, che in qualche modo l'eredità di Georg Klotz fosse passata a lei e annuisce con forza: tutti loro, i fratelli e le sorelle, sono a vario titolo impegnati a portare avanti gli ideali del padre. «Il mio desiderio era diventare maestra, e per otto anni ho insegnato alle superiori. Ma dalle Regionali del 1980 ho cominciato a fare politica. Mi è dispiaciuto lasciare la scuola, perché era la mia passione, ma mi sono buttata. Da allora è stata questa la mia vita. Che non avevo scelto, ma che era il mio destino.» Guardo l'adesivo bianco e rosso con il motto del suo partito, *SÜDTIROL IST NICHT ITALIEN*, appoggiato come per caso sulla tovaglia: Georg Klotz ha scelto per tutti, in vita e dopo.

Le chiedo che cosa gli direbbe oggi, se potesse incontrarlo. «Gli chiederei della guerra, e tante cose dei combattenti per la libertà, che allora non ero abbastanza matura per approfondire. Forse gli direi solo: "Ti voglio tanto bene". Ma più che altro avrei delle domande. Lui mi risponderebbe apertamente, con tutto quello che sa. E no, non avrei rimproveri per lui.»

«Io avevo sei anni, quando è morto papà, mia sorella più grande ne aveva nove. Nostra madre ci ha sempre protetti, schermati dalla curiosità della gente. Ed è chiaro che i miei figli sanno chi era il nonno, ma io non ho mai detto "questi sono i cattivi e questi sono i buoni": mia mamma non ce l'ha insegnato e io non lo insegnerò a loro.» Walli Amplatz parla in un italiano privo di accenti, e mi guarda seria, seduta in punta di poltrona nel bar dell'hotel Laurin, in centro a Bolzano, in una piovosa giornata di maggio. La figlia minore di Luis Amplatz mi ha appena ricordato che non è la prima volta che provo a intervistarla. «Me lo hai già chiesto circa venticinque anni fa. Allora rifiutai» sorride.

Ricambio il sorriso, sono contenta che invece, ora, abbia accettato di incontrarmi. È importante per me indagare quest'altra eredità, quest'altro padre assente eppure incancellabile: una figura con cui fare i conti al tempo stesso necessaria e impossibile. «Ci sono sempre due parti: chi dice "questa è la figlia dell'eroe" e chi "questa è la figlia del terrorista"» dice Walli, e non lascia filtrare alcuna amarezza per quella situazione di cui non ha colpa. Ma dubito che non ne provi almeno un po'.

Era cominciata come una storia semplice: una famiglia, moglie, marito e quattro bambini, negli anni Cinquanta, in un piccolo maso nella parte est della città, oltre via Resia. Quelli erano i quartieri di nuovo insediamento, abitati soprattutto da italiani. «Era una zona di campagna allora, c'erano anche masi più grandi del nostro e piccoli condomini. Molti dei vicini venivano dal Veneto: Rovigo, Vicenza e così via. Siamo cresciuti sentendo parlare italiano e parlandolo, e non c'erano problemi tra noi ragazzini di etnie diverse. Nel tratto a piedi per andare a scuola invece sì, allora ne sentivamo di tutti i colori: tedeschi porci, crucchi… E noi a nostra volta: italiani del cavolo. Tra vicini, però, ci si capiva.» Walli ricorda intere serate passate a guardare *Carosello* assiepati davanti alla tv dei vicini napoletani, una scena tipica del nostro Paese negli anni Sessanta. «Papà aveva tanti amici italiani, con cui beveva il caffè tutte le sere. Lui e la mamma avevano studiato in quella lingua, sotto il fascismo. Non aveva nulla contro la nazione italiana, ma contro il sistema sì.» Della vigna e delle mele che coltivavano, mi spiega, era impossibile vivere, e Luis aveva cercato lavoro nella zona industriale, vicino a casa, ma senza risultati. I posti andavano di preferenza agli immigrati dal Sud. «E poi non si poteva parlare la nostra lingua, avevano cancellato le feste, le tradizioni… Penso che il gruppo a cui apparteneva mio padre si sia messo insieme perché volevano cambiare le cose. E credo che lui, una persona in gamba, fosse però anche un po' una testa calda.»

La storia presenta Luis Amplatz come ben più di questo, non certo un semplice attivista: la figura chiave del movimento sudtirolese per la zona di Bolzano. Uno dei capi che dovettero fuggire all'estero subito dopo la Notte dei Fuochi. Ma pensando al trentenne che desiderava un posto da operaio, con una giovane famiglia, ci si chiede: come arrivò al punto di organizzare attentati? Possibile che un uomo così semplice, assieme a un drappello di complici, abbia avuto la capacità tattica di far saltare trentasette tralicci contemporaneamente? Quel genere di organizzazione richiede la capacità di procedere con un piano complesso. Occorre mettere insieme decine di persone che nello stesso momento fanno saltare in aria obiettivi, anche in un'area urbana, sorvegliata dalla polizia... La Notte dei Fuochi non fu un'impresa banale, e la scelta radicale della violenza e della clandestinità appare lontanissima dal personaggio che emerge dalle parole di Walli.

Come si spiega, poi, la fiducia riposta fin da subito in un uomo molto diverso da lui, Georg Klotz? Erano personalità quasi opposte: uno aveva fatto la guerra, era sopravvissuto al fronte russo, l'altro era un giovane digiuno di strategia bellica. Ma quando, dopo il 1961, fuggirono in Austria si ritrovarono con un sentimento in comune: la nostalgia. «Credo che a unirli sia stato l'esilio, sia a Vienna sia a Innsbruck erano praticamente sempre insieme: in un Paese dove non conoscevano nessuno, senza poter tornare perché erano entrambi ricercati» dice Walli.

Come la famiglia Klotz, anche la sua era oggetto di frequenti visite e perquisizioni da parte delle forze dell'ordine. A sua moglie Anna, però, Luis non aveva rivelato alcun dettaglio: «Papà diceva sempre: "Io non ti dico niente così un domani non possono chiederti niente". E infatti lei non ha avuto problemi. Tranne, qualche volta...» si corregge sorridendo. «Dopo la fuga, nel 1961, sono venuti spesso i carabinieri a casa a interrogarla, e non mancava chi le faceva delle avances. Era proprio una bella donna.»

Non stento a crederlo, perché anche Walli Amplatz è molto bella: capelli castani lisci intorno a un viso illuminato da grandi occhi nocciola, da cerbiatta. Che scintillano quando faccio notare che anche Luis, a giudicare dalle foto, era piuttosto attraente.

«Papà era veramente un bell'uomo» dice con dolcezza. «Quando lui era a Innsbruck andavamo a trovarlo quattro volte all'anno, con il treno. Allora c'era la frontiera al Brennero e il convoglio si fermava, almeno tre quarti d'ora, per noi. Portavano via la mamma per perquisirla e noi ovviamente piangevamo, avevamo paura, perché non sapevamo cosa le sarebbe successo. Poi lei tornava e il treno ripartiva. Andavamo nella casa dove mio padre abitava con un amico, all'epoca lavorava come commesso.» A parte queste poche visite, c'erano solo incontri clandestini, e mai con i figli: «Durante l'esilio lui veniva in Sudtirolo ogni tanto, da solo credo, e vedeva la mamma. In estate lei lavorava anche in un magazzino di frutta, oltre a portare avanti il nostro maso. Noi intanto stavamo nella Val Sarentino. Ci dicevano di non andare nel bosco perché c'era l'Uomo Nero, e invece era papà. Non poteva avvicinarsi, perché la polizia veniva ogni tanto a controllarci e a chiedere se lo avevamo visto. Per un bambino di quattro o cinque anni non è facile mentire e quindi lui poteva solo guardarci da lontano».

La moglie di Luis Amplatz non fu mai arrestata né maltrattata, ma la quotidianità famigliare non era facile: «Lavorava dieci, dodici ore al giorno, sabato e domenica gestiva il nostro piccolo maso, assieme a dei vicini contadini che venivano a dare una mano. Aveva una mezza giornata libera il lunedì mattina per fare il bucato per tutti noi e pulire la casa. È rimasta vedova giovane, ma non ha mai più avuto nessuno. Dopo la morte di mio padre, non le hanno dato la pensione di reversibilità, perché lui era classificato come terrorista. A volte non avevamo di che comprare il pane e il latte. Ma i negozianti italiani, che ci conoscevano, l'hanno sempre aiutata: "Signora, lei non si preoccupi, quando ha dei soldi me li porta"».

Della fatidica notte del 1964, in cui suo padre fu ucciso nel sonno, com'è naturale Walli non ama parlare. Suppone però che quella trappola fu un modo per dare un segnale forte di presenza dello Stato italiano. Non abbastanza forte, però, dato che la preda più ambita, Georg Klotz, riuscì a fuggire: non si è mai interrogata su questo? «Certo è strano che uno sia morto e l'altro no» scuote il capo. «So comunque che tanti anni dopo, quando Kerbler fu arrestato a Londra, l'Italia avrebbe dovuto chiedere l'estradizione ma lasciarono passare il termine, così lui fuggì, pare in Sudafrica.» Troppo pericoloso, probabilmente, riportare in patria un uomo che conosceva i dettagli di dossier così compromettenti. Un personaggio spietato e astuto che pure, quella notte del 1964, sembra aver ucciso per i suoi mandanti il nemico sbagliato.

Chiedo a Walli come ha saputo della morte del padre. Risponde: dalla radio. «Mia sorella Gerda era a casa quando è successo, mio fratello Andreas e io eravamo al maso in Val Sarentino. Stavamo cenando quando il notiziario delle otto di sera ha dato l'annuncio, e i proprietari del maso ci hanno detto: "Bambini, subito a letto". Io avevo capito che qualcosa non andava, Andreas no. Il giorno dopo ci hanno svegliati prestissimo, è venuta la mia madrina a prenderci con la macchina e ci ha portati a casa. Lì c'era la mamma, che ci ha detto: "Papà è stato ucciso". Mi ricordo il funerale con tantissima gente, al cimitero di Bolzano, poi siamo tornati a casa e c'erano tutti i giornalisti del mondo che facevano foto. La mamma ci ha mandato dai vicini ad aspettare che tutto finisse.»

È impossibile non pensare che un uomo con dei figli piccoli avrebbe dovuto mettere al primo posto loro e la moglie, anziché lasciarli soli. Al contrario di Eva, Walli non ha il conforto di una battaglia da combattere, né il rifugio di una memoria ricca di momenti passati con il padre: era piccola quando lui fuggì, e tre anni dopo era morto. L'ultimo incontro risaliva a sei mesi prima, nella consueta visita a Innsbruck. «Stavamo lì una notte e il giorno dopo si ripartiva. La mamma era contenta di vederlo, lui era felice di vedere noi, si giocava… ma non posso dire com'era lui, con precisione, perché in realtà non me lo ricordo. Quando succedono queste cose, una figlia che non ha conosciuto bene il papà tende a idealizzarlo, a ricordarlo come vorrebbe fosse stato. Pare che lui fosse tra quanti avevano sempre detto: "Non devono esserci morti". E penso che sia stato un bravo papà. Ma forse lo dico solo perché voglio che sia così.»

Sono passati cinquantaquattro anni, ma dopo un racconto privo di sentimentalismi è proprio questa immagine dell'ultimo incontro a commuoverla. La voce le si rompe. Dopo, suo padre è diventato un simbolo. «La mia vita è sempre stata determinata da lui, anche nell'assenza» ammette Walli. «Quando ho sposato un italiano, almeno uno dei miei parenti paterni mi ha tolto il saluto. La mamma invece non ha mosso obiezioni.»

Le chiedo se secondo lei il Sudtirolo sia ormai una terra pacificata e mi risponde di no: «Ci sono ancora tensioni, gruppi che vogliono rimestare nel torbido. L'ipotesi del passaporto austriaco per i sudtirolesi, per esempio, credo sia solo una provocazione. Io vorrei un Alto Adige senza provocazioni». Una richiesta complicata da soddisfare, in un periodo in cui i nazionalismi e i localismi stanno riprendendo quota. «In questo momento credo che a Bolzano la maggior parte degli italiani e dei tedeschi siano bilingui, ma nelle valli è ben diverso. Mio marito è italianissimo ma parla tedesco, e d'altra parte non avrei voluto sposare un uomo che si rifiuta di imparare la mia lingua. Io so la sua.»

Sono d'accordo. Essere cittadini d'Europa, del mondo, e poter aprire la mente a più culture possibili, è un enorme privilegio.

«I nostri figli ormai sono europei… Ma le teste calde ci sono ancora, anche tra i giovani» dice Walli. «Discorrendo con un ragazzo della Val Pusteria, qualche settimana fa, mi è capitato di dire che la questione del doppio passaporto mi sembrava una grande stupidaggine, e lui mi ha aggredito: "Proprio tu che sei la figlia di Amplatz, vergognati!". Non aveva neanche trent'anni. C'è ancora tanto da fare.»

Quando ho chiesto a Eva Klotz se avesse ancora un senso lottare per l'autodeterminazione, mi ha risposto con decisione: «Sì, ma con mezzi legali e democratici, con alleanze, con tutta la passione e il diritto. Però bisogna essere sempre pronti».

Eva Klotz e Walli Amplatz rappresentano estremi opposti di un Sudtirolo dai mille incroci e dai mille travagli. Hanno davanti a sé due visioni divergenti: una chiusa nelle piccole patrie d'Europa, l'altra aperta alla grande patria europea.

Il Sudtirolo non è pacificato. Non lo sono le sue figlie. Ciascuna a modo proprio, portano addosso l'eredità e le colpe dei padri.

33

Inganni e delusioni

Bolzano e Taisten, febbraio 1965

È Peter, ora, a parlare di azione, e Klara a invitare alla cautela. Far saltare i tralicci dell'alta tensione è un conto, lo ammonisce, ma uccidere delle persone a sangue freddo è un altro. Carabinieri, guardie di finanza, poliziotti. Lo Stato vendica i suoi, spiega al suo uomo impaziente.

«Lascia che lo facciano gli altri» dice. La gente non è più solidale davanti a tutta quella violenza, e persino il governo austriaco comincia a tirarsi indietro. Presto nemmeno l'espatrio sarà più un'opzione valida. «Guarda cos'è successo ad Amplatz» gli ricorda.

«Almeno lui è caduto con onore. È un eroe!»

«È stato ucciso nel sonno» obietta Klara.

«Ma è stato ucciso perché ha avuto il coraggio di passare il confine per venire a fare il suo dovere» insiste Peter, testardo.

Klara sospira. Le stesse parole d'ordine di quattro, cinque anni prima, ripetute con la stessa consapevolezza di allora. Cioè nessuna. Peter non è cambiato affatto. E questo la riempie di una feroce tenerezza, ma anche di paura: sembra incapace di scrollarsi di dosso l'ingenuità di un tempo. Lo ama anche per questo. Ma è solo grazie alla sorveglianza costante e discreta di Umberto da una parte, e di Franz dall'altra che la vita di Peter non è in pericolo. Ma se facesse qualche sciocchezza questa protezione non durerà a lungo.

«Potremmo farlo insieme» Peter la prende per le spalle, lo sguardo ardente. L'intensità della sua voce risuona incongrua tra le pareti della piccola cucina di casa loro.

«Fare cosa?» per un breve momento, Klara pensa che si riferisca a un figlio. Fare un figlio? E mantenerlo come? Lui scarica casse al mercato, lei dà ripetizioni ai rampolli dell'alta borghesia...

«Un attentato.»

Klara sente un brivido di sollievo, o forse è delusione. Comunque un sentimento superfluo, di fronte all'enormità che Peter ha appena pronunciato.

«Ho trovato la tua pistola» continua lui. «Nel cassetto della biancheria, che nascondiglio banale, tesoro...»

«E che ci facevi con le mani nel mio cassetto della biancheria?» chiede lei severa.

«Mettevo via la roba pulita» ma lui sfugge il suo sguardo. Non è vero, cercava indizi. Un passaporto timbrato, dei biglietti aerei. Da quando la sua fidanzata frequenta così spesso il padre, vive nel terrore che possa andarsene in America. Un terrore irrazionale, forse.

«Non avevi il diritto di frugare tra le mie cose» si arrabbia lei. «E dimentica quella pistola.»

«Potrebbe servirci.»

«Se servirà, sarà per difenderti, non certo per rovinarti.»

«Allora me ne procurerò un'altra.» Peter è infastidito. «Non si può aspettare. Non vedi? Gli italiani sono terrorizzati, hanno paura a uscire dalle caserme. Ancora qualche colpo e si ritireranno. Non serve nemmeno uccidere, basta che gli facciamo paura!»

Lei lo fissa incredula.

«Ma ti ascolti quando parli? Credi davvero che se ne andranno solo perché sparate in aria? E poi, tu e chi?

Tu e quei simpatici amici che ti considerano un traditore? Quelli che giocavano al tiro al bersaglio con la tua gamba?» Klara si accorge di essersi messa le mani sui fianchi. «Dovresti andare a trovare tua madre» cambia argomento. «Non sei passato da lei nemmeno a Natale.»

«Non credo di mancarle, l'ultima volta che sono salito a Pinzon nemmeno c'era. Mia madre si è rifatta una vita, mi sembra chiaro.»

«Piantala di dire sciocchezze! Ha bisogno di te e lo sai!»

«E tu, invece, che cosa ne sai?»

«Io ci parlo al telefono. Le racconto come stai. E la chiama anche Max... Katharina è una brava persona. La vita l'ha trattata già abbastanza male.»

«Perché, non sta bene?» suo malgrado, Peter si preoccupa.

«Ma come vuoi che stia bene una madre che ha perduto un figlio? Guarda la mia.»

«Non mi ha perso... Sono solo diventato adulto, e vado per la mia strada.»

Adulto. Volesse il Cielo, pensa Klara.

«Lei va per la sua, ha dimenticato mio padre e forse è meglio così.»

«Questo pensi? Che lo abbia dimenticato?»

«Mi sembra chiaro. Da chissà quanti anni ha un amante e...»

«E per questo sei arrabbiato con lei?» prima che Peter possa negare, gli mette una mano sulla bocca. «Sì che lo sei. Ma non sai niente. E forse è ora che tu sappia, invece. Che cos'è la fedeltà, cosa l'onore, cosa la sofferenza. Allora forse smetterai di cianciare di pistole e di attentati.»

Gli prende la mano e quasi lo trascina di forza fuori dal loro appartamento.

«Dove andiamo?» chiede Peter.

«Da Max.»

«Sarà al negozio, da Karl...»

«No, mi ha detto che stamattina rimaneva con Sissi. È stanca e giù di corda. Si è ammalata spesso, quest'inverno.»

Ad aprire è lo stesso Max, che dalla finestra li ha visti attraversare la piazza.

«Ciao!» saluta stupito. «Che sorpresa! Ma per la verità stavo uscendo e...»

«Fagli vedere la fotografia» lo interrompe Klara.

Max sulle prime non capisce, poi spalanca gli occhi. «Intendi...»

«Proprio quella, dai, spicciati. Quella che hai scattato in stazione.»

Max fissa Peter e rimane immobile sulla porta.

«Se gliela faccio vedere cambierà tutto» obietta a mezza voce.

«Cos'è, pensavi che potesse andare avanti per sempre, la commedia?» la voce di Klara è fredda e dura.

Peter guarda la fidanzata e l'amico senza capire. Di che cosa stanno parlando?

«Entrate» sospira Max. Li precede in camera sua, apre il cassetto della scrivania e ne estrae una busta che porge a Peter, senza guardarlo. «Spero che sia la cosa giusta» dice a Klara e chiaramente è convinto del contrario.

«Cos'è?» chiede Peter, impaziente.

«Il segreto di tua madre...» risponde lei.

«Quella volta che mi hai chiesto di seguirla a Bolzano, te lo ricordi?» soggiunge Max a voce bassa. L'amico sulle prime non capisce di cosa parli.

«Ma sono passati due anni! Lei ti aveva seminato nella calca...» Poi la voce gli muore in gola, mentre fissa la stampa in bianco e nero di grande formato. La Leica e il suo teleobiettivo hanno fatto un gran lavoro. L'immagine è nitida: si vede il furgone con il nome della segheria sulla fiancata, Katharina che si intravvede sul sedile del passeggero. E quel viso. Gli basta un'occhiata per capire tutto.

Volta la foto, come per cercare spiegazioni sul retro. Una data, una scusa per pensare che quella scena è talmente lontana nel tempo da precedere la sua stessa nascita. Non sembra neppure ascoltare le spiegazioni di Max: «Ho preso informazioni. Si è sposato e ha due figlie, due ragazzine...». Quel volto barbuto potrebbe anche non riconoscerlo ma gli occhi... Gli occhi che controllano la strada prima di ripartire li ha già visti centinaia, migliaia di volte. Lo hanno guardato dalla parete della Stube, ogni giorno della sua vita.

Ha immaginato per anni quell'uomo con le armi in pugno nella neve gelata del fronte russo, tra le rovine fumanti della capitale del Reich, e poi nelle acque insidiose dell'Elba, stremato sotto il peso di Hermann. Lo ha visto scivolare a qualche metro dalla riva e scomparire per sempre, inghiottito dal fiume. Il suo eroe. In quelle scene, prima di morire, suo padre pronunciava il suo nome, «Peter», il nome di un figlio che non aveva mai conosciuto, ma che lo aspettava a casa. Ora quel figlio, che non ha mai davvero smesso di aspettarlo, lo ritrova alla guida del furgone di una segheria.

Peter si lascia cadere sul pavimento, la schiena contro la parete. Le gambe non lo sostengono più.

«È ancora vivo» sono le sue uniche parole. «Ma perché?»

Il viaggio verso Taisten è silenzioso. Peter ha in testa mille domande: «Perché non sei tornato a casa da noi?», «Perché mia madre ha mentito?», «Perché mi hai abbandonato?» Max guida, sollevato che l'amico non se la sia presa con lui: ha organizzato questo viaggio per fargli capire che è dalla sua parte, che ha mantenuto il segreto solo per proteggerlo. Klara odia le emozioni confuse ed è contraria a quell'iniziativa fin dall'inizio: il passato va lasciato dove sta, ha detto invano.

Strada facendo, incontrano i posti di blocco dei carabinieri e dell'esercito. Li fermano, l'evidente agitazione di Peter li mette in allarme, ispezionano con cura l'auto e il bagagliaio rendendolo ancora più nervoso, poi a malincuore li lasciano ripartire. Max ha paura che al successivo posto di blocco l'amico esploderà e si metterà a menare le mani, ma Peter si trattiene.

Non è difficile trovare la segheria Pichler, è la più grande della zona. Poco lontano si ergono i monti boscosi, il confine naturale con l'Austria. Una trentina di chilometri, non di più: una scampagnata, per chi conosce il terreno. Max parcheggia sulla spianata, dove si incrociano i mezzi a rimorchio venuti a caricare tronchi interi e tavole tagliate. Tra i capannoni e le officine è ben visibile una bella casa bianca, con i balconi di legno chiaro dove tra pochi mesi fioriranno i gerani. Eccola, pensa Peter. Dev'essere la casa dell'*altra*.

Come ha potuto sua madre tollerare una situazione simile? Come ha potuto quella sconosciuta con le sue due marmocchie portarsi via lo sconosciuto che è suo padre? E ora, cosa gli dirà?

Salgono le scale della palazzina che ospita gli uffici.

«Che cosa posso fare per voi?» domanda una giovane segretaria, guardando Max con aperta ammirazione.

Tocca a lui rispondere dato che il suo amico sembra ammutolito.

«Buongiorno, signorina» esordisce con un sorriso disarmante. «Siamo venuti per parlare con il signor Pichler.»

«Il principale è fuori» risponde la giovane donna con aria dispiaciuta.

«Possiamo aspettarlo?»

«Potete, ma rischiate di aspettare a lungo. È in Austria e in Germania per lavoro. In questi casi non si sa mai di preciso quando rientra...»

«In Germania?» ripete sbigottito Max. Peter si prende la testa tra le mani.

«Era urgente?» domanda la giovane, sorpresa dall'aria sconvolta del giovane visitatore.

«Ma no» interviene Klara. «Un contrattempo, solo un contrattempo.» Cinge le spalle di Peter e lo accompagna verso l'uscita. Lui si sente distrutto, un sacco vuoto ora che la tensione lo ha abbandonato all'improvviso. L'uomo che aspetta da una vita è a portata di mano, ma irraggiungibile.

Max cammina a testa bassa dando dei calci ai sassi, deluso. Klara fissa la bella casa bianca. Se fosse da sola, andrebbe a bussare. Andrebbe a vedere chi è la donna per la quale Günther ha spezzato la sua vita in due. Ma sarà stato per amore? Si guarda intorno, il brulicare dei camion, il legname che si trasforma in mazzette di banconote. E a Pinzon, Katharina, con i suoi begli occhi verdi, si rompe la schiena alla Gasthaus, le mani rovinate dalle pulizie, le ombre dell'insonnia sul viso per le notti passate sui conti. Non c'è confronto tra le due vite.

Hanno appena raggiunto l'auto quando un uomo in tuta da lavoro, coperto di segatura, li affianca a bordo di una vecchia Volkswagen.

«C'è una persona che vuole vederti» dice a Peter.

«Me?» lui sente rinascere la speranza. Magari suo padre non è in Germania.

«Te» e l'uomo si avvia senza controllare che lo seguano. Max mette in moto e parte sgommando, tallonando lo sconosciuto imbocca la strada che sale verso la montagna. Svolta in un sentiero di terra battuta che attraversa un grande prato dietro cui si apre il panorama della valle. In fondo c'è un fienile che pare abbandonato. Quando scendono dall'auto si fanno sotto due cani, ringhiando, ma l'uomo in tuta blu li calma con un gesto. Sempre senza dire una parola, guida il gruppetto verso il fienile.

«Da quassù si vede proprio tutto» dice una voce che Peter riconosce immediatamente.

In piedi su un ballatoio, il gomito sul davanzale della finestra, Hermann scruta l'orizzonte con un binocolo. «E poi, con Siegfried e i cani, è difficile che qualcuno possa cogliermi alla sprovvista qui dentro.» Scende la scala a pioli e batte una pacca vigorosa sulla schiena di Peter.

«Quanto tempo, eh? Ho lasciato un ragazzino e ora mi sembra di ritrovare un uomo» commenta. «Sei venuto a cercare tuo padre? Se n'è andato» lo delude. «Gli sbirri italiani stavano diventando rognosi.»

Peter non riesce a rispondere. Hermann, qui? È sempre stato qui? Ha sempre saputo?

«Che posto è questo?» è Klara a porre la domanda, osservando attentamente il rifugio.

«Fino a poco tempo fa era un covo di contrabbandieri. Si vede tutto da quella finestra. E ci sono perfino dei passaggi segreti che portano nel bosco.» Il «monco» solleva una botola e rivela una nicchia scavata nella roccia. «Una volta ci mettevano il tabacco, per tenerlo all'asciutto, adesso il ripostiglio serve ad altro.» Muovendo il fascio di una torcia elettrica, fa apparire e scomparire le file di fucili allineati contro la parete del nascondiglio. Casse di granate, esplosivi. Un altro deposito clandestino, pensa Klara.

«Con questa roba se ne fanno di azioni» commenta Max, ma senza emozione. Si accorge che «quella roba» non gli interessa, non gli dà un senso di potere. Non hanno posto nella sua vita. Si ritrova a pensare alle coltivazioni ordinate nei possedimenti del padre, alla vendemmia che ha disertato per anni. La terra è l'unica cosa vera. Il resto è solo un inganno.

«Non sono venuto per le armi» interviene Peter. «Dov'è mio padre?»

«Te l'ho detto, ha tagliato la corda già da un po'. Ha passato il confine con l'Austria. Quasi certamente andrà a rifugiarsi a Monaco» risponde Hermann. «Uno sbirro italiano è venuto a interrogarlo. Prima c'era venuta tua madre. La pressione era troppa...»

«Ma perché non mi ha mai cercato?» Peter deglutisce. «Possibile che non sapesse della mia esistenza?»

«Non penserai una cosa del genere di tua madre» lo rimprovera Hermann. «Lo ha saputo subito, appena l'ha rivista. Ma si era rifatto una vita. Il resto era acqua passata...»

«Mi avete mentito tutti» commenta amaro Peter.

«Per proteggerti. È inutile spiegare ai bambini delle cose che non possono capire.»

«Ma adesso non sono più un bambino!»

«Allora guarda in faccia la realtà: un uomo ama una donna, poi ne ama un'altra, cambia vita, fine della storia.»

«Fine della storia non tanto.» Klara interviene, non può sopportare lo sguardo ferito di Peter. «Dato che Katharina l'ha... rivista... per anni.»

«Già» Hermann scuote il capo. «Gliel'ho detto, che era una fesseria, ma ha sempre avuto un debole per lei.»

«Pensavo fosse un eroe» Peter guarda Hermann senza espressione.

«E lo è, ragazzo, lo è» l'uomo annuisce con veemenza. «È rimasto un combattente, ci ha aiutato per tutti questi anni, con soldi, con questo rifugio. Chiunque lotti per la nostra patria è un eroe.» Richiude la botola con cura. Non è il caso di rivelare a Peter che alcune di quelle armi sono state pagate con i suoi soldi dell'università.

«Quando tornerà, Günther?» chiede Max. Non vede l'ora di andarsene di lì.

«Quando quello sbirro, Umberto, la smetterà di stargli alle calcagna» risponde Hermann.

«Alle calcagna sue o alle tue?» chiede Klara provocatoria.

«A quelle di entrambi. E non prendere quell'aria furba, sai benissimo che i tuoi trucchetti con me non attaccano» sbuffa Hermann. «Certo, i carabinieri mi vogliono morto. Avete visto che cosa è successo ad Amplatz?»

«Umberto, sempre lui.» Peter non si capacita, gli sembra una persecuzione. «È un vero bastardo. È colpa sua se mi hanno sparato addosso. E adesso è colpa sua se mio padre se n'è andato. Se solo ce lo avessi tra le mani!»

«Non è mica facile ammazzare un uomo» lo istiga il combattente più anziano.

«Basta avere l'arma giusta.» Peter guarda di sfuggita Klara. «Lo odio abbastanza per provarci.»

«L'odio non c'entra nulla, e neppure il coraggio» ribatte lei. «Quando uccidi, muori con la persona che hai ucciso. Non si torna più indietro.»

«Questo riguarda solo me.»

«Vedremo...» Hermann interrompe il dibattito. «Andate, adesso. Una pattuglia di passaggio potrebbe notare le auto parcheggiate davanti al fienile.»

«E per mio padre? Che cosa faccio?»

«Niente. Aspetti. Quando rientra, ti manderà a chiamare.»

E di quella secca promessa Peter è costretto ad accontentarsi.

Klara lascia che i due giovani si incamminino verso l'auto, poi si pianta di fronte al «monco».

«Ma a te che cosa serve davvero? Un traditore o un martire?» chiede.

«Non capisco la domanda.»

«Capisci benissimo, invece. Se Peter lo fanno fuori i tuoi amichetti, è un traditore in meno. Se lo abbattono i soldati italiani è un martire della libertà. Ma forse per te non fa differenza, vero?»

«Attenta a come parli, Peter è come un figlio per me.»

«Gente migliore di te ha mandato i figli a morire.» Klara si gira e raggiunge di corsa i suoi due amici. Non vuole che l'uomo le legga negli occhi la decisione che ha appena preso.

34

I ricordi uccidono

Bolzano e Taisten, maggio-agosto 1965

È Helga a trovare il corpo senza vita di Sissi. Lascia cadere a terra il cesto della spesa e si getta in ginocchio. «Signora, signora...» mormora desolata, non si aspetta alcuna risposta. La tempia destra è coperta di sangue e la nuca forma un angolo retto con il bordo del tavolino. Cadendo, lo ha urtato con forza. La governante si concede a stento il tempo di qualche singhiozzo, poi con la consueta efficienza chiama l'ospedale e la polizia. Inutili entrambi. Nell'attesa non tocca nulla, si siede con il fazzoletto in mano.

Rientrando dal negozio di fotografia, Max capisce subito che è successo qualcosa di grave: l'ambulanza davanti al palazzo, la folla dei curiosi, l'auto della polizia. Sale le scale di corsa e la prima persona che vede, sulla porta dell'appartamento di Sissi, è Umberto. Con la sua immancabile giacca nera e l'eterna sigaretta tra le labbra. E al centro del gruppo, dove le uniformi si mescolano ai camici bianchi, una forma allungata su una barella, sotto un lenzuolo candido. «Zia Sissi» mormora Max sottovoce. Le lacrime non vengono, ma sente montare una sensazione di rabbia e ingiustizia. Se n'è andata senza salutarlo. Come? Infarto? Poi nota la macchia sul pavimento, accanto al tavolino.

«Sembra che sia stato un incidente» commenta Umberto seguendo il suo sguardo. «Si è chinata per prendere qualcosa. Ha perso l'equilibrio ed è scivolata dalla sedia a rotelle. Ha sbattuto violentemente la testa contro lo spigolo ed è rimasta tramortita. Poi, probabilmente, il cuore ha ceduto... Condoglianze.»

«E hanno chiamato lei? » anche in quella confusione, Max trova strano che sia arrivato nientemeno che un agente dell'antiterrorismo. Di certo non possono sperare di trovare niente, lì da loro. E comunque non si spingerebbero a perquisire casa di zia Sissi con la scusa di indagare sulla sua morte... o sì?

«Mi ha chiamato tuo padre.» Umberto segue facilmente l'intera gamma di domande sul viso del giovane. Quando la smetteranno di pensare che siamo noi il nemico?, si chiede esasperato.

«Stava cercando la sua Bibbia» mormora Max.

«Come dici?»

«Si è sbilanciata per prendere la Bibbia. Le piaceva leggerla proprio lì, davanti alla finestra...»

«Certo, certo...» Umberto si china a raccattare da terra le Sacre Scritture. A voce bassa scandisce: «Perché se noi viviamo, viviamo per il Signore, se noi moriamo, moriamo per il Signore. Sia che viviamo, sia che moriamo, siamo dunque del Signore». Mentre richiude il volume, ne scivola fuori una foto. È lui il primo a raccoglierla. La guarda, le sopracciglia aggrottate. Poi se la infila in tasca.

«Che cos'è? Non può prenderla così!» protesta Max.

«Una vecchia istantanea... Una foto di tuo padre con della gente» risponde Umberto. «Devo controllare un dettaglio, te la faccio riavere al più presto.»

«Ma è roba mia! Voi italiani non potete sempre fare quel che vi pare!»

«Noi italiani non possiamo mai fare quello che ci pare» replica secco Umberto. «Altrimenti credimi, saremmo ben lontani da qui. Io, almeno.» Poi qualcosa attira la sua attenzione. Fa un passo verso la sedia a rotelle rovesciata e la esamina. Appoggia la mano sulla ruota sinistra, la scuote piano.

«Si direbbe che i mozzi fossero allentati» mormora. «Strano. Ma chi poteva avere interesse...»

«E adesso che c'è?» Umberto trova il suo assistente chino sul tavolo, con una cartina della provincia aperta di fronte. Di nuovo. «Stai ancora studiando da cartografo?»

«Nella notte hanno mitragliato la caserma dei carabinieri di Sesto Pusteria» risponde Ettore senza alzare lo sguardo. «Due morti.»

«Con ventimila uomini che pattugliano questo buco maledetto.» Umberto fissa incredulo la mappa. «Sparano come e dove vogliono... ci prendono in giro.»

«Saranno cinque minuti, da lì al confine. Forse venivano dall'Austria» azzarda Ettore senza crederci nemmeno lui.

«E adesso li sentiamo, gli amici di Roma» sospira Umberto. «Faranno la voce grossa. Come se non sapessero già tutto... come se il gioco di questa gente non fosse anche il loro.»

Ettore fa finta di non aver sentito.

«Forse dovresti prenderti una vacanza» si limita a suggerire.

«Me la prenderò quando questa storia sarà finita.» Ma entrambi si chiedono se finirà mai.

«Vieni, andiamo» si muove verso la porta.

«Andiamo dove? Non è affar nostro l'indagine.»

«Noi infatti andiamo lì vicino. A Taisten.»

«Ancora? È ricomparso quel tizio che cercavi, il falegname?»

«Quello è bravo solo a sparire» commenta Umberto. «Ma se il suo amico Hermann ha a che fare con questa storia, è da lui che si sarà rifugiato.»

«Se invece fosse fuggito in Austria?»

«Può darsi. Ma se ho capito qualcosa di questa gente è che non scappano subito via. Restano a godersi lo spettacolo.»

Stavolta fanno sul serio, agiscono con tutta la rapidità e il clamore possibili. A Taisten arrivano in elicottero, atterrano nel parcheggio della segheria sollevando nuvole di polvere. Che si rendano conto, quei paesani ciechi, muti e sordi, che non si scherza con la polizia italiana. Umberto scende a terra schermandosi gli occhi e corre verso la casa di Günther, o meglio di Hans. Gli apre una donna tra i quaranta e i cinquant'anni, con qualche filo grigio nei capelli. Non è mai stata bella, pensa Umberto: nemmeno lontanamente bella come Katharina. Ma è sempre stata ricca. Qualche passo dietro di lei, vede due ragazzine, la più grande avrà forse quattordici anni. Quando vede chi è alla porta, abbassa lo sguardo e dà un ordine secco.

«Filate in camera. Mamma ha da fare.»

Fa accomodare Umberto, ma non gli offre nulla.

«Maria Pichler, esatto?»

La donna annuisce.

«Hans è in casa?»

«È fuori per lavoro.»

«Fuori dove?»

«Austria e Germania.»

«E da quanto tempo è fuori?»

«Da alcune settimane.»

Umberto ostenta stupore, anche se sa benissimo che le settimane sono mesi.

«Ha chiamato a casa?»

«Qualche volta.»

«Da dove?»

«Non me lo ha detto.»

«Ed è normale, che stia via così tante settimane di seguito?»

La donna scrolla le spalle. Lo sguardo stolido le riesce bene. Umberto valuta le opzioni.

«Cerco un uomo. Suo marito lo conosce. Alto, sulla sessantina, gli manca un braccio.»

«Non conosco nessun monco» Maria fa un cenno fuori dalla finestra. «In una segheria, non servirebbe a nulla.»

Umberto si alza e studia l'interno caldo e accogliente della casa.

«Ve la passate benino, eh?»

«Lavoriamo sodo.»

«La segheria era di suo padre?»

«Sì… poi è morto di una malattia dei polmoni, per via della segatura.»

«Che fortuna incontrare un uomo come Hans, lavoratore, coraggioso, pronto a prendere in mano la ditta.»

«Sì, è stata una coincidenza felice» un lieve sorriso sfiora le labbra della donna, è il primo segno di emozione da quando Umberto è entrato. Il primo segno di debolezza.

«Fortuna sua, sfortuna di un'altra. Almeno finora» tira fuori di tasca una foto di Katharina. L'ha scattata uno dei suoi uomini, alla Gasthaus, lei non se n'è neanche accorta. Sta servendo ai tavoli, una ciocca le sfugge dalla crocchia sulla scollatura, sorride al cliente ed è bellissima. «Conosce questa donna?»

Maria si irrigidisce.

«Mai vista» risponde, ed è sincera.

«Si chiama Katharina, ha una pensione nella Bassa Atesina» vede che la menzione di quella zona suscita un moto di riconoscimento nella donna e annuisce.

«Già, il paese di Hermann… è lì che suo marito l'ha conosciuta.»

«Mio marito?» stavolta la sorpresa è molto più forte.

«Certo. Per caso in questi mesi… in questi ultimi anni, anzi, i viaggi di lavoro si sono fatti più frequenti? Viaggi di cui non le raccontava quasi niente? Da cui tornava sereno, magari… più affettuoso del solito?» Vede lo sgomento dipingersi sul viso tondo di Maria, e incalza. «Andava da questa donna» batte un dito sulla foto. «La nipote di Hermann. Gliel'ha presentata lui… Ha un figlio, ha bisogno di un marito e Hermann spera che la sposi. L'amico vicino, la nipote sistemata… l'ideale per la sua vecchiaia.»

«Ma… Hans è sposato con me! E Hermann è un amico!» lo sgomento della donna è un grido che viene dal cuore. Ma che cos'ha questo gran bastardo per essere amato così?, si chiede Umberto. Non è nemmeno bello.

«In amore e in guerra… E la nipote di Hermann è davvero uno splendore. Anche il figlio non è male. Già lo chiama papà.»

Gli occhi di Maria mandano lampi.

«Sta mentendo.»

«E perché dovrei?» Umberto quasi trattiene il fiato, perché la risposta è facile e se lei la trova lo butterà fuori. Ma una donna accecata dalla gelosia non le vede, le risposte facili.

«Dov'è?»

«Dov'è cosa?»

«Dov'è questa… Gasthaus…» E quella parola risuona come una bestemmia. «Dov'è questa donna, questa ladra. Dov'è mio marito.»

«Glielo dirò» promette Umberto. «Glielo dirò in modo che possa andare a riprenderselo. Porterà con sé le bambine, gli farà capire cosa sta perdendo, gli ricorderà i suoi doveri. E sono certo che lui tornerà.» Mentre dipinge quel quadro rassicurante vede il viso di lei rasserenarsi.

«Allora?» chiede ansiosa Maria.

«Allora… glielo dirò, ma prima lei deve dirmi dov'è Hermann. Quel traditore» aggiunge per gettare benzina sul fuoco. «Meglio sbarazzarsene.»

«Ma io non so dov'è Hermann!» Maria quasi singhiozza. È sincera. Umberto ha un moto di sconforto: tanta fatica, tutte quelle stupide menzogne, per nulla. Finché lei non aggiunge: «Io non lo so, ma Siegfried sì».

Non è il momento dei guanti di velluto. Umberto ha ordinato un rastrellamento dell'intera zona dove sorge la segheria. Gli ripugnano, quelle azioni, gli ricordano le pagine più brutte dell'ultima guerra, ma il tempo è un fattore fondamentale. Hermann potrebbe già essere fuggito. Potrebbe fuggire ora, sa che le forze dell'ordine sono qui per lui. Si può solo sperare che rimanga nei pressi per vedere cosa succede. In fondo, è un amico di Günther, o Hans, o come diavolo si fa chiamare. Umberto ha perso il conto delle menzogne.

Nella chiesetta dove sono stati radunati i paesani ci sono più donne e bambini che uomini. Uscendo da casa di Maria, Umberto si è trovato in una segheria deserta. Tutti scappati. Pessima giornata, per la produttività. Ma anche per le indagini: l'uomo chiamato Siegfried si è dileguato con gli altri, forse anche prima degli altri.

Fa molto caldo, persino tra quelle mura spesse, e non c'è acqua, i bambini si lamentano. Uno in particolare, la vera preda di Umberto fin da subito: il figlio di Siegfried. Maria gli ha indicato la casa della sua famiglia in cambio della promessa che non farà del male al bambino.

Si avvicina alla giovane donna seduta per terra che tiene in braccio il piccolo. Sta un po' in disparte, o forse la isolano gli altri. Danno la colpa a suo marito di questa situazione?

«Tu sei la moglie di Siegfried?» chiede con durezza. Quando lei annuisce, continua ironico: «Siamo una famiglia che lavora sodo, mettiamo i soldi in banca, non ci occupiamo di politica, i dinamitardi e la gente che spara ai carabinieri non li conosciamo. Ho dimenticato qualcosa?».

La donna lo squadra in silenzio, dal basso in alto, immobile.

«Ti ho fatto una domanda. Ho detto tutto?»

«Sì, sì» conferma lei.

«E lui come si chiama?» domanda Umberto, indicando il bambino, che indossa un paio di calzoncini e una maglietta a righe. Lo guarda stupito con i più begli occhi azzurri che abbia mai visto, e sì che da queste parti non mancano.

«Reinhard.»

«Ah! Reinhard. I nomi armoniosi voi neppure sapete dove stanno di casa.» Umberto è inarrestabile. Ha perso la pazienza ed era l'ultima cosa che gli restava da perdere. «E quanti anni ha il nostro Reinhard?»

«Tre.»

Il bambino gli tende le braccia con un sorriso. Chissà come sarebbe stato vederlo fare a una figlioletta sua. Ma il suo cuore è morto e la pietà anche. Umberto afferra Reinhard per i polsi e lo fa camminare per qualche passo. Sente su di sé lo sguardo degli altri nella chiesetta tenute sott'occhio dai militari armati.

«Tre anni, chissà quanto gli piace correre» dice. «Vuoi correre fuori, Reinhard? Fuori con me?»

Il bambino si illumina e grida di sì. Sua madre balza in piedi e grida di no. Si slancia verso il figlio, ma Umberto lo solleva fuori dalla sua portata. Scosso, preso in contropiede, Reinhard comincia a piangere.

«Lo lasci andare! Non lo porti via!» urla, disperata. Fa un passo avanti, ma uno dei militari si avvicina e la tiene lontana. Senza violenza, ma con decisione. Umberto indovina la disapprovazione sul suo volto impassibile: si sono messi a fare la guerra alle donne e ai bambini? Ha la tentazione di mandare tutto a monte, ma ormai a che servirebbe? Quella gente li odiava prima e li odierà ancora di più dopo, almeno che serva a qualcosa.

La donna, dopo aver tentato invano di divincolarsi, scoppia in singhiozzi misti a implorazioni. Il piccolo piange più forte.

«Li lasci stare!» si alza una voce, ma nessuno si avvicina.

«Non ho niente contro di voi... contro nessuno di voi» Umberto parla forte per sovrastare i pianti. «Ma sto cercando Hermann, il "monco", e voi sapete dov'è. Perlomeno dov'è il suo rifugio.»

Nessuno fiata. Umberto alza le spalle, si volta, con il bambino piangente sempre in braccio, e va verso l'uscita.

«No!» la mamma di Reinhard cede di schianto: «Sta nel fienile, nel campo in fondo alla strada che porta fuori dal paese... Sul limitare del bosco. Non ce lo troverete, vi ha visti arrivare... Non lo troverete mai, maledetti. Ridatemi mio figlio!».

Umberto posa a terra il bambino, che corre tra le braccia della madre.

Si precipita nella direzione indicata ma quando arriva al fienile, e spalanca con un calcio la grande porta, dentro non c'è nessuno.

Si capisce, non poteva essere altrimenti.

Sente nell'aria come il calore della preda sfuggita. Hermann ha lasciato il berretto a un gancio nel muro. Una beffa per il cacciatore giunto troppo tardi. Il pavimento sotto i suoi piedi fa un suono strano, si inginocchia a ispezionarlo. Una botola. Nella cavità, intravvede le armi ordinatamente allineate: fucili, granate, candelotti di dinamite.

«Un altro dei depositi del caro Franz» commenta.

Il telefono sulla scrivania di Kurt squilla con insistenza.

«Vieni a prendermi. Sai dove. Ho bisogno di sparire per un po'.»

«Non eri già sparito?»

«Non abbastanza.»

«Arrivo.»

Kurt riattacca. Peggio di così non potrebbe mettersi. La situazione sta precipitando.

Klara ha messo sul piatto del giradischi un LP di Stan Getz. La carezza del sassofono riempie la stanza. Le sembra di partire per Paesi lontani. Di essere già lontanissima, oltre le montagne, in un mondo che si diverte, danza, si reinventa. I due ragazzi hanno il muso lungo. La delusione di Peter per aver mancato suo padre si è trasformata in un implacabile desiderio di vendetta. E anche Max sembra avere perso la bussola, dalla morte della zia.

«Devo chiudere i conti con quel tipo» ringhia Peter. «Con Umberto.»

«Puoi contare su di me» dice Max.

«Tolto di mezzo lui, le cose torneranno a posto» continua l'amico. «Mio padre a casa, mia madre senza più la pressione dei suoi interrogatori, e io scagionato dall'accusa di essere un traditore!»

«Non dire stupidaggini, Peter» Klara di solito riesce a essere paziente, con le sue sparate, ma non ne può davvero più. «Se ammazzi un poliziotto non avrai mai più pace.»

«Me ne andrò. Non sarò il primo.»

«Già, ma quegli altri fanno parte di un'organizzazione che ha i mezzi per proteggerli...»

«Dobbiamo escogitare un buon piano. Me la caverò...»

«Te la caverai. E io?» Klara tenta la carta che ha sempre funzionato. «Non vorrai costringermi alla vita delle donne degli esiliati? Sempre sola, con i carabinieri in casa, magari trascinata in prigione...»

«Puoi venire con me» è la soluzione di Peter. «Hai anche il passaporto austriaco, tu... Andremo a Innsbruck. Ci rifaremo una vita!»

«Ehi, e io? Mi lasciate indietro?» si inalbera Max, non del tutto per scherzo. L'idea di un nuovo inizio lo attrae. Anche se ci sono le proprietà da considerare...

«Vieni con noi, ovvio.»

Klara si sente assalire dalla frustrazione. Peter parla dell'omicidio come fosse un'impresa semplice e della clandestinità come di una soluzione esistenziale. Forse la penserebbe come lui se avesse visto la sua vita deragliare, se le sue speranze si fossero volatilizzate. La disperazione è una pessima consigliera. Ma no, lei saprebbe rimanere lucida, ne è certa.

Prende le mani di Peter tra le sue.

«Va bene! Però serve un piano... e i piani sono la mia specialità, lo sai.»

«Mi presterai la rivoltella?» chiede lui, restituendole la stretta.

«Con quella lo ammazzi solo a distanza ravvicinata» obietta. «In città ti fermerebbero dopo dieci metri...»

«E poi, da quando sono cominciati gli assalti alle caserme, quello gira con la scorta. Ci vorrebbe un piccolo esercito, delle altre armi...» fa presente Max.

Klara si guarda bene dal ricordare che nella zona i nascondigli pieni di armi non mancano di certo. Ha un'altra idea.

«Devi portarlo sul tuo terreno» dice.

«E cioè?»

«Un posto sicuro, per lui come per te. Un posto in cui terrebbe la guardia abbassata, ma dal quale potresti scappare facilmente, no?»

«E quale sarebbe?»

«Pinzon.»

«Pinzon, certo! È lì che è cominciato tutto.»

Qualche ora più tardi, dopo averci pensato bene, Klara solleva la cornetta del telefono. Compone il numero con cautela, cercando di non svegliare Peter e Max. Alla voce nota che risponde dice solo: «Dobbiamo parlare».

35

Nelle stanze della politica

Un ideale dialogo politico: un uomo e una donna, un pusterese e una piemontese, uno storico membro della SVP e una ex DC passata alla sinistra. Lui è Luis Durnwalder, lei è Lidia Menapace, e della vita politica sudtirolese sono stati e sono, in modi diversi, due protagonisti. Luis Durnwalder, classe 1941, è un simbolo eccellente delle opportunità che può offrire l'istruzione: il quinto di undici fratelli di una famiglia contadina della Val Pusteria, è arrivato a diventare presidente della Provincia autonoma di Bolzano, riconfermato per ben quattro mandati, in carica dal 1989 fino alle elezioni del 2013, in cui non si è ricandidato. Oggi è un richiesto conferenziere internazionale, si definisce con un sorriso «un prodotto da esportazione per l'autonomia. Sono stato in Belgio, Crimea, Sudafrica, Slovenia, in Russia per una consulenza sulle regioni contese con l'Ucraina...».

Lidia Menapace, novarese, classe 1924, la carriera politica l'ha cominciata nella Resistenza, come staffetta partigiana. Dopo il trasferimento a Bolzano è stata nel 1964, con la Democrazia cristiana, la prima donna a entrare nella giunta provinciale, come assessore alla Sanità e alle politiche sociali. Da sempre vicina ai movimenti – il femminismo, il pacifismo, l'associazionismo cattolico e di sinistra – è stata senatrice nel Parlamento italiano dal 2006 al 2008, e alle elezioni del 2018 – nelle liste di Potere al popolo! – è stata candidata al Senato.

Ho incontrato i due politici nello stesso giorno, a Bolzano: lui nel bar di un albergo del centro, lei nella sua bella casa piena di libri. I loro racconti si rincorrono e si riflettono l'uno nell'altro, illuminando da angolature diverse una stessa realtà: quella dei rapporti tra terrorismo, politica e società.

All'inizio degli anni Sessanta, Luis Durnwalder era studente a Vienna, dove era iscritto alla facoltà di Agraria dopo aver deciso di uscire dal seminario di Novacella. Come molti ragazzi della sua generazione che venivano da famiglie povere e numerose, poiché aveva dimostrato una buona predisposizione allo studio, era stato accolto in quella istituzione per frequentare le medie. Le condizioni economiche erano di favore, e la speranza era che scegliesse la carriera ecclesiastica. Non fu così, e dopo la maturità Luis poté andare all'università grazie alle borse di studio offerte da Germania e Austria. «Eravamo quasi dei richiedenti elemosina, perché il Sudtirolo non aveva ancora un'amministrazione, le competenze erano tutte a Trento. Studiavamo grazie agli aiuti stanziati da quei due Paesi» ricorda Durnwalder. L'italiano lo aveva imparato alle elementari in modo, si può dire, poco approfondito: «Il maestro venuto per insegnarcelo era più interessato alle maestre che a noi» racconta ridendo. «Ci diceva: "Volete giocare a palla avvelenata o volete imparare i verbi italiani?". Ovviamente non sceglievamo la grammatica.» Anche in seminario gli studi erano proseguiti in tedesco e, dato che a Bolzano non esisteva l'università, l'unica alternativa era andare all'estero. «Dove, se no? C'erano solo Innsbruck o Vienna. Più tardi, fu fatto un accordo tra Italia e Austria per il riconoscimento dei titoli di studio per certe facoltà.» Allora come oggi, non era una scelta a buon mercato: «Sono arrivato a Vienna con una valigia di cartone legata con una corda, la stessa che mio padre aveva comprato pensando di emigrare in Germania dopo le opzioni» dice. «Non avevo ancora un appartamento o un indirizzo dove pernottare, quindi sono rimasto tre giorni alla stazione, nella sala d'attesa. Poi, era l'autunno del 1962, ho trovato la possibilità di coabitare e mi sono arrangiato in fretta».

Presto diventa presidente degli studenti universitari sudtirolesi: «Mi occupavo dell'assegnazione delle borse di studio, raccoglievo anche un po' di fondi». Sono i suoi primi contatti con la politica, e avvengono in un momento travagliato. Gli chiedo se ricorda quando fu usata per la prima volta la parola «terrorismo» per definire la situazione in Sudtirolo. Non è un dettaglio: è l'esordio di questo concetto nel discorso pubblico del nostro Paese. Già dall'inizio, mi risponde, dagli attentati del 1959 e 1960: «Tutti i giornali parlavano di terrorismo, nessuno diceva "azione di liberazione". Più tardi, il fenomeno è stato interpretato e classificato secondo l'idea politica di ciascuno. In Italia è sempre stato chiamato terrorismo, da noi dipendeva».

Luis era troppo giovane per partecipare al raduno di Sigmundskron, nel 1957. Ma nel 1964, nel momento dell'escalation della violenza armata, le cose stanno diversamente. «Avevo un'auto targata Vienna e non sono mai tornato a casa senza essere fermato al confine: auto austriaca, passaporto italiano... C'erano controlli dei soldati o della polizia» racconta. «Dei due carabinieri italiani che vivevano al mio paese, uno è stato ucciso. Hanno pensato fosse passato Klotz o uno dei terroristi, e ci hanno chiesto dove si trovava. Ma nessuno ha parlato e allora hanno radunato tutta la popolazione del borgo in un parco recintato, mentre controllavano casa per casa.»

Georg Klotz lo conosce invece nella capitale austriaca, dove risiede per alcuni periodi dopo la fuga dall'Italia insieme ad Amplatz e a diversi altri latitanti. Il mondo degli «espatriati» è troppo piccolo per non incontrarsi. «Credo fosse il 1964. Ero in un locale per studenti e un avventore si è avvicinato sentendoci parlare in dialetto sudtirolese. Era Georg Klotz, ci ha raccontato la sua storia, e non mi è piaciuto: sicuramente era un patriota ma per me parlava e si vantava troppo. Quando attacchi discorso con uno studente senza nemmeno sapere di che orientamento sia, e ti metti subito a dire di quando hai sparato contro i carabinieri e come sei fuggito, qualcosa non quadra. Un vero terrorista, un vero esperto sta zitto. Ho avuto più rispetto di Amplatz: mi sembrava più serio. In ogni caso era come se Klotz e altri facessero propaganda non tanto per la causa ma per presentarsi come eroi: quelli che invece di parlare agivano.» Il mondo degli «eroi» non sembra far presa sul giovane Durnwalder, né nell'ambiente universitario né fuori. «Era difficile, perché essere con loro voleva dire essere di destra, essere contro voleva dire non amare la Heimat. Allora non lo avevo capito così chiaramente. Tra la popolazione non mi sembrava avessero gran seguito, ma avevano rapporti con politici austriaci: di sicuro questi sapevano qualcosa, avevo l'impressione che avessero certe relazioni con nuclei un po' di destra.»

Come in altri casi, mi trovo di fronte a una doppia rappresentazione dei sudtirolesi radicalizzati degli anni Sessanta. Da una parte i ragazzi mal consigliati che amavano la loro patria e scelsero il modo sbagliato per dimostrarlo, così ingenui da pensare che nessuno avrebbe parlato, che l'avrebbero fatta franca. Dall'altra, un'organizzazione capace di preparare e coordinare decine di esplosioni e poi agguati e assalti alle forze dell'ordine. Durnwalder mi conferma che si tratta di due fasi diverse. «Bisogna distinguere. Prima le persone erano veramente convinte che gli attentati potessero aiutare le trattative senza fare morti. Sapevano bene dove fossero i tralicci e come fare una bomba. Volevano far saltare i simboli dello Stato, per rendere visibile la loro battaglia» spiega. «Purtroppo, dopo il 1964, si sono inserite delle forze da oltreconfine, specialmente certi gruppi della Germania, che avevano intenzioni diverse ed erano disposti a rischiare anche delle vittime. Non avevano niente a che fare con l'idea iniziale, hanno messo bombe sui treni, nei condomini. Erano intenzionati a creare il caos per portare avanti non le trattative per un'altra via, ma un programma per la secessione. Difficile dire cos'altro volessero, ma io distinguo sempre: primi attentati e dopo.»

Forse i servizi segreti c'erano fin dall'inizio. «Che ci fossero persone infiltrate è evidente. Ma gli italiani avrebbero dovuto anche rendersi conto che in linea di massima erano stati loro a creare questa situazione» sostiene Durnwalder. «Sapevano bene che noi non chiedevamo l'annessione all'Austria o uno Stato autonomo, ma solo l'applicazione di un contratto internazionale firmato anche da Alcide De Gasperi... ma è sempre così, quando una parte si irrigidisce, l'altra segue. Se solo avessero compreso la situazione, l'importanza e il pericolo... All'inizio lo Stato ha pensato di poter risolvere i problemi con la forza, e ha applicato tutti i sistemi possibili, esasperando così l'odio contro l'Italia. Quando i cittadini hanno visto che si moriva di torture hanno beatificato queste persone, che avevano sacrificato la loro vita solo per interpretare l'accordo di Parigi.»

Diversi arrestati in seguito alla Notte dei Fuochi inviarono lettere a Silvius Magnago, raccontando per filo e per segno le torture e chiedendogli di intervenire. Ma senza risposta. «In molti hanno scritto, anche al vescovo, che avevano sentito gridare gli altri. Lei sa meglio di me che ci sono state torture, ma nel partito all'inizio c'erano dei dubbi» spiega. «Quante volte ne ho parlato anche con Magnago: ma non avevamo armi, non sapevamo quale fosse la verità e non eravamo abbastanza forti. Magnago disse di averne parlato nella Commissione dei Diciannove, e con la polizia, ma che non poteva avviare una campagna stampa per non rendersi ancora più appetibile per certe forze.»

C'era, naturalmente, chi avrebbe voluto che la SVP appoggiasse apertamente le istanze più radicali il che, per un partito che voleva restare all'interno delle istituzioni italiane, era impossibile. Era un equilibrio difficile, in cui la Volkspartei condannava pubblicamente gli attentati, ma alcuni esponenti li consideravano utili per portare avanti le trattative sull'autonomia. «Io personalmente non facevo ancora parte del direttivo ma sono convinto che alcuni della Volkspartei, non posso dire chi, sapessero moltissimo» dichiara Durnwalder. «Io resto convinto che fossero una spinta per portare avanti le trattative. Però ancora oggi, se qualcuno mi chiede se dobbiamo la nostra autonomia ai terroristi, rispondo di no.»

Sulle responsabilità dello Stato, Durnwalder è netto. «Penso che tutto questo non sarebbe stato necessario se l'Italia avesse applicato il trattato di Parigi e dato fin dall'inizio l'autonomia legislativa e amministrativa al Sudtirolo. Non ci sarebbe stato Sigmundskron, non ci sarebbero stati gli attentati. E l'Italia deve rendersi conto che sono stati loro la causa.» I pezzi grossi di Roma, ritiene, non avevano le idee molto chiare, con qualche eccezione. «Politici come Moro e Andreotti avevano una certa comprensione per noi, specialmente Moro, e per questo diventarono un punto di riferimento nelle trattative. Un altro fu Saragat, con cui nel 1965 fu elaborata, anche in base ai risultati della Commissione dei Diciannove, una prima proposta di accordo. Poi non la accettammo. E questo offese Bruno Kreisky, che non lo avrebbe mai dimenticato.»

Durnwalder ricorda con una certa commozione l'incontro con Kreisky, da presidente della Provincia, a Merano. Il grande politico austriaco era in sedia a rotelle, sarebbe morto pochi mesi dopo, nel luglio del 1990. «Gli dissi: "Cancelliere, noi sappiamo che lei ci considera un po' ingrati perché non accettammo quella proposta, ma possiamo dirle che il risultato finale è un buon risultato. Senza di lei non lo avremmo raggiunto, e gliene siamo grati". E lui piangeva come un bambino. Erano previsti dieci minuti per l'incontro, era molto debole, ma rimasi lì nel parco con lui un'ora e mezza.»

Kreisky, l'uomo che portò all'ONU la questione sudtirolese. Ma come si poteva pensare che, anche con le bombe, il mondo se ne occupasse? «Per noi, allora, non contavano i problemi internazionali ma la situazione locale» ammette Durnwalder. «Ci sentivamo nel giusto e abbiamo pensato: se otteniamo l'attenzione della scena mondiale, magari tutti i giornali ne scriveranno, specie con le bombe di mezzo. Già allora era iniziato il braccio di ferro tra Russia e Stati Uniti: forse qualcuno ci ha appoggiato più che altro per andare contro l'America, ma c'era anche una certa comprensione per la nostra piccola realtà. Dopo i dibattiti all'ONU l'Italia non poteva più dire che si trattava di una questione interna, e ci sembrava già un risultato averla portata su un altro piano.»

Anche Durnwalder descrive le armi nucleari a Natz-Schabs come un segreto di Pulcinella. «Io sono entrato in politica alla fine degli anni Sessanta e lo sapevo, era chiaro che fosse così. I soldati americani avevano contatti con le persone del posto ed erano ben visti, portavano lavoro in una terra poverissima.» Non ci furono grandi proteste per la presenza nucleare nella zona, dunque, e anche se ci fossero state lui ritiene che non sarebbero servite. «Oggi sarebbe diverso, ma all'epoca dovevi subire. Tutte le competenze per la Difesa erano dello Stato, ne abbiamo discusso all'interno ma non ci azzardavamo a protestare.»

Le sue parole tracciano l'identikit di una politica sudtirolese decisa a contare sulla scena internazionale, ma poco ascoltata su quella nazionale. Un'ambivalenza che oggi sembra riproporsi nelle polemiche sulla proposta austriaca di concedere la doppia cittadinanza ai sudtirolesi. Durnwalder non ne è allarmato: «C'è chi ci vede il primo passo verso una scissione dall'Italia, e chi invece un passo verso il passaporto europeo. Io non lo vedo come una separazione, sono per qualsiasi cosa che vada in direzione dell'appartenenza europea». L'idea che porta avanti nelle sue conferenze in giro per il mondo è semplice, in teoria, quanto complessa da realizzare: territori con amministrazione e legislazione autonomi possono svilupparsi anche all'interno di uno Stato centrale. «Ricordo sempre che autonomia non vuol dire scissione, vuol dire proteggere la realtà locale. Qualcuno potrebbe imparare dal Sudtirolo, che era molto povero negli anni Sessanta. Se l'Italia avesse dato il federalismo a tutte le sue regioni sarebbe il Paese più ricco d'Europa. Perché quando dai fiducia e competenze a un territorio, a una popolazione, si vedono i risultati.»

«Alcune famiglie miste scoprono oggi con terrore che sono obbligate a mandare i bambini ad asili separati: o tedesco o italiano.» Lidia Menapace, ex insegnante, mette subito il dito su un aspetto chiave della convivenza quotidiana di etnie diverse in un unico Stato. È però ottimista sulla soluzione: l'aumento in Sudtirolo delle famiglie miste porterà a un cambiamento nel sistema in vigore oggi, per cui ogni scuola fa lezione in tedesco o in italiano, e l'altra lingua si studia come seconda. Io non sono così convinta che la «contaminazione» sia gradita a tutti, ma sarei lieta di sbagliarmi.

Lei e io abbiamo in comune una grande fortuna: genitori che ci hanno esortate a incontrare più lingue e più culture. «I miei erano di condizione molto modesta» ricorda. «Al ginnasio mi dissero: "Qui in Piemonte il francese lo sappiamo tutti, in qualche modo, quindi te lo insegniamo noi. Ti mettiamo nella sezione di tedesco, che è una lingua difficile: se non la impari a scuola non la impari mai più". L'inglese, infatti, non si studiava perché era la lingua del nemico.» Siamo poco prima della guerra, dato che Lidia Menapace è nata nel 1924, in una famiglia di sinceri antifascisti. «Papà era mazziniano, repubblicano. Mia mamma, dal carattere molto più impetuoso, chiamava Mussolini "Quel là" oppure, quando ne faceva una più grossa, "Quel là che parla dal balcone", perché da noi proverbialmente quando uno apre la finestra e parla alla folla è matto clinico. Tornavo a casa da scuola e la nonna mi chiedeva: "Che cosa ti ha insegnato la maestra?". E io: "Vittorio Emanuele II padre della patria". E mio nonno, mazziniano pure lui: "Molto padre della patria, metteva incinte tutte le ragazze che trovava".»

Oggi è un lessico famigliare che fa sorridere, all'epoca non erano posizioni né indolori né prive di rischi. L'antifascismo, Lidia Menapace lo ricorda sui banchi di scuola, nella resistenza silenziosa degli insegnanti. «Ogni lunedì mattina alla prima ora si dovevano commentare tutti i documenti del governo. Noi avevamo un prof di greco straordinario che regolarmente "dimenticava" questo passaggio, pur essendo un alessandrino pignolissimo che in realtà non scordava mai nulla. Un giorno, invece di fare lezione di greco, ci parlò di Armodio e

Aristogitone, i due tirannicidi di Atene. Chiedemmo allora spiegazioni al professore di storia e filosofia, un armadio di montanaro del Monferrato con i capelli a spazzola. E lui, tecnico: "È una teoria di Aristotele, accettata poi anche da san Tommaso, che siccome loro hanno ucciso il popolo, il popolo per legittima difesa può anche uccidere il tiranno". L'antifascismo si faceva così.»

Non c'è tanto da stupirsi che da un'educazione simile si sviluppi uno spirito libero. Che nel 1952, quando il marito Eugenio Menapace, detto Nene, un medico trentino, vince il concorso per il laboratorio di igiene e profilassi provinciale, accetta di trasferirsi solo a patto che sia lei a scegliere la destinazione. «Bolzano era una città dal carattere inatteso in cui arrivavano da varie parti persone diverse, mentre Trento, allora, era bigotta in una maniera insopportabile. Una signora non doveva uscire senza guanti o andare al bar da sola, quelle scemate lì» racconta con insofferenza. «Le donne, diciamo, qui erano un pochino più emancipate nei costumi rispetto a noi o alle trentine, perché avevano come riferimento il mondo tedesco. Si trovavano al caffè anziché invitarsi a vicenda a casa al pomeriggio: avevano così un luogo di dibattito. Discutevano però, comunque, prevalentemente di moda, di cucina, di come si allevavano i bambini.» L'emancipazione, insomma, era tutt'altro che a portata di mano, in una buona società basata su un'economia agricola, quindi profondamente conservatrice. Il che spiegava in parte, secondo Menapace, l'antipatia per gli italiani: «I soldati che arrivavano quassù avevano successo con le ragazze: le corteggiavano in tempi in cui i matrimoni erano combinati secondo logiche di eredità. Bastavano due complimenti, e queste cascavano come pere cotte. Gli animi si inasprivano: "Gli italiani vengono qui e ci prendono le nostre donne". Ma era facilissimo, erano gli unici che le consideravano in quanto femmine e non in quanto eredi del maso».

L'approccio di Lidia Menapace alla questione della convivenza è molto pragmatico, pacificato, fondato su un'esperienza felice di gestione dei conflitti. Sostiene che per lei, prima nel lavoro di insegnante e poi nell'attività politica, non ci furono mai veri problemi. «Non avevamo difficoltà di comunicazione. Nene lavorava come medico pubblico e doveva sapere il tedesco, percorreva le valli per le ispezioni sanitarie degli impianti, le prese d'acqua, l'aerazione, l'illuminazione delle case... conosceva i contadini e faticava a non tornare ubriaco perché gli offrivano continuamente da bere.»

Anche i primi attentati che scossero la provincia non la sconvolsero granché. Le chiedo se non abbia avuto paura quando cominciarono a scoppiare le bombe, anche alla stazione di Bolzano. Mi guarda con occhi piuttosto disincantati: «Io sono stata sotto le bombe della Seconda guerra mondiale» risponde. «Le paure della Notte dei Fuochi erano una cosa più domestica rispetto a un conflitto del genere, alle persecuzioni, agli ebrei cacciati dalla scuola come era successo alle nostre compagne Esther e Ruth.»

Gli attentati, con tutta la loro escalation, non la inquietarono più di tanto né come cittadina né come donna impegnata nella politica locale. «Mi disturbarono, li considerai un errore ma non sembrò un ritorno del nazismo. Era più un Risorgimento a scoppio ritardato, anacronistico, che aveva origine sicuramente in Baviera. Non mi sembrava un movimento che avrebbe potuto modificare l'assetto istituzionale, dal punto di vista storico era arretrato.»

Concorda però che la questione sudtirolese non era solo un tema di confini nazionali. «Alcide De Gasperi era l'unico dei politici italiani a conoscere la situazione, meglio dell'austriaco Gruber. Quando prese la parola, da ministro degli Esteri, e parlò di ricostruzione, Churchill si alzò dalla sua seggiola e andò a salutarlo: vedeva già che il confine del Brennero sarebbe stato il confine contro la Russia» dice Menapace. «Tutta la sinistra, compreso il PCI, si trovò dentro l'area che era stata, dopo la fine della Prima guerra mondiale, di fatto assegnata agli Stati Uniti. L'Austria si era ricostruita come Stato vittima del nazismo, anche esagerando, quindi noi diventavamo proprio il confine dell'Occidente».

Considera la manifestazione di Sigmundskron il colpo di genio di Magnago, che lei ha conosciuto bene essendo stata assessore quando lui era presidente della Provincia. «È l'unico colpo di genio che ha avuto: invece di buttarsi sull'autodeterminazione, che era uno dei principi internazionalmente previsti, lanciò l'autonomia, accettando di mantenere il confine del Brennero ma cercando di ottenere il massimo per la popolazione locale.» Lo stesso discorso di Sigmundskron, in cui il Sudtirolo viene presentato come una barriera contro il comunismo, ne è la prova. «Lui capì che di questa questione al mondo interessava poco, anche l'Italia quasi non la conosceva» dice l'ex senatrice. «Doveva quindi trovare un radicamento locale e l'autonomia diventò un grido di battaglia con cui si trascinò dietro la Volkspartei, che era forse un po' più moderata della DC italiana, più corretta e meno corrotta tutto sommato.»

Chiedo anche a lei se pensa che gli attentati abbiano aiutato i negoziati. «Un po' sì, forse non nella direzione che si aspettavano quelli che li hanno compiuti. È stata sicuramente una forte pressione. L'atteggiamento di Roma però è cambiato poco, nonostante l'emergenza: per loro, ciò che succede qui non è mai importante. L'opinione diffusa era che si trattasse di quattro montanari e che bastasse mandare l'esercito. Ogni tanto si ricordavano di rivendicare "l'italianità di Bolzano", ma era un concetto artificioso» sostiene. «Sul piano geostrategico, i politici a Roma non avevano alcuna paura. Tra i pochi che si occupavano del Tirolo c'erano Moro, che era più intelligente e apprezzabile, e Andreotti, che era più abile. Sulla Guerra fredda la Volkspartei era proprio ininfluente, Andreotti aveva le sue mosse da fare direttamente con gli americani o i russi. Veniva a Merano come turista, come prima di lui tutti i grandi funzionari dell'Impero austroungarico.» Che il Sudtirolo non potesse essere la prima preoccupazione di Roma, negli anni Sessanta, è chiaro. Che il confine del Brennero lo fosse eccome, però, lo dimostra se non altro la base di Natz-Schabs. Delle armi e munizioni nucleari, tuttavia, lei dichiara di essere stata ignara.

Il suo «osservatorio» sulla violenza terrorista era il marito, che veniva a sapere dei morti negli scontri con le forze dell'ordine perché nel laboratorio di igiene e profilassi dove lui lavorava si svolgevano le autopsie. «Dal 1957 c'era la sensazione che la gestione della strategia contro le bombe fosse molto dura. In galera ne sono morti. Si diceva: decesso per arresto cardiaco, ma come osservava mio marito si muore sempre per arresto cardiaco, se ti sparano però la causa è diversa. C'è stata una crescente diffidenza, nella parte di sinistra dell'opinione pubblica di lingua italiana, rispetto alla repressione del terrorismo.»

Si parla di «soli» due morti in carcere, e al processo quasi tutti i carabinieri furono assolti. Lei pensa che le vittime delle torture siano state di più? «Sicuramente» risponde con fermezza. «Le notizie sulle autopsie le ho sapute da mio marito, ma non c'è niente di ufficiale. Non dimentichiamo che chi faceva servizio d'ordine erano per lo più militari di leva assolutamente impreparati. Avevano più paura di quelli a cui sparavano, e nel dubbio aprivano il fuoco.»

Da ex assessore, ha vive in mente le discussioni sul tema degli attentati, spesso in occasione di lutti popolari come per la morte di Luis Amplatz. «A ogni riunione della giunta provinciale tutti, da Magnago in giù, dicevano: i responsabili siano consegnati alla giustizia. Qualche volta capitava di essere invitati, come Provincia, ai funerali dei terroristi e io non potevo non andarci.»

Il suo rapporto con Silvius Magnago è sempre stato buono, e ne ricorda la sofferenza costante. «Aveva perso la gamba in guerra e sentiva male all'arto che non aveva più. Era un uomo piuttosto nervoso ma dotato di un autocontrollo enorme, e molto sensibile alla minima gentilezza. Io stavo seduta proprio accanto a lui sui banchi della giunta, e siccome faceva molta fatica ad alzarsi e scendere per votare, gli offrii di andare a portare io la sua scheda. Questa divenne un po' un'abitudine e fu notata da tutti i consiglieri di lingua tedesca come una straordinaria gentilezza. Le relazioni tra i due gruppi erano complicate da queste faccende: il non fare un gesto di cortesia perché l'altro apparteneva a un'etnia diversa.»

È curioso, mi fa notare, che lo sport nazionale degli italiani sia parlare male dell'Italia dappertutto, tranne che in provincia di Bolzano. «Non c'è nessuno che vada in giro a vantarsi di essere italiano, se non qui: evidentemente una cosa artificiosa.» Sarà, ma l'artificio ha conseguenze molto reali, e le chiedo se davvero sia possibile, secondo lei, seppellire l'ascia di guerra. Pensa di sì, e lancia una provocazione, con un sorriso irrefrenabile da ragazza irriverente.

«Rinverdiamo il Monumento alla Vittoria» propone. «Così facciamo la più grande aiuola spartitraffico del mondo, un primato che non offende nessuno.»

36

Finale di partita

Bolzano, 14 settembre 1966

«Credo che i nostri ragazzi si siano montati la testa. Hanno deciso di farti fuori.»

Non c'è che dire, un inizio di conversazione interessante, pensa Umberto. Ma rimane impassibile e spegne con cura la sigaretta prima di chiedere: «I nostri ragazzi nel senso di...? Tua figlia e i suoi amici?».

Franz fa un mezzo sorriso. «Pensavo ci sarebbero arrivati prima, a questa bella idea» dice. «Eravamo anche noi così lenti, alla loro età?»

«Fanno una vita troppo comoda, è questo il problema. Se non si sbrigano, tra l'altro, dovranno venirmi a cercare a Roma, quando mi metteranno a piantonare le porte del ministero» ironizza Umberto.

«Per il momento, a dire il vero, avevano pensato a un altro scenario. Pinzon.»

«Non capita spesso che ti svelino il luogo della tua morte. Sai anche il giorno?» il poliziotto si scopre quasi divertito all'idea dell'ingenuo complotto dei tre giovani. In tutti questi anni, si può dire che li ha visti crescere. Uccidi il padre, pensa. Umberto si domanda perché mai il suo destino sia capirli meglio di quanto li comprendano i loro genitori.

«Ti faccio sapere» anche Franz sorride. «Ma non è per queste ragazzate che ho chiesto di vederti... in privato» accenna all'anonimo bar di periferia in cui si trovano.

«Non avevo dubbi. È perché ti serve aiuto su qualcosa, immagino.»

«Direi piuttosto che possiamo aiutarci a vicenda... Mi pare che le vostre cacce all'uomo vadano un po' a rilento, soprattutto quella del famoso Hermann.»

«Se voi e gli austriaci la smetteste di proteggerlo, andremmo meno a rilento» ribatte secco Umberto.

«Ecco, appunto. È esattamente ciò che stiamo facendo.» Franz abbassa un po' la voce ma tanto nel locale non c'è nessuno. In quell'assolato pomeriggio di settembre chi non è al lavoro è in montagna o al lago per gli ultimi tuffi. «L'aria è cambiata e quelli come Hermann non servono più a nessuno. Gli amici nordtirolesi, gli attivisti, stanno ricevendo qualche segnale chiaro che è ora di tornare a dedicarsi ad altro, e lasciar perdere le gite oltreconfine. Perfino per l'irriducibile Norbert Burger trovare fondi diventerà più difficile.»

«In sintesi: fine dei giochi?»

«Fine di questo gioco» conferma Franz. «E Hermann è una pedina che va tolta dalla scacchiera.»

«Sai dove si trova?».

«So a chi chiederlo. Ma ho bisogno di... argomenti.»

«Non vorrai che mi metta a ricattare i buoni sudtirolesi?» chiede Umberto con finto sgomento. «Siamo già abbastanza malvisti... c'è persino qualcuno che vuole farmi la pelle.» Poi, sotto lo sguardo severo dell'altro, torna serio. Questi padreterni che intrallazzano con gli americani raramente hanno il senso del ridicolo. «Va bene, scusa. Cosa ti serve?»

«Mi hanno detto che l'anno scorso a casa di Sissi Gasser, la zia di Max, hai trovato... una foto.»

«Esatto.»

«Cosa rappresenta?» chiede Franz con l'aria di saperlo già. Umberto glielo spiega in due parole.

«Mi serve quella foto» conclude l'altro. «Non è la prova di un crimine imperdonabile, ma quanto basta per perdere la faccia… Non c'è arma migliore della reputazione, per i vigliacchi.»

Umberto si sente invadere dal fastidio. Franz è anche una brava persona, nel suo genere, ma ha l'impressione che tutti gli inganni e gli intrighi in mezzo a cui si muove gli piacciano un po' troppo.

«Ti farò sapere» si limita a dire.

Montan, 15 settembre

Kurt è seduto in ufficio, lo sguardo sui filari che scendono dolcemente lungo il declivio, verso il fiume. È cominciata la vendemmia e l'annata dovrebbe essere buona, ma il turismo segna il passo. L'inasprirsi degli attentati tiene lontana la gente: le iniziative dei combattenti cominciano a costare un po' care. Da maggio, le provocazioni e i veri e propri attacchi non fanno che moltiplicarsi. Occorre mettere fine a una faccenda che non ha più nulla a che vedere con il reale destino della provincia, né con l'Austria, né con le necessità strategiche degli amici e degli alleati. Dopo l'ultima telefonata notturna, Kurt sa che il pericolo si è fatto vicino.

Squilla il telefono sulla sua grande scrivania. Riconosce la voce dall'altra parte. Da anni si frequentano saltuariamente, il ricco proprietario terriero e l'ancor più ricco imprenditore che vende macchine agricole e scambia segreti.

«Tuo figlio sta per mettersi nei guai» gli comunica Franz, a bruciapelo.

«Max non è capace nemmeno di mettersi nei guai»

ribatte Kurt con una smorfia. Effeminato, pusillanime, privo di ambizioni: una spina nel fianco. E sua moglie gli dà il tormento sostenendo che, se lui non fosse così ostile, il loro bambino vivrebbe ancora con loro, e non in città dove frequenta chissà chi.

«Lui magari no, anche se non ne sarei così sicuro. Ma il suo amico Peter sì, e ci trascinerà anche tutti gli altri.»

«È un pezzo che non li vedo, né l'uno né l'altro. L'ultima volta è stato ai funerali di Sissi.»

«Lo so. Ma non è su di loro che mi servono informazioni.»

«E allora su chi?»

«Lo sai. Sei l'unico che di notte non riceve telefonate dalle amanti, ma dai vecchi terroristi.»

Doveva aspettarselo, di avere il telefono sotto controllo.

«Le cose sono andate troppo in là» fa notare Franz.

«Vedo che cosa mi riesce di scoprire...» propone Kurt, a disagio.

«Bada di non perdere tempo» incalza Franz. «Non tanto per me, quanto per gli italiani, che si vanno facendo impazienti. Ho visto girare una certa tua foto... Niente di gravissimo, ma imbarazzante, questo sì.»

Franz riattacca e Kurt rimane ad ascoltare il segnale di linea libera, come ipnotizzato. Di nuovo quella foto, ma come hanno fatto a trovarla? Sissi è morta senza rivelare dove fosse...

«Maledette stupide» commenta a mezza voce. Sua moglie, che non ha distrutto il negativo, e sua sorella che ha pensato bene di farne una copia. Perché le donne sono così attaccate ai ricordi?

Bolzano, 15 settembre

Max era in negozio con Karl quando un poliziotto in borghese è venuto a prenderlo. Senza dire una parola, l'ha accompagnato al commissariato, scortandolo direttamente nell'ufficio di Umberto.

«Che cosa sta succedendo?» Lo chiede senza neanche sedersi, teso, aggressivo.

«Una pattuglia di nostri colleghi ha arrestato un ladro di auto. Un certo Federico...» spiega Umberto consultando un rapporto appoggiato sulla scrivania. «Un tuo amico, no?»

Federico che ruba un'auto? Impossibile. Forse non c'è stato alcun furto.

«Sì, è un mio amico» conferma Max. «Per questo l'avete preso, no?»

«Siediti» lo invita Umberto.

«Preferisco stare in piedi.»

«Siediti» ripete Umberto. Max stavolta obbedisce. «Amico o amichetto?» chiede il poliziotto.

«Questi sono fatti miei.»

«Per quanto mi riguarda, me ne frego. Se finisce in prigione, però, la differenza diventa importante... Gli spaccheranno i denti per rendere la cosa più gradevole, ed è il minimo che possa capitargli.»

Umberto stenta a riconoscere la propria voce. Da mesi, in ogni caso, non si riconosce più. Dal rastrellamento a Taisten. Il pianto del bambino e di sua madre gli rimbomba in testa: io non sono così, vorrebbe dire. Siamo servitori dello Stato, servitori anche vostri. Ma quando si crea un mostro immaginario, prima o poi quello si materializza. E lui, l'uomo d'onore, fa la guerra alle donne e ai bambini e minaccia i ragazzi di mandarli a farsi violentare in carcere. Si è lasciato sfuggire tra le dita quel poco di anima che gli era rimasta. Gli occhi di Moira si sono ridotti a una minuscola luce in lontananza, ormai quasi spenta. Dopo non resterà più alcun motivo per vivere.

«Che cosa volete da me?» Max ripete la domanda due volte, all'improvviso il poliziotto sembra distratto.

«Niente. Per ora. Intanto tengo il tuo amico qui in commissariato, dove è al sicuro. In cambio, tu seguirai le istruzioni di tuo padre.»

«Mio padre? Che cosa c'entra adesso mio padre?»

«Ogni tanto bisogna saper obbedire agli ordini... Non dire niente a Peter, il vostro piano deve andare avanti come se niente fosse.»

Max sobbalza. Umberto sa del piano?

«Ebbene sì, so tutto» gli rivela l'uomo, in tono quasi compassionevole. «Mi volete morto, e prima o poi avrete soddisfazione. Ma ora devi fare quel che diciamo noi.»

«Non capisco...»

«Non fa niente.»

Max si sente schiacciato dal peso di quel segreto che ha mutato forma. Pensava che legasse lui, Peter e Klara e invece ora lega lui, suo padre e il poliziotto che vorrebbero uccidere.

«Un giorno sarai tu a mandare avanti la proprietà» Umberto si alza e cerca di parlargli da pari. «Quando sarà tutto passato... Quando questa storia sarà finita ti guarderai indietro e vedrai gli enormi problemi di oggi per quel che sono: ridicoli sassolini. Imparerai quanto poco contano le piccole disavventure d'amore o di sesso... Quanto poco conti anche l'onore.» Max tace, sbigottito. Ha l'impressione che l'uomo stia parlando da solo, parole a lungo trattenute.

«E allora che cosa conta?»

«Il potere.»

Montan, notte del 15 settembre

Kurt si è annunciato a voce bassa. Hermann è sicuramente sul chi vive. «Un vero guerriero non dorme mai» ha commentato il giorno dopo l'omicidio di Amplatz.

L'aria è umida nello scantinato della proprietà di Montan, anche se già vari anni prima Kurt ha fatto rivestire le pareti con quintali di calcestruzzo. Ha fatto costruire servizi igienici e lo ha dotato perfino di due linee telefoniche anni prima. Il nascondiglio perfetto. Un rifugio a prova di bomba, con l'ingresso mascherato da una fila di vecchie bottiglie coperte di polvere.

«Devi andartene... devi passare il confine» dice.

«Non mi dire» commenta Hermann allungato su una branda, un StG-44 alla portata dell'unica mano.

«La faccenda si complica... troppi morti. Un giorno o l'altro verranno a perquisire anche casa mia...»

«Ero convinto che avessi il potere di tenerli a bada. Non fai più tanto il gradasso, eh?» ribatte Hermann provocatorio.

Kurt non dice nulla. L'altro gli lancia un'occhiata, afferra l'StG-44 e lo imbraccia. Poi solleva la coperta e accarezza il calcio di un Mauser Kar94K con il mirino telescopico.

«Sono ben preparato, vedi? Credo che mi tratterrò, se non ti dispiace. Lascia che vengano a cercarmi: ne porterò qualcuno con me.»

«Sai che soddisfazione» sbuffa Kurt. «No, Hermann, è ora che tu vada ed è tutto pronto. I documenti, un rifugio sicuro e un lavoro comodo a Innsbruck, e persino una bella sommetta, di che farti campare tranquillo per un po'... Magari un pezzo di terra, l'unica cosa che non tradisce mai. Che ne dici?»

«Dico che non ti ho mai sentito così generoso. C'è una condizione, vero? Non vuoi solo che mi tolga di mezzo.»

«Ho bisogno di un favore» dice Kurt. «Ma ti assicuro che sarai lieto di farmelo. Si tratta di far fuori un poliziotto. Quello che è venuto a cercarti a Taisten.»

«E perché?»

«Perché sta dando fastidio a mio figlio... e anche a me.»

«Quale sarebbe il piano?»

«Lo facciamo venire a Pinzon.»

«E come?»

«Ti sarai accorto che ha un debole per Katharina...» gli ricorda Kurt con un sorrisetto. «L'agguato sarà lì.»

«Praticamente a casa mia» commenta Hermann. «Sarà piuttosto chiaro chi è stato.»

«Sarai un eroe. Quel tizio ha torturato donne e bambini, tutti lo odiano. Sarai un eroe» ripete «e sarai al sicuro.»

Al sicuro... Hermann si scopre ad ascoltare quelle parole con piacere. Fino a un paio d'anni prima l'idea di un rifugio, del riposo, di una vita normale lo avrebbe fatto inorridire, ma ora... C'è un tempo per tutto, pensa. Forse c'è persino un tempo per smettere di combattere. Ci sono troppi traditori, la morte di Amplatz lo ha confermato. Ci sono troppi inganni.

«Gli ultimi fuochi» mormora, e ideare la tattica giusta è quasi un riflesso condizionato. «Conosco bene il posto. Mi bastano cinque minuti di anticipo. Il tempo di arrivare e montare il treppiede. Posso appostarmi poco fuori dalla Gasthaus sulla strada per Pinzon... sono meno di duecento metri, non posso sbagliare il colpo.»

«Bene così, allora. Poi, la mia auto fino al confine e un passaggio sicuro dall'altra parte. Nessuno ti verrà a disturbare, te ne starai in santa pace» garantisce Kurt.

«La pace...» Hermann accarezza distrattamente il fucile. Forse non santa. Ma pace.

Bolzano, 16 settembre

Klara è a cena dai suoi genitori. La conversazione è spigliata, si parla di libri, di Peter, di ricominciare gli studi, magari in un'altra città.

«Perché non Roma?» butta lì suo padre. Klara pensa: Roma, il cinema. Le passeggiate in via Veneto, Cinecittà, i locali... e le ambasciate, i palazzi del potere.

«Ma perché dovrebbe andare via di nuovo? A Innsbruck non ha funzionato, mi pare...» Rosa si turba subito. «E poi come farebbe con Peter? Non può respirare lontano dalle sue montagne, sarebbe come un pesce fuor d'acqua.»

«Tranquilla mamma, non vado da nessuna parte» Klara si alza. «Vado dal mio pesce, ora.»

«Salutamelo! Di' che venga, la prossima volta.»

«Stasera è dovuto andare da Max, che era giù di morale... sai come sono, quei due.»

«L'amicizia è una bella cosa» commenta la madre. «Quando hai un amico vero non sei mai solo.»

«Proprio così, mamma.» Klara le dà un bacio pensando: che frase scontata, «un amico vero». Cosa significa? Non ci sono amici finti. O sì? Lei è stata una vera amica per Peter e Max?

Il padre l'accompagna alla porta.

«Di' a Peter di andare a trovare sua madre nel fine settimana. E di fermarsi alla pensione» dice spiccio. Klara si mette mentalmente sull'attenti, cercando di dissipare il disagio che l'ha invasa. Non è il momento per i dubbi. «Katharina dovrà chiamare Umberto e pregarlo di passare a trovarla lunedì mattina, perché ha notizie di Günther» prosegue lui.

«Questo lunedì?»

«Sì, il 21. In mattinata. Verso le dieci. Accompagna Peter e di' a Max di andare a stare dai suoi.»

«Non credo di avere questo potere… Non può vedere Kurt» obietta Klara.

«Non ti preoccupare, tu passagli solo il messaggio. Vedrai che ragionerà. È ora che facciano pace, quei due!»

Pinzon, 19 settembre

Katharina si è ripromessa di non piangere. Vuole dare un'immagine felice, gioiosa: la mamma più bella del mondo. Da quando si è alzata, stamattina, non riesce a stare ferma, ha rassettato la Stube fino a far brillare i tavoli, cambiato posto ai vasi di fiori mille volte. Sulla parete dove per anni un giovane uomo con l'uniforme della Wehrmacht ha accolto i clienti ora spicca un quadro che raffigura san Michele. Sarà senz'altro più utile lui di Günther, si è detta: sia a lei, sia a Peter. Addio, Günther. Se avessi voluto bene a nostro figlio, ti avrei perdonato tutto.

Clothilde, naturalmente, è fuori. «Tornerai quando te lo dico io» le ha ordinato. Tanto la stagione è agli sgoccioli, e quest'anno non è stata comunque entusiasmante. Aspetta ben pochi turisti, al limite qualche gruppo di vendemmiatori che vengono a bere un bicchiere a fine giornata. C'è solo una persona che aspetta davvero.

Ha rassettato la camera di Peter. Lenzuola morbide e pulite, asciugamani per due, per lui e per lei, dato che ora c'è Klara. Non prova alcuna gelosia, anzi le è grata: per tutto quel tempo, da quando lui se n'è andato, è stata la ragazza a telefonarle, a darle notizie di suo figlio, a prendersi cura di lui. Le ha parlato perfino del viaggio a Taisten, della tremenda delusione, della disperazione di Peter.

Katharina si è pettinata i capelli all'indietro nella consueta crocchia, e nel viso abbronzato dal sole estivo i suoi occhi verdi sembrano più grandi, più teneri che mai. Le viene in mente, inatteso, il volto tormentato di Umberto, gli occhi neri che sembrano avere conosciuto l'inferno. Le è sempre apparso duro, crudele, ma a volte dà l'impressione di voler punire sé stesso.

Katharina sente il motore di un'auto ed esce sulla porta. Klara è al volante della Mercedes di suo padre. Peter è seduto accanto a lei e Max, dietro, apre il finestrino e saluta con la mano, come se una folla di ammiratori si fosse raccolta per festeggiare il ritorno del figliol prodigo.

Peter scende e la madre gli vola tra le braccia. Ha bisogno di toccarlo, di essere certa che il suo figlio adorato è di nuovo a casa. Come ha fatto a sopportare di saperlo a pochi chilometri da lei, eppure così lontano, per due anni? Ora le sembra impossibile. Ma ha saputo aspettare, e Peter la stringe forte tra le braccia, sempre muscolose come le ricordava.

«Scusami» dice, semplicemente: «Scusami».

Era la parola che lei attendeva, eppure gli posa la mano sulla bocca per farlo tacere.

«No» sussurra. No, non c'è bisogno di scusarsi. È tutto finito.

Poi viene il momento della festa. Dalla sua casa se n'è andato un ragazzo ribelle ma ora è tornato un uomo, con una fidanzata che lo ama. A poco a poco l'intero paese affluisce alla Gasthaus di Katharina. C'è persino il padre di Max. Si sono salutati senza dimostrare affetto, quei due, ma con il rispetto reciproco di chi sa che il tempo, fatalmente, li riavvicinerà.

Kurt prende il figlio per il gomito e lo allontana dal resto del gruppo.

«Lunedì mattina alle dieci verrà Umberto. Devi restare con lui, qualunque cosa succeda. So che forse pensavate di fare diversamente, ma i piani vanno cambiati.»

Max lo fissa negli occhi grigi. Non troverà mai il coraggio di domandargli se è stato lui a spingere Sissi, a farla cadere dalla sedia a rotelle con i mozzi allentati.

«Intesi» risponde. Si sente un traditore e nello stesso tempo sa di non avere altra scelta. Getta uno sguardo ai suoi amici, che ridono al tavolo, abbracciati, le guance accese dal vino.

«Vedrai, ragazzo, andrà bene. È meglio così per tutti» lo rassicura Kurt e per la prima volta da anni ha la voce di un padre.

Pinzon, 20 settembre

Sono andati insieme a messa. Katharina, fiera di uscire dalla chiesetta al braccio di suo figlio, sorride. Guarda di sottecchi Klara e già pensa all'organizzazione del matrimonio. E poi dei battesimi… Di colpo, la vita è tornata piena di sole.

Peter si china per sussurrarle all'orecchio: «Mamma, devo chiederti un favore».

«Ma certo, caro, dimmi.»

«Devi chiamare Umberto, il poliziotto. Digli di passare a prendere un caffè domani mattina alle dieci.»

Katharina si blocca e lo guarda, il sorriso scompare dal volto. Lui si sente stringere il cuore al pensiero di averle rovinato la festa, e ancor più per il dolore che le darà domani, ma così stanno le cose. Non ci sono battaglie senza feriti.

«Perché?»

«Niente, mamma, devo parlargli. Tutto qui.»

«E non puoi andare a parlargli a Bolzano?»

«Non voglio farmi vedere dalle parti del commissariato.»

Katharina si rivolge a Klara. «Cos'è questa storia?»

La ragazza la guarda dritta negli occhi: «Peter dice bene. Sarebbe utile che lui e Umberto potessero fare due chiacchiere. Ma non a Bolzano. Quando hanno convocato Max in commissariato la notizia è girata in neppure mezz'ora. Non vogliamo che ricomincino... i problemi».

Al solo pensiero, Katharina impallidisce.

«No no, non lo vogliamo» si affretta a confermare. «D'accordo, lo chiamerò.»

«Digli che voglio incontrarlo, tutto qui.» Da quando Peter ha quella voce autoritaria? «Digli che ho... notizie di Hermann.»

Katharina gli lancia una lunga occhiata, senza commentare. Si riavviano verso la Gasthaus in silenzio. Tutta la gioia della giornata sembra essersi trasformata in cupa determinazione.

Pinzon, 21 settembre

«Ma guarda, ha tolto il ritratto di Günther?» osserva Umberto entrando nella Gasthaus. «È sola?»

«Sì, prende un caffè?»

«Con piacere.»

«Voleva vedermi?» domanda poi Umberto e si allontana dalla porta per sedersi in un angolo della Stube, le spalle contro la parete.

«A dire il vero è Peter che vorrebbe parlarle.»

«E dov'è?»

«Qui vicino, nel vigneto dei Rizzolli. Sta finendo un lavoretto per loro, ha chiesto se può raggiungerlo lì.»

«Ma guarda...» commenta Umberto, bevendo senza fretta il suo caffè.

Max entra di volata, saluta Katharina con un cenno della testa e dice a Umberto, in tono poco amichevole:

«Mio padre le manda a dire di non muoversi di qui e di aspettarlo».

«Molto bene...» Sul viso del poliziotto si dipinge il divertimento. Su quello di Katharina, la preoccupazione.

«Che cosa sta succedendo?» chiede.

Umberto si avvicina e, per la prima volta, le prende la mano. «Non si preoccupi, andrà tutto bene. Parola d'onore.»

«Dov'è Peter?» chiede Katharina alzando la voce.

Umberto la trattiene nel momento in cui lei si slancia verso la porta. La stringe al petto. «Le ho detto che andrà tutto bene, ma adesso stia ferma.»

«Cosa sta facendo mio figlio?» la voce è un singhiozzo. «Max...» implora rivolta al giovane. Lui non lascerebbe che succedesse qualcosa a Peter, ne è sicura. Ma anche lui è cupo in volto.

«Lasciatemi uscire! Cosa sta succedendo?»

Umberto la tiene saldamente fra le braccia, cercando di calmarla, parlandole in tono rassicurante. «Katharina, non abbia paura. Se Peter fosse in pericolo uscirei da quella porta. Sono già morti in troppi.»

Peter è inginocchiato dietro l'angolo della Gasthaus, il calcio della P38 spunta da sotto la giacca. Ha visto Umberto entrare da sua madre. Max lo ha seguito. Dovranno uscire insieme. Andranno verso Pinzon e il poliziotto si troverà sulla sua linea di tiro. Per un attimo si guarda dall'esterno e vede una scena grottesca: la giornata luminosa, la pistola, lui. Perché si trova qui? Perché impugna un'arma? Ma è un pensiero fugace. Umberto deve morire perché tutto possa tornare come prima. Per fare giustizia.

E i minuti passano.

* * *

Hermann fissa attraverso il mirino la sagoma di Peter. Kurt non gli aveva detto niente di lui. Eppure Max è entrato da Katharina secondo il piano: «Max andrà a prendere Umberto e uscirà per primo. Appena hai il poliziotto a tiro spari. Non puoi sbagliare». Hermann non è andato per il sottile, ha caricato il suo Mauser dal mirino telescopico con delle cartucce esplosive da 7,62. Non resteranno neppure i brandelli. Peter, però, non era previsto. Che cosa sta succedendo? Hermann non ama le complicazioni.

Ha l'impressione che il tempo si sia fermato. È immobile con il Mauser contro la spalla, l'indice sul grilletto. Un gioco da ragazzi, perfino per un monco. Un rivolo di sudore gli cola lungo la tempia. Ha lasciato il berretto nel rifugio di Taisten e non ha voluto indossarne un altro. Superstizioni. Come per gli elmetti: meglio a testa nuda che con l'elmetto di un camerata caduto. Lui, per la verità, ha indossato molti elmetti diversi. Ed è sopravvissuto.

Max chiama suo padre. «Tutto pronto» dice.

Mentre riattacca, dalla porta che dà sul corridoio entra Klara. Katharina si divincola dalla stretta di Umberto.

«Lasciala andare» dice Klara al poliziotto, e corre ad abbracciare Katharina.

«Klara, cosa sta succedendo? Che cosa sta succedendo a Peter?»

«Niente, ma non puoi uscire ora» la voce della ragazza è dolce ma ferma, e nel guidarla verso una panca sta ben attenta a chiuderla in un angolo. Se anche volesse correre fuori, sarebbe intralciata dal tavolo e Umberto farebbe in tempo a bloccarla. «Tra qualche minuto sarà tutto a posto. Non avere paura» aggiunge Klara.

La donna sente un groppo in gola. Un altro inganno, pensa. Una vita di inganni. Prima un uomo che sosteneva di amarla, ma che è tornato dal fronte senza dirle una parola, per anni. Ora un figlio che finge di tornare a casa solo per servirsi di lei. Si volta di scatto verso Umberto.

«Almeno con lei i giochi sono chiari» dice, amara.

«Lo prendo come un complimento» risponde lui.

«Lo è» mormora Katharina. «Ma spero che lei sappia come si vince anche a questo gioco.»

«Lo so, lo so» risponde Umberto. Poi aggiunge: «Purtroppo...» ed è come se parlasse con se stesso.

Non appena Max ha chiamato, Franz e Kurt sono usciti dalla casa di quest'ultimo. Sono scesi verso Pinzon.

«Hermann è appostato in vista della Gasthaus, in un avvallamento. Ti ho mostrato dove» dice Kurt.

«Non ti preoccupare» risponde l'altro, armando senza fretta una Colt calibro .45, di quelle in dotazione all'esercito americano.

«Aspetto il tuo segnale» sussurra Kurt.

«Non puoi sbagliare, questa fa più casino di un cannone.»

Il padre di Max si avvia e allunga il passo sulla discesa che porta alla Gasthaus. Per qualche secondo sarà sotto tiro. Scommette sull'effetto sorpresa, sulla sua buona stella, sulla rapidità del suo vecchio amico Franz. E poi, ogni tanto, Dio dovrà ben scegliere tra i suoi e gli altri.

Hermann sobbalza alla vista di Kurt. Esita una frazione di secondo. Sente odore di trappola ma a questo punto c'è davvero troppa gente, nel quadro. Potrebbe uccidere prima Peter e poi Kurt, ma non riuscirebbe a fuggire. Forse meglio prendere Peter come ostaggio per coprirsi la fuga? È un attimo di perplessità, ed è fatale. Non sente arrivare il pericolo. Solo un colpo violento alla nuca e poi un piede che scende a bloccare il suo unico braccio.

«Hermann, finisce qui.»

Dalla posizione in cui è caduto, ha appena il tempo di intravvedere il viso di Franz e di sentire sulla tempia il gelo di un'arma automatica.

«Sei impazzito? Che cosa fai?»

«Le pulizie» risponde Franz. «E ancora non basta.»

La pallottola entra dalla tempia sinistra ed esce dall'altra parte, portando via metà del cranio. Franz si è protetto il viso con la mano, ma la sua giacca di cuoio è coperta di schizzi.

Si rialza e vede sua figlia Klara precipitarsi fuori dalla Gastahus e verso Peter, strappargli di mano la P38, abbracciarlo. Sorride con un pizzico di fierezza, sfilandosi la giacca.

«Ti è bastato, come segnale?» domanda Franz a Kurt mentre varca l'ingresso della Gasthaus. «Per fare casino non c'è nessuno come gli americani.»

Peter si è accasciato su una sedia, attonito. Klara si china su di lui.

«Mi dispiace Peter... Sono stata io. Ho detto tutto a mio padre. Non era una buona idea, tesoro, uccidere un poliziotto non lo è mai.» Non si è detta contraria a uccidere in generale, osserva Franz. E come potrebbe, d'altra parte? Si guarda le mani, guarda la P38 ancora in mano alla figlia, e pensa che quella pistola, prima o poi, sparerà.

Max si avvicina, appoggia una mano sulla spalla dell'amico.

«Ha ragione Klara» dice. «Quello che andava eliminato non era il male relativo» accenna con disinvoltura a Umberto «ma il male assoluto. E Hermann ne era intriso. Da troppi anni.»

Peter pensa all'uomo senza un braccio che lo faceva giocare nel cortile della Gasthaus, mentre sua madre era occupata in cucina. Che gli ha insegnato ad andare in bicicletta, poi in moto. Che nel suo modo storto, manchevole, sbagliato gli ha fatto da padre. Guarda Max e Kurt, Klara e Franz. Cosa possono saperne, loro, cosa possono capire? Si sente lontanissimo dai suoi amici, da tutti loro.

«Peter, stai bene?» è la voce di sua madre, preoccupata.

«Sto bene, certo.» Li guarda uno per uno, sui loro volti legge sollievo, soddisfazione, trionfo. Solo negli occhi neri di Umberto non legge nulla. L'uomo che fino a pochi minuti fa voleva uccidere forse è l'unico che lo capisca. «È stato per il meglio» aggiunge, convinto. «Ma ora, Klara, vorrei che tornassimo a Bolzano, ti va? A casa nostra.»

«Ma tornerai, vero?» chiede ansiosa Katharina. L'ultima volta che suo figlio è uscito da quella porta non lo ha rivisto per anni.

«Io rispunto sempre, mamma. Come l'erbaccia.» Peter la abbraccia e il sorriso scanzonato del suo bambino la rassicura. «Vado a prendere le nostre cose Klara, le porto giù io.»

«Grazie, ti aspetto!» È fiera di lui. Mentre gli toglieva la pistola, per un momento gli ha visto sul volto un'espressione pericolosa, da persona braccata. «Max, vieni anche tu?»

«No. Io vado a casa.» Max guarda suo padre. «Vieni con me o ti fermi a bere con l'amico americano, qua?» accenna con il capo a Franz.

«Vengo con te, ragazzo. Tanto questo tizio non regge l'alcol» aggiunge provocando un'esclamazione di protesta da parte di Franz.

Mentre escono, Max passa accanto a Umberto, lo guarda con aria di sfida.

«E quella foto?» chiede. Sente Kurt irrigidirsi.

«Ce l'ho in tasca» lo provoca il poliziotto. «Posso dartela anche subito.» L'immagine completa è compromettente, per un convinto anti-italiano: l'uomo senza volto era il fascista Ettore Tolomei. Kurt ha fatto affari proprio con tutti, compreso il diavolo.

Max ci pensa, poi scuote la testa.

«La bruci» decide imperioso. «Tutti abbiamo un passato, e a nessuno interessa.»

Dalla finestra della sua stanza, Peter guarda Max e Kurt allontanarsi sulla via per Montan. Uno più esile, con i capelli più lunghi, l'altro più massiccio e stempiato, ma così simili. Nel passo deciso, nella postura altera: camminano come chi ha sempre posseduto la terra che calpesta. Si chiede chi finirà per sposare, Max, quanti figli avrà. Cosa racconterà loro.

Continua a infilare nello zaino vestiti e oggetti. Camicia di flanella, i pantaloni di ricambio, una giacca impermeabile, le mappe. Il pepe, per disorientare i cani. Chiude la sacca e scavalca agile la finestra, scende aggrappandosi alla grondaia. Dalla Stube gli arrivano voci, echi di risate, anche quella di sua madre. Quella di Klara. Potrebbe entrare, pensa. In fondo lui è il figliol prodigo, no?

Ma si allontana rapido, tenendosi lontano dal raggio di visuale delle finestre. Katharina piangerà, Klara sarà sorpresa, ma per un tempo breve. E Umberto? Umberto, forse, lo verrà a cercare.

Si ferma solo per inginocchiarsi accanto a ciò che resta di Hermann. Vorrebbe potergli chiudere gli occhi. Raccoglie il Mauser, e lo infila nello zaino.

E scompare verso la montagna senza fare rumore tra gli alberi che si infittiscono.

37

Una strage nel buio

«Mica vorrai andarci da sola? Ti accompagno io!» esclama mia sorella Friederike, detta Micki. Si sta offrendo volontaria per la spedizione sui luoghi della strage di Cima Vallona, 25 giugno 1967. Non è un'escursione semplice: non tanto per le asperità del cammino, quanto per il carico di memoria e di dolore che quei luoghi si portano dentro. San Nicolò di Comelico, Santo Stefano di Cadore, le splendide cime che poco più in là segnano il confine con l'Austria: terra di passaggio, di sangue, di traumi.

«Ho sempre pensato: dovrei proprio andarci» spiega Micki con disinvoltura. «Mi interessano, queste memorie.» La capisco: lei vive in Sudtirolo, dove la storia degli anni Sessanta è ancora viva e presente. Ma la sua è anche solidarietà: dà sempre il massimo appoggio a queste mie imprese.

Ci fermiamo a Innichen dai nostri cari amici Germana e Hans, che tra un impegno e l'altro della loro fiorente attività di ospitalità turistica, la eco-casa Schmieder, trovano il tempo di equipaggiarci con una cartina dettagliata dei sentieri che si intrecciano sul confine. Entrambi in pensione, sono appassionati studiosi di storia, oltre che infaticabili camminatori.

«Non potete capire se non vedete i posti» dice Hans quasi con foga. «Le strade che le persone hanno percorso, lo spirito del luogo.»

«C'è qualcosa di così triste, da quelle parti. Come le cicatrici di ogni battaglia mai combattuta» aggiunge Germana, rammaricandosi di non poterci accompagnare.

Mentre saliamo fino a Passo Monte Croce e poi scendiamo lungo i tornanti della strada che sfila tra paesini semideserti, l'atmosfera in auto non è certo quella di una scampagnata. Micki, va detto, si sforza di vivacizzarla guidando nello stile che ha imparato da nostro padre Alfred: una guida sportiva, l'hanno sempre definita loro due. Il termine è inadeguato: Micki, probabilmente, in una vita precedente era il capo dei pompieri. Per lei le curve sono un optional e ogni sorpasso da parte di altri automobilisti un'offesa personale, per cui arriviamo in un tempo piuttosto breve a Forcella Dignas. Imbocchiamo una stradina che attraversa un idillio boschivo da manuale. Costeggiamo un ruscello cristallino, ammiriamo la vegetazione lussureggiante, gli alberi che spuntano irriducibili anche dalle rocce. Storti, aggrappati, caparbi: un inno all'inevitabilità della vita.

Ma il piccolo edificio di legno che è la nostra prima tappa parla di quattro morti.

È la chiesetta di Cappella Tamai, costruita sul sito di una vecchia cappelletta e consacrata nel 1970 per ricordare le quattro vittime dell'attentato di Cima Vallona. È uno spazio basso, discreto, con il tetto spiovente fino a terra, incastonata nel cuore verde del bosco che sale, dietro, fino a una cima nuda. Oggi questo panorama è sovrastato da nuvole grigie, che corrono inquiete. Parcheggiamo e ci avviciniamo a piedi. Di fianco alla costruzione sventola la bandiera italiana, e prima di entrare due cartelli avvertono il viaggiatore. «Rispetta questo luogo: per la sua sacralità se sei cristiano; per il patrimonio di valori ideali che rappresenta, se sei italiano; per dovere di educazione civile, come uomo» recita il primo. Il secondo è più inclusivo: «La conservazione e il rispetto di questo luogo sono affidati all'educazione civica dei visitatori».

Sull'architrave della porta d'ingresso sono intagliati finemente gli stemmi di dodici reggimenti di alpini. Dentro, un semplice altare e un crocefisso, due brevi file di panche per raccogliersi in preghiera, e sulle pareti laterali le lapidi di marmo che ricordano i quattro morti di Cima Vallona e le vittime della Grande Guerra.

Mi fermo davanti a una croce di legno, appoggiata alla parete di destra, accanto all'altare: due rami dritti, legati insieme da un nodo di corteccia. Un oggetto di una forza nuda e terribile, come la verità. Quella che sfugge, nella storia che sto cercando di raccontare.

Secondo la ricostruzione ufficiale della tragedia di Cima Vallona, una bomba esplode abbattendo un traliccio all'alba del 25 giugno 1967, in una zona disabitata a poca distanza dal confine con l'Austria. Siamo a circa 150 chilometri a est di Bolzano e non più in Sudtirolo ma in Veneto, nella provincia di Belluno.

Una prima pattuglia di militari viene inviata sul posto, qualche ora dopo la notizia dell'attentato. Quando si avvicinano alla struttura crollata, una mina nascosta esplode, ferendo gravemente l'alpino Armando Piva. Viene trasportato all'ospedale di Innichen ma muore la sera stessa.

Nel pomeriggio, una seconda pattuglia arriva a bordo di un elicottero a perlustrare tutta l'area. Di nuovo, esplode una mina nascosta sul sentiero percorso dai militari: tre paracadutisti rimangono uccisi sul colpo, sono Francesco Gentile, Mario Di Lecce e Olivo Dordi. Un quarto, Marcello Fagnani, è ferito in modo grave ma sopravvivrà.

Le autorità italiane accusano immediatamente i «nemici» sudtirolesi e adombrano una complicità dell'Austria. Il commando di dinamitardi sarebbe venuto dal Paese confinante, e vi avrebbe poi trovato rifugio. Roma considera questo attentato un atto di estrema gravità, tanto da decidere di bloccare la candidatura di Vienna all'ingresso nella Comunità europea. Occorreranno due anni e l'approvazione del «pacchetto» di misure per l'autonomia del Sudtirolo per far cadere il veto italiano. Nel 1969, anche il BAS viene sciolto: non ha più alcuna ragion d'essere. Nel maggio 1970, però, quattro dei suoi uomini più noti, tutti austriaci, vengono processati a Firenze e condannati in contumacia per la strage di Cima Vallona: Norbert Burger, Peter Kienesberger e Erhard Hartung all'ergastolo, Egon Kufner a ventiquattro anni di carcere. L'Austria non manderà a processo Burger, ma gli altri tre, che saranno assolti per mancanza di prove.

La memoria di questa tragedia è ancora ben viva. Ogni anno una commemorazione in onore delle vittime viene seguita con molta partecipazione, quella che si tributa agli eroi caduti per la patria. Lo stesso testimoniano le targhe a loro dedicate. Sono morti, lontano da casa, per difendere i confini, l'unità della nazione e l'autorità dello Stato.

Basta però percorrere qualche centinaio di metri, da Cima Vallona verso est, e passare la frontiera, per sentire un'altra storia. Allora le domande si insinuano nel sistema delle certezze e si fa strada il dubbio. Uno storico austriaco, Hubert Speckner, ha scritto un libro sulla strage. Sostiene di aver avuto accesso ai dossier dei servizi segreti militari austriaci, e che la loro versione è ben diversa da quella degli italiani.

«Sebbene Speckner non sia in grado di presentare delle prove definitive e conclusive di una manipolazione mirata dei fatti da parte italiana, la ricchezza delle informazioni da lui raccolte è talmente schiacciante che, nonostante le affermazioni contrarie di Roma, è possibile presupporre una partecipazione italiana all'accaduto» leggiamo nella prefazione. È possibile? E in che forma? Non ci si addentra con leggerezza in una storia così oscura, e per conoscere la verità occorrerà attendere l'apertura degli archivi ufficiali italiani, se mai avverrà. Di certo, la divergenza fra la versione italiana e quella austriaca, evidente anche dal diverso esito dei due processi, è l'incarnazione perfetta delle divisioni dell'epoca.

L'attentato di Cima Vallona segna comunque una rottura nella logica della violenza in Sudtirolo: la fine di un decennio in cui la provincia è stata il campo di una battaglia feroce per il controllo del territorio. Lo Stato ha imposto la sua autorità e la sua presenza, ha messo in sicurezza la zona facendo leva sulla minaccia terroristica. Gli Stati Uniti hanno piazzato le loro armi nucleari nel Nord Italia, come altrove in Europa, senza che la popolazione abbia avuto voce in capitolo e con l'appoggio dei vari governi «amici». I nostalgici della grandezza germanica, gli ex soldati del Reich, i fautori del conflitto permanente hanno approfittato delle paure, degli odi e degli inganni. Hanno potuto superare la morte delle loro ideologie nere e ricostituirsi in una rete internazionale, sopravvivendo alla Storia.

Nel 1967, vent'anni dopo l'inizio della Guerra fredda, la rivalità tra i due giganti che si dividono il mondo ha cambiato aspetto. La prospettiva di una guerra si è allontanata dall'Europa. Berlino, l'Austria neutrale, il Brennero non sono più i punti caldi di un conflitto incombente. Il piano Dropshot è stato archiviato e non uscirà dai cassetti che molto più tardi, un'eredità pesante e inutile. Gli eserciti sono occupati altrove.

Nello stesso anno, oltre mezzo milione di soldati americani vengono spediti in Vietnam. Il conflitto si è inasprito con l'arrivo alla presidenza di Lyndon B. Johnson, convinto assertore della teoria del domino: se il Vietnam cade in mano ai comunisti, altri Paesi di quell'area saranno a rischio, compreso il Giappone. Il texano, succeduto a John F. Kennedy assassinato a Dallas nel novembre 1963, si è lasciato convincere dai falchi del Pentagono, andando contro il parere dei propri servizi segreti e dell'opinione pubblica, secondo cui la guerra nel Sudest asiatico non poteva essere vinta. Non senza radere al suolo intere nazioni.

A giugno 1967, s'infiamma il Medio Oriente. Israele e i suoi vicini combattono la Guerra dei sei giorni, e sono sei giorni che cambieranno i rapporti di forza internazionali. Lo Stato ebraico sostenuto dall'America risulta vincitore su tutti i fronti, prendendo il Sinai e fermandosi al Canale di Suez. L'Egitto, il più grande dei Paesi arabi, alleato con Mosca, è in ginocchio.

Gli strateghi di Washington sono troppo occupati a evitare una disfatta totale in Vietnam, o a frenare l'espansione del conflitto mediorientale, per continuare a pensare alle divisioni blindate sovietiche pronte a violare il Brennero. E i personaggi che sono stati protagonisti della tensione tra l'URSS e l'Occidente, alla luce del sole o nelle ombre della Storia, stanno uscendo di scena.

Allen Dulles, artefice delle manipolazioni più complesse del dopoguerra, è stato sollevato dall'incarico di direttore della CIA da Kennedy nel 1961. Sebbene in secondo piano, ha continuato a bramare e si è preso la rivincita sul giovane presidente cattolico partecipando all'inchiesta sul suo assassinio. Il 24 settembre 1964, la commissione Warren conferma la teoria del colpevole unico, Lee Harvey Oswald: Dulles ha fatto del proprio meglio perché si giungesse a questa conclusione. Il rapporto non accenna ad alcuna implicazione della CIA sotto il suo comando e Dulles muore nel 1969, portandosi nella tomba tutti i segreti.

Frank Wisner, creatore delle reti «stay-behind» europee del dopoguerra si suicida nel 1965. James Jesus Angleton, l'uomo che vedeva ovunque agenti sovietici, continuerà la sua carriera alla CIA fino al 1975, senza mai sospettare di uno dei più celebri doppiogiochisti della storia dello spionaggio, l'inglese Kim Philby, fuggito a Mosca da Beirut nel 1963.

È la fine di un'epoca.

In Italia, nell'aprile del 1967 Giovanni De Lorenzo viene sollevato dal suo ruolo di capo di Stato maggiore dell'esercito. È accusato di aver spiato i politici italiani quando era a capo del SIFAR. Una commissione d'inchiesta, più tardi, lo accuserà di aver organizzato il Piano Solo, il famoso colpo di Stato fallito dell'estate 1964.

Questi protagonisti escono di scena, ma le dinamiche che hanno innescato continuano a produrre effetti, anche indesiderati. In Sudtirolo dopo i fuochi dell'estate del 1961 e la militarizzazione della provincia, la violenza ha perduto il suo obiettivo. La «missione anticomunista» è compiuta. Ma nessuno sa governare la fine della partita e, nell'uno e nell'altro campo, i fanti del terrorismo e gli spadaccini al servizio dello Stato sono rimasti privi di ordini. Continuando però a fare il lavoro per cui erano stati reclutati.

La strage di Cima Vallona, per la sua violenza e il mistero che l'avvolge, illustra perfettamente la verità delle guerre segrete: segna la fine di anni drammatici per il Sudtirolo, ma porta con sé la terribile promessa di nuove tragedie.

Conclusione

«Siamo fatti di passioni»

«Ne parlavamo tutti, delle bombe in Alto Adige. Certo, anche noi giovani.»

Il professor Massimo Cacciari, che incontro in un appartamento nella zona dei Navigli, nell'estate milanese, oggi è un filosofo, un intellettuale di fama internazionale, un autore di saggi bestseller, ma allora era solo un ragazzo. È nato nel 1944 ed era un liceale all'epoca della Notte dei Fuochi, un universitario quando i fuochi sembrarono spegnersi, alla fine degli anni Sessanta. Lui e i suoi compagni, giovani veneti colti, con una forte identità politica di sinistra, non riuscivano proprio a capire i coetanei sudtirolesi.

«Nelle nostre prime visite, ci stupiva vederci trattati, "da italiani": sì e no ci rivolgevano la parola, in alberghi e ristoranti. Non ci offendeva, ma era strano.» E ancora più strane parevano le ragioni delle bombe. «Lotte di questa intensità, condotte per motivi nazionalistici, ci sembravano incredibili residui dell'Ottocento. Dopo, negli anni Settanta, ci saremmo abituati anche a questo, ma allora la violenza politica era qualcosa che si incontrava solo sui libri, e anche lì in forme ben diverse: spari contro il re, gesti anarchici.» Ora invece le stesse scene si erano trasferite nella realtà.

Quelli sudtirolesi erano tra i primi attentati contro gli Stati-nazione in Europa, di sicuro i primi nell'Italia repubblicana: «Avevano i caratteri propri della violenza risorgimentale, un parallelo che tuttavia non ci aiutava, perché l'epoca risorgimentale era finita, lontanissima. La mia generazione si era formata in un contesto da cui l'idea di patria era scomparsa, sembrava impossibile che qualcuno in suo nome compisse gesti simili. Si potevano concepire bombe e armi per conquistare il Palazzo d'Inverno. Ma per la patria, come Mazzini?».

Negli ambienti di destra, la reazione di rabbia contro i dinamitardi anti-italiani era forte. Da sinistra, si udiva perlopiù un assordante silenzio. «Non ci interessava che il Sudtirolo potesse diventare austriaco, o russo, o altro. Ricordo bene i dibattiti, era il tempo in cui cominciavo a frequentare il Partito comunista: ma non ho memoria di una sola discussione sull'argomento» commenta deciso Cacciari. «L'unica occasione in cui ne sentii parlare fu proprio negli anni in cui mi trovavo a Bolzano. Mi ero da poco tesserato al PCI e mi venne chiesto di tenere un intervento alla sezione locale. Me ne andai stravolto: nel pieno dell'autunno caldo parlavano di questioni fuori dal tempo.»

Il professor Cacciari è vissuto a Bolzano per due anni, 1969-1970. Era stata istituita, nel capoluogo sudtirolese, una sede decentrata della facoltà di Architettura dell'Università di Venezia, che sarebbe stata chiusa pochi anni dopo. Era frequentata da quella che potremmo definire una élite intellettuale: «C'erano moltissimi sudtirolesi, giovani come noi, che la pensavano esattamente come noi: tutto questo passerà». Il flusso inevitabile degli eventi, secondo loro, andava in tutt'altra direzione. «Dei fenomeni nazionalistici, allora, davamo letture marxiane: erano destinati a scomparire di fronte all'internazionalismo del Capitale, che portava in sé la rivoluzione operaia, comunista» mi spiega il professore. «Il resto era pura reazione di gente che non apparteneva al nostro mondo, al nostro tempo, e che sarebbe stata travolta dall'inevitabile destino globale.» Una filosofia della storia chiara, che non prevedeva eccezioni né deviazioni.

Certo, non potevano negare che esistessero vari focolai di ribellione, dove il Capitale veniva sfidato da movimenti ben radicati nel sentimento nazionale. Ma questo, secondo i fautori del materialismo storico, non cambiava la situazione: «Dal Vietnam alla Bolivia, da Fidel a Ho Chi Minh, quei fenomeni contavano solo perché indebolivano il monopolio internazionale del capitalismo americano» ricorda Cacciari. Il movimento sudtirolese non aveva nemmeno questa funzione antiamericana. Neanche i vertici del PCI capirono il senso profondo degli eventi che incendiavano il confine. Cacciari concorda che fu un peccato. Non tanto perché si perse l'occasione di creare in Sudtirolo una sinistra forte e radicata. Ma perché si sottovalutò la questione dei confini, non solo politica, ma filosofica e ideale. Una miopia storica dalle conseguenze gravissime.

«I confini che concepivamo noi erano di classe, culturali e ideologici» elenca. Quelli geografici li consideravano irrilevanti. «Certo, c'era la Cortina di ferro, ma era ancora presto persino per una posizione pro-sovietica, oppure pro-atlantica, che la vedesse come qualcosa di irrimediabile o di necessario.» Le parole d'ordine degli anni Sessanta, ricorda, erano la liberazione, politica e sessuale, e la trasgressione, di qualunque frontiera.

Infatti, giovani intellettuali come lui assumevano una posizione di scetticismo, se non di rottura, anche nei confronti del Partito comunista. Il PCI manteneva aperto il canale di comunicazione con l'URSS, la grande patria «che aveva sconfitto Hitler». Ma a chi aveva vent'anni negli *swinging Sixties* non importava nulla di una guerra finita oltre due decenni prima. Era fuori dal loro orizzonte. «Mio padre, come pure mio zio, l'aveva fatta tutta: Albania, Grecia, ritirata di Russia. Non me ne ha mai parlato, e se anche ci avesse provato, non l'avrei ascoltato» dichiara il professore. L'incomunicabilità, allora, era la stessa di cui oggi accusiamo i ragazzi, incolpando i cellulari, internet, i social. «La trasmissione di esperienze da una generazione all'altra è una leggenda. È impossibile comunicare. Ogni generazione fa i propri errori e le proprie conquiste.»

Tuttavia Cacciari riconosce un'utilità al tentativo di ricostruire la memoria. «Proprio la vicenda che racconti in questo libro è un esempio di quanto la nostra filosofia della storia, attraverso la quale leggevamo il mondo, fosse astratta e irreale» dice. «Il nostro dare il confine per superato, o in via di superamento, è stato complice del formarsi di una ideologia della globalizzazione che è alla base anche dei disastri attuali. Non abbiamo voluto vedere che ogni epoca è composta di tanti tempi, e che questa molteplicità di tempi va in qualche modo riconosciuta, rispettata e compresa.» In sostanza, spiega, lui e i suoi amici vedevano nei sudtirolesi e nella loro idea di patria solo l'aspetto folkloristico, la cultura contadina, i gerani alle finestre. Ma è proprio questo genere di fastidio a portare all'ideologia della globalizzazione e del pensiero unico. Il non voler capire qualcosa di impalpabile e cruciale: il sentimento di sé che anima un popolo. «Non si è saputo comprendere come il momento dell'identità sia probabilmente un elemento connaturato alla mente, alla psiche, alla struttura, al limite, ontologica. Con il senno di poi, è stato un errore, non so se necessario. Perciò oggi è importante ricordare quel passaggio di tempo.»

È importante anche perché nazionalismi, regionalismi, localismi stanno rialzando la testa in tutta Europa. In forme diverse ma con qualche disturbante analogia. Secondo Cacciari questi rigurgiti vengono proprio dall'errore «filosofico» originario.

«L'Europa fu costruita proprio sulla base di quella nostra filosofia della storia. Senza conoscere, senza riconoscere, le profonde faglie identitarie, giuste o sbagliate che fossero.» Così, sostiene, i Paesi dell'Est, per esempio, vivono oggi il loro Risorgimento, nell'incomprensione generale. «È mancata l'intelligenza storica, si è proceduto per astrazioni. Anch'io ne sono responsabile, e ho cominciato a capirlo solo dopo la caduta del Muro, vedendo come veniva celebrata: viva la democrazia universale, viva Immanuel Kant. Allora vidi chiaramente il pericolo.» Su queste basi, il professor Cacciari ha elaborato già nel 1997, nel saggio *L'arcipelago*, una teoria ancora attualissima: o si ripensa l'Europa come un sistema di isole, distinte fra loro, dove sia garantita la navigazione, oppure non si costruirà nulla. «In ogni isola c'è il suo tempo, non si può ignorarlo. Non si può pretendere che un Paese esca da secoli di sottomissione abbracciando di colpo il mondo: il suo tempo ora è quello della costruzione della propria identità e va aiutato a costruirla. Come insegnavano i grandi maestri di filosofia politica, noi siamo fatti di passioni, e su queste occorre fare leva per muoversi in una certa direzione. Se pensi invece che le passioni siano il male, allora ti sommergeranno.»

Ma come disinnescare il nazionalismo? «Il pericolo che io vedo non è tanto nelle rivendicazioni nazionaliste sovraniste in quanto tali, ma nel fatto che manca del tutto, in Europa, una leadership politica e culturale che sappia riconoscere queste spinte, anche reazionarie, e metabolizzarle. In democrazia non si deve sopprimere coloro che non si adattano al progetto, ma elaborarne le tendenze finché non si riconoscono *anche* nel progetto.»

Se oggi diversi Paesi stentano a riconoscersi nel progetto europeo, è colpa del modo in cui sono stati gestiti il loro ingresso e la loro integrazione. «Serviva una grande strategia, ma è mancata la leadership politica. Sembrava, con Angela Merkel, che si andasse definendo, finché non è riemersa la vera tragedia dell'Europa: la spaccatura Monaco-Berlino. La faglia tra la Mitteleuropa cattolica, austriaca bavarese e quella prussiana. Se vince Monaco è la fine.» Secondo Cacciari, la fine dell'Europa.

In questo quadro, ritiene che l'Italia costituisca una tragedia nella tragedia. Gli chiedo se veda il rischio di un ritorno del terrorismo e annuisce, con riserva. «Potrebbe darsi, se ci fosse una catastrofe. Se veramente l'euro collassa, se dovessimo precipitare in una crisi economica ancora più grave, allora ci sarebbero problemi di ordine sociale.»

Un sintomo della confusione identitaria in cui è caduto il continente è senz'altro l'improbabile alleanza tra l'Italia e i nazionalismi dell'Est. «La creazione geniale della classe al potere oggi è l'internazionale nazionalista: una contraddizione in termini, nientemeno» riassume il professore. «Un'idea che mostra una totale mancanza di cultura, preoccupante. Perché la cosa più pericolosa, in politica come nella vita, non è il ladro, non è il bandito. È l'idiota.»

L'anno in cui Massimo Cacciari è arrivato a Bolzano, il 1969, è anche l'anno in cui la violenza politica sembra allontanarsi dal Sudtirolo. Riemergerà, nei due decenni successivi, in forme completamente diverse e con altri protagonisti.

Nel 1988 verrà istituita una «Commissione d'inchiesta parlamentare sul terrorismo in Italia e sulle cause della mancata individuazione dei responsabili delle stragi» che chiuderà i lavori nel 1992. Non è un caso che la curiosità si risvegli proprio in quel momento, a trent'anni dai fatti: la Guerra fredda è finita, il 9 novembre 1989 cadrà il Muro di Berlino. La relazione conclusiva della Commissione è un vero dedalo di argomenti centrali per la storia del nostro Paese: il caso Moro, Ustica, Gladio. E gli episodi di violenza degli anni Sessanta in Alto Adige vi vengono distinti in fasi ben precise, dal «terrorismo autoctono» della fine degli anni Cinquanta, a quello «di impronta neonazista» del 1962-1963, al triennio 1964-1967 in cui «si collocano gli episodi e gli interrogativi più gravi riguardanti il ruolo dei corpi militari e di sicurezza dello Stato italiano».

Un tragitto di pochi chilometri attraverso il centro di Milano mi conduce dalla casa sui Navigli a piazza Fontana. Qui il 12 dicembre 1969 una bomba esplode alla sede della Banca Nazionale dell'Agricoltura, provocando diciassette morti e quasi cento feriti. Cominciano gli Anni di Piombo, l'Italia sta per sperimentare un terrorismo ben più efferato di quello sudtirolese.

Nel mio lavoro di giornalista, mi sono confrontata spesso scenari di disordine, violenza, terrorismo: dal crollo del Muro di Berlino, con la dissoluzione dell'URSS, alla guerra nella ex Jugoslavia; dagli attentati di New York ai conflitti mediorientali. La violenza e la sua manipolazione da parte di apparati deviati dello Stato, di organizzazioni clandestine o di gruppi d'interesse è una costante della tensione che accompagna il cammino della Storia anche recente.

Il Sudtirolo è servito come laboratorio per diversi episodi del confronto-scontro tra il potere e le libertà individuali. Fascismo, nazismo, terrorismo. Da cento anni, dalla firma del Trattato di Saint-Germain-en-Laye nel 1919, questa terra di confine è stata scelta come terreno per battaglie che andavano molto al di là degli interessi e della comprensione dei suoi abitanti. Ma ha anche saputo trasformarsi, con il tempo e grazie alla determinazione di molte persone di buona volontà, in un laboratorio di convivenza civile tra etnie e culture diverse, di successo economico e di equilibrio politico. Il Sudtirolo, martoriato dalla guerra, in tempo di pace è diventato un esempio di successo nel cuore dell'Europa.

Come mi ha ricordato il professor Cacciari, le conquiste di questi anni oggi sono in pericolo. Il mondo è preda dei capricci di governanti come Donald Trump e Vladimir Putin. Fino a farci temere che sia a rischio l'idea stessa di democrazia basata sul consenso, su cui si fonda l'Europa. Le tentazioni sovraniste, xenofobe, liberticide si moltiplicano e sembra che anche in Sudtirolo si riaffaccino vecchi demoni. Il governo di Vienna, con la sua forte componente di estrema destra, ha offerto agli abitanti germanofoni della provincia la cittadinanza austriaca, da aggiungere a quella italiana. In questo momento, una provocazione non necessaria.

Mi guardo attorno in piazza Fontana, nucleo indaffarato di una città orgogliosamente europea. Il vuoto lasciato dall'edificio devastato dall'esplosione si sente ancora. Qui, nel 1969, comincia un'altra storia.

Le parole di questo libro

Termini specifici e sigle

BAS (Befreiungsausschuss Südtirol): organizzazione separatista fondata da Sepp Kerschbaumer a metà degli anni Cinquanta per combattere per l'autodeterminazione del Sudtirolo. Attiva fino al 1969, perseguì i suoi scopi con attentati e azioni violente sul territorio. Ne fecero parte tra gli altri Georg Klotz, Luis Amplatz, Siegfried Steger, Sepp Mitterhofer, Norbert Burger.

Bassa Atesina: in tedesco Bozner Unterland o Südtiroler Unterland, è un territorio dell'Alto Adige che comprende la zona tra Branzoll e Salurn. È attraversata dal fiume Adige, dall'autostrada e dalla ferrovia del Brennero.

Bergisel-Bund: organizzazione per i diritti dei sudtirolesi fondata a Innsbruck nel 1954. Alcuni suoi membri, fra cui il giornalista Wolfgang Pfaundler, saranno tra i fondatori del BAS.

Deutschtum: traducibile con «carattere tedesco», «germanesimo» o «germanicità», è una parola connotata da un forte senso di appartenenza alla nazione tedesca. Verrà strumentalizzato dal nazismo in senso nazionalistico.

Dirndl: vestito femminile tipico del Sudtirolo come dell'Austria e dell'arco alpino in generale, composto da un abito con corpetto scollato e gonna lunga, un grembiule e una camicetta bianca. Quando i colori del Dirndl definiscono con precisione la zona di appartenenza di chi lo indossa si parla di *Tracht*, la forma più tradizionale di questo tipo di abito.

Dropshot: Il piano Dropshot era il nome in codice creato nel 1949 dal Dipartimento della Difesa degli Stati Uniti d'America per un conflitto convenzionale e nucleare contro l'Unione Sovietica e i suoi alleati. Il piano era stato creato come attacco preventivo contro l'invasione da parte sovietica dell'Europa occidentale, che si prevedeva per il 1957. Dropshot fu preparato agli inizi della Guerra fredda e declassificato nel 1977. Al tempo in cui l'operazione fu concepita l'arsenale nucleare USA era limitato, locato interamente negli Stati Uniti e dipendente dai bombardieri per l'azione di guerra, infatti, non erano ancora operativi i missili balistici intercontinentali (ICBM, Intercontinental Ballistic Missile). Il piano prevedeva missioni di bombardamento con lo sgancio di trecento bombe nucleari su duecento obiettivi in cento città per distruggere l'85 per cento circa del potenziale industriale e la distruzione della forza aerea sovietica.

Heimat: si può tradurre a grandi linee «patria», ma in realtà questa parola non ha un corrispettivo preciso in lingua italiana. Ha una spiccata connotazione affettiva che richiama il territorio dell'infanzia, della famiglia, degli affetti e della lingua d'origine. Il concetto di Heimat affonda le proprie radici nella questione identitaria del popolo tedesco fin dall'Ottocento, quando la nascente industrializzazione costrinse i contadini a trasferirsi nelle città, allontanandosi dalle proprie comunità d'origine.

Katakombenschulen: letteralmente «scuole delle catacombe», furono l'unica opportunità per i bambini del Sudtirolo di imparare il tedesco durante le repressioni fasciste. Erano scuole clandestine, che operarono con l'incubo delle perquisizioni e di pene severe per gli insegnanti. A soffrire per le persecuzioni fasciste della popolazione germanofona all'epoca delle Katakombenschulen, dal 1923 al 1939, fu soprattutto la Bassa Atesina.

Leica: nella tecnica fotografica, nome del primo apparecchio di formato 35 mm (ideato da Oskar Barnack), cioè utilizzante la normale pellicola cinemafotografica. La fotocamera prodotta dalla società tedesca Leitz di Wetzlar, con il suo grande successo determinò una svolta nella storia della fotografia.

Maso: è un'abitazione rurale tipica del Trentino-Alto Adige, che comprende anche una stalla e un fienile. Per «maso chiuso» si intende invece l'antica consuetudine di non dividere la proprietà tra gli eredi, ma di assegnarla al primogenito maschio allo scopo di non frazionare nel tempo i possedimenti di famiglia. È un istituto legale proprio del Tirolo ed è stato per secoli fortemente penalizzante nei confronti delle donne, fino al 2001, quando una legge ha sancito l'uguaglianza tra eredi maschi e femmine.

OAS (Organisation de l'Armée Secrète): struttura politico-militare armata, creata dai francesi d'Algeria nel 1961, per resistere alle politiche del governo di Parigi che intendeva porre fine alla presenza coloniale francese, scopo che perseguì anche con atti terroristici.

Operationszone Alpenvorland (Zona di operazione Prealpi): costituita con il decreto del Führer del 10 settembre 1943, accorpava le province di Bolzano, Trento e Belluno occupate dai tedeschi dopo la firma dell'armistizio con gli Alleati da parte dell'Italia, l'8 settembre 1943. Il comando del nuovo territorio fu affidato al commissario supremo e Gauleiter del Tirolo-Vorarlberg Franz Hofer. Nelle intenzioni dei nazisti, la creazione di questa Zona rappresentava una misura temporanea in attesa di annettere la regione al Reich una volta conclusasi vittoriosamente la guerra.

Opzioni: secondo Hitler e Mussolini sarebbero state la soluzione al problema sudtirolese. Nell'ottobre del 1939 concordarono che ai sudtirolesi di lingua tedesca e ai ladini dovesse esser data un'opzione: potevano lasciare la patria dove avevano vissuto per circa milletrecento anni e «reinsediarsi» nel Reich oppure rimanere nella loro terra d'origine senza poter sperare in alcuna tutela per le proprie minoranze. La popolazione si divise tra «Optanten», chi scelse di partire, e «Dableiber», chi decise di restare. Più dell'80 per cento del gruppo, circa 200.000 persone, optò per lasciare il Paese, ma a causa dell'andamento della Seconda guerra mondiale solo 75.000 emigrarono e molti di loro fecero ritorno clandestinamente.

OSS (Office of Strategic Services): servizi informativi degli Stati Uniti in Europa durante la Seconda guerra mondiale. Creata nel 1942 per raccogliere e analizzare le informazioni nelle aree del mondo dove le forze militari statunitensi erano operanti. Inoltre era compito dell'OSS coordinare tutte le azioni di spionaggio dietro le linee nemiche. Fu sciolta nel 1945 e molte delle sue funzioni furono assunte in seguito dalla Central Intelligence Agency (CIA).

Standschützen: detti anche «bersaglieri tirolesi», tra il XVI e il XX secolo sono stati un corpo paramilitare volontario formato da cittadini tirolesi e preposto alla difesa della regione. In continuità con la tradizione, esistono ancora e sono ben presenti sul territorio. Promuovono e tutelano gli usi e costumi locali e hanno funzioni di rappresentanza nel corso di eventi e manifestazioni.

Stille Hilfe für Südtirol: organizzazione fondata in Germania nel 1963, che fino al 2003 si occupò di fornire sostegno economico ai sudtirolesi.

Stube: è una stanza tipica delle abitazioni rurali delle zone alpine del Trentino-Alto Adige e della Valtellina, diffusa anche in Austria e Germania. È completamente rivestita in legno e accoglie tradizionalmente la stufa di casa, da cui prende il nome.

Südtiroler Volkspartei (SVP): è un partito etnico e di raccolta, nella prassi politica di ispirazione cristiano-sociale, che fino a pochi anni fa rappresentava più dell'80 per cento della popolazione di lingua tedesca e ladina del Sudtirolo. Fondato nel maggio del 1945, rivendicò l'esercizio del diritto all'autodeterminazione, e in una seconda fase l'autonomia, per il Sudtirolo. Fino al 1964 era l'unico partito di lingua tedesca a livello provinciale e regionale. Sin dalle prime elezioni regionali del 1948 esprime il presidente della provincia autonoma di Bolzano. Per la prima volta nella sua lunga storia, con le elezioni provinciali del 2013 ha perso la maggioranza assoluta di seggi nel consiglio provinciale, ma nonostante ciò rimane il partito dominante in Sudtirolo. È l'unico partito della minoranza tedesca rappresentato da sempre al Parlamento italiano ed europeo.

Welscher: nei Paesi di lingua tedesca designa il cittadino di nazionalità e lingua italiana, e dopo il fascismo ha assunto valore spregiativo. «Welschtirol» si usa semplicemente per definire il «Tirolo italiano», cioè il Trentino.

Toponimi

I toponimi in Sudtirolo/Alto Adige sono sempre bilingui e questo può creare qualche confusione. Ho scelto di rendere in italiano i più noti mantenendo in tedesco quelli più locali, per continuità con i volumi precedenti di questa serie. Fanno eccezione alcuni luoghi di attentati o stragi che ho mantenuto nell'italiano in cui sono citati nei documenti ufficiali. Le persone che ho intervistato, come pure i personaggi della fiction, chiamano i luoghi nella lingua di appartenenza. Di seguito, per chiarezza, un elenco dei principali utilizzati.

Ahrntal/Valle Aurina

Auer/Ora

Bergisel/Monte Isel

Bozen/Bolzano

Branzoll/Bronzolo

Brenner/Brennero (passo del – Comune)

Brixen/Bressanone

Bruneck/Brunico

Dolomiten/Dolomiti

Eisack/Isarco (fiume)

Eisacktal/Val d'Isarco

Eppan/Appiano

Etsch/Adige (fiume)

Frangart/Frangarto

Franzensfeste/Fortezza

Glen/Gleno

Innichen/San Candido

Innsbruck (solo tedesco)

Kalterersee (lago di Caldaro)

Kardaun/Cardano

Kurtatsch/Cortaccia

Meran/Merano

Montan/Montagna

Neumarkt/Egna

Nonsberg/Val di Non

Obermais/Maia di Sopra

Oberradein/Redagno di Sopra

Passeiertal/Val Passiria

Passer/Passirio (fiume)

Pinzon/Pinzano

Pustertal/Val Pusteria

Salurn/Salorno

Sand in Taufers/Campo Tures

Südtirol/Sudtirolo

Schlanders/Silandro

Taisten/Tesido

Talver/Talvera (torrente)

Tramin/Termeno

Überetsch-Unterland/Oltradige-Bassa Atesina

Untermais/Maia di Sotto

Vinschgau/Val Venosta

Walten/Valtina

Ringraziamenti

Grazie a mio marito Jacques Charmelot, compagno di esperienze e di ricerche, fonte di ispirazione narrativa, curioso e colto indagatore della storia: il primo e più grande merito è come sempre il suo, perché ha profuso in questo progetto tempo, pazienza, passione.

Grazie a mia madre Herlinde, a mia sorella Micki, ai miei nipoti Greta e Matthaeus: in tutte le mie imprese editoriali, ma a maggior ragione in quelle che hanno a che fare con la nostra comune Heimat, il loro aiuto è indispensabile. Grazie anche ai miei zii Hubert, Norbert e Heinrich Deutsch e a mia cugina Gerlinde Rizzolli per l'affettuosa partecipazione e per i ricordi condivisi.

Grazie a Michela Gallio, indefettibile e paziente editor e amica. Grazie alla squadra della casa editrice Rizzoli che ancora una volta ha aderito a un progetto impegnativo con entusiasmo e generosità.

Grazie allo storico Davide F. Jabès, che non si è risparmiato nelle ricerche e ha fornito una consulenza preziosa, oltre a disegnare le cartine che arricchiscono questo volume. A Francesco Casolo per le ricognizioni tra documenti e luoghi. A Sara Grazioli e al suo team per l'accurato lavoro redazionale.

Grazie allo storico Günther Pallaver per la gentilezza con cui ancora una volta mi ha messo a disposizione la sua vasta competenza sulle materie di cui tratta questo libro in una rilettura attenta e indispensabile. Grazie allo storico Christoph Franceschini che ha aperto per me il suo sterminato archivio e ha riletto con cura e generosità il testo. Grazie a Germana Nitz e Hans Schmieder, grandi conoscitori della storia locale e del territorio sul confine con l'Austria.

Grazie alle molte persone che mi hanno fornito informazioni, punti di vista, consigli: oltre naturalmente ai protagonisti degli eventi di quel tempo, che compaiono nelle interviste – tutti generosi del loro tempo e delle loro testimonianze – anche a Roland Riz, Marco Boato, Umberto Gandini e Martha Canestrini, al collega e mentore Silvano Faggioni, agli amici Margot Tschöll e Franz Haas.

Grazie ai consulenti: per la parte militare Raffaele D'Aniello, Niccolò Tognarini e Stefano Sappino; per la parte fotografica Ryuichi Watanabe e Sergio Casella; per la storia dell'Italia dell'epoca Alessandro Romanello e Matteo Albanese; per i motori Nazareno Pangallo dell'associazione motociclistica Yesterbike.

Grazie alle persone che, negli archivi e nelle istituzioni, hanno favorito il lavoro di ricerca. L'Ufficio Storico del Comando Generale dell'Arma dei Carabinieri: Flavio Carbone, Raffaele Gesmundo, Marcello Di Fede, Davide Fusco. L'Archivio del Museo Storico della Guardia di Finanza, Gerardo Severino, Luigino Marinanza, Anna Barone, Giancarlo Pavat. L'Archivio Centrale dello Stato: Carlo Fiorentino, Eugenio Lo Sardo e Daniela Loyola, Cristina Mosillo. L'Archivio Storico Diplomatico del Ministero degli Affari Esteri: Paola Busonero e Stefania Ruggeri. Il personale della biblioteca civica di Bolzano Cesare Battisti e della biblioteca provinciale dr Friedrich Tessmann.

Grazie al Sudtirolo, la mia terra bella e tormentata che ancora una volta mi ha fatta entrare nella sua storia. Ricordare è faticoso, doloroso, ma indispensabile.

Indice

Finito di stampare nell'agosto 2018 presso
Grafica Veneta - Via Malcanton 2 - Trebaseleghe (PD)
Printed in Italy